JN408841

George Shannon McCune

윤산온(尹山溫)

(1873 - 1941)

George Shannon McCune

윤산온(尹山溫)

(1873 - 1941)

곽신환

뿌리총서 간행사

나무에 뿌리, 물에 샘이라는 것은 우리의 개천절 노래에도, 조선의 용비어천가에도 등장하는 의미 있는 비유입니다. 압축하면 본원(本源)이라 합니다. 만물의 본원을 지극한 단계까지 찾아나서는 행위는 자기 존재를 완전히 하고 역할 수행을 극대화하며 그만큼 의미 있게 살아가기 위한 필수적 작업입니다.

높은 산 등성이에 있는 작은 샘에서 솟아난 맑은 석간수가 바위골짜기를 거쳐 산 아래 도달하고 넓은 농지와 대도시와 중간에 있는 댐과 제방을 경험하며 넓은 바다로 가는 동안 주변에서 이른바 지천이 계속 합류하여 수량은 많아지는데 청정도는 점점 떨어지지만 공업, 농업, 발전, 또는 정수하여 수백만 도시민의 상수원으로 쓸 수 있게 되어 그 용도가 커집니다. 시작은 은미했으나 결과적 쓰임새는 광대합니다. 우리 숭실도 많이 커졌습니다. 처음 시작할 때는 문과 한 반으로 시작했고, 기독교적 사회지도자, 한국 교회의 지도자를 양성하는데 초점을 맞추었지만 이제는 40여개 학과와 학부, 그리고 대학원생을 합하면 17,000여명의 재학생이 있고, 상당한 규모의 건물도 있고 500여 전임 교수진도 있습니다. 그러나 커진 만큼 초기의 맑은 정신이나 숭고하다고 했었던 목적을 그대로 견지하고 있는지 살펴볼 필요가 있습니다.

2013년 가을 우리 숭실대학교에 '뿌리찾기위원회'가 발족하였습니다. 건학120주년 기념사업의 일환으로 평양에서 시작한 숭실대학의 정신, 그 흐름의 모습과 내용, 그리고 서울에서 재건할 때의 과정 등에 대하여 집중적으로 연구하고자 해서입니다. 평양 숭실의 설립자 베어드, 2대 교장 라이너, 3대 교장 마펫, 4대 교장 매큔, 5대 교장 마우리 다섯 분의 교장을 연구하여 평전을 짓고, 블레어, 편하설, 스월른, 솔토, 해밀튼, 클라크, 보컬 등 10명의 큰 업적을 이룬 분들을 집중적으로 연구하며, 더불어 평양대부흥회, 신사참배, 『논리약해』, 순교자, 선교사들의 부인, 숭실의 문인, 숭실의 음악인, 방지일 목사, 조만식 선생 등 30주제의 사건·저술·인물 등 특정 분야에서 이루어진 탁월한 업적을 연구하고 그 가치를 재현해 내는 것을 목표로 하였습니다.

이 연구에 한국교회사 연구에 있어 전문가이신 이상규 교수님(고신대), 김흥수 교수님(목원대), 임희국 교수님(장신대), 이덕주 교수님(감신대), 김승태 교수님(한국기독교역사연구소) 그리고 민경찬(한예종) 교수님을 각각 책임 연구원으로 모실 수 있게 된 것, 그리고 숭실대학교의 여러 학문 분야의 교수님들이 참여해 주신 것에 깊은 감사를 드립니다. 희귀 자료들을 선뜻 내어 주시고, 확보에 도움을 주신 한국교회사문헌연구원의 심한보 선생, 그리고 호주선교회 관련 자료를 제공해 주신 전 예장(통합)교단 사무총장 조성기 목사님께 감사드립니다. 또 이번 일에 크게 도움을 주신 분으로 결코 빠뜨릴 수 없는 분이 있습니다. 숭실대학교 부설 한국기독교박물관의 학예사 한명근 박사입니다. 한명근 박사는 이번 일에 있어서 여러 형태로 많은 도움을 주었습니다. 무엇보다 박물관이 소장하고 있는 희귀 자료의 열람은 물론 사진들을 제공하여 연구와 연구물의 출판에 큰 도움을 주었습니다. 뿌리찾기위원회의 발족 때부터 연구 기획에서 김명배 교수가 많은 도움을 주었습니다. 또한 더불어 기획·사무·총괄 간사로 수고해 주신 오지석 박사께도 깊은 감사를 전합니다. 사무행정에서 매끄러운 진행을 배려해 주신 120주년기념사업회 윤형흔 부장님의 수고도 함께 오래도록 기억할 것입니다.

이제 그 연구결과들을 뿌리총서라는 이름으로 숭실대학교 한국기독교문화연구원에서 간행합니다. 1967년에 출범한 한국기독교문화연구원은 그 동안 줄곧 이름 그대로 한국의 기독교문화를 연구해 오고 있습니다. 우리 연구위원회에서 수행한 활동은 사실상 한국기독교문화연구원의 사업과 부합하며, 실제로 행정과 사무실, 소장 자료를 중심으로 진행되는 등 그 활동의 일환으로 진행되어 왔습니다. 뿌리총서 1호는 윌리엄 베어드입니다. 이어 평양 시절 숭실의 교장들의 평전이, 그리고 탁월한 업적을 이루어낸 분들에 대한 연구물이 그 일련 번호를 차례로 이어 나가게 됩니다.

항시 좋은 뿌리를 가졌다고 자부해온 우리 숭실인들이 그 뿌리의 형성 과정을 다시 살펴보고 오늘의 우리에게 나타나고 있는 가지와 잎과 꽃과 열매가 바람직한 형상과 품질과 격조를 지니고 있는지를 냉정하게 살펴보는 시간이 되기를 원합니다.

만시지탄이 큰 이 일이지만 그 중요성을 인식하시고 많은 어려움 속에서도 이를 발의하시고 재정을 마련하시고 행정의 틀과 편의를 제공하여 주신 숭실대학교 총장님께 깊은 감사를 드립니다.

2017년 4월

숭실대학교 뿌리찾기위원회 위원장

숭실대학교 한국기독교문화연구원장

곽 신 환 삼가 적음

저자 서문

윤산온(尹山溫), 조지 섀논 매큔(George Shannon McCune)은 미국장로회 파송 교육선교사로 1905년 9월에 평양에 왔다. 그리고 1936년 3월에 한국을 떠났다. 그가 오던 해는 이른바 을사 늑약이 있던 해이다. 한 해 전에는 러시아와 일본이 한반도 북부에서 전쟁을 하였다. 그가 오고 나서 5년이 지나 한국은 일본과 강제로 합방되었다. 그는 한국에서 기독교가 새 시대의 삶의 진리로 받아들여지고 복음으로 인식될 때, 그러한 수용과 인식이 가장 활발한, 그래서 훗날 한국의 예루살렘으로 불린 선천과 평양에서 교육선교로 일관한 선교사이다. 1909년부터 1921년까지는 신성중학교 교장으로 기독교적 인재양성에 힘쓰면서 한국인의 애환을 함께 하다가 추방형의 출국을 당하였고, 1928년 다시 숭실대학의 교장으로 초빙되어 대학 교육의 중흥의 기반을 쌓아 나가다가 일제의 신사참배라는 악재를 만나 1936년 교장직에서 해임되고 추방당했다.

필자는 2013년 숭실대학교 뿌리찾기위원회와 숭실대학교 부설 한국기독교문화연구원장의 직책을 수행하며, 숭실대학의 기반을 닦고 방향을 정립한 인물들의 희생의 내용 연구에 착수하다가 그 일환으로 윤산온 교장에 관한 탐색을 하게 되었다. 당초 의무감으로 출발하였지만 연구의 과정에서 필자는 많은 기쁨을 얻었는데, 그것은 새로운 사실을 알아가는 데서 주어진 것도 있지만 저렇게 의롭고 사랑과 배려가 많은 인격체가 우리의 선배로 또 은인으로 있었다는 것이 주는 기쁨이었다. 동시에 그간의 무심이 매우 부끄러웠다.

윤산온에 관한 연구는 전반적으로 매우 부진하여 기초적인 것마저 정리되어 있지 않다. 그 생애에 관한 자료도 정확한 것이 별로 없었다. 한 학자가 그를 학술적으로 깊이 있게 다루었으나 논점 자체가 다소 다르기에 도움이 되었지만 만족스럽지는 않았다. 그밖에는 신성학교와 숭실의 졸업생들이 감은(感恩)에 의한 회고사와 추모적 성격의 글들이 있을 뿐이었다.

이 책은 크게 Ⅰ, Ⅱ, Ⅲ부로 되어 있다. Ⅰ부는 윤산온의 생애와 사상을 그의 공의(公義)와 배려(配慮)의 행로라는 주제로 다루었다. Ⅱ부는 윤산온이 KMF에 영문으로 기고한 20편의 글을 번역하여 자료로 제공했다. Ⅲ부는 윤산온의 부인 헬렌 선교사의 기고문과 선교보고서이다. 헬렌의 자료는 윤산온의 행로를 이해하는 데 크게 도움을 주는 자료인데, 이선경 박사가 번역하였고 저자가 교감하였다. 부록은 이 책에 등장하는 인물들의 약전이다.

이 책이 연구되어 출간되는 데에는 숭실대학교 한헌수 총장의 결단이 있어 가능했다. 연구위원회와 연구비를 책정하여 주었기에 이런 작업이 가능하게 되었다. 베어드, 레이너, 마펫, 그리고 마우리 교장의 잘 갖추어진 평전이 이제 이어져 나올 것으로 기대한다. 그간 숭실의 정신적 물질적 토대가 되어준 분들에 대한 행적과 그 정신적 흐름을 지속적으로 연구하고 출간하여 우리가 지수(持守)할 것과 변통(變通)할 것을 구분하여 진리(眞理)를 높이고 실사(實事)를 추구하는 멈춤 없는 행로를 다짐하여 본다.

애초에 윤산온 평전을 의도했는데, 거칠고 누락된 부분이 많아 안타깝다. 윤산온의 기고문은 이번에는 KMF에 있는 것만을 번역 수록하였는데 앞으로 농민생활, 종교시보, 동아와 조선일보 등 신문, 그리고 신사참배 관련 서한 및 공적 사적인 보고서와 그 밖의 편지 등을 확보하는 대로 추후 자료집 속편을 낼 것을 독자 앞에 약속한다.

2017년 1월 20일

곽신환

목차

Ⅱ부

윤산온의 KMF 기고문

III부

헬렌 매카피 매큔의 KMF기고문과 선교보고서와 편지들

범례

1. 한글을 중심으로 하고, 한자와 영어의 병기는 꼭 필요한 경우에만 제한적으로 괄호 안에 넣어 표기하였다. 예) 대공대의(大公大義), 로즈(Rhoddes)
2. 필요한 경우에는 한자와 영문표기를 병행하였다. 블레어(Blair, 방위량 邦緯良)
3. 이 책의 II부에 있는 윤산온의 기고문 번역에 있는 각주는 역주이다.
4. 윤산온이 한국에 체재했던 1905년-1936년의 시기는 대한제국, 그리고 일제 강점기에 해당한다. 엄밀하게 구별해야 하는 경우를 제외하고는 모두 한국, 한국인으로 표기하였다.
5. 외국인의 이름을 표기할 때에 가능하면 식별이 용이한 것을 선택하였다. 대부분의 선교사가 한국 이름을 갖고 있어서 어느 정도 대중화된 경우는 한국식 이름을 먼저 그리고 필요하면 ( )안에 영문 표기를 하였다. 그렇지 않은 경우 한국식 발음 다음에 역시 ( )안에 영어표기를 하였다.
6. 교단 차원의 선교와 관련된 용어에서 Board, Mission, Station을 각각 선교본부, 선교회, 선교지부로 옮겼다. 그리고 이 경우 대체로 Board는 미국 뉴욕에 있는 해외선교본부이고, Mission은 서울에 있는 한국선교회이거나 산둥선교회이며, Station은 대구 부산 평양 선천 강계 등지에 있는 선교지부를 가리킨다.

I부

윤산온의 공의(公義)와 배려(配慮)의 행로

1. 미북장로회 교육선교사 윤산온

조지 샤논 매큔(George Shannon McCune;1873. 12.15-1941. 12.7, 윤산온 尹山溫)은 구한말과 일제 강점기에 평양을 중심한 평안도 지역의 교육 사역에서 가장 두드러진 업적을 이루고, 일제의 강박에 따른 한민족의 저항과 논란의 중심에 있었으며, 한국민의 처지를 깊이 이해하고 실제적 도움과 사랑을 베푼 선교사이다.

윤산온이 한국에 처음 온 것은 1905년 9월로 그의 나이 32세 때이다. 그는 평양에서 어학훈련과 현지 적응 기간이 지난 다음에 줄곧 교육선교로 일관하였다. 그의 한국에서의 삶은 전후 두 부분으로 나눌 수 있다. 전반부는 1905년 선교사로 평양에 부임한 이래 1909년 신성학교장으로 취임하여 활동하다가 1921년 출국한 17년간의 시기이다. 후반기는 1928년 재입국하여 숭실중학과 숭실전문학교장으로서 학교 중흥을 위하여 적극적으로 활동하다가 신사참배 거부로 일제 당국으로부터 학교장에서 해임되어 1936년 출국할 때까지 9년 기간이다. 그러니까 그는 총 26년간 한국에 머물며 활동하였다.

윤산온은 한국에 있는 동안 교육을 통한 선교로 일관하였지만 그 과정에서 105인 사건과 신사참배와 관련된 논란에서 그 중심에 있었다. 숭실대학으로서는 창설자 베어드, 그리고 수성자 마펫과 더불어 그가 중흥자이자 정치적 곡절에 따른 폐교가 결정되는 시점에서 숭실에 강력한 성격을 부여하고 인상을 지운 교장이었던 만큼 그에 대한 정밀하고 심도 있는 연구가 필요하다. 한편 그와 그 후손들이 한국에 대한 연구와 한국에 대하여 갖고 있는 인식이 미국의 대한국 정책의 기조를 이루었다는 점도 유념해야 한다.

그러나 윤산온 개인에 대한 연구는 매우 소략하다. 안종철의 연구[1]를 제외하면 크게 의미 있는 논문이 아직 나오지 않고 있다. 신성학교 졸업생들이 그 학교의 100주년 기념 회고담 등에서 단편적으로 다루고 있고, 이동진 목사와 방지일 목사가 역시 회고의 관점에서 윤산온 목사를 소개 기술하였다.[2] 이들은 정확한 사실적 자료에 입각한 것이라기보다는 각자의 기억에 의존하는 글들이라서 종종 오류가 보이고, 개인의 주관적 또는 감성적 토로가 많다는 문제를 안고 있다.

윤산온의 가계와 유초년 시기를 알 수 있는 자료는 알려진 것이 많지 않다. 1977년에 숭실대학에 와서 가르친 일이 있는 그의 둘째 아들 샤논 매큔이 영문 논문[3]에서 그의 부친의 가계 배경에 대하여 기술한 부분이 있어 미흡하나마 짐작할 수 있음이 다행이다. 그에 따르면 윤산온의 젊은 날은 다음과 같이 요약된다.

윤산온은 1873년 12월 15일 펜실베니아주 피츠버그에서 태어났다.[4] 그의

---

1) 안종철은 박사학위논제로 『미국 북장로교 선교사들의 활동과 한미관계 : 1931-1948』(The activities of American presbyterian (PCUSA) missionaries and Korean-American relations, 1931-1948를 다루었는데 여기서 핵심적인 인물로 윤산온을 언급하고 있다. 서울대학교 2008년. 그는 이 논문외에도 「식민지 시기 평양지역 윤산온(George S. McCune) 선교사의 활동과 그의 가족의 한국학 연구」 제232회 학술발표회 주제발표(2005.3.5), 「윤산온의 교육선교 활동과 신사참배문제」『한국기독교와역사』 2005년 9월 pp73-95 한국기독교역사연구소, 「중일전쟁 발발전후 신사참배 문제와 평양의 기독교계 중등학교의 동향」 한국문화 48호, 「종교와 국가의례 사이;1920년-30년대 일본신도를 둘러싼 조선내 갈등과 서구인들의 인식」 한국학연구 2022집 2010. 6 31. 등의 논문을 발표하였다.

2) 이동진 목사가 회고한 「한국교회와 숭실의 은인 윤산온」(『인물로 본 숭실 100년』, 숭실대 출판부 1992년)이 있고, 방지일 목사가 쓴 『야사도 정사로』2001년 선교문화사, 「윤산온 목사」라는 글이 있다.

3) 샤논 매큔 *The Testing of a Missionary: George Shannon McCune and The korea Conspiracy Case of 1910-1913.* 논문집 2-7집 1편 PP264-265 인문사회과학 1977년 숭전대학교

4) 그의 생졸연도에 대하여 혼란이 있다. 이동진은『인물로 본 숭실 100년』(숭실대학교 출판부, 1996)에서 "1878년 미국 펜실베이니아주 출생....1941년 63세를 일기로 시카고 장로교 병원에서 별세"라고 하였는데, 여기서 1878은 1873으로, 63세는 69세로 수정되어야 한다. 동아

부친은 건축과 페인트 사업에 종사하였다. 그러나 불행하게도 그가 12살 때 부친이 죽었다. 윤산온과 그의 동생은 어머니와 누이를 돕기 위하여 학업을 중단했다. 그는 다양한 형태의 일을 했다. 22살 무렵 그는 피츠버그 은행의 보조출납원이었다. 이후 공부할 시간을 놓쳤다는 것을 깨달은 그는 대학에 진학하기로 결심하였다. 그가 만학도(晩學徒)들의 교육에 특별한 관심을 가졌던 것은 그 자신의 아픈 경험 때문이라고 아들은 설명한다. 윤산온이 대학 진학을 결심한 배경에는 이제 그의 동생과 큰 누이가 모친과 어린 두 누이 동생을 도울 수가 있었기에 가족의 생계 유지라는 의무로부터 벗어날 수 있었기 때문이다.[5)]

그는 일을 하면서 고등학교와 대학교육을 받을 수 있는 그런 학교를 찾았다. 이 때 미주리 주 파크빌에 있는 파크대학이 그에게 답을 주었다. 존 암스트롱 매카피가 설립한 이 대학에서 7년간의 공부 끝에 그는 1901년에 졸업하였다. 그의 나이 28세였다. 졸업 후 그는 일 년간 파크대학에서 라틴어를 가르쳤다. 1903년 그는 피츠버그 대학에서 석사학위를 취득했다.[6)] 그가 처음으로 전임 교수직을 얻은 것은 아이오와 주 세다 라피즈(Cedar Rapids)에 있는 장로교 대학인 코에(Coe)대학[7)]에서이다. 여기서 그는 남학생과장, 중학교

일보 1932.11.17. 3면 사회 기사에는 "【평양】숭실전문과 숭실중학교장 윤산온(尹山溫)박사 부처의 회갑연(回甲宴)을 지난 十五일…"이라 했다. 훗날의 동아일보기자도 그의 출생연도를 1872년이라고 했다. 어떤 자료에는 그가 미주리 주 출신이라 한 곳이 있고, 또 1942년 6월에 죽었다고도 한 곳이 있다. 이 역시 오류이다. 미국 미주리 주 파크빌에 있는 Walnut Grove Cemetery 에 있는 비석에는 윤산온이 1973년 출생, 1941년 사망으로, 부인 헬렌은 1972년 출생, 1952년 사망으로 새겨져 있다.

5) 샤논 매큔에 따르면 윤산온은 형제자매는 남동생1, 누나1, 여동생 2, 즉 2남 3녀의 둘째였던 듯하다. 그의 누이 중 하나인 캐서린은 한국에 선교사로 왔다. 주로 재령에서 활동하였다.

6) 샤논 매큔에 따르면 이 학위는 '대학외부로부터의' 학위라고 되어 있다. 윤산온이 피츠버그 대학의 전업학생은 아니었던 것으로 보인다.

7) 1851년 Williston Jones가 처음 대학을 설립하고 그 이름을 The School for the Prophets이라 했다. 그는 Cedar Rapids의 첫 번째 거주민 목사였다. 그는 중서부에 있는 교회를 위해 봉사할 젊은이들 교육을 위하여 그의 거실을 제공했던 것이다. 두 해 후에 그는 3명의 학생을 동부신학교에 보내기 위한 모금을 마련하기 위해 교회를 순방하던 중에 Daniel Coe라는 농부가 그에게

교장, 그리고 교육심리학 교수였다. 1902-1905년 3년 동안의 공부와 연구로 그는 아이오와 주 시노드(synod)[8]로부터 장로교 목사로서의 안수를 받았다. 아들 샤논은 그의 아버지가 목사 안수 받기 전의 신학 전문 교육의 수준은 분명히 그리 높지 않았다고 기술하고 있다. 코에 대학은 1914년 윤산온에게 명예신학박사학위를 수여하였다.

1904년 윤산온은 헬렌 베일리 매카피(Helen Bailey McAfee 1872.11.24-1952.5.5)와 결혼하였다. 헬렌은 파크대학 설립자 존 A. 매카피(John Armstrong McAfee 1831-1890)와 안나 W. 베일리(Anna Waddle Bailey 1838-1903) 사이의 7남매[9] 중 막내로 외동딸이었다. 캔사스 주 하이랜드(Highland)에서 태어났고, 1952년 5월 5일 위스콘신 주 래피즈(Rapids)에서 죽었다. 그녀는 파크대학을 졸업하고 이어서 오하이오 주 옥스퍼드의 여자웨스턴칼리지에서 대학원 과정을 하였으며, 여기서 문학석사 학위도 받았다. 그가 파크 대학의 여학생 주임으로 돌아 와 활동할 때 윤산온은 그 학교 학생이었으며, 이들은 이때부터 서로 알고 지냈다. 만학의 고학 청년과 명문가 엘리뜨 처녀 교수의 만남이었다. 그녀는 결혼 후에 윤산온과 합류하여 잠간 코에 대학의 여학생 주임이 되었다. 그런데 그녀는 이미 1904년에 장로교 교육선교사로 지명되어 출발을 기

$1,500 을 내겠다고 선언하고 그것으로 Cedar Rapids에 대학을 세우라고 하였다. 이 돈을 시드머니 삼아 1853년에 대학이 설립되었다. 학교로 사용하기 위해 두 채의 건물을 다운타운에 그리고 시 외곽에 80에이커의 농장을 구매했다. 이후 여러 곡절을 겪으며 Coe대학은 탁월한 인문대학으로 발전하며 명성을 높여갔다. 1949에는 Phi Beta Kappa chapter 곧 미국의 모든 American Colleges and Universities에서 상위 5% 이상에게 주어지는 명성을 획득한 것이다. 이 대학의 교육철학의 핵심은 '인문학 교육은 인생을 위한 최선의 준비'라는 신념이다. (google.com에서 찾아 압축하여 번역함)

8) synod는 교회의 여러 가지 문제를 토의하고 결정하는 성직자들의 모임이다. 라틴어는 synodus이다. 카톨릭에서는 교황이 소집하는 교회회의는 보편공의회와 세계 주교 대의원회의(Synodus Episcoporum)가 있다. 개신교 장로교의 경우 노회나 총회가 시노드에 해당할 것이다.

9) 이들 부부 사이에 7남매가 있다. 첫째는 Lowell Mason (1860-1929) 둘째는 Howard Bailey (1861-1949) 셋째는 Lapsley Armstrong (1864-1935) 넷째는 Cleland Boyd (1866-1944) 다섯째는 James Arthur (1868-1868) 여섯째는 Joseph Ernest (1870-1947) 막내가 Helen Bailey (1872-1952) 이다.

다리고 있었다.[10)]

헬렌의 아버지 존 A. 매카피는 미주리 주 에머슨에서 태어났고, 1875년 미주리 주 파크빌 소재의 파크대학을 설립하였으며, 1890년까지 그 대학의 교수로 활동하다가 58세에 파크빌에서 죽었다. 헬렌의 어머니 안나 W. 베일리는 미주리 주 찰스 카운티 출생이다. 그는 린덴우드 대학(Lindenwood College)에서 여성 신학을 가르쳤고, 헬렌의 결혼 전 1903년에 콜로라도 주 엘 파소에서 죽어 파크빌 소재 월넛 그로브 묘지에 묻혔다.

헬렌 베일리 매카피는 남편 윤산온보다 한 살 연상으로 결혼한 해의 그의 나이는 32세였다. 만혼이라 할 수 있다. 헬렌이 파크대학을 졸업한 해는 그의 나이 18살인데, 윤산온이 파크대학을 졸업한 것은 28세이다. 빈궁한 집안 출신으로 고학에 만학도 청년 윤산온과 유복한 교육자 집안의 재원 처녀 교수 헬렌의 결혼은 아무래도 당시 주변의 화제거리였을 것이다.

헬렌이 장로교 해외선교사로 선정된 것이 1904년이고, 애초에 그해 출발하려던 것이 러일전쟁으로 인하여 1년 늦은 1905년에 출발했다고 한다. 윤산온이 목사 안수를 받자마자 선교사가 되어 한국으로 출발한 것이 1905년이다. 헬렌이 윤산온보다 먼저 한국선교사로 결정이 되었다는 점에 주목할 필요가 있다. 이 일련의 사실로 미루어 보면 헬렌이 한국선교사를 희망하여 1904년 이미 파송 결정이 되었는데, 러일 전쟁으로 위험한 지역에 가는 것이 불안했던 상황에서 선교사로 갈 것을 약속하고 결혼하여 윤산온이 목사 안수를 받은 다음 바로 둘이 함께 한국에 교육선교사로 출발한 것이 아닌가 추정된다. 윤산온 헬렌 부부 슬하에는 네 명의 자녀가 있다.[11)]

---

10) 샤논 매큔, *The Testing of a Missionary: George Shannon McCune and The korea Conspiracy Case of 1910-1913.* 논문집 2-7집 1편 pp265-267 인문사회과학 1977년 숭전대학교

11) 첫째는 Anna Catherine (1906-1995), 둘째는 George McAfee (1908-1948), 셋째는 Helen Margaret (1911-1984), 넷째는 Shannon Boyd Bailey (1913-1993)이다.

윤산온 부부가 미국에서 한국으로 처음 올 때 부산까지는 비교적 순탄한 항해였던 것 같다. 그러나 그들이 탄 배가 부산을 떠나 평양으로 향하는 도중에 서해안에서 좌초했다. 이를 그의 아내 헬렌 매카피가 1905년 11월 KMF에 투고한 글, '안토 마루호의 좌초'에 상세히 기술하고 있다.

일본 한국 중국 인도 필리핀 등으로 가는 다양한 교단의 선교사 35명이 탄 배가 1905년 8월 31일에 요코하마에 상륙했고, 거기서 다시 한국으로 가는 선교사 10명이 부산으로 향했는데, 두 명은 휴가를 마치고 돌아가는 중이었고, 8명은 새로 한국에 부임하는 선교사들이었다. 부산에서 9월 9일 토요일 구름이 잔득 낀 저녁 무렵 안토 마루호가 출항을 했다. 남해를 거쳐 서해로 거슬러 올라가는 항로였다. 그날 밤이 되자 풍랑은 더 거세지고 안개가 짙게 끼었다. 윤산온 부부, 도날슨 양 등 3명이 그날 그 배의 유일한 외국인으로서 서울과 평양으로 향하는 승객이었다. 안개 속에 길을 잃고 헤맨 지 한 시간 쯤 후인 자정 무렵에 배가 그만 바위에 부딛쳐 파선되는 바람에 승객들이 모두 극심한 공포와 혼란에 빠지고 말았다. 다행스럽게도 가까이에 섬이 있었고, 또 배 안에 있는 배수 펌프가 작동하여 스며드는 물을 뽑아내는 등의 조치를 취할 수 있어 혼란은 이내 진정이 되었다. 날이 밝자 승객들이 구명조끼를 입고 구명정을 이용하여 아주 불운한 한 사람만 빼고는 모두 섬으로 상륙할 수 있었다. 이 배가 좌초한 지역의 섬은 육지에서 20마일, 제물포에서는 80마일(약 130Km) 정도 떨어져 있는 곳이며, 둘레가 1마일 이내이고 7가구의 한국인 가정이 있는 곳이라고 한다. 승객들은 일요일을 그 작은 섬에서 보내고 월요일 아침에야 구조선 도카이 마루호를 타고 안전하게 그 섬을 떠날 수 있었다. 헬렌은 그 사건을 신앙적으로 해석하였다. 즉 그는 '하늘 아버지의 놀라운 보호를 기쁘게 받아들이고 감사와 찬양을 드렸다'.[12)]

아직 신혼 분위기에 있는 만혼의 윤산온 부부는 이런 극적인 과정을 거쳐 1905년 9월에 평양에 도착하였다. 평양에서 그들은 초기 4년을 보냈는데 한국어를 배우는 일면 윌리엄 베어드(1862-1831)를 도와 막 시작한 숭실대학과 숭실중학에서 학생들을 가르치면서 학교 경영에서 베어드를 대리하기도 하고, 평양과 그 인근 지역의 교회학교를 행정적으로 재조직하며 이를 돌보는 일에 주력하였다. 이 때 윤산온과 베어드의 만남은 이후 1928년부터 윤산온이 숭실전문 교장의 책임을 맡으면서 서로 신뢰하고 의지하는 관계로 발전하였다.

당시 선교사들의 한국어 학습 과정은 매우 체계적이었고 강도가 높았다. 윤산온은 한국에 체재하는 동안 매일 일정한 시간을 할애하여 한국어를 배웠다고 한다. 그의 한국어는 훗날 한국인들로부터 대환영을 받을 만큼 유창했다고 한다. "그는 ...능란(能爛)한 한국말 설교를 할 수 있었던 몇몇 되지 않는 미국인 선교사 가운데 한 분이었다. 풍부한 유모어로 하는 그의 한국

---

12) 헬렌 매카피 KMF 1905년 11월 "The Wreck of Anto Maru"

말 농담은 한국 사람의 재담(才談)보다 때로는 더 적절할 수가 없었다"[13] 라는 평가가 있다.

매큔의 한국 이름 윤산온(尹山溫)에서 성(姓) 윤은 McCune의 가족 이름 후반부에서 취했고 중간 Shannon에서 비슷한 음가인 산온(山溫)을 택했다. 아들 샤논 매큔은 아버지의 이름 산온(山溫)은 에너지의 산 또는 폭발 직전의 화산을 뜻한다고 유머러스한 풀이를 하였는데, 그의 아버지의 성품이나 당시 그를 접한 사람들의 느낌을 담아내는 조크이기도 하다.[14] Mc는 스코틀란드 사람들의 성(姓)에서 발견되는 데, 이는 아들을 뜻한다. 그가 언제부터 한국이름을 사용했는지는 분명하지 않다. 그러나 1907년의 평양노회회의록에 이미 윤산온이라는 이름을 쓰고 있음을 미루어 보면 그가 한국에 도착하고 나서 얼마 지나지 않아 한국식 이름부터 지었던 것으로 추정된다.

그가 한국에 도착한 1905년은 이른바 을사늑약이 체결된 해이다. 서울을 중심한 지역에서 지도층의 분열이 가속화되고 있었고 국정 전반이 와해되었으며, 조정은 이미 형해(形骸)만 남아 있는 상황이었다. 한 해 전인 1904년 한반도 북부에서 러시아와 일본 사이의 전쟁이 벌어졌고, 일본의 승리로 만주와 한국에서의 주도권이 일본에 넘어갔다. 미국 영국 등은 러시아를 견제하는 일환으로 일본과 우호적 관계를 유지하고 있었다.

1905년의 평양과 평안도를 비롯한 북한 지역은 이미 기독교가 상당한 수준으로 성장하고 있었다. 이 지역에서 기독교가 민중들에게 호의적 반응을 얻고 또 팽창적으로 발전하게 된 시점은 대체로 1896년 청일전쟁 무렵으로 본다. 이 때는 물론 이미 상당수 선교사들이 적극적으로 활동하고 있는 상황이었다. 이 지역에서 기독교가 활발하게 성장한 배경에 대해서는 여러 학설

---

13) 이동진 「한국교회와 숭실의 은인 尹山溫」『인물로 본 숭실 100년』 p 476 숭실대 출판부 1992년

14) 샤논 매큔, *The Testing of a Missionary: George Shannon McCune and The korea Conspiracy Case of 1910-1913.* 논문집 2-7집 1편 인문사회과학 1977년 숭전대학교

이 있다. 대체로 이 지역이 당시 한국에서는 가장 진취적 기상과 개혁적 정신이 강한 곳이었다는 것이 공통적으로 지적되고 있다. 이는 1897년 평양에 숭실학당을 설립하고 이후 대학부까지 설치하여 발전시킨 베어드의 개인적인 기록에도 있고, 미국 선교본부에 보낸 보고서에도 나타난다. 이곳 한반도 서북지역은 서울이나 남쪽의 유교 중심적 지배 이념 묵수보다는 비판적이고 실용적이며 진취적 태도가 강했는데 이것은 조선왕조 500년 동안 이 지역이 중앙 정계로부터 상당한 정도로 소외되고 핍박을 받았다는 사실과 연관이 있는 것으로 추정된다.

또 이 지역은 황해도 지역과 더불어 미국북장로회 선교부의 관할 구역이었다. 언더우드는 1895년 경 이미 소래에 가서 교회 헌당 예배를 주관한 일이 있다. 당시 미국북장로회는 19세기 이래 번영을 구가하던 앵글로 섹슨족이 지니고 있던 '세계를 기독교화하겠다'는 긍지를 배경으로 하는 열정을 지닌 사람들이 뭉쳐 있었다. 이 지역에서 함께 선교한 감리회는 장로회에 비하여 선교 성과가 상대적으로 미미하였는데 이는 여러 이유들이 제시되고 있지만 좀 더 상세하고 치밀한 연구가 필요한 상황이다.

윤산온의 약력

1873년[15] 12월 15일 미국 펜실베니아 주 피츠버그에서 출생

1885년 부친 사망

1885년-1894년 피츠버그 은행보조출납원 등 각종 일에 종사하며 모친과 동생들 부양

1894년 -1901년 미주리 주 파크 중학교와 파크대학 재학, 고학

1901년 파크 대학 졸업, 졸업 후 1년간 그 대학에서 라틴어를 가르침

1903년 피츠버그 대학원에서 문학석사 학위 취득. 미주리 주립 대학에서 신학을 전공

1904년 6월 14일 헬렌 베일리 매카피(Helen Bailly Mcafee)와 결혼

1904년-1905년 Coe College의 교장

1905년 5월에 시더레티스 장로교회에서 목사 안수 후 부인과 함께 한국선교사로 파송, 9월 평양에 도착 후 한국어 공부, W. 베어드 등과 함께 평양 인근 지역 교회를 돌보는 일과 숭실중학 및 숭실대학 교수진에 합류

1908년 9월 윤산온의 누이 윤가태(尹嘉泰, Katherine A. McCune)가 선교사로 내한하여 재령지부에서 활동

1909년 선천의 신성학교 교장에 취임

1911년 105인 사건 관련, 주범자로 몰려 여러 차례 재판에 회부됨

1913년-1914년 안식년 휴가

1914년 아이오와 주 코에 대학(Coe College)에서 명예신학박사학위 취득

1918년 10월 모친의 병환으로 귀국하여 4개월간 미국에 체재. 이 때 위드로우 윌슨과 한국의 미래에 대한 담론을 나눈 것으로 추정

---

15) 그의 출생연도를 1872년으로 기록하고 있는 곳이 여럿이다. 그러나 그의 묘비에는 1973년생으로 되어 있다. 그의 아들 Shannon McCune이 정리한 연보에도 1973년으로 되어 있다. *The Testing of a Missionary: George Shannon McCune and The korea Conspiracy Case of 1910-1913.* 숭전대학교 논문집 1977년 p266

1919년 2월 1일 선천으로 복귀. 3.1운동 이후에 쫒기는 학생들을 자신의 집에 피신 시킴

1920년 8월 한국 사정 조사차 내한한 미국의회의원단이 선천을 지날 때 한국독립운동가들의 진정서를 영문으로 번역하여 그들에게 전달. 9월 신성학교학생 박치의의 선천경찰서 폭탄 투척 사건에 연루, 법정에 서게 됨

1921년 2월 24일 큰아들의 병 치료를 이유로 출국. 6월 신성학교장 퇴임. 미국 사우스 다코타주(州)의 휴런대학 학장에 부임

1927년 9월 휴런대학 학장 퇴임. 퇴임 때 명예법학박사학위를 받음

1928년 5월 한국에 교육선교사로 다시 입국, 숭실전문학교 제4대 교장에 취임

1929년 6월 14일 숭실학교와 숭실전문교장에 정식 취임. 총회농촌부에서 창간하는 잡지 『농민생활』의 발행인이 됨

1932년 12월 15일 숭실전문 강당에서 회갑연, 약 3,000여명의 참석하여 축하

1933년 12월 8일 아들의 병 간호를 위해 일시 귀국했다가 다시 평양으로 귀임

1935년 12월 13일 일제의 신사참배 강요로 미국 북장로회 선교부 실행위(위원장 J. Gordon Holdcroft)가 숭실전문교장 윤산온 집에 모여 심야까지 회의를 한 후에 일본의 신사참배 요구를 거부하기로 결정함

1936년 1월 20일 조선총독부가 윤산온 숭실전문과 숭실중학교 교장의 인가를 취소함

1936년 3월 21일 귀국

1936-41년 시카고의 무디[16)]성서신학교 교수로 재직

---

16) 무디(Dwight Lyman Moody; 1837.2.5.-1899.12.22)는 미국의 부흥 설교가. 매사추세츠 주 노드필드에서 출생. 4살에 부친을 잃고 가난한 생활 속에 교회에 열심히 출석하였고, 이 무렵 신앙적 감동을 체험하였다. 초등학교를 졸업 후 보스톤에서 외삼촌의 구두방 가게에서 일하다가 시카고로 거처를 옮겨 구두 외판으로 큰 성공을 거두었다. 그러는 중에도 주일학교 교사와 교장으로 어린이 선교 사역에 헌신하다가 시카고에서 기독청년연합회에 적극적으로 참여했고, 구두 판매업을 중단하고 본격적으로 부흥사의 길로 나섰다. 이후 무디는 찬송가작가이자 성악가인 이라 데이비드 생키를 대동하고 전도집회를 하였는데, 단순하고 간결하면서도 힘있는 무디의 메시지와 영혼을 울리는 듯한 생키의 찬송이 많은 사람들에게 감동을 주었다. 그

1941년[17] 12월 7일 시카고 장로교 병원에서 별세. 향년 69세

1963년 3.1절에 대한민국정부가 독립유공자 건국공로훈장을 추서

는 칼빈주의 신조를 근간으로 성경을 문자적으로 이해하며 예화를 적절하게 잘 사용하였다.

17) 일부의 기록에서는 그가 1942년 6월 14일 시카고에서 죽었다고 한다.

2. 평양에서 역사한 성령에 대한 감격

윤산온은 한국에 도착한 지 3년차가 되는 1907년 평양에서 일어난 대부흥 운동에 엄청난 충격과 감동을 받았다. 이때 그는 평양 중앙교회 곧 장대현교회에서 사역하고 있었다. 그는 대부흥 운동 때 체험한 내용을 '평양에서 역사한 성령'이라는 제목으로 1907년 1월 KMF에 투고하였다.[18] 그가 정리한 당시의 정황은 다음과 같다.

당시 평양에서는 겨울사경회가 열리고 있었는데 그 등록 책임을 진 것은 스왈른(Swallen) 목사[19]였다. 윤산온은 스왈른 목사로부터 등록한 사람이 1,000명을 넘었다는 소식에 충격을 받았다. 그러나 구체적인 내용은 더욱 놀라웠다. 어떤 사람들은 300 리 떨어진 곳에서, 또 어떤 사람은 360 리 떨어진 곳에서 왔다. 엄동 설한의 추위 속에 산을 넘고 험한 길을 걸어 두 주간에 걸쳐 진행되는 사경회에 참석하기 위하여 오가는데 드는 적지 않은 비용을 그들은 대부분 스스로 부담하여 왔기 때문이다. 얼마나 감동적인 사실이었을까? 선교사의 입장에서 현지인이 한 겨울에 수백 리 떨어진 곳에서 자발적으로 성경공부를 하러오다니 이보다 더 기쁘고 보람 있는 일이 어디 있겠는가? 평양에 몰려든 그들은 저녁에 등불을 든 몇몇을 포함하여 함께 어둠 속

---

18) K.M.F 1907년 1월 The Holy Spirit in Pyeng 평양에서 역사한 성령,

19) 스월른(W.L.Swallen, 蘇安論) 목사는 농과대학 출신으로 미국 북장로교회 소속 맥코믹 신학교를 졸업하고 한국에 선교사로 파송되었다. 소안론 목사의 약력은 조경현의 "순례자 '소안론' 선교사"에 상세하다. 그는 농과대학 출신답게 한국에 과수 심기에 공을 들이기도 했다. 그가 안식년 차 미국에 갔다 오면서 사과나무 묘목 300개를 갖고 와서 대구에 있는 선교지부에 묘목 150개를 전달하여 대구 근방 기독교인에게 나누어 주어 심게 하였고 나머지 150개는 평양에 있는 선교지부에 전달하여 평양근처, 주로 황주에 있는 신도들에게 나누어 주고 심게 하였다. 이것이 오늘의 우리나라 대구사과와 황주사과의 유래가 되었다. 그 후에 우리나라 사과는 전국적으로 퍼져나갔고 종류도 개량하여 농산물 소득의 큰 몫을 차지하고 있다.

을 걸어 중앙교회로 몰려가고 있었다. 이 모습을 바라본 윤산온은 가슴 벅찬 감동을 느꼈다. 당시 사람들은 여자들은 북쪽교회, 동문교회, 남문교회 등으로 나누어 집회를 가졌고, 남자들은 서문밖 사랑에서도 모임이 있었으며, 아이들은 숭실대학과 숭실중학 채플에서도 모임이 이루어졌지만, 가장 큰 건물을 가진 중앙교회에 2,000명이나 몰려 들었다.

집회는 헌트(Hunt)[20]목사의 설교가 끝난 다음 리(Lee)목사[21]가 "기도합시다"라고 하자 그곳에 모인 남자들의 우렁찬 기도 소리가 이어졌다. 일부는 기도 중에 울부짖었고, 어떤 사람에게 지은 어떤 특정한 죄를 하나님이 용서해 달라고 빌었으며, 또 성령의 충만함을 간구하는 내용이었다.

윤산온은 이런 장면을 매우 긍정적으로 보았는데, 이것은 중요한 의미를 갖는다. 신앙적으로 아직 미성숙 상태에 있다고 할 수 있는 선교지 사람들이 자발적으로 열정적 아니 열광적으로 기도하는 현상은 자칫 잘못된 일로 평가할 수 있는 여지가 있다. 그런데 윤산온은 그들이 비록 그렇게 다양한 형태와 목소리로 기도하였어도 혼란은 전혀 없었으며, 오히려 그것은 하나의 완전한 조화였다고 평가했다. 그는 그 현상을 어떤 말로도 묘사할 수가 없으며 그것을 이해하려면 그것을 직접 목격하는 것 밖에는 다른 방법이 없다고 했다. 다시 말하면 거기에는 어떤 감정적인, 정서적인 편향 같은 것은 없었으며, 각자의 기도에는 완전한 집중이 있었다는 것이다.

평양에 있는 선교사 공동체에서도 이 현상을 긍정적으로 평가하였다. 선

---

20) William B. Hunt, 한국이름 한위렴(韓緯廉) 이에 대해서는 박응규의 「한위렴 (William B. Hunt)의 황해도 재령 초기 선교역사」(교회사학 제 4권 1호 pp.149~174)을 참조할 것. 수원교회사연구소, 2005년

21) 그래엄 리(Graham Lee) 선교사는 미국 일리노이 주에서 출생, 맥코믹신학교를 졸업하고 1892년 북장로교 선교사로 내한해 1912년까지 주로 관서지방 특히 평양 주변에서 활동하였다. 1907년 1월 2일부터 15일까지 2주간 자신이 담임하고 있는 장대현교회에서 열린 '평양 사경회' 때 설교와 기도회를 인도하였다.

교사들은 함께 모여 이 일을 논하면서, 그들의 생애에서 결코 느끼거나 본적이 없는 성령 임재의 체험적 확신을 가졌으며, 그것은 참으로 놀라운 일이라고 고백하였던 것이다. 집회에 참석했던 선교사들은 각각 성령을 받았다는 체험적 고백을 하는 동시에 그 고백이 계속 이어지기를 기도했다.

그 일은 하루에 그친 것이 아니었다. 이어지는 집회에서 전보다 더 성령의 임재에 대한 확실한 증거들이 나타났다. 윤산온은 그 가운데 가장 충격적이고 최고의 가치가 있다고 할 수 있는 일은 모두가 더 잘하기로 새롭게 결심했다는 것과, 지도자급의 유망한 사람들이 그들의 죄를 고백했다는 것이었다고 하였다. 그가 말하는 유망한 사람 속에는 길선주 목사도 들어 있었다. 어쨌든 성령 강림의 집단적 체험은 당시 평양에 있던 북장로회 선교사들로 하여금 그곳에서의 선교에 무한한 자부심을 지니며 이후 그들의 일을 소신껏 추진하는 무한 동력이 되었을 것이다.

윤산온은 '놀라운 성령'이라는 제목으로 KMF 1907년 3월호에 글을 게재하였다.[22] 그 글의 서두는 "우리는 우리의 믿음이 일찍이 도달했던 것 이상의 놀라운 은사를 받고 있다"였다. 여기서 말하는 우리는 물론 평양에 모인 모든 기독교인을 말하는 것이겠지만 사실 선교사들을 지칭하는 것으로 볼 수 있다.

평양시의 모든 사람들은 이제 그들의 사경회반을 갖고 있다고 윤산온은 기술한다. 따라서 사경회는 평양시 사람들과 시골에서 온 사람들을 분리하여 개최하였다. 윤산온은 한국인들이 기도하며 일하는 것을 경이의 눈으로 보았다. 당시 한국인 교우들은 일하고 있을 때에도 기도를 했던 것이다.

그는 남문교회에서 스왈른 목사의 조사로 있는 한국인 장로와 함께 50-60차례의 심방전도를 했는데, 옛 사도들이 했던 방식 그대로였다고 한다. 그들은 어느 집으로 가서 먼저 주인이 집에 있는지 어떤지를 묻고는 '안으로 들

---

22) KMF 1907년 3월호 The Wonder of It 성령 역사의 놀라움

어오라' 하면 들어가 앉아 그들 자신을 소개했다. 그들은 단 한 번도 거절당하거나 문전에서 내침을 당한 일이 없었다고 한다. 그들은 집주인에게 타락한 사람의 이야기, 그를 구하러 오신 예수님의 이야기를 해 주었다. 주인에게 말하고 있지만 사실상 온가족이 그들의 말을 들었다. 그리고 나서 그들은 그집 온가족과 함께 기도하자고 머리를 숙이게 한다. 그 집에서 나오기 전에 저녁 예배에 꼭 나오라고 초대하고, 교회에 가는 길에 그를 교회당까지 안내해줄 사람이 방문할 것임을 약속한다. 그들은 모든 집에서 이렇게 했다. 그러면 결과적으로 저녁 모임은 더욱 깊어지고 강해지며, 기독교인의 안내자, 지팡이가 되기로 결심한 사람들이 늘어났다.

윤산온은 사람이 상상할 수 없는 것, 곧 성령이 하시는 사역을 체험하고 있음을 고백한다. 그 즈음 그들은 "하나님에게는 어려운 일이 없다"고 말했다고 한다. 그는 지난 1월 모임이 시작되기 전에 많은 선교사들이 어떤 부흥이 되어야 할지에 대하여 계획을 세웠지만 성령이 그 모든 계획을 가져가 버리고는 그 나름의 방식으로 은총을 내렸다고 한다. 그리고 그들은 모두 처음에는 의구심을 가졌고 두려움도 적지 않았음을 인정했다. 주님이 그들의 모든 의구심과 두려움을 가져간 것을 감사했다. 그는 "하나님이 우리에게 두려움 없음의 은혜를 주셨다"고 하는 인도인들의 기도를 드렸다고 한다.

1907년 4월에 윤산온은 '계속 확장되고 있는 은혜'라는 제목의 글을 다시 KMF에 게재하였다.[23] 평양대부흥운동이 시작된 지 석 달째 계속되는 보고형의 투고였다. 이 글에서 윤산온은 두 차례의 순회전도여행을 고백하고 있다. 하나는 곡산(谷山)[24] 순회 구역 안이고, 다른 하나는 그레엄 리(Lee)목사의

---

23) K.M.F 1907년 4월 "Ever Extending Blessings" 계속 확장되고 있는 은혜 1907년 4월

24) 곡산(谷山)은 황해도 북동부에 위치한다. 1895년(고종 32) 지방제도 개정으로 곡산군(谷山郡)이 되어 개성부(開城府)에 속하였다가 1914년 군면 폐합으로 황해도로 편입 되었다. 별칭으로는 덕돈홀(德頓忽)·고곡(古谷)·곡성(谷城)·진서(鎭瑞)·상산(象山) 등으로 불리고 있다. 산간 분지로서 잡곡의 집산지이며, 특히 담배와 소가 유명하다.

중화(中和)[25] 순회 구역 안인데, 이곳에서 교우들과의 목회적 사역을 즐겼다고 한다. 거기서 그는 평양 대부흥운동의 기간 동안 받은 큰 은사가 그곳까지 퍼졌음을 발견하였다. 주일 예배 때 500여명의 남녀 교우들이 일어나 깊이 울부짖으며 그들의 죄를 고백하는 것을 보았다. 윤산온은 그들이 자신들의 죄 때문에 예수가 희생되었다는 사실을 인식하고 고백하고 있음에 놀랐다고 했다. 그는 교회에서 그런 사랑의 잔치가 펼쳐 지는 것을 이전에 본 일이 없다고 했다.

대부흥운동이 있은 이후로 평양 교회들의 상황은 사람들로 꽉 찼다는 표현으로는 모자랐다. 모두 다 공간이 모자라 새 건물을 짓거나 덧잇기를 하거나 하는 식으로 공간 넓히기를 계속했다.

선교사들에 의한 가르침이 평양대부흥운동을 일으켰다는 것을 부인할 필요가 없다. 원산으로부터의 운동이 기폭제가 되었다는 것을 부인할 필요도 없을 것이다. 주목할 점은 평양에 있던 선교사들은 그 대부흥운동으로 인하여 그들 자신의 생애에서 이전에 겪지 못했던 놀라운 성령의 임재를 체험하고 믿게 되었음을 한결같이 고백하고 있음이다. 우리가 선교지에서 종종 느끼고 고백하는 것이지만, 가르치러 가고 베풀러 갔다가 오히려 배우고 오며 받고 돌아 온다는 것을 당시 선교사들도 똑같이 느끼고 고백하고 있다는 사실을, 아니 선교역사상 유례가 없는 엄청난 충격과 감동이 그들에게 있었음을 윤산온의 기록에서도 찾고 확인할 수 있다.

---

25) 중화(中和)군은 평안남도 남부에 위치한 군이다. 동쪽은 황해도 수안군, 서쪽은 용강군·강서군, 남쪽은 황해도 황주군, 북쪽은 강동군·대동군과 접하고 있다. 1938년 당시 인구는 9만 5150명이었으며 11개 면 203개 리(里)로 되어 있으며, 군청소재지는 중화면 낙민리이다.

3. 선천 신성학교장 -지혜·공의(公義)·노동의 중시

가. 3H 교육관

1909년 윤산온은 평안북도 선천[26]의 신성(信聖)학교 교장에 취임하였다. 선천은 미북장로회 한국선교부가 선정한 4대 선교 거점중의 하나이다.[27] 의주와 선천 두 곳을 염두에 두었다가 마펫과 위트모어(Norman C. Whittemore, 위대모 魏大模) 선교사가 이곳으로 결단을 내렸다. 그 이유는 선천이 경의선 철로상에 위치하고 관서지역 교통의 중심지라는 것이 고려되었다고 한다. 1886년 위트모어 선교사가 선천에 파견되었다. 그는 이미 신앙을 갖고 있던 그곳의 몇 사람과 집회를 시작하였고, 1901년 가을엔 의사인 샤록스 부부와 5명의 선교사 인력이 증원되어 함께 활동하였다.

윤산온이 선천으로 가게 되자 동료들은 "그곳에는 이미 불신자가 없어 당신은 부흥을 할 수 없다"고 말했다고 한다. 그 무렵 선천은 인구 8,000명 정도의 소읍인데 그 인구의 절반 이상이 기독교 신자가 되었을 만큼 교회가 부흥하였다. 훗날 선천은 조선의 예루살렘으로 불리기도 했고, 기독교적 정신을 가진 인재가 많이 배출된 곳으로 인식되었다.

윤산온은 그곳에 있는 선교를 목적으로 설립한 중등학교 교장으로 간 것이다. 그가 책임을 맡은 신성학교는 1906년 9월, 위트모어가 초대 교장으로 부임하였다. 애초 이 학교의 설립은 1905년 7월 선천의 한국인 기독교 지도

---

26) 선천은 평안북도 서해안 중부에 있는 행정구역이다. 동쪽은 정주군·구성군, 서쪽은 철산군, 남쪽은 황해, 북쪽은 구성군·의주군과 접하고 있다. 1907년 5월 당시 10개면으로 8,124호, 인구 3만 2268명이었다. 1914년 행정구역 개편으로 곽산군이 폐지되어 그 일부가 선천군에 편입됨에 따라 1면이 증가해 11면이 되었다. 군청소재지는 해발 55미터의 선천읍이다. 신의주까지 58km, 평양까지는 146km, 서울까지는 376km 이다.

27) Harry A. Rhodes, *History of the Korean Mission Pvresbyterian Church USA* Vlo1 p199

자들인 양전백[28], 김석창 등이 중등교육의 필요성을 인식하고 학교 설립을 위해 선천중학회라는 설립기성회를 조직함으로써 시작되었다. 선교사 위트모어를 교장으로 추대하고, 1906년 9월 선천읍의 교회당을 빌려 26명의 학생으로 개교하였다.

윤산온은 1909년 2대 교장으로 부임하였다. 그 때는 학교가 재정난을 비롯한 교사의 확보, 학교 운영 경험의 부족 등으로 많은 어려움을 겪는 상황이었다. 미국에서 학교 운영 경험이 있는 윤산온이 선교회로부터 교장으로 임명되었던 것은 당시 상황에서는 당연한 귀결이었다. 그가 교장으로 부임 후에 휴 오닐(Hugh O'Neill) 여사가 죽은 아들을 기념하기 위해 15,000불을 기부하여 학교의 발전에 공헌하였는데, 선교회에서는 기부자의 이름을 따서 휴 오닐 주니어 아카데미(The Hugh O'Neil Jr. Academy for Boys)라고 불렀다. 휴 오닐 여사는 1914년에 다시 20.000달러를 추가로 기부하여 각종 교육 부대시설을 마련하였다.

부임 초기부터 윤산온은 학교 발전에 매진하였다. 그는 학생들의 자립 자조를 위해 실업교육을 강화하였다. 우선 대목산 기슭에 교지 매입부터 시작하여 교실, 기숙사 작업실 건물을 짓고 각종 설비들을 마련하였다. 1910년 실업부(Industrial Department)에서 57명의 학생들이 책 만들기, 농업, 수위, 목수 등의 다양한 일을 하며 학비를 보조받았다.

이 때 신성학교에는 같은 파크대학 출신으로 윤산온보다 먼저 와 있었던 샤록스(A.M. Sharroks)[29] 의료선교사가 있었다. 그가 적극적으로 윤산온을 도

28) 양전백(1870-1933) 평북 의주 출생, 증조부 슬하에서 한문 수학. 1892년 김관근(金灌根) 전도사를 만나 기독교와 서구문명을 접하고 1894년에 세례를 받은 다음 평안도 일대에서 기독교 복음을 전파했다. 1900년에 초등교육기관 명신학교(明信學校), 이듬해에는 부속 여자소학교를, 이어서 선천의 신성중학교(信聖中學校)를 설립했다. 1907년 평양신학교를 졸업, 최초의 한국인 목사 7인의 한 사람이 되었다. 1910년 '105인 사건'에 연루돼 고문을 받고 유죄 판결을 받았으나 항소해 무죄로 풀려났다. 조선예수교장로회총회의 제5대 총회장을 역임. 1919년 '독립선언식'에 민족대표의 한 사람으로 참석, 1933년 1월 17일에 64세를 일기로 별세했다.

29) 샤록스(Alfred M. Sharrocks, 謝樂秀)는 북장로교 파송 한국선교사이다. 그는 미주리 주에 있는

왔다. 기숙사를 증축하고 근로학생을 위해 목장 및 철공장, 목공소, 양잠실 등을 설치하는 일은 주로 의사 샤록스가 맡았다.

윤산온과 샤록스가 진행한 일들은 그들이 졸업한 파크대학[30]의 교육플

파크대학을 졸업한 후 1899년 9월 29일 부인(Mory Ames)과 함께 한국에 왔다. 윤산온보다 6년 먼저 온 것이다. 그는 초기에는 세브란스 의학전문학교에서 에비슨(Oliver R. Avison), 웰스(James H. Wells)와 함께 해부학·생화학·생리학·약물학 등의 교재를 만들었다. 그 후 북장로교 선천지부가 개설되면서 그곳의 의료선교사로 파견되었으며, 1904년부터는 강계지부에서 사역하였다. 1909년에는 평북 선천의 신성학교 교감으로 취임하여 윤산온과 적극 협력하여 파크대학의 교육 체제를 재현하였다. 그는 1919년 미국 미네소타주 로체스터에서 죽었다. 그의 부인은 1938년까지 한국 선교에 헌신하다가 뉴욕으로 돌아가 살다가 1950년 그곳에서 죽었다. 그의 딸(Ella, 謝恩羅)은 간호선교사로 1952년까지 안동·대구·서울 등지에서 활동하였다.

30) 지금은 Park University이다. 이 대학은 독립적인 비영리 사립대학으로 미주리 주 파크빌에 있다. 41개의 campus center locations이 20개 주에 걸쳐 온라인으로도 연결되어 있다. 1875에 조그마한 종교적인 학교로 설립되었으며 현재는 광범위한 석사과정의 학교로 발전했으며 미국 군대를 위한 최고 수준의 교육과정을 제공하는 학교의 하나이다. 학교본부는 Parkville, Missouri에 있다. 대학원 과정은 미주리 주 캔사스 시에 있다. 21개주에 40개 캠퍼스가 있다. 이 대학은 원래 Park College로 1875년에 John A. McAfee가 미주리 강변에 설립하였다. 본래 등록금과 기숙사비 없이 하루에 반나절 동안 대학의 농장, 전기 공장, 인쇄소 등에서 일하는 것으로 대신하는 개념으로 설립하였다. 첫 해 17명이 입학하여 첫 졸업생은 5명의 여성이었다. McAfee는 1890년 죽을 때까지 학교를 운영했다. 그의 아들 Lowell M. McAfee가 2대 교장으로 1913년 물러날 때까지 이끌었다. 이 대학에 최초의 외국인 학생은 1880년에 일본 출신이었다. 오

랜, 곧 Park Plan의 실천과 부합하는 것이었다. 파크 플랜은 3H라고 하는데 Head, Heart, Hand에서 취한 것이다. 지성과 덕성과 기술을 종합적으로 양성하는 것을 목표로 삼은 것이라고 할 수 있다.[31] 해방 후 우리 사회에서 활발하게 전개된 4-H 운동의 선하(先河)적 성격을 갖는 것이었다고 할 수 있다. 파크대학은 미주리주 파크빌에 있다. 이 대학이 가진 특성 가운데 하나는 학생들이 자체 노동을 함으로써 학비를 조달하는 시스템을 운용하여 경제적으로 어려움을 갖고 있는 학생들이 공부할 수 있는 길을 마련해 주고 있었다는 점이다. 또한 이 학교는 이러한 자조부 외에 신학교의 예비반 성격을 지니고 있었다.

윤산온은 당시 한국의 양반계급의 청년들이 노동을 하지 않는 것을 보고 이들의 의식을 바꾸어야 한다고 생각하였다. 또 실제로 학비를 스스로 노동하여 마련함으로써 공부할 수 있는 기회를 주고자 하는 생각도 작용하여 노동의 가치를 그들에게 가르치려고 하였다. 그가 1911년 9월에 KMF에 기고한 '정직한 노동이 사람을 만든다'는 그런 맥락에서 쓴 글이다. 당시 양반 자제들은 그들이 노동을 하지 않는 사람이란 것을 과시하듯 새끼손가락의 손톱을 반인치 정도 기르고 있었다. 한 청년이 학비를 벌기 위하여 비서 자리를

랫동안 이 대학은 장로회 학교였다. 현재는 그렇지 않다. 1889년부터 이 대학은 군대와 관계를 갖게 되었다. 1960년대 후반에는 군사학 완성 프로그램과정으로 확대되었고 1972년 경에는 Military Degree Completion Program 그리고 1972에는 Military Resident Center System을 갖게 되었다. 2000년부터 Park University가 되었다.

31) 파크대학의 플랜이며 선천 신성학교의 교육 목표이기도 했던 3H와 한국에서 일어난 4H 운동 사이에 어떤 연관이 있는지 명확하지는 않다. 그러나 파크 플래닝에 Health가 첨가된 것이 4H이다. 4H 운동은 한국에서는 1947년 3월에 낙후된 농촌의 생활 향상과 기술 개량을 도모하고 청소년들을 고무하기 위해 시작된 운동이다. 이 운동에서는 지성(head)·덕성(heart)·근로(hand) 건강(health)을 표방했다. 이 운동은 미국에서 10세부터 20세까지의 남녀 청소년을 회원으로 하고 있으나, 한국에서는 초등학교를 졸업한 13세부터 29세까지를 회원으로 받아들였다. 이 4-H 운동은 19세기 미국에서부터 부분적으로 전개되다가 1914년 미국 전역에 조직되었고, 그 뒤 세계 각국으로 전파되었다. 우리나라에서 이 운동은 1927년 당시 '조선중앙기독교청년회(YMCA)'를 통하여 처음 소개되었다. 크게 보급되지는 못하였다. 4에이치운동은 농촌의 청소년 지도사업을 목표로 부락 청소년층에서 자생적인 지도자를 키워내는 역할을 하였다. 따라서 그 취지나 정신이 윤산온 사럭스 선교사가 의도한 것과 부합하는 것이었다.

기다렸다. 그는 다른 학생들과 어울리지 못하여 고립되어 있기도 했다. 윤산온은 비서자리는 그에게 필요한 것이 아니라고 판단하였다. 그리하여 그에게 '노동의 고난과 그 유익함'을 주제로 이야기를 한 다음 그의 마음과 태도를 바꾸어 놓았다. 이후 그는 스스로 손톱을 잘라 없앴고, 다시는 기르지 않았다고 한다. 노동에 대한 새로운 태도를 지니게 된 것이다. 윤산온은 정직한 일은 학생들을 인생에서 그의 위치에 맞게 만든다고 생각하였다.

긴 손톱으로 상징되는 양반들의 노동천시사상을 바꾸어 놓으려는 윤산온의 생각은 그가 선천에 있는 동안 뿐만 아니라 한국에 있는 동안 지속되었다. 그는 1918년 1월 KMF에 '머리와 가슴 훈련만큼이나 필요한 손 훈련'이라는 제목의 글을 기고하였다.

그는 '그 긴 손톱'은, 다양한 용도를 위해 청결하게 잘 다듬어져 있는데, 그것은 신성학교에 입학허가를 받기 위해 오는 젊은 학생의 손톱이라 했다. 앞에서 이미 논급하였듯이 그는 '긴 손톱'을 갖고 일자리를 얻으려 오는 양반 출신 학생들에게 가래질이나 돌을 옮기는 것과 같은 일들을 시키곤 했다. 그 과정에서 손톱이 저절로 부서지거나 사라지게 하려고 했다. 그리고 그렇게 함으로써 그들 양반의 자제들이 일반인들과 어울릴 수 있게 해 주었다. 양반과 상민은 다르다고 하는 의식을 노동을 통하여 깨뜨려 버린 것이다. 나아가 노동하지 않는 것은 결코 명예롭지 않고, 오히려 일하는 것이 기쁜 일이라는 사실을 알리는 전도자가 되게 하였다.

윤산온은 신성학교의 당면한 우선적 과제로 학교의 성격 규정을 꼽았다. 그는 선의 최고량, 곧 최대선을 찾으려 했다. 그는 한국인의 성격과 그들에게 필요한 것이 무엇인지를 고민하였다. 그리고 하나의 시스템으로 한 번에 정신적 도덕적 영적인 가치를 건설해야 하는 것이고, 또한 한국인의 나쁜 성격을 파괴하는 것이어야 한다고 믿었다. 그가 보는 한국인들의 단점은 장래에 대한 사려의 부족, 직접적인 열정, 판단, 통찰력의 결핍이었다. 그리고 교육받은 사람은 통상적으로 자신을 과대 평가한다고 보았다. 그는 한국젊은

이에게 후자가 더 큰 위험이 된다고 보았다. 왜냐하면 교육제도 속에 담긴 원래의 관념이 그와 그의 동료들 사이에 극복하기 힘든 장벽을 만들기 때문이다. 곧 과거제도를 통하여 형성된 관념은 양반은 노동하지 않는 것이라는 틀이 고착되어 있다고 본 것이다. 그러나 그는 이를 충분히 깨뜨릴 수 있다고 믿었다. 그리고 이를 실천에 옮긴 것이다. 그들 스스로 찾아온 몇 사람을 훈련시켜서가 아니라 그들을 지도자로 만들어서 그들을 교회와 그들의 지역 사회에서 도움을 주도록 파송하기 위해서라고 그 목적도 적시했다.[32)]

그는 학생들이 행하는 육체노동은 우선 그 목적이 학생들에게 학비를 벌어 그들 자신을 지탱할 수 있게 하여야 한다는 것이고, 다음으로는 육체노동은 교육적인 것이어야 하며, 그 일을 하는 과정에서 학생들이 인격적으로 완전하게 된다는 비전을 갖고 시행되어야 한다고 생각했다. 즉 그들을 과학적으로 최고 수준의 기계기술자나 최고의 농부가 되게 하는 것이었다.

그는 신성학교의 목적이 일차적으로 젊은이를 훈련시켜 특정의 교회의 일을 하게 하는 것, 곧 목사, 교사, 그리고 교회의 영역을 확장하고 그 영적인 삶을 개발하는데 있어서 지도력을 발휘할 수 있는 사람들을 훈련시키는 것임을 인정했다. 그리고 과학적으로 최고 수준의 기계기술자나 농부가 되게 하는 것도 신성학교의 목적이라면 그럴 수록 더 훌륭한 인격자를 만드는 일에 최선을 다해야 한다고 하였다. 압축하면 가슴과 머리와 손이 완전한 인격의 사람이 되도록 훈련되어야 한다는 것이다. 그것이 신성학교의 목적이며 그 목적을 위하여 모든 학생들이 특정의 훈련 교범을 갖게 해야 한다고 생각하였다. 스스로 벌지 않은 것은 단 한 푼이라도 받지 않으려고 하는, 노동에 대한 그런 존경을 깨우치는 것, 견고한 기초 위에서 산업 노동을 확립할 수 있다고 하였고, 자조와 지성적 노동을 위해서 뿐만 아니라 성품의 개발과 하나님 나라의 건설을 위해서라고 하였다.

---

32) KMF, 1918년 1월호, Hand Training Necessary as well as that of Head and Heart.

이런 목적을 갖고 있기에 신성학교에는 산업자조부가 있고 거기에는 많은 분과가 있었다. 예를 들면 목공, 기계창, 낙농, 돼지키우기, 밀, 농사, 정원가꾸기, 과수원, 정육, 양잠, 통조림공장, 이발소, 사탕과 당밀 만들기 등이다.

신성의 졸업생들이 그 일들을 실천하면서 그들이 학교 강의실에서 뿐만 아니라 그들의 '긴 손톱'을 망가뜨리는[33] 일을 훈련부에서 배우는 것을 볼 때에, 윤산온은 그 결과가 그 노동에 상응하는 값이 있다고 평가했다. 그리고 그것이 당시 한국 청년들에게 필요한 것이라고 보았다.

신성학교의 21회 졸업생 최학민이 재학시절을 회상하여 쓴 「신성의 기술교육의 일단」을 옮겨본다.

> "모교 신성은 직업교육에도 힘을 쏟았다. 당시 재학생의 출신지역은 선천을 중심한 평북 도내는 물론 황해도와 여타 각도, 멀리는 남북 만주와 몽골 등지였다. 그런데 이같이 먼 곳에서 찾아온 학생들의 대부분은 학자금을 제대로 가지고 오지 못한 가난한 가정의학생들이었다. 학교에서는 이런 학생들의 형편을 돕는 한편 기술도 익혀주자는 데 취지를 두고 목장 철공장 목공장 과수원 양잠 등의 시설을 갖추었던 것이다. 그러나 이 노동은 원하는 학생들에게만 혜택을 주었다. 요새말로 표현하면 아르바이트였다. 그리하여 아르바이트 코스를 거친 졸업생들이 사회 각계에서 대표적인 인물로 활약하는 수가 헤아릴 수 없었다. 목장의 역사는 1909년 윤산온 박사가 교장으로 취임한 이후부터 시작된다. 윤교장은 취임 직후 미국에서 젖소 5마리를 수입했다. 그리고 기술자를 두고 학교에서 목장을 경영하기 시작했다. 우유의 가공처리를 위한 기구도 물론 시설했다. 전문적인 기술자 이외의 종업원은 모두 선천학교의 고학생이었다. 일은 젖소의 사료 공급, 목야지에서의 방목, 우사관리, 젖짜기, 열

---

33) 당시 양반가 자제들이 새끼손톱을 길게 기르고 있었는데 그것이 그들은 노동을 하지 않는 계급이라는 표시가 되기도 하였다. 그런데 그들이 산업자조부에 와서 노동을 배우게 됨에 따라 긴 손톱이 부서져버렸다는 것이다.

가공 등이었다. 또 우유 배달도 하였다. 초창기의 우유는 모두 시내에 있는 미국인 선교사 가정에 공급하였다. 1917년에 이르러서는 제9회 졸업생 이의화 선배가 전임관리인이 되었다. 그는 그동안 익힌 기술과 경영방법을 유감없이 발휘하여 많이 개선해나갔다...."[34]

1916년에 미국의 독지가 캐롤린 여사가 5,000달러를 기부하자 윤산온은 이 기금으로 서양식의 기숙사를 새로 지었다. 이 기숙사는 1층은 석조, 2,3층은 벽돌로 된, 보일러 난방시설이 갖추어진 40개의 방, 120명을 수용할 수 있는 훌륭한 시설이었다. 이 건물의 이름은 기부자의 이름을 따서 캐롤린 홀이라고 불렀다. 이 무렵에 기숙사 생활을 한 학생들의 회고에 따르면, 기숙사의 "규율은 매우 엄격했다. 저녁식사를 마치고 한 시간 후부터는 전 사생이 책상에 마주 앉지 않으면 안 되었고, 밤 10시가 넘으면 소등하고 취침하지 않으면 큰 벌을 받게 되어 있었다. 아침 6시에는 기상 종소리와 함께 일어나 전원 아침 체조에 참가해야 했다. 만일 이런 일들을 어기면 사감선생으로부터 벌을 받게 된다."[35]

윤산온은 신성학교를 운영하면서 나름의 교육 철학을 정립하고 있었다. 당시 그 주변에 많은 학교가 생겨나는 것을 보면서 그는 학교는 무엇으로 구성되어야 하는가에 대한 생각을 하곤 했다. 즉 학교에 대한 근본적인 물음을 스스로에게 던졌다. 그는 "만일 당신이 훌륭한 선생을 갖고 있다면 그리고 학생을 갖고 있다면 당신은 좋은 학교를 갖고 있는 것이다"라고 하는 가필드(J. A. Garfield)[36]의 견해에 전적으로 동의했다. 훌륭한 선생과 훌륭한 학생이

34) 『신성학교사』 (1980년) 21회 졸업생 최학민의 글에서 전재함

35) 『창립 100주년 신성학교사』 134쪽, 정성칠의 글에서 인용.

36) James A. Garfield(1831-81)는 미국 제20대 대통령(1881년 3월 4일-9월 19일)이며, 취임 후 총상을 당하며 미국의 대통령 중에서 두 번째로 짧은 재임 기간을 가졌다. 그는 로버트 엘리엇

학교의 근본 조건인데 그는 지금 신성학교에는 배움의 열망을 지닌 훌륭한 학생들이 있는데 그들을 가르칠 선생이 모자란다고 보았다.

그리하여 그는 미국에 있는 친구와 동지들에게 호소하였다. 그는 신성학교가 처음부터 자조(自助)를 해왔다는 것, 남의 도움에 의존하지 않았다는 것을 강조했다. 한국인들은 신성학교 학생들에게 최선을 다하고 있지만 학교 운영에 대한 지식이 없어서 암초를 만나곤 한다는 것과, 그로 인하여 큰 빚을 지게 되었고, 그들이 좌절했다는 것, 미국에서 봉사자로 온 샤록스 부인 같은 사람이 소녀들을 위하여 귀한 시간을 바쳐 헌신적 봉사를 하였지만 소녀들은 적절한 건물이 없어서 분산된 다섯 장소에서 만난다는 것, 결과적으로 이들 270명의 소년들, 곧 어린 꼬마들과 인문학을 배우는 큰 소년들은 작은 건물에 다 수용할 수 없어서 분산시켜 교육하고 있는 현실 등을 알리고, 큰 교실이 있는 건물을 지을 비용 5,000달러가 절실히 필요하다는 것, 이들 양떼들을 위한 보호막과 그들을 먹이고 보살펴야 한다는 것을 강조하고, 만일 교회가 장래에 자신을 지탱하려 한다면 이는 꼭 필요한 일이라고 하였다. 한국인들이 담당하고 있는 교사 비용만으로는 교육이 이루어질 수 없다고도 하였다.[37)]

그는 학교를 위한 기부를 호소하고 있지만 한국인들이 결코 기부에만 의존하지 않는다는 것을 설득력 있게 전달했다.

그에게 배운 제자들의 회고에 따르면 윤산온의 교육관과 인재관은 탁월한 감동을 주었다. 그는 교육자로서의 면모를 잘 갖추고 있었다. 그는 목회자이면서 교육자로서의 자질이 더 드러난 사람이었다. 당연한 말이지만 그는 소년에 대한 희망을 피력했다. "Yes! Just Boys!" "그래, 바로 소년들이야"의 글

(재무부의 특별 대리인), 존 M. 랭스턴(아이티 주재 공사)와 블랜치 브루스(재무부에 등록) 같은 몇몇의 흑인들을 연방 고위직으로 임명하였다.

37) KMF 1911년 9월 "The Hopefuls 전도유망한 사람들"

을 기고한 일이 있다. 이 글은 다음과 같은 말로 시작한다.

> "그들의 얼굴을 보라! 그들에 대하여 어떻게 생각하는가? 자! 그들은 소년들이다. 그리고 소년들은 세계 어디서나 소년들이다. 그들 일부는 평범하고, 일부는 근사하고, 일부는 교활하고, 일부는 사랑스럽고, 일부는 매우 못됐다."[38]

그는 세계 어디서나 소년은 소년일 뿐이라고 한다. 그들은 아직 미완성이고 다양한 면모를 지니고 있다. 그러나, 그들은 장차 하나님께서 취하여 선교사들을 만들어낼 재료라고 윤산온은 보고 있다. 선교를 위해 세운 학교의 교장으로서 윤산온은 그의 학생들에게서 장차 선교사의 모습을 보고 있다. 다른 사회의 지도자의 모습을 생각하는 것이 아니다. 그는 그 제멋대로인 소년들에게서 자신이나 그의 동료 선교사들보다 훨씬 다 훌륭한 선교사의 가능성을 보고 있다. 그는 신성학교 학생들에게서 미국 사람들이 말하는 '붉은 머리의 빌(Red-Headed Bill)'[39]을 보고 있다. 그의 머리카락은 검고, 그의 눈은 째어졌으며, 그의 이빨은 딱딱하고, 그의 어머니가 아닌 한 어느 누구도 그를 '멋있는 녀석'이라는 거짓말을 할 수는 없는 녀석이 있다고 한다. 또 그는 '주근깨 얼굴의 페트(Freckled Face Pete)' 라는 표현에서 주근깨는 없어도 마마자국, 곰보자국은 있지만 온몸에 달라붙어 있는 즐거움을 주는 소년이 있다고 한다. 또 착한 소년 죠니(Johnny Goodboy)[40]유형도 선천에 있다고 한다.

이는 '소년은 소년일 뿐 세계 어디서나 마찬가지'라는 그의 말을 입증하기 위한 예들이다. 그의 눈에 비친 소년들은 그 자신을 해치고 학교를 떠날 생각을 한다. 중학생들인 그들은 그 자신들이 무엇인가를 알고 있다고 생각한다. 선천의 중학교나 그 학교의 기숙사에 들러 얼굴색이 모두 갈색이며 눈과

38) KMF 1911년 9월, "Yes! Just Boys 그래, 바로 소년들이야!"

39) 고약한 녀석을 뜻하는 말이다.

40) 부모의 눈에는 착한 아이지만 남들의 눈에는 매우 성가시고 버릇이 나쁜 아이를 말한다.

머리카락이 검은 돌처럼 검다면 그게 바로 윤산온이 말하는 그 소년들이라고 말한다. 그런데 그 붉은 머리가 아닌 '검은 머리의 빌'이 초등학교 교사이고, 나중에 학당의 교사가 되었고, 각계 각 분야에서 전심 전력으로 맡은 일을 감당하고 있으며, 무엇보다 복음을 잘 가르치고 있다고 하였다. 윤산온은 그런 소년들이 가서 가르치는 곳에서 다시 그런 아이들을 보내달라는 편지를 받았다. "그는 그들을 어떻게 다루는지를 안다." "그는 그의 선생을 사랑한다" 등이 그 편지에 써 있었다.

윤산온은 미국인 동료들에게 "그 '검은 머리 빌'들은 '축구를 잘하고 야구를 잘하는 훌륭한 학생이다. 그는 때로는 평범하다. 그러나 우리도 그렇지 않은가! 그들은 저 평범한 학생들과 같은 소년들이다. 그런 소년들이 현재 153명이나 있으며, 모두가 기독교인, 성별(聖別)된 기독교인이다"라고 하였다.[41]

나. 선천 지역 복음전도

학교장 윤산온은 학교를 충실하게 이끌어가는 일면 선교사의 본무라고 할 수 있는 복음전도도 게을리 하지 않았다. 1911년 윤산온은 전도를 위하여 4명의 조사를 두고 있었다. 신성학교에는 학생들로 구성한, 선교의 정신을 펼치는 전도조직을 두었다. 학생들은 주로 방학 동안에 그리고 주일과 장이 서는 날에 전도하기로 서약했다고 한다. 그렇게 전도하는 학생들은 다투어 자발적으로 윤산온이 시골에서 행하는 복음전도 사역을 돕고자 하였다. 그는 학교의 학생들로 전도대를 조직하여 인근의 마을로 파송하였다. 대체로 선천 주변의 마을로 매일 오후 그들을 내보내 그곳에서 밤에 집회를 열도록 한 것이다.

이미 선천에는 기독교인이 많았지만 그가 신성학교의 교장으로 부임했을

---

41) KMF 1911년 9월, "Yes! Just Boys 그래, 바로 소년들이야!"

때 선천 주변 마을 몇 곳에는 아직 기독교인이 아예 없는 경우도 있었다. 학생전도회의 활동이 시작되면서 선천 외곽 27군데의 마을에서 예배가 드려졌으며 그만큼 많은 사람이 믿게 되었다. 윤산온이 1911년 KMF에 보고한 바에 따르면 당시 선천 주변의 있는 마을 가운데 단 한 개의 마을도 예배를 드리지 않는 곳이 없었다고 한다. 2년 사이에 그만큼 활발하게 전도가 되었다는 것이다.

전도에 따르는 애로사항이나 에피소드도 있게 마련이다. 예를 들면 다음의 일이 있었다. 전도대 학생들은 어느 부유하고 학식이 있는 박씨들이 사는 마을에서 매우 박절한 대접을 받은 일이 있었다. 그럼에도 불구하고 그곳 사람들 일부가 조상숭배를 포기하고 참 하나님을 섬기기로 결심하였다. 어느 곳에서는 일부 노인들이 몽둥이를 들고 와서 예배드리려고 모인 사람들을 때린 일도 있었다. 그 서슬에 못 이겨 몇 사람은 도망갔지만 오히려 결심하지 못한 사람들 일부는 이런 박해를 받는 것을 보고서 예수의 가르침이 참된 가르침이라는 확신을 가졌고, 예수를 따르기로 결심하기도 하였는데, 그곳에 교인수가 100명이 넘는 번창하는 교회가 설립되었던 것이다. 윤산온의 시각에 따르면 그들 시골 사람들은 하나님의 말씀에 굶주려 있었던 것이다. 그래서 신성학교는 선생들과 학생들을 정기적으로 그곳에 보내 그들을 가르치게 했다.

신성학교의 학생들 모두가 전도 주간을 설정하고 전도하였다. 윤산온은 그들의 자발적이고 열정적인 전도에 감동을 하였다. 이 무렵 이곳 출신 유명 인사의 한 사람이 김익두 목사[42] 이다. 황해도 출신인 그는 전도에서 특

---

42) 金益斗(1874-1950) 목사는 안악 출신이다. 16세 때 향시에 응시하였으나 낙방, 이후 상업에 종사하였으나 실패하였다. 1900년 봄에 스왈른(Swallen, W.L.)선교사의 '영생'이라는 설교에 감동하여 기독교에 관심을 갖게 되어 1901년 1월에 스왈른 선교사으로부터 세례를 받았다. 재령교회 전도를 위해 헌신하라는 스왈렌의 지시를 받고 교회사역을 시작하였고, 이어 신천에 개척 전도사로 파송되었다. 1910년 평양장로회신학교를 졸업하여 목사가 되었고, 졸업 후 신천교회 위임목사가 되어 생애의 대부분을 그 곳에서 목회하였다. 그는 신비스런 능력을 보여 청중들이 많았다. 1919년 10월 강동(江東) 염파교회의 사경회에서 신유(神癒)의 능력을 보였고

별한 열정과 힘을 불러 일으켰다. 그의 존재는 모든 교회에 큰 은총이었다.

학생선교회의 활동 중에 기억할 만한 부흥회가 의주에서 있었다. 어느 비가 내리는 날임에도 불구하고 400명 이상의 새신자가 등록하였고, 이 일로 전교회가 크게 고무되어 활기를 얻었으며, 전도대가 떠날 때 그곳 주민들은 그들끼리 가까운 주일까지 2일간을 더 부흥회를 계속하기로 결심하기까지 하였다. 윤산온은 의주의 부흥 집회 중에 모인 사람들 중에 상당히 오랫동안 신앙을 유지한 사람들이 있다는 사실에 놀라기도 하였다. 의주 동문교회에서 만난 두 사람은 22년 동안 기독교를 믿었다고 말했고, 그들 중 한 사람은 지난 노회에서 목사 안수를 받았으며, 다른 한 사람은 서울의 세브란스 의과대학을 졸업하고 의주에서 병원을 개업하고 있다고 하였다. 윤산온의 눈에 비친 의주 사람들은 매우 강인하고 자부심이 있으며 건장하고 놀랄만큼 지성적이었다. 그는 그곳에서 교회의 부흥이 시작되었고, 지속되고 있으며, 하나님은 이 일에 참여하고 계심을 보여주고 있다고 믿었다.[43)]

선천학교학생전도회는 선천 주변 시골에서의 전도사역 말고도 선교사를 외부에 파견하는 것을 결의하였다. 이미 윤산온은 평양에 있을 때 한 사람을 제주도로 파송했던 경험을 갖고 있었다. 따라서 경험이 있는 윤산온에게 학생전도회원들은 그 문제에 대하여 상의를 했다. 윤산온은 그가 회원으로 있는 타리화이[44)] 선교이사회에 그들의 의사를 제안했고, 이사회실행위원회는 한 명을 파송하는데 드는 기금을 책임지기로 했다. 당시 학생들이 선교사로 가고 싶어 하는 곳은 남부지방이었다. 그리고 구체적으로는 경상도로

많은 난치병을 고쳤다. 1920년 평양의 연합부흥집회에서 그의 설교를 듣고자 3천 명을 수용하는 장대현교회당이 좁을 정도로 대중이 몰려들었다. 1943년 일본경찰이 강제로 그를 연행하여 신사참배를 시키고 이를 선전자료로 삼았다. 해방 후 1946년 11월에 북한은 기독교도연맹을 만들고 그를 총회장에 임명하였다. 1950년 10월 14일 신천교회에서 새벽 기도를 드리고 있을 때 난입한 공산군에 의하여 살해되었다.

43) KMF 1911년 1월 'The Campaigns in Syen Chyun 선천에서의 캠페인'

44) 윤산온의 글에 The Mission Board of Tari Whai로 나와 있다. 그 의미나 기구의 성격 등을 알 수 없다.

파송되기를 원했다.

사실 국내라고 해도 선교사 파송은 적지 않은 비용이 드는 문제였는데 그럼에도 불구하고 윤산온과 학생들은 그때가 여러 면에서 선교사를 파송할 수 있는 절호의 기회라고 생각했다. 선교사로 선정되어 파송된 학생들 일부는 겨울 동안 쌀이 없이 조를 먹으며 살기로 결심했다고 한다. 이처럼 그는 학교 운영의 일을 하였고 또 일면 선교사로서 지역전도와 원거리 선교사 파송 등의 일을 하였다.[45]

한편 선천 시내에 거주하는 학생들은 주일이면 모두 교회학교에 참석했다. 윤산온이 신성학교의 교장으로 있을 무렵 어른 아이 할 것 없이 누구도 선천에서는 주일학교에 참석하지 않고서는 주일을 보내지 않았다고 할 만큼 모든 사람이 주일 날에는 교회학교에 출석했다는 것이다. 선천읍의 북쪽 교회의 사람들은 양전백 목사의 지도를 받았고, 남자들은 남쪽 교회에서 장로가 인도하는 집회에 참석하였으며, 소녀들 지도는 샤록스 부인이 담당했고, 신성학교에서는 물론 윤산온과 샤록스가 담당하였다.[46] 한편 윤산온의 부인 헬렌 매카피는 주로 젊은 과부들, 당시 한국사회에서 극단적으로 소외된 여성들을 위한 교육에 봉사하였다.[47]

윤산온은 아이들을 주일학교에 나오게 하기 위하여 나름대로 방안을 짜냈다. 곧 새 친구를 교회에 데려오면 인도한 소년에게는 성경책을 준다고 했던

45) KMF. 1911년 2월, Student's Missionary Organization 학생선교회

46) Mrs. Geo. S. McCune KMF 1911년 9월 'Sunday Morning in Syen Chyun 선천에서의 주일 아침'

47) 헬렌이 봉사한 학교는 보성여학교이다. 이 학교는 1907년 10월 10일 휫트모어, 양전백, 이성삼 등 장로교 선교사와 한국 교회 지도자들이 중심이 되어 평북 선천에서 설립하였다. 소학교 졸업자를 대상으로 하였으나 소학교를 졸업하지 못한 학생을 구제하기 위한 방법으로 2년제 예비과를 두었다. 초창기의 학생 수는 30여 명이었으며 1910년에 제1회 졸업생 8명을 배출하였다. 3·1운동 때에는 선천의 신성학교와 함께 시위를 벌였고, 신사참배 거부에도 앞장 섰다. 1935년 보성여학교로 교명을 변경하였고, 1940년 4년제 8학급으로 개편하였다. 1950년 4월 서울로 이전하여 보성여자중고등학교로 재개교하였으며, 1955년 4월 서울특별시 용산구 용산동 지금의 위치로 이전하였다.

것인데, 그 해 말에 13명의 소년이 주일학교에 나왔다는 것이다. 그런데 소년들이 교회에 나오게 되자 이번에는 소년들의 가족들이 믿기로 하였다.[48)]

이처럼 윤산온은 학교교육과 주일학교를 통한 효율적인 복음 전도를 하고 있었다.

다. 한민족의 고통에 대한 이해와 협력

윤산온이 신성학교 교장이 된 후 3년차가 되는 1911년, 학교에는 153명의 등록 학생이 있었다. 이 해 이른바 '105인 사건'이 발생하였다. 이 사건에 대한 연구는 이미 상당한 정도로 이루어져 있는 터라 여기서는 윤산온의 직접 관련 사항만 제한하여 언급하기로 한다.

일제가 한국을 강점하던 해, 1910년 12월 28일에 경의선 철도가 완성되고 압록강 철교가 준공되었다. 전날인 27일에 총독이 준공식 참석을 위해 서울에서 신의주를 향하여 출발하고 28일에 다시 서울로 돌아가는 일정이 있었다. 이 두 날에 선천역을 통과할 때 신성학교 학생들이 동원되어 환영하도록 되어 있었다. 그런데 27일에 총독을 태운 열차는 선천역에 쉬지 않고 그냥 통과해 버렸고, 서울로 돌아가는 28일에 선천역에 잠시 정차하여 선천학교 학생들을 인솔하고 나온 윤산온 교장과 간단히 악수만 하고는 돌아갔다.

일제는 이것을 기화로 삼았다. 즉 준공식에 참석하려는 데라우찌 총독을 평안도의 항일인사들이 암살하려는 음모를 꾸미고 있었다고 날조하여 신간회간부와 기독교계 인사 600여명을 체포하는 일이 벌어졌던 것이다. 평소 일본에 대해 반감을 품은 자들이 선천역에서 데라우찌 총독을 격살하고자 했다는 것이었다. 총독이 구상하고 경무총감 아카시와 고등경찰과장 구니토모가 날조한 내용은 다음과 같다.

---

48) Mrs. Geo. S. McCune KMF 1911년 9월 'Sunday Morning in Syen Chen 선천에서의 주일 아침'

"1910년 12월 25일 평양 및 평안도내 각 지로부터 정주에 모여든 음모자 일당 60여명이 12월 27일 주모자 리승훈·안태국의 인솔 하에 오전 6시 정주발 북행열차에 승차하여 선천에 도착, 그 곳의 신성중학교 제 8교실에 들어갔으며, 이어서 선우혁의 인솔로 신천에 도착한 20여명과 황해도 동지 20여명도 이에 합류하였다. 이 때 선교사 윤산온이 구국 대업에 대한 격려 연설을 하고, 제 7교실 천정 속에 있는 감자 상자를 꺼내 그 안에서 권총 75정을 꺼내 그 중 용감한 자들에게 분배 하였다. 27일 하오 1시 이들은 전원 선천역에 회집하여 안태국·리승훈의 지휘로 요소요소에 배치되어 총독 데라우찌가 탄 열차를 기다렸으나 열차는 정차하지 않고 통과하여 실패하였다. 다시 신성학교에 돌아와서 안태국, 리승훈, 윤산온이 격려 연설로서 내일의 거사를 기약하였다. 29일이 되자 안태국, 리승훈이 총지휘자가 되고, 동지들은 한복·학생복·양복 등의 차림으로 환영객들 속에 잠입하여 귀경하는 총독 데라우찌의 열차를 기다렸다. 열차가 정각에 선천역에 도착하자 데라우찌가 하차하여 윤산온과 악수한 다음 일본거류민들의 환영을 받았다. 이어서 조선인 대표 2명과 악수하고 암살모의자들의 면전을 답례하며 통과하였다. 그러나 안태국 일행은 일본인 헌병·순사의 삼엄한 감시를 받고 있었으며, 데라우찌의 당당한 위엄에 눌려 정신이 혼란하여 목적을 달성하지 못하고 실패하였다."[49]

이 날조 사건은 민족운동가에 대한 탄압은 물론 기독교도들에 대한 심각한 위협이 되었다. 일제는 평양의 외국인 선교사들이 이들을 음양으로 도왔다는 사실들을 각본 속에 넣어서 강조했다. 그들이 날조한 선교사 관련 사실 속에는 '피고 안태국 등은 평양에 재류하는 선교사 마펫을 방문하고 그 지도와 보호를 의뢰하는 연락을 취하고', '윤산온은 다시 격려의 연설을 한 후 감자 상자 속에 두었던 권총 75정을 제7호 교실 천정 속에서 꺼내어' 라

49) 『한국사』 19 근대 - 대한제국의 종말과 의병항쟁 III. 抗日民族運動 4. 新民會의 活動 (4) 105人事件에서 인용함

고 하는 등 범행을 현장 지휘한 것처럼 조작했으며, 27일 거사가 실패하자 또 다시 윤산온은 옛날 유태의 다윗과 같은 담대와 용감으로 금번 기회를 놓치지 말라는 격려사가 있었다'고 했다. 거사가 실패한 뒤에 일동이 신성중학교에 모였을 때 윤산온, 로버어트(S. L. Robert 羅富說),[50] 샤록스(A. M. Sharrochs 謝樂秀)는 조선 사람의 마음이 약한 것을 한탄하는 동시에 기회는 또 앞으로 올 것이니 낙심치 말고 목적을 달성하라는 위로와 격려가 있었다고 했다. 이는 일제가 선교사들을 이 사건에 엮어서 국외 추방하려는 의도 때문이었다.

이를 알아챈 선교사들은 기독교가 당한 고난을 세계 여론에 호소하고, 일제의 악랄한 고문 사실을 폭로하기 시작하였다. 언더우드, 윤산온, 마펫 등 선교사들은 동료 선교사 길례태(吉禮泰 P.L.Gilette)를 중국으로 파견하여 저들의 처참한 고문 사실과 날조 내용을 영자 신문에 게재하여 서방 세계에 알리도록 하였다. 결과적으로 공판 때에는 외국인 기자들이 달려와 취재하게 되었으며, 이로 인해 여러 국제적인 종교단체들의 항의문이 조선총독부에 제출되었다. 이 사건은 점차 국제적으로 알려져서 '20세기의 종교 핍박'으로 불리게 되었으며, 전조선이 가혹한 공포정치로 암흑화 되었다고 선전되었다. 이어 한국에 체류 중인 선교사 대표는 총독에게 '자백한 것은 고문에 의한 허위 고백함이요, 사실이 아니라고'하는 각서를 보내 날카롭게 항의하였다. 또한 「미국 장로교 외국전도국에서 워싱턴 주재 일본대사에게 보낸 서한」에서도 이 사건이 조작 허위임을 강력히 시사하였다. 또 「조선 주재 선교사들이 영국 에든버러 종교회의 상설위원회에 제출한 진정서」는 이 사건을

50) 나부열(Stacy L. Roberts 羅富悅, 1881-1946): 미국 펜실베니아에서 출생해 1904년에 라피에르대학 문과를 졸업하고, 프린스톤 신학교에 진학해 1907년에 졸업했다. 이 해 미국 북장로교 선교사로 내한해 5년 동안 선천에서 선교 활동을 하였다. 이때 선천에서 윤산온 선교사와 함께 동역하였다. 1913년부터 평양장로회신학교 교수로 봉직하다가 1924년에는 사무엘 마펫의 뒤를 이어 평양장로회신학교 2대 교장에 취임하여 1938년 신사참배 문제로 신학교가 폐교될 때까지 신학교육을 통해 장로교 목회이자 한국교회의 지도자들을 배출하는데 혁혁한 공을 세웠다. 신학지남에 기고를 통하여 신학 발전에도 기여했다. 신사참배반대로 강제로 귀국 당하였고, 5년 후인 1946년에 소천하였다.

더욱 국제적 사건으로 확대하였다. 이어 이 음모 사건은 당시 각국의 뉴스 정보처로 알려진 홍콩 데일리 뉴스(The Hongkong Daily News)가 "기독교를 적대시하고 선교사를 몰아내고자 간계를 다하고 있다"고 보도함으로써 더욱 세계적인 이슈가 되었다.[51)]

1912년 영국인 맥켄지는 타임즈에 105인 사건의 전말을 다루면서 일본인이 윤산온을 싫어하는 이유를 세 가지로 요약하여 제시하였다. 그에 따르면 일본인들이 윤산온을 싫어하는 첫째 이유는 그가 선천에 있는 휴 오닐 학교 교장으로 있으면서 105인 사건에서 일본인이 한국인을 대우함에 대공(大公) 대의(大義)하지 않음을 들어 법정에 자주 출두하여 변호했기 때문이라고 하였다. 둘째는 105인 사건에 앞서 윤산온이 학당 학생들의 일황의 사진 숭배를 원치 않았다는 이유로 일본 관헌들이 메큔을 싫어했으며, 셋째는 윤산온이 설교할 때 다윗과 골리앗의 이야기를 하며, 약자라도 능히 천하에 지극히 강한 자를 이기는 것은, 지극히 정대(正大)하면 상대할 자가 없는 것이라고 한 일이 있었는데, 그때 일본인이 이를 듣고 관청에 대역무도(大逆無道)로 보고하며 그가 말한 약자 다윗은 한국인을 가리킴이요, 강자 골리앗은 일본을 가리킴이라 하였으므로 일본인들이 윤산온을 싫어한다고 하였다.[52)]

윤산온의 태도가 신앙적 순수성을 유지하고자 하는 선교적 관점과 동기에서 나온 것이라 할 지라도 당시 한국인에게는 윤산온의 이러한 언행이 매우 우호적으로 느껴졌을 것이며, 따라서 그를 배일(排日) 친한(親韓)적 선교사로 보게 했을 것이다.

1912년 6월 서울에서 열린 재판정에는 외국기자들도 참석하였고 일본의 최고 수준의 변호사 하나이(花井)를 비롯한 20여명에 이르는 변호사들이 있

51) 이상은 『한국사 19 근대 - 대한제국의 종말과 의병항쟁』 III. 抗日民族運動 4. 新民會의 活動 (5) 宣教師들의 活動 에서 요약 인용함

52) 『대한민국임시정부자료집 7』 한일관계사료집, 七. 「朝鮮基督教會에 對 ᄒᆞᆫ 日本의 壓迫」에서 요지를 압축 인용함

었다고 한다. 이러한 현상의 배후에는 윤산온이 지닌 국제적 감각과 정대함을 추구하고자 하는 그의 지향이 작용했던 것이다. 그리고 그것이 결과적으로 한국인들에게 크나큰 감동을 줄만한 것이 아닐 수 없었다.

일본이 한국기독교계에 가한 핍박은 북한 지역에 국한된 것은 아니지만 특히 선천지역에 더 심했던 것은 안악사건[53] 이래 105인 사건을 거치면서 훨씬 더 엄중하게 되었다. 사경회와 같은 모임에서는 거의 언제나 경찰탐정원이 있었다. 1918년 2월2일 선천에서 장로회가 개최한 지방교회연합사경회에 모인 사람이 1,800여 명인데, 이들 중 상당수가 귀가하는 길에 검문을 당하고 사경회에 출석하는 이유를 추궁받기도 하였는데, 핵심은 독립운동을 했는지의 여부였고, 미리 가택수색을 당하기도 하였다. 총독부 신문은 이 모임에 10,000명 이상이 출석했다고 하고, 사경회를 빙자했으나 내막인즉 독립운동을 하는 것이라고 하였으며, 데라우찌 암살사건과 같은 것을 다시 일으키려 한다고 하였다.

1918년 10월에 윤산온은 미국으로 돌아갔다. 모친의 병환 때문이었다. 그런데 총독부 헌병대 보고에 따르면 그가 미국에 4개월간 머무는 동안 당시 미국의 대통령 위드로우 윌슨과 한국의 장래에 관한 깊은 이야기를 나누었다고 한다. 그리고 그는 그 내용을 선천에 있는 목회자와 믿을 만한 지인들에게 알렸다. 그들 속에는 양전백 주현측 홍성일 등이 있다. 1919년 2월 1일

---

53) 安岳事件은 합방이 되던 해인 1910년 11월 안명근(安明根)이 서간도에 무관학교를 설립하기 위한 자금을 모집하다가 황해도 신천 지방에서 관련 인사 160명과 함께 검거된 사건이다. 안명근은 황해도 부호들을 방문, 이원식과 신효석으로부터 기부금을 받아냈으나 민병찬, 민영설 등으로부터 거절당하자 소지하고 있던 권총으로 이들을 위협하며 '조국광복의 큰 뜻을 모르는 자'라고 질책한 뒤 평양으로 떠났는데 이들이 즉시 재령헌병대에 밀고해 안명근은 1910년 12월 평양역에서 일본경찰에 붙잡혔다. 일제는 잔인한 고문으로 허위자백을 강요하고 강도 및 강도미수죄·내란미수죄·총독모살미수죄로 혐의를 씌워 안명근 이하 16명을 재판에 회부하였다. 안명근은 종신징역, 김구·김홍량·배경진·이승길·박만준·원행섭 등은 징역 15년, 도인권 징역 10년, 김용제·최명식·양성진·김익연 등은 징역 7년, 최익형·고봉수·박형병·장윤근·한정교 등은 징역 5년 등의 형량을 언도받았다. 한국민족문화대백과(한국학중앙연구원)에서 요약

윤산온은 미국에서 선천으로 돌아왔다. 그 직후부터 위의 세 사람과 김지응이 윤산온의 집에 자주 출입하였다. 윤산온은 이들에게 "윌슨이 주창한 민족자결의 원칙에 한국이 독립하는 것은 의심할 여지가 없다. 그러나 나는 그 운동을 공식적으로 지원할 수가 없다. 만약에 한국민족 자신이 더 이상 일본의 압제를 참으로 수없다는 것을 시위를 통하여 외국에 알린다면 오랫동안 간직해온 열망이 평화회담에서 채택될지도 모른다"고 말했다고 한다.[54] 이는 위의 세 사람을 비롯한 민족주의 인사들에게는 매우 고무적인 소식이 아닐 수 없다. 그들을 비롯한 주변의 민족운동가들에게 뜨거운 열망을 불러 일으켰을 것이다. 3·1 운동 때 윤산온이 윌슨과 나눈 이야기가 선천의 민족운동가들에게 전달된 것이 사실이라면 우리가 통상적으로 알고 있는 민족자결주의 원칙에 고무되어3·1운동을 일으켰다는 주장의 실제적 연결고리가 바로 윤산온에 있다는 매우 중요한 사실이 드러나는 부분이다. 1921년 2월 22일자 동아일보에는 3·1운동 이후 1921년 윤산온의 귀국에 관련된 풍문에서 윤산온이 미국에 가서 다시 주요 정치인과 한국문제를 두고 중요한 정치적 담화를 할 것이라는 추정이 한국인들 사이에서 퍼져나갔고 이 소문에 총독부 관리들이 나서서 해명하고 진정시키려했다는 기사가 실리기도 하였다.[55]

선천은 이러한 분위기 속에서 1919년의 3·1운동을 맞게 되었다. 이 해 윤산온은 여전히 신성학교 교장이었다. 3·1운동 때 선천군에서도 각계 각층의 혼연한 참여로 만세 시위가 펼쳐졌다. 민족대표 33인 중에 양전백·길선주 두 사람이 선천 출신이다. 선천에서의 3·1운동은 신성학교를 중심으로 펼쳐졌다. 양전백과 더불어 신성학교 교사였던 홍성익이 학생 동원에 책임을 맡았

54) 李庭植『韓國民族主義의 政治學』1982년, 한밭출판사 p147. 이정식에 따르면 1919년 2월 이광수가 동경에서 독립선언을 준비하면서 그 영역을 윤산온에게 부탁했으나 그는 미국에서 한국으로 돌아가는 길이라서 어렵다고 하고 대신 다른 미국인을 소개시켜 주엇다고 한다. 이광수『나의 고백』(우신사, 1985년 8월) 104쪽에 있다. 이정식도 언급한 것과 같이 윤산온이 실제 윌슨 대통령을 만났는지의 여부는 확인되지 않는다.

55) 1921년 2월 22일자 동아일보기사

고 김석창 목사, 김지웅, 양준명 교사들이 동조하여 제반 준비를 했다. 3월 1일 오후 2시, 학교의 종소리를 신호로 하여 신성학교에서 150여명의 교직원과 학생, 보성여학교에서 60여명의 학생들이 시위에 참가하며 시가지로 진출하였고, 이어 시민들이 참여하게 되었다. 시위대가 군청과 경찰서 인근에 이를 즈음에는 그 수가 3,000여명으로 늘어났다고 한다.[56)]

시위가 지속되자 일본군 선천수비대가 진압 해산 작전에 나섰고, 학생들이 이에 항거하자 발포하였다. 기수를 맡았던 학생 강신혁(姜信赫)이 흉탄에 맞아 죽고 교사와 학생 여러 명이 총상을 입었다. 이는 3·1운동으로 인하여 발생한 충돌 중에서 전국에서 가장 먼저 희생된 경우로 알려져 있다.

이 때 신성학교 관련 인사로 체포되어 징역형을 선고받은 사람은 졸업생과 교사, 이사진 포함 28명에 이른다. 검거 선풍이 일 때에 교장 윤산온은 피신해 오는 학생들을 자신의 집에 감추어 주기도 하였는데, 일경의 가택 수색을 완강히 거절하여 이들을 보호했던 것이다. 3·1운동은 이후 선천지역에서도 지속적으로 항일 운동으로 이어져 가고 있었다. 1920년 미국의회조사단이 식민통치하의 조선의 실정을 조사하기 위해 내한하여 선천역을 통과할 때 윤산온은 독립운동가들의 진정서를 영문으로 번역하여 이들에게 전달하기도 하였다.[57)]

1921년 6월에 윤산온은 신성학교 교장자리에서 물러났다.[58)] 12년간의 신

---

56) 『창립 100주년 신성학교사』 162-168쪽

57) 『창립100주년 신성학교사』 172-173쪽. 그런데 여기의 기록은 다소 혼란이 있는 듯하다. 윤산온이 아들 신병치료차 조선을 떠난 것은 1921년 2월 24일 이다. 이는 동아일보기록에서 확인된다. 박치의의 시형집행이 21년 9월 30일로 되어 있는데 이때 윤산온이 영결 기도를 했으며, 박치의가 갖고 있던 돈 50원을 윤산온에게 주었고 윤산온이 여기에 150원을 보태어 200원을 만들어 장학금으로 냈다는 것은 그가 그 시절 이미 휴론대학 학장으로 있었기 때문에 가능하지 않은 듯하다. 무언가 착오가 있는 듯하다.

58) 『창립100주년 신성학교사』 175-176쪽. 동아일보는 1921년 2월 24일자에 윤산온의 출국을 기사화하고 있다. 동아일보에서 말하는 출국은 일시적 출국으로 향후의 일을 모색하기 위한 출국으로 보인다. 한편 그는 휴론대학장에 확정되기 전에 위스콘신에 있는 다른 대학의 학장으로 거론된 일이 있었다.

성학교 교장 임무를 마치게 된 것이다. 그는 6월에 학교장직을 사임하기에 앞서 2월에 귀국한 일이 있다. 그런데 2월 22일자 동아일보는 윤산온의 귀국과 더불어 일어난 풍설을 소개하고 있다. 즉 윤산온이 미국의 저명한 정치가 브라이안씨의 생질이며, 윌슨 대통령의 친구인데, 윤산온이 그가 귀국하면 조선문제에 대하여 일본에 불리한 이야기 할까봐 일본인들이 우려하고 있다는 것이다. 그가 캘리포니아 로스 엔젤레스에서 일년 정도 체류한 다음 다시 돌아올 것이라는 전망을 하면서 맏아들[59] 병 치료 때문에 귀국하는 것이지 다른 의도는 없다고 하는 총독부 관리의 말도 인용하고 있다. 이어 같은 신문 1921년 2월 25일자에서는 풍설에 대하여 총독부 통역관이 윤산온이 귀국하는 이유는 의사의 권고로 아들의 심장병을 고치려고 가는 것일 뿐 다른 일은 전혀 없다는 것과 총독부 학무국 관리들과 회동했다는 사실, 그리고 가을 쯤에 돌아오겠다는 말을 인용, 2월 24일 오전 9시반 남대문 정거장에서 귀국길에 올랐다고 하는 기사를 게재하고 있다.

2월의 출국은 신성학교장직의 사임후의 출국이 아니라 일시적 출국이었다. 그는 미국에 가서 향후의 그의 진로를 모색하며 한국 유학생회나 교회를 찾아 한국 실정을 알리고 청년들을 격려하는 강연을 자주 하였다. 신한민보는 1921년 6월 2일자 기사에서 윤산온의 연설 내용 가운데 한국인의 서럽고 참혹한 정경과 일본인의 잔혹한 행위를 간추려 소개하고 있다.

윤산온은 그 해 가을부터 휴론대학[60]장을 맡았고, 그 일은 1928년까지 지

---

59) 윤산온의 맏아들 George M. Mccune (1908-1948)은 한국에서 출생하였다. 그는 어릴 때부터 심장병이 있었다. 그는 후에 버클리대학에서 역사학교수로 있다가 41세에 죽었다.

60) Huron University는 1883년에 설립, 2005년 4월 1일에 폐교한 장로교 학교이다. 위치는 Huron, South Dakota이다. Si Tanka University at Huron으로 불리기도 했다. 1897년에 Huron으로 옮겨가 Huron College가 되었다. 라이샤워와 함께 한글의 로마자 작업을 한 윤산온의 맏아들이 이 대학을 졸업했다. 1989년 1월 이 대학은 Lansdowne University Ltd로 넘어갔고 재단은 학교 이름을 Huron University로 바꾸고 Huron University USA in London로 하였다. 이후 여러 과정을 거쳐 2005년 3월 폐교하였다. 역사는 123년 이다. Huron University와 Huron University College와 혼동하면 안된다.

속되었다. 휴론대학장으로 일하는 동안 그는 한국인 유학생들의 편의를 도모하는 일에도 힘썼다. 1923년 10월4일자 신한민보는 '허론대학 우리 학생'이라는 제목으로, 최순주(3학년), 최윤관(4학년), 황희찬(1학년), 차균현(1학년) 네 명의 학생이 등록, 재학중에 있다고 하며 간략하게 그 동정을 밝히고 있다.

러일 전쟁 등에서 나타나듯 당시 미국은 일본과 우호적인 관계를 유지하고 있었다. 따라서 선교사들이 한국인의 민족 정서를 일깨운다든가 그들의 독립운동에 편들거나 하는 일들이 금지되어 있었다. 또한 선교사들 가운데는 정교분리의 입장을 취하는 경우가 대부분이었다. 일제도 선교사들에 대해서는 외국인 신분을 고려하여 우대하고 있었다. 상당수 선교사들이 이런 분위기에서 활동하고 있었다. 따라서 윤산온과 같이 한국인들에게 심정적으로 동조하고 그들을 보호하는 적극적인 활동을 하는 선교사는 많지 않았다.

신성학교 졸업생 이대위(李大偉)[61]는 다음과 같이 윤산온 교장을 회상한 일이 있다.

> "윤산온 교장은 한국에 온 미국선교사 중의 한 사람이다. 그러나 그는 선교사 중의 선교사요, 교육자 중에서 가장 뛰어난 교육자였다.
>
> 교육자의 범주 안에서 교육을 하였으면 교육자로서 그 책무를 다하는 것인데 그는 그 범주를 훨씬 뛰어넘어서 한국 사람들에게 예수를 믿되 독립국의 사람이 되어서 예수를 믿어야 한다는 사상을 주입시켜 나갔다. 그는 말뿐이 아니라 언행이 여일하게 그 생각을 실천해서 보여주었다. 이런 면에서 윤산온 교장은 분명히 이스라엘 민족을 바로의 궁중에서 끌고 나온 모세의 역할도 해주신 이로 나는 알고 있다.

61) 이대위(1896-10.5-1982.10.5)는 용천 출신으로 1910년 신성학교에 입학 이듬해 105인 사건에 연루되어 만주로 피신했다가 사태가 일단락 된 뒤에 돌아와 1914년 졸업했다. YMCA에서 활동하였으며 초대 노동부 장관, 건국대총장을 역임했고 연동교회 장로로 시무하였다.

그러므로 나는 그를 한국인 이상으로 한국 사람을 사랑한 사람이라고 생각한다. 그가 그와 같은 인식을 갖고 한국인과 호흡을 같이 했기 때문에 한국인 누구든지 그를 대할 때는 조금도 그를 외국인이라고 느끼지 아니하고 똑 같은 한국 사람처럼 대했던 것이다. 그는 매사에 이런 자세로 임했고 학생을 가르침에 있어서나 향촌에 나가서 전도함에 있어서도 한결같은 모습을 보여주었기 때문에 그의 말 어느 한 마디에도 한국인에게 피가 되고 뼈가 되지 않은 것이 없었다."[62]

62) 『창립 100주년 신성학교사』 105-106쪽에서 인용함

4. 숭실전문 중흥의 학교장

가. 숭실 중흥의 토대 마련

1928년 5월 8일에 윤산온은 수백 명의 환영 속에 평양에 도착하였다.[63] 21년에 신성학교장을 사임하고 떠난 다음 7년 만에 다시 돌아온 것이다. 이번에는 귀국하는 마포삼열을 대신하여 숭실전문의 교장으로 부임차 왔으니 감회가 특별했을 것이다. 방지일의 회고에 의하면 일제가 싫어하여 사실상 추방했던 윤산온이 다시 한국에 오게 된 것은 마포삼열의 노력에 의한 것이며, 동시에 강력한 미국의 국력에 일본이 굴한 것이라고 한다.[64]

그가 미국에 체재하는 동안 한국의 사정은 많이 바뀌어 있었는데 특히 숭실대학과 관련하여 많은 변화가 있었다. 1925년 총독부는 숭실대학을 전문학교로 정식 인가를 하였다. 따라서 총독부가 요구하는 기준의 시설 조건 등을 충족시켜야 했다. 그 사이에 숭실중학과 숭의여학교 등에서 학생들이 주도하는 동맹 휴교가 빈발하고 있었다.[65] 시설이라든가 교수진의 보완과 충원, 그리고 다른 학교들처럼 총독부의 정식인가를 받아 졸업생들에게 혜택이 돌아가야 한다는 것이 주 내용이었다.

윤산온이 숭실전문의 교장에 정식 취임한 것은 그가 부임한지 일년 가까이 된 1929년 6월이다. 1929년 6월 14일자 동아일보 기사는 '융성(隆盛)한 숭실전문 윤산온 교장을 맞아서' 라는 기사를 크게 싣고 있다. 여기서는 기사를 모두 4부로 나누어서 숭실의 그동안의 역사, 윤산온의 약력소개, 그의 인품소개, 장차 그에게 거는 기대 등을 상술하고 있다. 다소 장황하지만 이

63) 동아일보 1928년 5월 9일자 기사

64) 방지일 『야사(野史)도 정사(正史)로』 2001년, 선교문화사, 57쪽

65) Blair's report "Who's Who in Pyengyang" 1924년 Presbyterian Church in the USA Board of Foreign Middion Korea Mission Report(1911-1954)vol 12 pp117-154

를 본뜻을 손상하지 않는 선에서 전문을 현대문으로 옮겨 인용, 소개한다.

"1. 평양의 숭실전문학교는 서조선 일대에 있어서 유일한 최고학부인 것은 다시 말하지 않아도 다 아는 바이지만 약 20년 전으로 소급하여 그 학교의 연혁을 말할 것 같으면 지금부터 26년 전 그 때에는 아직 우리 조선에서 학교라는 명칭까지 일반이 잘 이해하지 못할 뿐 아니라 교육 정도라든지 기타 일반사회가 암흑에 씌워 있어서 아무 물정도 모르던 때이다. 그러므로 우리는 조선에서 중학교가 불과 3, 4개처이고 대학이라는 것은 일반인이 명칭도 듣지 못하던 그 때이다. 그와 같이 유치한 우리 교육시대에 서양선교회 조선 4장로파연합회에서는 지금으로부터 26년 전인 그 때에 벌서 숭실대학을 구한국 교육령애 의하여 설립하였다. 때가 그때인 만큼 그 학교의 명성이 온 조선 천지에 혁혁하게 되었고 따라서 온조선에서 총준(聰俊) 재자(才子)가 집중하게 되어 그 학교의 성적이 내외에 떨치게 되었고 그 출신들의 활동이 조선강산을 진동케 하였다. 그와 같이 유구한 역사를 가진 만큼 많은 인재를 양성하여 우리 조선의 교육계나 종교계 또는 기타 각 방면에 있어서 동교 출신들의 공헌한 바는 일일이 셈할 수 없이 다수이었다. 그럼으로 숭실대학은 우리 조선문화 계발에 있어 발상지요, 총본영(總本營)이라고 말하여도 과언이 아닐 것이다.

2. 그와 같이 우리 조선에 있어서 공헌이 가장 큰 학교로서 날이 가고 해가 갈수록 기초가 더욱 공고하여 모든 것이 시대 순응에 적합하도록 개선에 개선을 더하여가든 중에 과거 7, 8년 전에는 조선신교육령에 의하여 숭실전문학교로 개정한 후 문과와 농과의 양과를 두고 많은 청년을 배양하는 중인데 내용의 충실이라든지 기타 설비의 완전함이 어느 전문학교보다 지지 않게 되어있다.

3.그런데 이 학교의 특색을 나타내는 것은 이 앞으로 확장 계획에 있는 농

과이다. 특히 우리 조선 사정에 맞는 농촌지도자의 인격을 양성하여 황폐한 조선 농촌 부활의 일군을 내게 한다 하니 어찌 축하하지 아니할 바리요. 우리 서조선 일대에 있어서 아니 우리 온조선에 큰 행복이라고 하지 않을 수 없다. 그러하여 우리는 과거에도 많이 이 학교를 신뢰하였지만 이제 후로도 더욱 기대와 희망을 많이 가지는 바인데, 더욱 열성이 많고 수완이 민활한 윤산온 새 교장을 맞이하게 되었으니 이는 이른바 적방(適方) 적소(適所)이다.(이어서 기사는 윤교장의 약력을 소개하고 있다. 동아일보기자가 정리한 약력은 각주로 옮김)[66]

1921년 -1926년 까지 휴론대학 총장으로 있다가 작년 9월에 다시 조선 숭실전문학교 교장으로 와서 지난 5일에 성대한 취임식이 있게 되었다.

4. 윤산온씨는 일생을 통하여 활동기인 청년시기를 조선에 와서 보냈고 많은 사업 중에 조선서 한 사업이 가장 큰 사업이요, 노년에 다시 조선에서 중대한 임무를 맡고 활동하게 되니 그는 우리 조선의 대은인이요, 또는 우리 조선문화 계발에 대개척자이다. 어찌 존경하고 사랑하지 아니할 바이리요. 그런데 이제 그의 인격과 수완을 말하자면 그는 어느 때든지 활동적인 인물이다. 항상 쾌활한 웃음과 민첩한 동작을 구비하였고 사람들과 대화할 때는 모든 것을 잘 이해하며 특히 우리 조선청년을 상대할 때는 말이나 무엇에든지 적극적이다. 그리하여 상대한 사람으로 하여금 청쾌미(淸快味)를 가지게 하고 기쁘게 복종하고 따르는 마

---

66) 기자가 소개한 윤산온교장의 약력은 다음과 같다. "이제 윤교장의 약력을 들어보면 그는 1871년 2월 15일에 미국 펜실베니아 주 피츠버그 시에서 출생 1900년 미국 미주리주 파크대학 졸업 1903년 파크대학에서 문학사학위 취득 1913년 아이오와주 코 대학에서 신학박사학위취득 1914년 노스 다코다 중 휴론대학에서 철학박사 학위 취득 1901년-1904년까지 아이오와 주 코 중학교 교장, 코 대학교 교수 1904년 9월 조선으로 와서 숭실대 숭실중학교 교수 1908년 8월 1920년 3월 1일까지 평안북도 선천 신성중학교교장으로 있다가 한 때는 배일의 혐의로 귀국하게 되어 같은 해 9월에 귀국." 동아일보에 소개된 윤산온의 약력은 날자 등 약간의 오류가 있으나 대체로 충실하게 흐름을 소개하고 있다.

음을 품게 하는 인격의 소유자이다. 우리 조선에 있어서 과거 수십 년에 끼친 공적보다 몇 배의 더 큰 공헌이 있을 것은 말하지 않아도 상상할 수 있을 것이요. 또는 멀지 않은 장래에 종합대학이 탄생되기를 미리 축하하는 바이다."[67]

이러한 기대와 축복 속에 부임한 윤산온 교장이 우선 시작한 일은 대강당, 기숙사, 행정을 위한 본관 등의 건축이었다. 그는 먼저 대강당 겸 체육관 착공을 시작하였다. 1930년 10월10일 개교기념일에는 대강당이 완성되었는데 수용인원이 6,000명에 이르는 대규모 강당이었다. 실내 체육관을 겸한 이 대강당은 1928년 7월에 윤산온의 설계로 기공했었다. 이 대강당은 당시 공사비로 54,400엔이 들어간 것으로서 건평 303평 연건평 756평의 당시로서는 조선 제일의 대강당이었다. 2층 기와 지붕으로 음악회, 강연, 가극, 영화상영 등과 일반 대중 집회를 열 수 있었다. 실내 체육관의 기능도 겸하였는데 테니스, 농구, 탁구, 권투, 유도 등을 할 수 있었다. 지하실에도 400여명을

67) 동아일보 1929년 6월14일. 이 기사의 기자는 매우 따뜻하고 긍정적인 자세로 숭실대학과 윤산온을 기술하여 소개하고 축하하고 있다는 느낌을 주고 있다.

수용할 수 있는 강당과 50여명을 수용할 수 있는 목욕탕 시설을 3개나 갖추고 있었다. 참으로 엄청난 규모의 호화시설이었다. 자연 이 강당은 숭실학교 학생들뿐만 아니라 당시 한국기독교계의 전국 규모 주요 행사를 유치하고, 이로 인하여 숭실을 전국적으로 알리는 역할도 하게 되었다. 개관 기념으로 전조선주일학교대회를 이곳에서 개최하였다.

학생수의 증가에 따른 기숙사의 증축도 1930년 4월에 시작하여 8월에 완공하였다. 100여명을 수용할 수 있게 되었는데 당시 재학생수가 111명이었으니 사실상 전원 기숙사에 수용할 수 있었다. 기숙사 부대 시설로 식당 목욕실 구호실 등도 잘 갖추게 되어 조선 최고학부의 시설로 면모를 갖추게 되었다. 윤산온은 대강당과 기숙사 증축의 일이 끝난 다음에는 본관을 확대 증축하는 일도 하였다. 본래 1912년에 처음으로 준공한 3층 벽돌 양옥식 건물이었는데 1932년 35주년 개교기념일을 맞아 2층을 높여 총 5층의 웅장한 면모를 보이게 되었다.

나. 농과 신설과 실업교육

건물 신축 외에 윤산온은 학과 증설 계획을 세우고 이를 적극적으로 실천하기 시작하였다. 우선 그는 농과와 공과를 설치하려고 하였다. 농과는 종래 갖고 있었던 1만여 평의 실습 시험장을 활용하기로 하였고, 공과는 종래의 기계창 안에 있던 목공부와 철공부를 확장하여 활용할 계획을 갖고 있었다. 그래서 미국인 농학사 류소(Lutz, D. N. 柳韶)[68], 공학사 솔토(Saltau)를 채용하고

68) 류소(Lutz)는 1921년 3월4일 미 북장로교 파송 선교사로 부인 (Lenove Harpster)과 함께 입국하여 농업전문 선교사로 활동하였다. 숭실학교 농과에서 농촌지도자 양성에 주력하였고 특히 벼농사 위주에서 낙농업 과일 채소 재배 등의 새로운 영농법을 가르쳤다. 농업뿐만 아니라 성경공부에도 크게 헌신하였다. 해방 후에는 대전 인근 회덕에서 기독교 연합봉사회의 농민학원운영에 참여하였다. 그의 부인은 한국음악계의 지도자였고 또한 유치원사역의 전문가였다. 매우 열성적으로 활동한 여성이다. Blair's report "Who's who in Pyungyang" 1924년 Presbyterian Church in the USA Board of Foreign Mission Korea Mission Report(1911-1954) vol 12 pp117-154

한국인 교수도 찾아 나섰다.[69)]

1928년 3월 8일자 동아일보는 숭실전문에서 농과와 공과의 두 개 학과를 증설하는데 우선은 강습소의 형식으로 신학기부터 실현하며, 윤산온씨가 교장으로 며칠 내로 부임할 것이라는 예정의 기사를 실었다. 1928년 4월 14일자 매일신보 기사에는 다음과 같은 내용이 실려 있다.

> "숭실전문학교는 신학기부터 문과 외 농과를 증설하려고 총독부에 그 인가를 신청 중인 데 4월 2일부로 인가되었으므로 전기 농과는 30명의 생도를 모집하고자 16,17 양일에 입학시험을 행하고 20일부터 개학하리라더라"[70)]

여기서 농과라 한 것은 실제로는 농과강습소 학생 모집을 가리키는 것이다. 즉 1928년 대학에 농과 강습소 실습장을 개설하고 학생 30명을 모집하였던 것이다. 정식으로 농과가 설치된 것은 이로부터 3년이 지난 1931년이다.

문과로 시작한 숭실에서 처음으로 본격적으로 이과인 농과를 도입한 것이다. 이 농과는 이후 관립 수원고등농림학교와 어깨를 겨루는 교육기관이 되었다. 농과가 설립에 따라 이훈구(李勳求 1896-1961)씨를 농과과장으로 영입하고 앞서 이미 활동을 시작한 류소, 모의리, 일본 구주제국대학 출신 김호식, 경도제국대학 출신 김응룡, 동경제국대학 출신 명재억 등이 농과 교수로 보임하였다.

농과과장에 임명된 이훈구는 충남 서천 출신이다. 수원농림학교를 거쳐 1924년 일본 동경대학 농학과에서 3년간 수료하고, 1927년 미국 캔자스 주립농과대학 대학원을 수료하고 위스콘신 대학에서 박사 학위를 받았다. 1930년 난징 금릉대학(金陵大學)의 교수로 있다가 이 해 귀국하여 농과과

---

69) 『숭실대학교 100년사』 1권 283쪽 참조

70) 매일신보 1928년 4월 14일

장에 임명되었다.[71)]

윤산온 교장은 농과 설립에 대하여 다음과 같은 담화를 조선일보에 발표하였다.

"실로 우리학교의 전도를 위해서 뿐만 아니라 농업국인 조선을 위하여 반가운 일입니다. 특히 우리 농과가 목표로 하는 점은 조선농촌에서의 실제 지도자로 튼튼한 농부가 될 일꾼을 양성하고자 하는 것입니다. 그리하여 항상 농촌과 연락을 갖고자 하는 것입니다. 물론 모든 자격은 수원의 고등농림학교나 조금도 다를 것이 없습니다. 앞으로 한층 많은 성원이 있어 많은 발전이 있을 것을 믿습니다."[72)]

윤산온이 밝힌 대로 농과 설립의 목표는 '조선농촌에서의 실제 지도자로 튼튼한 농부가 될 일꾼을 양성하여 항상 농촌과 연락을 갖고자'하는 것이었다. 참으로 건학 이념에 부합하는 농촌 지도자상을 제시한 것이다. 한편 동아일보에서는 숭실의 '농과 전문 설립, 공헌이 많기를 기대'한다는 제하의 사설을 게재하였다.

"평양숭실전문학교가 농과를 신설하여 당국의 인가를 얻은 것은 시의에 적한 일로 앞으로 조선 사회를 위하여 다대한 공헌이 있을 것을 믿는다. 만연하게 조선이 농업지이니까 농과가 필요하다고 하는 것이 아니다. 관공립의 농업보습학교 농업학교 고등농업학교의 과거 실적이 책상 위의 기술적인 관공리를 양성함에 그쳤다 하는 사실은 앞으로 농업 기술자 양성에 노력하는 이의

---

71) 그는 1938년 조선일보사 주필 겸 부사장이 되었으며, 광복 후 제헌국회의원, 단국대학장, 성균관대학교총장 등을 역임하였다. 4·19 후 민주사회당을 창당하여 위원장이 되고, 초대참의원 의원에 당선되었다. 저서로는 『조선농업론(朝鮮農業論)』·『만주(滿洲)와 조선인(朝鮮人)』이 있다. 정신문화연구원 민족문화대백과사전에서 인용

72) 조선일보 1931년 3월7일

크게 참고할 바다. 숭전이 사립의 기관이니만치 이 점에서 우리는 더욱 기대를 갖고 있다. 흰 손을 가진 사무실 안에서의 기술자는 조선의 농촌이 요구하는 자가 아니다. 스스로 호미를 잡고 폭양하에 나서는 농민의 친구를 농촌은 요구하고 있다. 그는 농업의 기술자가 될 뿐 아니라 농촌 경제에 대한 깊은 이해가 있고 농민의 생활에 대하여 흥미와 이해를 같이 느끼는 이라야 된다. 조선의 농촌은 생산력의 증진과 함께 경제적 협동과 공공한 단결력에 의한 대외방비 농민 권익의 옹호가 필요한 것이다. 농촌의 기술자인 동시에 농민운동의 지도자라야 될 것이다. 이러한 모든 의미에서 우리는 사립의 기관이요, 전문정도인 숭실의 농과에 다대한 기대를 부치는 것이다."[73]

조선일보 사설에서는 '숭실농과 전문의 설립-주목할 만한 종교교육-'이라는 제목 아래 '관공립이 아닌 사립의 농과전문으로 좋은 시설을 갖추어 출발하니 그 장래를 축원하는' 바이며, 기독교 선교 사업이 시대적 요구에 부

73) 동아일보 1931년 3월8일

응하는 바이며 물심(物心) 병진(竝進)의 정책'이라고 하였다.[74]

동아일보와 조선일보의 사설에 나와 있는 의미 규정은 오늘의 우리도 주의하여 볼 만한 가치가 있다. 사립종교기관에서 실행하는 농과 교육이니만치 관리양성보다는 농민의 친구, 농민 운동의 지도자를 배출하여 달라는 요구가 있었고, 이제 기독교의 선교가 마음 뿐만 아니라 물질의 세계에도 관심을 지녀 물심(物心)이 함께 나아가는 선교정책이 요구된다는 당위적 시의(時宜)적 요청을 부여하고 있다는 것이다. 숭실전문의 농과 첫 졸업생은 1934년에 나왔다. 문과가 4년제로 운영한 반면 농과는 3년제로 운영했던 것이다.

윤산온은 농과의 설치 이외에도 앞서 말한 것처럼 기계창의 철공소와 목공소를 확대하여 공과의 설치도 기획하고 추진하였다. 또한 숭실재단이사회는 1931년 7월 여자 가사과 설치를 가결하고 추진하였으나 이는 모두 이루어지지 못했다.[75]

윤산온은 신성학교에서와 마찬가지로 숭실전문에서도 자조부 운영에 역점을 두었다. 그리고 틈이 나는대로 교회와 사회를 위한 대중 강연에 나섰다. 1931년부터 36년까지 장로회총회는 「교회발전에 관한 연구위원회」를 구성하여 숭실전문을 중심으로 하여 관서지역 남녀기독청년수양회를 매년

안나 데이비스 기계창 전경과 내부

74) 조선일보 1931년 3월8일

75) 『숭실대학교 100년사』 1권 288쪽 참조

개최하였다. 이 수양회의 전문 주요 연사의 한 사람이 윤산온이었다.

다. 『농민생활』의 발행과 농촌계몽

윤산온은 1929년 6월부터 시작한 『농민생활』이라는 농촌계몽적 성격의 잡지 발행인이 되었다. 이 일은 당초 총회 농촌부에서 주도하여 시작하였지만 실제적으로 이를 운영하고 실행한 곳은 숭실전문이었고, 류소 등 숭실전문 농과 교수진이 주요 필진으로 참여하였다. 윤산온은 이 잡지에 거의 매월 투고하였다. 글의 내용은 계몽적 성격이 대부분이다. 당시 한국은 농민이 90% 이상을 차지하는 농업국가였다. 국민 계몽은 곧 농민에 대한 계몽이라고 할 수 있었다. 그것의 한 방편이 잡지의 간행 보급이었다. 윤산온은 『농민생활』의 발행인이 되었다. 이 잡지는 일제 시대 농민을 위한 계몽적 차원의 잡지 중 가장 오래 동안 간행되고, 또 인기가 있고 그만큼 큰 영향을 미친 잡지이다.

1928년 장로회총회는 산하에 농촌부를 설치하였다. 총회 농촌부는 당시 조선 인구의 대부분을 차지하는 농민들에게 현대식 농업 지식과 아울러 신앙을 지도하자는 취지하에 '농업잡지'를 발간하기로 하고, 평양 숭실전문 내에 있는 농학강습소 교수들의 글을 통해 농업에 대한 과학적인 지식을 보급하기로 뜻을 모았다. 그 내용으로는 당연히 농민들에게 새로운 과학적 농사법과 품종 개발의 소개를 중점으로 하였다. 그러나 복음적 진리를 전달하는 논설과 수필들도 많이 수록하기로 하였는데 그 실천적 결과물이 1929년 6월에 평양에서 『농민생활』이라는 잡지의 창간호를 국판으로 인쇄하여 보급하기 시작한 것이다.

실무적으로 이 일을 주관한 것은 미국인 선교사 류소였다. 그는 1920년부터 숭실전문대학의 교수로 활동하면서 농업관계의 논문을 발표하며 농촌계몽운동에 주력하고 있었다. 그의 이러한 활동에 자극받아 1928년 4월 20일에는 숭실전문에서는 부설 농업강습소를 설치하여 학생 30명을 모집, 농학교육을 시작하였다. 1931년 4월에는 농학강습소를 농과로 승격시켰다. 기구의 승격과 함께 농과의 교수진이 탄탄하게 구성되었고, 이들이 보다 적극적으로 『농민생활』에 투고 하였다. 『농민생활』의 투고진과 내용이 보다 튼튼하고 알차게 된 것은 말할 나위가 없다.

『농민생활』은 장로교 총회 산하의 각 노회 조직을 통하여 지역 사회에 널리 보급하였다. 1932년 9월에는 월 38,500부가 발매되었다고 한다. 적지 않은 부수가 보급된 것이다. 시간이 흐르면서 이 잡지에 대한 기대가 높아지고 자연히 그 업무가 점점 증대되고 이 잡지의 주요 필자 대부분이 숭실전문 농과교수를 비롯한 숭실의 교수들인 점 등의 이유로 총회는 1934년부터는 발행권을 아예 숭실전문학교로 이관하였다.[76]

『농민생활』 창간호를 보면 편집겸발행인으로 윤산온(尹山溫)의 이름이 기재되어 있다. 인쇄소는 평양 신창리(新倉里) 170번지에 있는 일신(一信)활판소이고, 발행소는 농민생활사로 서울 홍파(紅把)동 15번지, B5판 40면, 정가 5

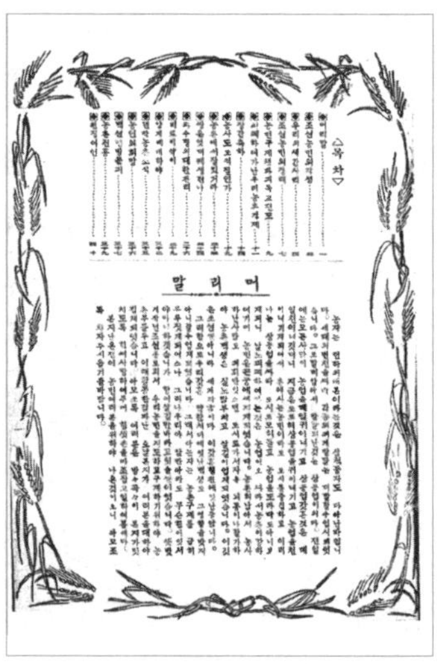
◁목 차▷

머 리 말

76) 한국정신문화연구원 편 『한국민족문화대백과사전』에서 인용

전으로 되어 있다. 편집과 인쇄는 평양에서 하고, 발행소는 서울에 두었다.

창간호 『농민생활』의 목차는 다음과 같다.

목차

'머리말'

'조선농민의 각성' - 프랜시스 오 클락

'우리의 세간' - 법학사 정재윤

'조선농민의 장래' - 농학사 유소(柳韶)

'농민 구제책과 기독교 전도' - 경북노회 간사 이석락(李晳洛)

'피폐하여가는 우리의 농촌경제' - 농학사 윤정호(尹禎皓),

〈창간 축사〉

염봉남(廉鳳南, 조선장로교회 총회장), 김석창(金錫昌, 선천(宣川)), 최득의(崔得義, 신의주), 백승건(白承健, 황주(黃州)), 최준익(崔俊翼, 기양(岐陽)), 최지화(崔志化, 안주(安州)), 김경노(金敬魯, 강서(江西)), 최정필(崔貞弼, 황주(黃州)), 김승곤(金昇坤, 평양), 최환진(崔桓鎭), 광양(光陽)), 한몽연(韓夢淵, 기양(岐陽)),

'농사도 도적질일까' - 문학사 채필근(蔡弼近)

'농촌에서 잘 믿거라' - 박형룡,

〈농촌강좌〉

'땅은 어떻게 생겼나'(토양(土壤)의 성인(成因)) - 한 농사꾼

'과수(果樹)병에 대한 관리' - 숭실전문 교수 김상근(金常根)

'비료이야기' - 농학사 김응룡(金應龍)

'부업 양계(養鷄)에 대하여' - 강병식(康炳植)

'덴마크 농촌소식' - 한기자,

〈시조〉

‘농인(農人)의 희망(希望)’ - 김은용(金隱龍),

‘백선행(白善行) 방문기’

‘지방통신’

‘편집여언’

발행인 윤산온이 쓴 〈머리말〉은 다음과 같다.

“농사는 천하의 대본이라는 것은 삼척 동자도 다 아는 바입니다. 세대의 변천을 따라 각종 기계 발달은 더 말할 수 없이 되었습니다. 그로 말미암아서 발달되는 것은 상공업이외다. 전일에는 모든 사람이 농업을 제일 귀히 여기고 상공업 같은 것은 제일 천히 여겼더니, 지금은 도리어 상공업을 귀히 여기고 농업을 천히 여기게 되어서, 촌에 사는 농민이라도 도시를 중심하여 일어나는 상공업을 따라 도시로 모여들고, 농업을 돌아다도 아니 보게 되니, 날로 피폐하여 가는 것은 농업이오, 따라서 농촌이 망하여 가며 농민은 곤궁에 빠지게 되었습니다.

농촌에 남아서 농사하는 사람도 기회만 있으면 도시로 가서 자유노동이나 할까 하여, 농촌 백성은 실로 마음 부치고 살 길이 없게 되었습니다. 이것은 조선뿐 아니라 세계 각국이 다 이 같은 형편에 있는 줄 압니다. 그러므로 우리 같은 약한 처지에 있는 백성도 그 영향을 받도록 하고 구제하기 위하여, 농촌부를 두고 이래 활동한 결과는 오늘 본지가 여러분을 대하여 뵙게 되었습니다. 아무쪼록 여러분은 방방곡곡에 본지가 미치도록 힘써 사랑하여 주며, 힘껏 손을 마주 잡고 일하여 봅세다.”[77]

---

77) 이글은 『농민생활』 발행인 윤산온 숭실전문 교장이 썼으며, 원문을 바탕으로 철자법만 현재의 것으로 바꾸었다.

역시 창간호에 실려 있는 숭실의 농과 교수인 류소(柳韶)가 쓴 논단 〈조선 농민의 장래〉에서 일부분을 옮기면 다음과 같다.

"비료를 적당히 사용하면, 그전보다 노력이나 비용을 더하지 아니하고 1원 가치의 비료를 써서 10원 가치의 수입을 얻는 경우도 많이 있다. 그러면 어떤 비료를 쓰며 얼마나 사용할까 하는 것이 지금 큰 문제일 것이다.

숭실전문학교 농학강습소에서 이런 문제를 해결하고자, 조선 각처에서 토양(土壤)을 취하여 검사하였는데 그중에서 유익한 것을 많이 발견하였다. 4백여 개의 견본을 가지고 검사한 결과, 그 토지의 배수(排水) 윤작(輪作) 비료사용과 수확 등을 연구한 것이었는데, 그 대부분은 공기 중에서 비료를 취할 수 있는 두과(荳科) 식물 중에 어느 것을 심는지를 알고자 하였다. 또 어떤 것은 밀을 심으면 잘될 곳에 보리를 심어서 실패한 것을 발견하기도 하였다. …하나의 예를 들면, 300평에서 밀 10두(斗)를 수확하고 더 많이 얻으려고 20두 거둘 만큼의 비료를 주어도 별 효과가 없었다. 그래서 그 토양을 검사했더니 인산(燐酸)이 매우 부족하였다. 이런 경우는 퇴비 외에 과린산석회 5관만 주면 20두 수확은 무난할 것이다."

매우 학술적이고 또 실용적인 지식을 전하고 있음을 알 수 있다. 따라서 이 『농민생활』이 경향 각처에서 큰 환영을 받았을 것을 짐작할 수 있다.

여전히 윤산온이 발행인으로 되어 있는 1935년 7월 1일자 『농민생활』 7·8월 합동 특대호(제7권 제7호, 통권 표시 없음)의 표지에는 산비탈의 방목 풍경의 사진이 실렸다. 목차는 모두 4면에 걸쳐 있으며 본문은 150여 쪽이나 된다. 당시의 어려운 상황을 감안하면 7,8월 합병호이기 때문이라 하겠지만 분량도 적지 않고, 장르도 다양하고 내용이 비교적 풍부하다. 이 특대호에서 윤산온은 '옥중(獄中)이나 투옥(投獄)된 것은 아니다' 의 권두 논설을 게재하였다.

그런데 이 『농민생활』은 윤산온이 추방당하고 난 다음 발행인이 모의리(牟義理 E.M. Mowry)와 류소로 바뀌어 계속 간행되었다. 즉 "1936년-1938년까지는 숭실의 마지막 교장 모의리가 간행을 책임졌고, 이후 1938년-1942년 선교사들이 추방당할 때까지는 숭실의 농과 교수였던 류소가 발행하였다.

선교사들이 추방당한 다음부터인 1942년~1945년까지 한국인 조응천(曺應天)[78]이 『개로(皆勞)』[79]로 잡지명을 바꾸어 발행하였다. 1953년 6월 서울에서 복간하였고 56년 5월부터 1968년 3월까지 류소가 다시 『농민생활』로 환원하여 발행소를 충청남도 대덕군에 있는 기독교연합봉사회로 옮겨 발행하였다. 이후 1968년 4월 이후 조응천이 편집과 발행을 맡아 발행소를 서울로 옮겼다.[80]

1932년은 윤산온의 회갑이 있는 해이다. 당시만 해도 한국인에게 있어 회갑은 가족은 물론 주변사람들에게 축하를 받는 가장 큰 사건의 하나였다. 이미 정서적으로 한국인화 되어 있는 윤산온 교장의 회갑연을 그냥 지나칠 한국인이 아니다. 1932년 11월 17일자 동아일보 3면 사회 기사란에서는 윤산온의 회갑을 보도하고 있다. "윤산온 박사 회갑, 이십칠년 간 전심으로 교육

---

78) 조응천(曺應天)은 평북도 강서군 출생이다. 숭실중학교와 1916년 숭실전문학교 문과를 졸업한 뒤 미국 트로이주립대학 토목과, 퍼두커대학 물리학과, 그리고 인디애나대학 대학원에서 수업한 뒤 그 대학원에서 「3극진공관의 출력조건」이라는 논문으로 1928년 이학박사 학위를 받았다. 귀국한 뒤 기독교 청년운동에 참여하면서 『농민생활』이라는 월간지를 발행하여 농민교육에 힘썼다. 광복 후에는 군정청 경무부 통신국장, 건국 후에는 1954년 육군통신학교장과 통신감을 거친 뒤 1956년 소장으로 예편하였다. 1957년 체신부차관에 취임한 뒤 한국동란으로 파괴된 통신시설 복구에 공을 세웠다. 관직에서 물러난 뒤 동국전자고등공업학교 기술고문, 동국전자공과대학 명예학장, 광운전자공과대학 학장, 전자공학회 회장 등을 역임하면서 교육에 힘을 쏟았다. 그는 전기통신공학에 관한 서적 외에도 일반교양 과학서적인 『백만인의 원자학』·『백만인의 인공위성』 등 많은 저술을 남겼다.

79) 개로(皆勞)는 四民皆勞에서 취한 듯하다. 이는 사농공상의 신분을 막론하고 모두 노동해야 한다는 것이다. 양반이라도 노동하지 않고 놀고 먹는 것은 용납하지 말아야 한다는 정신이다.

80) 윤춘병 저 『한국기독교신문잡지백년사』(대한기독교출판사, 1984)

사업에 노력한 평양 숭실전문과 숭실중학교장 윤산온 박사 부처의 회갑연을 지난 15일..."[81]이라 했다. 숭실대강당에서 열린 이 회갑연에 숭실중학과 숭실전문 졸업생 교계인사 사회 유지 등 3,000여명이 모였으며 윤박사 부부는 한복을 입고 조선식 상(床)을 받았다고 한다. 그 자리에서 윤산온은 "태어나기는 미국이나 죽기는 한국에서 죽을 것이며 한국에 묻힐 것"이라는 의지를 피력했다고도 하였다. 그의 회갑연이 동아일보에서 기사화할 만큼의 주목받는 인물이었음을 알 수 있다.

81) 동아일보 1932.11.17. 3면 사회 기사 尹山溫博士回甲 廿七年間專心 教育事業에努力 【평양】숭실전문과 숭실중학교장 윤산온(尹山溫)박사 부처의 회갑연(回甲宴을 지난十五일...

5. 신사참배거부와 출국, 그리고 숭실의 폐교

가. 신사참배 논란의 경위

윤산온은 신사참배와 관련된 한국기독교와 총독부 관리들 사이에서 조성된 갈등의 중심에 있다. 그는 신사참배 논란의 전개 과정에서 논리에 있어서나 대처하는 강도에 있어서나 가장 완강하고 격렬하며 일관성을 유지한 선교사들 가운데 하나이다. 신사참배는 일제강점기 말기 한국기독교계의 최대 이슈였고 그것은 현재까지도 한국기독교의 갈등과 제반 결정의 바탕에 있는 주요인자이다. 이는 종교계의 최대 이슈였고 관련된 사건이나 인사의 범위가 매우 넓다. 그리고 이미 전문적인 연구가 많이 축적되어있다. 여기서는 윤산온 관련 부분만 다루도록 한다.

신사(神社)는 일본의 종교라고 할 수 있는 신도(神道)의 신령을 모신 사당이다. 그 사당에 드리는 예배에 학생과 교사들이 의무적으로 참여하라는 것인데 여기에는 당시의 정치적 상황의 요청이 있었다고 할 수 있다. 즉 일제는 합방 이후 식민지 조선을 일본과 완전히 동화시키고자 하는 정책을 다방면에 걸쳐 입안하고 수행해 나갔다. 그 주요한 방안들 가운데 하나가 신사참배라고 할 수 있다. 그들의 동화정책은 초기의 105인 사건 등에서 보이는 폭압책이 3.1운동이후 문화정책이라는 이름으로 다소 온화한 방식으로 전환되었지만 1930년대 들어 다시 강압적 방식으로 바뀌었다. 이른바 조선인의 황국신민화 정책이 다방면으로 시행되었는데 그 일환이 신사참배였다. 1931년 9월 만주사변 이후 조선총독은 국가위기의식을 조장하며 신도(神道)의식을 강화하고 거기에 전승기원제 전몰자위령제를 해마다 개최하였다. 이러한 일제의 조치에 한국인들이 좋은 감정으로 따르기 어려운 것은 짐작할 수 있으나 특히 신사참배문제에 대해서는 선교사 등 기독교계가 예민한 거부반응을 보였고 따라서 총독부는 기독교계를 주목하게 되었다.

1932년 1월 황군의 전승기원제에 참가하지 않은 전남 광주의 숭일(崇一)과 수피아 등 기독교 학교에 대하여 당국은 단호한 조치를 취할 것이라는 내용이 이 지역의 지방신문인 목포신문 1월14일자 광주발로 보도되었다. 이 기사는 "만주사변에 대한 황군승리기원제에 참가하지 않거나 신사에 참배하지 않아 도학무과에서 엄중히 주의하고 있으며 끝까지 이런 일이 반복될 경우에는 최후의 수단으로 나올 것이라는 경고성기사였다.[82] 1932년 춘분에 있었던 황령제에 평양의 기독교계학교에 대하여 신사참배를 강요한 일이 있고 그해 9월 만주에 출정했던 전몰자위령제(9월18일) 그리고 그해 추분일의 황령제 때 평양의 기독교계 학교에 참배와 참가를 압박한 일로 충돌이 발생하였다.[83] 1932년 평양의 기독교계통 10개 사립학교가 신도의식에 참가하지 않은 것이 총독부당국으로서는 민감한 사안이 되었다.[84] 평안도 당국에서는 도내 기독교계학교에 대한 감찰을 통하여 학교를 압박하면서 전몰자 초혼제나 위령제에 학생들의 참여를 독려하였다. 그러나 기독교계 학교에서는 이에 응하지 않았다. 1932년 11월 9일자 대판매일신문 조선판에서는 "숭실교를 비롯한 십교(十校)에 시말서(始末書) 여하로 단연(斷然) 폐교 처분, 전몰자 위령제에 불참배" 및 11월 12일자에는 "기독교계 학교의 전몰자 위령제 불참배 문제"라는 기사가 실리는 등 점차 사회적 문제로 크게 부상하였다. 그러나 교계학교의 거부는 이어졌지만 폐교조치로 이어지지는 않았고 당국의 여러 형태에 걸친 경고성 압박이 지속적으로 강화되어갈 뿐이었다.[85]

1935년 총독부는 '심전개발(心田開發)'이라는 명분으로 각도지사에게 경신

---

82) 木浦新聞 1932년 1월14일 '황군에 대한 기원제에 참가하지 않은 광주의 그리스도학교' 이는 일본어로 발행된 신문이다. 김승태의 「1930년대 기독교학교의 신사문제 소고」 368-369 참조. 김승태는 이 사건이 심사참배문제와 관련된 최초의 충돌사건이라고 한다.

83) 김승태의 「1930년대 기독교학교의 신사문제 소고」 368-369 참조

84) 每日申報 1932년 11월12일자 "平壤府內 私立十校 慰靈祭場에 不參" 기사

85) 신사참배문제를 다룬 논문은 참으로 많다. 대표적인 논문들은 김승태가 엮은 논문선집을 참조하면 좋다. (김승태 엮음, 한국기독교와 신사참배문제, 한국기독교역사연구소, 1991)

(敬神) 관념의 보급을 지시하자 평안남도의 야스다케 지사는 이에 더하여 한 개면에 한 개의 신사를 세울 계획을 세웠다. 이에 대하여 이해 9월 평양에서 장로회총회는 경신 관념 보급과 지사의 계획을 반대하는 논의를 하였다. 이해 11월 야스다케 지사는 도청에서 열린 초등학교장 회의가 끝난 다음 집단 신사참배를 요구했으나 교장들 가운데 일부가 거부하고 참가하지 않았다. 이어 소집된 11월 14일의 중등학교장 회의에서 도지사는 먼저 신사에 참배한 후에 회의를 개최한다고 하였는데 장로회 숭실중학의 윤산온, 숭의여학교의 벨마 스눅[86] 교장 대리인, 그리고 안식교의 의명학교장 김희만이 신사참배를 거부하였다. 도지사는 윤산온을 불러 이제까지는 경고에 그쳤으나 향후에는 강경책을 쓴다고 하고 교장은 물론 학생들까지도 신사에 참배할 것인지의 여부를 문서로 밝히라고 강압하며 12월 20일을 기한으로 제시했다. 이에 대해 윤산온은 단호하게 자신의 입장을 천명하였다. 처음에는 신사참배 이외에 다른 애국인 활동에는 참가할 수 있다는 뜻을 비치면서 타협을 신중하게 모색하기도 했지만 상황이 비관적으로 진행되고 있음을 잘 알고 있었다.

그는 이때의 전후 상황을 정리하고 본인의 각오를 밝히는 내용의 편지를 북장로교 해외선교부 C.B. 매카피[87] 목사에게 보냈다. 1935년 12월 20일자

86) Velma L. Snook(鮮于梨) 1866.1.29-1960.3.20)는 아이오와 주 페어필드 출생이다. 1889년 아이오와 사범대학을 졸업하고 1899-1900 초등학교 교사를 하다가 1900.11.18-북장로회 선교사로 내한 평양선교부에 부임하였다. 1903년 숭의여학교 2대 교장에 부임하였고, 1931년 총독부지정학교로 승격 안식년으로 귀국하였다. 귀국 후 숭의여학교 설립자 겸 교사로 봉직하고, 1936년 1. 23 신사참배거부로 평안남도지사로부터 해임되었다. 1936년 9월 귀국하여 은퇴하였으며, 1943년 77세로 동료선교사로 숭실기계창을 담당했던 평신도 선교사 맥머트리와 펜실베니아에서 결혼하였다.

87) 클레랜드 보이드 매카피(Cleland B. McAfee 1866.9.25-1944.2.4)는 미주리 애슐리에서 타어났고 뉴햄프셔 재프리에서 죽었다. 그는 미주리주 파크빌에 있는 파크대학에서 20여년 교수, 교목, 합창지휘자로 활동했다. 그리고 일리노이 시카고와 뉴욕 브루클린에서 목회를 하였다. 1912-30년까지는 시키고의 매코믹신학교에서 교수로 있었다. 1930-1936년에는 장로회해외선교본부에서 책임자로 있었다.

편지이다. 이 편지에 상황전개의 과정과 11월 14일 도청회의실에서 윤산온이 평안남도 지사 야스다케와 나눈 대화가 들어있다. 지사는 "신사는 아마테라스 오미카미와 메이지 천황의 신령이 있는 곳이다. 이 신사에 가지 않는 학교와 가기를 거부하는 교장이 그 자리에 있을 자격이 있는 곳은 제국 내에 아무 곳도 없다"고 말했다. 그 말은 이제 신사에 가서 참배하지 않으면 외국인선교사 신분이라 할지라도 교장 직위를 박탈할 것이며 학교가 문을 닫을 것이라는 의미로 해석되었다. 지사는 윤산온 교장에게 신사에 가지 않은 이유를 명확하게 설명해야 하고 또 교장으로서 애국적인 행위를 꺼리는 이유를 설명하라고 압박했다. 윤산온은 정중하고 동양식으로 예의바르게 갈 수 없다고 말한 후 본인은 기독교인이며 모든 교사와 학생들 역시 기독교인이고, 평양에는 1만 5천명의 기독교인이 있으며 한국에는 40만 명의 기독교인이 있는데, 그가 여태까지 가르쳐온 모든 것들은 그날 아침에 지사로부터 그가 받은 명령과 상반되는 것이라고 한 다음 이는 아주 중요한 일이니 좀 더 깊은 논의와 생각을 위한 시간을 허락해 달라고 하였다.

이때 윤산온은 매우 모욕적인 심경이었던 것 같다. 그는 매카피 목사에게 그때까지 살면서 어린 아이처럼 그처럼 무기력하고 초라하게 느껴본 적은 결코 없었지만 한편 그때처럼 그가 하나님의 품 안에 있으며 하나님께서 끝까지 저를 인도해 주시리라는 점을 온전히 확신하며 아주 강하고 깊게 느낀 적도 없었다고 고백하였다.[88)]

야스타케 지사로부터 압박을 받고 나온 윤산온 교장 일행은 즉각 선교부 실행위원장인 홀드크로프트 박사에게 연락했고, 솔토 등 실행위원들이 함께 모여 상황전반을 검토했다. 그리고 향후의 대처는 기독교계 교장들 개인적으로가 취할 것이 아니라 실행위원회에 위임했다. 그것은 개인적 결단이 아니라 무슨 일이든 함께 해야 한다는 것을 의미했다. 윤산온은 실행위원회

88) "평안남도 지사에게 보낸 맥큔의 편지," 1935년 12월 19일, 『신사참배관련자료』 p. 43. 59. 그의 이런 심경은 동아일보기자와의 인터뷰에서도 그대로 드러난다.

의 충고를 전적으로 따르도록 결정했다.

지사와 정면으로 맞선 그 날 이후 윤산온은 경찰에 의해 끊임없이 감시를 당했다. 평양에서는 물론 총독부의 호출로 서울로 가서도 그러했다. 그의 표현을 빌리면 감옥에 가지는 않았으나 '밤낮으로 죄수'였고 사실상 구금상태에 있었다. 그를 감시하는 경찰들을 비롯한 여러 경로를 통하여 일제는 그에게 갖은 형태의 회유와 겁박을 시도하였다. 법을 지키지 않는 일부 일본인들이 있어서 조심해야 한다고 겁박하는가 하면 국민적 존경을 받는 학자도 벌을 받았고 아주 실력 있는 장군이 암살당했다는 등의 이야기[89]를 했다. 누가 언제 어디서 죽을지 모른다는 것이며, 누구의 삶이 안전한지 알 수 없다는 식이었다. 일본당국자들은 끈질기게 회유하며 타협을 종용하곤 했다. 도하의 신문은 윤산온의 신사참배거부 사건에 관한 총독부 출처의 기사로 넘쳐났다. 어떤 신문들은 개인의 자유가 불필요하게 공격당하고 있다고 했지만 또 다른 신문들은 충분한 근거도 없이 윤산온이 많은 분란을 일으킨다고도 하였다. 그러나 이 일로 전 교회가 벌어지는 상황을 깨닫게 되었다. 윤산온은 군국주의적 애국의 일을 함께 가는 것이 무슨 의미가 있는가라고 하면서 순교를 각오하고 있음을 피력하였다.[90]

신사참배가 그의 순교를 불러올지도 모른다는 각오는 그 해 12월 30일자로 친구에게 보낸 편지에도 드러나 있다.

> "하나님은 우리가 기도로 요청했던 것을 주셨습니다. 베드로가 사망했을 때 그는 쉬운 죽음을 맞이하지 않고 십자가에 거꾸로 매달렸습니다. 우리는 "하나님과 함께 권세를 누릴 것"을 확실히 알기 때문에 이 봉사에 부름을 받은 것

---

89) 1931년 일본의 총리가 된 이누카이 쓰요시가 1932년 5월 15일, 해군의 젊은 장교들에게 암살당한 것을 말한다. 나가타 데쓰잔(1884~1935)이라는 육군 소장도 1935년 육군 장교에게 암살당했다.

90) 숭실전문의 교장 윤산온이 1935년 년 12월 20일 뉴욕의 클레란드 비 매카피 목사에게 보낸 편지1935년 12월 20일

을 기뻐하고 있습니다. 여기에서 우리가 보내는 시간은 줄어들 수도 있습니다. 지난 7년 동안 한국에서 하나님을 위해 일할 기회에 대해 하나님께 감사를 드립니다. 우리가 고통을 받을 자격이 있다고 여겨지는 것에 대해 하나님께 감사드립니다...총독부와 관련된 이 일에서 하나님 앞에 순수한 양심을 지키게 되어 하나님께 감사드립니다. 내가 취한 태도로 말미암아 치러야 할 댓가가 내 직위를 잃고, 한국에서 추방당하고, 한국에서 투옥되거나 암살을 당할 수도 있겠지만, 그래도 '모든 이해를 뛰어 넘는 하나님의 평화'가 나를 지켜주고 있습니다. 예수께서 하신 '기뻐하고 즐거워하라. 하늘에서 너희의 상이 큼이라'라는 말씀이 매우 평온함을 줍니다...만일 총독부가 우리 학교를 폐쇄하면 따를 수밖에 없습니다. 하지만 어떠한 상황에서도 타협할 수는 없습니다... 우리는 강제로 쫓겨나지 않는 한 떠나지 않을 것입니다...이 편지가 마지막 편지가 될지 모릅니다. 그렇게 된다면 머지않아 하나님의 권좌 앞에 우리가 만날 것이고 우리를 위해 피를 흘리시고 이러한 소중한 특권을 맛보도록 허락하신 하나님을 찬미하며 함께 영원을 보낼 것입니다."[91]

이런 상황에서 총독부 학무국장 와타나베가 1935년 12월 31일자로 윤산온 교장에게 신사참배와 관련한 구두경고와 함께 서한을 보냈다. 이 서한에는 우선 신사에 관한 일본정부의 기본관점을 설명하고 참배의 불가피성을 말한 다음 이행하지 않을 때의 당국의 예정하고 있는 조치를 통보하는 것이었다. 총독부 당국의 신사에 대한 기본관점을 이 서한은 다음과 같이 기술하고 있다.

"...신사는 우리 황실의 선조 및 국가에 대해 탁월한 봉사로 기여한 국민의 조상을 위해 봉헌되었으며 일본 국민이 신실한 존경심을 바치는 공적인 기관

---

91) 1935년 12월 30일자 윤산온이 친구에게 보낸 편지

입니다. 신사와 종교는 국가법에 의해 뚜렷하게 구별되고 있으며 학교의 학생과 생도들이 신사에서 참배를 하도록 요구하는 것은 애국심에 근거하고 있고 학생과 생도들에게 요구되는 '경례'는 애국심과 충성 정신을 표현하는 것에 지나지 않습니다. 이는 본인과 평안남도 지사가 매우 간절하게 누차에 걸쳐 설명을 한 사항입니다..."[92]

그러면서 평양 지역 북장로선교회 관계자들과 윤산온이 신사참배에 대하여 지니고 있는 태도에는 전적으로 종교와 교육을 혼동한 것에 기인하며 '종교의 자유는 우리 헌법이 보장하는 것'이고 어느 누구도 '기독교 전파나 그 신도들의 종교적 신앙을 방해하려는 의도가 추호도 없다'고 강조하였다. 그러나 교육에 관한 한 종교기관에 의하여 운영되는 학교라고 할지라도 교육령에 따라 국가교육의 목적에 부합해야 한다는 것은 되풀이 설명할 필요가 없는 당위적 사항이므로 국가 교육 체제와 연관이 있는 기독교 선교사나 기타 종교 관련자들도 스스로 신사에 가서 참배함은 물론이고 신사에 대한 참된 의미를 명확하게 하여 학생들과 생도들도 참배를 하게 하여야 하며, 평양에서 발생한 이 사건에 직접적인 책임이 있는 숭실학교장인 윤산온 박사는 학교의 교장으로서 그의 책임을 고려하여 당국자들의 의도를 이제는 이해해야하며 즉각적으로 태도를 바꾸어 스스로 신사에서 참배를 해야 하고 학생들이 신사에서 참배시키려는 의사를 명확하게 설명해야 할 것이며, 그렇지 않고 학교 교장으로서의 책임을 이해하지 않고 신사에서 참배를 하지 않으며 참배를 한다는 의사를 명확하게 밝히지 않는다면 당국은 필요한 조치를 취할 수도 있다는 사실을 알린다고 하였다.

이 경고서한은 통역자 오다 씨, 두 명의 일본인들, 학교담당자 오노 씨 등의 총독부 대표자들이 참석한 가운데 조선총독부 학무국장 와나타베가

92) 총독부 학무국 와타나베가 1935년 12월31일자로 윤산온 교장에게 신사참배와 관련한 경고서한

윤산온 박사에게 읽어주었다. 북장로회선교실행위원회 홀드크로프트(J. G. Holdcroft)와 솔토(T. S. Soltau) 목사도 참석했다. 학무국장의 경고는 총독부의 요구사항을 이전보다 명확하게 규정하고 있다. 즉 선교사가 세운 학교의 교사와 학생들이 신사에 참배를 하고, 교장인 선교사들도 스스로 신사에 가서 반드시 참배를 해야 한다는 것이다.

경고서한을 읽고 전달한 다음 참석자들 사이에 나눈 대화가 기록으로 남아 있다. 이에 따르면 '경고'와 '당국은 필요한 조치를 취할 수밖에 없다'라는 말이 구체적으로 무엇을 의미하는지를 물었고 이에 대한 와타나베 국장의 답변은 만일 윤산온이 신사 등에 가지 않을 경우 최종 결정은 학교를 떠나야 할 것인데, 본인이 자발적으로 사임을 하던지 아니면 평남지사가 해임시킬 것이라고 했다. 그리고 교장이 학교를 떠나는 문제가 해결된 다음에도 학생들을 신사에 가서 참배하도록 허용하지 않을 경우 총독부는 폐교 등 다른 방법을 취할 것이라고 했다. 총독부가 기획하고 있는 학생들 심사참배의 다음 예정일은 특별한 일이 일어나지 않는 한 10월이나 되어야 할 것이지만 문제 해결은 그때까지 기다릴 수 없고 즉시 해결되어야 한다고 했다.

또한 오노와 홀드크로포드 윤산온 간에 기독교 사립학교의 특성 등에 관한 대화가 오갔다. 학생과 교사들이 제국의 선조들을 숭배하고 존경해야할 필요성은 그것이 제국의 도덕적 가치의 기초이며 법으로써 그렇게 간주되고 있기 때문이라 했고, 와타나베가 학무국장이 된 이후 4개의 기독교계 학교가 공립학교에 주어진 것과 똑같은 권리를 바란다는 선교부의 요청에 근거해서 학교지정이 승인되었다는 것을 환기하면서 그 지정학교 조건에 이미 조상에 대한 숭경(崇敬) 사안이 들어간 개선된 교과과정이 들어있음을 지적했다. 이 때 윤산온은 한국인들의 삶에 맞게, 그리고 성경 공부를 포함해서 도덕적인 삶을 세우는데 어울리는 많은 연구 및 필요한 교과목들에 맞게끔 고안된 학교를 어떻게 세웠는지에 대해 설명을 했다. 그러나 오노는 기독교 학교들이 총독부가 요구하는 모든 프로그램을 이행하지 않고서도 공립학교들이 가졌던 모든 특권을 누리는 것은 이제 불가능하다고 했다.

이때에 오노 씨가 언급한 그 문제는 기독교학교로서 제한이 크기에 실질적으로는 세속적인 교육이 될 교육을 선교부가 계속해서 지원해야 하는지에 대해 고려해 볼 필요성을 느끼게 된다고 홀드크로프트가 말했다. 종교적인 특색과 복음 목적의 많은 부분을 포기해야 한다면 학교 후원자들이 계속해서 후원을 할 것인지에 대해서는 의문의 여지가 있다는 것이다. 더불어 이 문제나 국가신사에서 거행되는 조상에 대한 예배나 존경심, 그리고 이러한 의식들이 지금까지 이행되는 실질적인 조상숭배와 매우 흡사하다는 점 때문에 신사와 신사의식이 종교적이지 않다고 이해하고 간주하기가 어렵다는 말도 하였다. 솔토는 윤산온 박사가 불행히도 최근의 어려움의 중심에 있었지만 그럼에도 불구하고 우리 선교회의 다른 회원들이 매큔 박사의 입장이었다면 똑같은 태도를 취했을 것이라는 말했다. 대화의 전체적인 분위기는 관리들이 긍정적인 행동을 취하는데 한계를 느끼지만 가능한 최선의 의도에서 그 문제를 선교회와 교회가 고려하도록 길을 열어 놓으려는 노력을 했다는 생각이 들었지만 그러한 일은 가능하지 않을 것 같고 그들은 그리 오래 기다리지 않을 것이라고 전망했다.[93)]

야스다케 평남지사는 1936년 1월 16일에 다시 윤산온을 도청으로 불러 경고하고 독촉하였다. 이에 대한 윤산온의 최종답변이 1월 18일자로 이루어졌다. 그 요지는 다음과 같다. 기독교인으로서 정부를 지지하고 권한을 지닌 자들을 존경하는 것을 인정한다. 한 개인으로서 그리고 학교장으로서 본인은 천황과 황실과 국가가 당연히 기념하는 위인들에 대해 기꺼이 최상의 존중과 존경을 표하며, 본인의 학생들이 그러한 존중과 존경을 표현하도록 지도하는 것이 본인의 바람이라는 것을 지사에게 확신시켜 왔다. 본인은 또한

93) 1935년 12월 30일 회의 기록 총독부 학무국: 와타나베 학무국장, 오노 씨, 장학관 1인, 속기사 1인 외사국: 통역자 오다 씨 선교실행위원회: 솔토씨와 홀드크로프트 씨 평양 학교: 매큔 박사

국가가 앙양하고자 하는 애국심, 충성심, 규율과 단결이라는 덕목을 이해하고 그에 동의하며, 본인의 학생들로 하여금 그러한 원칙들을 이해하고 따르도록 부단히 노력해 왔다는 점을 역시 확신시켜 드렸다. 본인은 여전히 그러한 태도를 유지하고 있다. 신사에서의 참배가 순수히 교육적이고 애국적인 것이라고 간주하게 하려는 총독부의 명백한 바람을 이해한다. 하지만 이는 신실한 종교적인 신념과 타협하지 않고 참배를 하기 전에 각 개인의 양심이 확신을 가져야만 하는 것과 관련이 있는 사안이다. 그러나 총독부의 주장은 신사참배 행위에 대한 본인의 양심적 거부를 없애지도 설득하지도 못했다. 다음의 사항을 통지하는 것에 대해 대단히 유감스럽게 생각한다.

1) 봉헌되고 거행되는 신사 의례가 본인에게는 분명히 종교적인 중요성을 띄고 있기 때문에,
2) 대다수 사람들이 신령들이 실제로 신사에서 예배드려진다고 믿기 때문에,
3) 기독교인들은 조상에 대한 효도와 구별되는 조상숭배가 하나님에 대한 죄악이라고 믿기 때문에,
4) 본인 또한 이러한 것들이 하나님의 말씀(성경)에 따라 기독교인들에게 금지되었다고 믿기 때문입니다.[94)]

이어서 윤산온은 학교장으로서 지사가 요구한 행위를 개인적 양심상 실행할 수 없으며 또한 개인 양심상 할 수 없는 일을 학생들에게도 요구할 수도

---

94) 이만열 편『신사참배관련자료』p49 1936년 1월18일 평안남도지사에게 보낸 윤산온의 마지막 편지 "…..1.because these ceremonies held at Shrine dedicated as they are and conducted as they are, seem to me to contain definite religious significance 2. because large portions of the populace believe that spirits are actually worshiped there 3. because Christian believe ancestor worship, as distinguished from filial piety, is a sin against God, and 4. because I also believe such to be forbidden to Christians by the word God(The Bible), I am therefore as an individual unable conscientiously perform the act which you have required of me as a school principal. I regret the necessity also of informing you that not being able myself as an individual to do obeisance before the Shrine I am not able to ask my students to perform that act. …."

없다는 것을 밝혔다. 사임에 관해서는 처음부터 양심상 어떠한 그릇된 행위를 했다고는 전혀 생각하지 않지만 숭실학교의 교장이라는 신분으로 계속 있게 되면 총독부를 당혹스럽게 할 것이라는 판단에서 이미 1935년 12월 20일에 숭실학교 이사회에 사표를 제출했고 이사회로부터 아무 잘못이 없다는 판단으로 사표 수리가 거절되었음을 알리면서 사임의 문제는 이사회의 결정을 따라야 하기에 지사에게 사표를 제출할 수가 없다고 하였다.[95)]

1월18일 평안남도 지사에게 최후 편지를 건넨 직후 그날 밤 평양의 경찰서장은 윤산온을 홀드크로프트와 마펫을 동행하여 서울로 연행하였다. 이 무렵 수백 통의 격려편지가 한국 방방곡곡에서 그리고 일본의 많은 지역에서 윤산온에게 왔다. 그는 부인 헬렌과 '잔이 지나가기'[96)] 전에 두 가지의 커다란 위기 속에서 다른 누구보다도 더 고통을 받았기에 기도를 드려 왔으며, '그럼에도 불구하고 제 의지가 아님'을 진실하게 기도해 왔다고 한다. 한국인과 외국인 선교사들 모두가 하나님께서는 '누구에게나 악한 마음을 지니지 않고 단지 모두에게 사랑하는 마음을 갖고 강건하게 버틸 사람이 필요하시며 따라서 내가 그 일을 수행하도록 소명을 받았다'고 말했다. 편지의 내용들이 그러했다.

충분히 짐작할 수 있는 대로 윤산온에 대한 평판이 자연 양쪽으로 갈라질 수밖에 없었을 것이고 그에 대한 비난이 많았을 것이다. 일각에서는 윤산온에 대하여 다음과 같은 평가를 하고 있었다고 한다. 미국 영사는 국무부에 아래와 같은 내용의 보고서를 올린 일이 있다. "지인이 말하는 바에 의하면 매큔 박사는 말에 조심성이 없고, 표현을 충분히 하지 못하며 설명을 할 때 감정적이며 태도와 행동이 기이하다고 합니다. 또한 외투와 멜빵을 집어던지며 일본인들을 비난할 때 배려가 없으며 한국인들 사이에서는 운동을 좋아

---

95) 1936년 1월 18일자 매큔의 답변

96) 마태복음 26장 39절.

하는 목사로 알려져 있습니다. 그는 1935년의 학원문제를 조장한데 대해 주책임이 있는데, 그의 교회 선교사들이 폭력의 협박을 당해 그와 몇몇 선교사들이 평양에서 서울로 피신을 해야 했습니다. 그는 교육당국자들에게는 바람직하지 않은 인물이며 미국에서 장기 휴가 중인데, (그의 휴가로 인해) 언론은 기뻐하고 일본 관리들은 만족해하며 동료 선교사들은 마음의 평화를 누리고, 본인은 독단적인 싸움을 끝까지 수행하지 못했다는 이유로 동료 한국인 추종자들과 함께 자신의 체면을 세울 수 있었습니다. 또한 신사참배거부자들에 대하여 다른 종파로부터 지지를 받지 못하고 있으며 근본주의자들이라고 규정하기도 하였습니다."[97]

윤산온의 처신에 대한 부정적 평가는 매일신보나 경성신문이나 대판신보 등에서 자주 나타나는데 이들이 주로 총독부 기관지적 성격을 지니고 있었기에 그러하였다고 할 수 있다. 그러나 동아일보는 윤산온에 대하여 매우 우호적 기사를 게재하곤 하였다. 동아일보는 윤산온이 강조한 신앙의 '양심'에 관해 설득력 있는 사설을 실었다. 때로는 윤산온의 생애까지 거슬러 올라갔고 한 면 전체에 신사참배를 주제 로 하기도 하였다. 그의 사진을 1면에 싣기도 하였다. 이 무렵 동아일보가 윤산온을 다룬 기사의 일자와 제목은 아래와 같다.

1. 동아일보 1935-12-09 석간 참배문제 최후 계단에 극비리 미슌회 개최 최후적태도 결정 학무당국도 연내 해결을 희망. 주목되는 윤산온 마포삼열 두 사람의 태도/사경회를 이용 노회원 총회집 집회금지대책 강구(평양)/서울주재 미국 영사와 은밀한 논의 어제 외사과 방문. 윤산온 교장 맹활동을 개시 모종의 정치적 절충
2. 동아일보 1935-12-10 조간 02 01 신사참배문제와 미슌회태도, 「선교개시오십년에 이번 같은 고민은 처음, 최선의 노력으로 문제를 해결하

---

97) 미국 총영사관 영사의 보고서 조선 서울, 1937년 3월 8일 안건: 「기독교 학교들과 신사의례」 오 게이로드 마쉬

겠다」 윤산온박사와 최초회견기/회담 전후 9시간 경찰과 교섭 결렬, 해산되더라도 노회는 개최

3. 동아일보 1936-01-04 석간 02 01 학교관계의 책임선교사와 경성에서 타협회개최 평양에서도 학교 이사회를 열고 년초 참배문제 재연/1일에 평양에 돌아간 윤산온 박사 이야기
4. 동아일보 1936-01-16 조간 02 01 윤산온 마포삼열 두 박사에게 오늘 아침 도에 출두요구 연구위원도 평양으로 급행 최후적 처분이 내릴 듯
5. 동아일보 1936-01-17 조간 02 01 참배여부 즉답을 도당국에서 강요 교수회에 그 전말을 보고하고 18일에 최종 이사회/윤산온교장 이야기
6. 동아일보 1936-01-20 석간 02 01 학무국의 초전으로 윤산온씨 오늘 아침 서울에 들어옴, 숭전교장 인가취소 수속관계? 숭의 숭전 문제는 내일 낙착/하나님의 뜻을 받아 여생을 조선에 희생 105인 사건 당시와 동일한 경험 윤박사와의 차속에서 문답한 것(본사 특파원 곽복산 기록)(평양)
7. 동아일보 1936-03-17 조간 02 01 우리 땅 떠나는 윤산온박사 (一) 우리와 동고동락 30년 백발되어 고국에, 숭실전문과 숭실중학은 후진에 맡기고
8. 동아일보 1936-03-17 조간 02 06 평양의 친구와 유지들 윤산온박사 송별회 발기, 마지막의 작별을 아끼고저
9. 동아일보 1936-03-18 조간 03 01 윤산온 박사를 보내노라[사설]
10. 동아일보 1936-03-19 조간 02 05 우리 땅 떠나는 윤산온박사 (二) 105 사건에 연좌, 법정에 서서 신문까지 받아, 3.1 당년엔 총구에서 수난
11. 동아일보 1936-03-20 조간 02 01 우리 땅 떠나는 윤산온박사 (三) 사형 받은 제자와 악수코 철창에서 영결기도, 박치의 면회코 조선 떠난 얘기, 선천 폭탄사건에도 피의[사진; 환갑일의 윤박사부부]
12. 동아일보 1936-03-21 석간 02 04 잘 있거라 조선아 내 가면 영영 갈소냐, 귀국의 길에 오른 윤산온 박사부부[사진(평양)

13. 동아일보 1936-03-23 석간 02 01 숭실의 전도 위해 끝까지 노력해주오 동아일보를 통하여 최후 부탁 귀국차중의 윤산온박사/석별의 눈물어린 윤박사의 열차, 평양에 성대한 전송[사진](평양)
14. 동아일보 1936-03-28 석간 02 06 윤산온박사의 편신 귀국 도중 신호[고베]에서[초상사진]
15. 동아일보 1937-06-03 조간 02 04 윤산온박사 팔월 초에 평양에 돌아온다(평양)
16. 동아일보 1947-06-20 석간 02 03 윤산온박사 추도식[98]

동아일보의 신사참배와 윤산온 교장에 대한 기사와 논조는 마치 총회나 선교회기관지 같은 느낌이 들만큼 우호적이다.

선교회실행위원회는 1936년 3월 3일 총독에게 항의 및 호소문을 전달했다. 이 문건은 윤산온과 스눅 두 교장 해임 관련 경과를 정리한 다음에 참배문제의 종교적 성격을 부각시키며 선교부의 기본 관점을 상세히 그러나 강력하게 드러내고 있다. 꽤나 긴 글이지만 골자는 총독에 대한 건의라고 할 수 있다. 네 개의 파트로 구성되어있는 이 항의는 우선 신사참배가 종교적 중요성을 갖고 있다는 것 13개 조항[99], 둘째 기독교인으로서 신사참배를 반

98) 국사편찬위원회 DB에서 취함. 본래 기사를 독해의 편의를 위해 필자가 최근의 한글로 전환 또는 옮김

99) 신사참배는 종교적인 성격을 띠고 있다고 판단하는 이유 1). 신사는 통상적으로 아마테라스 오미카미에게 봉헌되는데, 아마테라스는 보통 "태양의 여신"으로 언급되고 있습니다. 여신에게 드리는 신사에서의 참배는 따라서 종교적인 행위이다. 2). 신사 이름 자체가 '영적인 사원'을 의미한다. 이 사실로 인해 신사가 아무 종교적인 중요성이 없다고 믿기가 어렵다. 3). 매우 신성한 장소, 신성한 장소, 제단을 포함하는 신사 구조는 신사가 아무 종교적인 중요성이 없다고 믿기 어렵게 한다. 4). 의식집행관들은 그들이 신사에서 행하는 의식이 종교적이라고 믿고 있다. 5). 신사의식에 참여한 대다수의 사람들은 신사 자체와 그곳에서 행해지는 의식이 종교적이며 또한 자신들 스스로도 보이지 않는 영적이 세계와 접촉한다고 믿고 있다. 6). 신사에서 행해지는 의식들 중에는 다른 영혼을 활용하는 의식, 영혼을 부르고 보내는 의식, 사람이나 물건에게 고지하고 봉헌하는 의식 등이 있습니다. 이러한 의식들은 종교적인 것이며 다른 어떤 방식으로도 설명되지 않는다. 7). 이 의식들은 또

대하는 이유 4가지를 성경구절을 들어서 제시하고[100], 셋째 신사 '참배'에 동의하지 않았다는 이유로 윤산온 목사와 스눅 교사에게 가해진 처벌에 대한 항의 3개 조항, 그리고 마지막 진정 및 요구사항 네 가지이다. 그것은 다음과 같다.

한 실제 조상숭배에 사용되는 의식들과 똑같지가 않지만 아주 흡사하다. 효도와 조상숭배를 명확히 구분하기는 어려울지라도 신사 의식들과 조상숭배에서 인정된 의식은 매우 유사해서 많은 사람들은 그 의식들이 결코 숭배가 아니라고 생각할 수 없다. 8). 총독부의 관리들은 신사가 종교적인 시설이 아니라고 주장하며 의식들 역시 단지 조상에 대한 숭배나 존경을 나타내는 것에 불과하다고 주장하지만 조상을 존경한다는 것이 숭배차원까지 이른다면 종교적입니다. 9). 총독부 관리들은 '참배'행위가 아무 종교적인 중요성이 없다고 공표하면서도 신사는 성격상 순수하게 추도를 하는 곳이며 그곳에는 어떤 신령도 모시지 않는다는 사실을 공식적으로 그리고 공개적으로 단언하지 않고 있다. 10). 유명한 신도학자들의 판단에 따르면 국가신사 자체가 명확한 종교적 중요성을 띠고 있으며 신사에서 행해지는 의식들과 더불어 명확하게 하나의 종교를 구성하고 있다고 한다: 1935년 10월 겐치 카토 박사는 "신도의 종교적 발달사에 대한 연구"라는 기념비적인 논문을 출판했는데 1936년 1월 8일자 『저팬 애드버타이저』(The Japan Advertiser) 신문에 실린 서평에 따르면 "카토 박사는 ...모든 형태의 신도는 예외 없이 진정한 종교로 간주해야 한다."고 적혀 있다. 11). 총독부 관리들의 주장에도 불구하고 각 개인은 양심에 거리낌을 느끼지 않고 참배를 하기 전에 반드시 참배가 종교적이 아니라는 사실에 대해 확신을 가져야 한다. 다시 말해 참배 행위에 종교적인 의미가 없다는 점을 확실하게 인식하기 전에 관리들과 관련 당사자는 모두 참배 행위에 아무런 종교적인 중요성이 없다는 점에 반드시 의견의 일치를 보아야 한다. 12). 총독부 교과서는 신사가 종교적인 중요성을 띄고 있다는 점을 분명히 서술하고 있으며, 이러한 사실은 모든 학교의 학생들이 배우고 있는데 이는 관리들의 공식발표를 헛되게 만드는 것이다. 13). '신령'이 신사에 머물며 신사는 종교적이라는 등의 취지의 언급을 하고 있다. 그들은 또한 행동으로써 신령들이 종교적이라고 믿고 있다는 사실을 드러낸다.

100) 1). 기독교인은 오직 한 분의 하나님만을 모시며 다른 신들을 숭배하는 것은 금지하고 있습니다. "너는 나 외에는 다른 신들을 네게 두지 말라." 출애굽기 20장 3절. "네 하나님 여호와를 경외하며 그를 섬기라. 너희는 다른 신들을 따르지 말라." 신명기 6장 13절, 14절. "너희는 다른 신을 경외하지 말며 그를 경배하지 말며 그를 섬기지 말며 그에게 제사하지 말라." 열왕기 하 17장 35절 (35절에서 39절) 2). 기독교인에게는 오직 한 분이신 여호와 하나님 외에 다른 신령들에게 '참배'나 절하는 것이 금지되어 있다. "이에 예수께서 말씀하시되 사탄아 물러가라 기록되었으되 주 너의 하나님께 경배하고 다만 그를 섬기라 하였느니라." (마태복음 4장 14절) 3). 기독교인은 조상숭배를 할 수 없는데, 그들의 영은 육체가 죽은 후 그들을 만드신 하나님께로 돌아간다고 여깁니다. 그들의 영은 하나님 앞에서 심판 받고 상벌을 받습니다. 효도와 구별되는 조상숭배에 대한 죄를 지으면 기독교인은 교회에서 파문당할 수도 있다. 4). 더욱이 한국의 기독교인들은 기독교인이 된 시간부터 자신들의 조상을 숭배하는 것을 그만두었으며 그로 인해 박해를 받아 왔다. 그들의 동료인 우리는 죄라고 여겨서 중단했던 상태로 다시 그들을 되돌릴 수는 없다.

1). 신사에 거주하는 신령이 없다고 생각한다면 국가는 단호하고 공개적으로 그러한 선언을 해야 한다.

2). 국가신사 의식에서 종교적으로 보이거나 우리가 고려해 볼 때 종교적인 요소들을 제거하는 조치를 취해야 한다.

3). 이러한 조치들이 취해질 때까지 신실한 종교적 확신을 위배하지 않는 방식으로 제국에 대한 충성심과 애국심을 기독교인들이 표현하는 길을 열어놔야 한다.

4). 윤산온 박사와 스눅 교장은 본래의 지위로 복귀되어야 한다.[101)]

그러나 이에 대한 총독부의 반응은 없었다. 일제의 신사참배에 대한 강경책이 당시의 시대적 조류와 관련이 깊겠지만 한국교회와 선교사간의 갈등이간 조작, 기독교계 학교에서 선교사의 영향력 축소나 배제를 도모함으로써 이를 식민지 교육체제에 완전히 편입시키고자 하는 음모가 담겨 있었다고 할 수 있다.[102)] 뿐만 아니라 만주사변 등으로 대륙 침략의 야욕을 드러내 국제사회에서 이탈한 만큼 주변국과의 외교적 고립상태에서 외국인 특히 선교사들에 대한 강압적 태도를 크게 두려워 할 필요가 없기도 했다. 그것은 점정 고조되는 군국주의적 분위기와 상관있을 것이다.

나. 우상숭배와 국민의례의 논리 사이

그런데 선교사들 사이에서도 심사참배에 관한 태도와 해석이 동일한 것은 아니었다. 연희전문의 원한경[103)]은 "가이사의 것은 가이사에게"라는 논

101) 1936년 3월 3일 총독에게 보낸 항의와 호소문

102) 김승태 「1900년대 기독교계 학교의 신사문제 소고」 371쪽 참고 『한국기독교와 신사참배문제』김승태 엮음, 한국기독교역사연구소 2003년 3월 재판

103) 원한경(Horace H. Underwood 元漢慶 1890.9.6 ~ 1951.2.20)는 원두우의 아들이다. 서울에서 출생하였고 뉴욕대학교를 졸업하고 다시 내한하였다. 1912년 경신(儆新)학교 교사, 조선신학교 교수 및 교장, 1933년 연희전문학교 3대 교장 등을 역임하였다. 1941년 추방되었다가, 1945년 8·15광복과 함께 다시 와서 미(美)군정청 고문, 미소공동위원회(美蘇共同委員會) 고문 등을 역임하였다. 영국의 왕립 아시아학회 조선지부 부회장으로 있으면서

리로 참배를 수용하는 입장을 취했다. 대학문제를 두고 아버지 원두우가 배위량과 상반된 견해와 태도를 지니고 치열한 논리 다툼을 벌였던 것처럼 그 아들 원한경은 이제 숭실교장 윤산온과 신사참배문제를 두고 상반된 태도를 지니고 대립하고 있었다. 이 두 사람의 대립된 견해가 미국 잡지 World Christianity(1938년 제 2호)에 게재되었다.

윤산온-"너희는 내 앞에 다른 신을 예배하지 말라"

"조선의 신사참배문제는 약 5년 전 당국이 조선에 있는 몇몇 미션학교에 대하여 만주사변 및 상해사변 전몰군인 위령제에 배례하도록 명령할 때부터 시작되었다. 그런데 이 의식의 프로그램에 기원(祈願), 공물(供物), 강신(降神), 승신(昇神) 등이 있는 것에 주의하지 않으면 안 된다. 오늘날 신사(神社)는 나라 안 도처에 건립되어 있고, 또 정부는 각 촌락에까지 이를 건립할 계획을 추진하면서 각 학교에 신사참배를 명령하고 있는 것이다. 신사 의식 및 참배가 어떤 것인지 알려면 우선 이 운동 전체의 배경 및 기초적 동기를 이해할 필요가 있다. 조선 침략 이래 일본군부는 제국의 확대를 예견하여 동아사아의 지배권 및 동양제패권 장악과 동양의 먼 곳까지 진출할 계획을 꾸며 왔다. 그리하여 이 꿈의 실현에 필요한 분투를 계속할 목적 아래 제국을 불가분의 일체로 통합하기 위해 "천황은 신성하고, 천황은 태양의 여신 천조대신(天照大神)의 직계 자손이요, 하나라고 성명(聲明)을 발표하고 고도(古道) 숭배를 다시 국교로 정하여 천황은 지구상 유일인인 천손(天孫)으로서 일본 국민은 유일한 신의 자손이기 때문에 동양 및 전인류에 대하여 신으로부터 나온 사명을 가지고 있는 자이다" 라고 공언하고 있다. 따라서 군수뇌부는 이것이 해외선교부에 의해 조선에 건

동 학회지(學會誌)에 한국관계 논문을 많이 발표하였다. 그의 큰아들 일한(一漢)은 연세대학교 교수로, 둘째아들 요한(堯翰)은 복음전도사업 등에 힘썼다. 저서에 Modern Education in Korea, Apartial Bibliography of Occidental Literature on Korea 등이 있다.

립된 다수의 학교 폐쇄를 의미하는 것임에도 불구하고, 자기들의 초지를 관철하기 위하여 강제 결심을 견지하고 있는 것이다. 최근 2개년 간에 가부 문제의 공개 토론은 전혀 금지되어 있고, 조선인 기독교도의 예배 및 종교적 회합에는 언제나 형사가 임석하지 않거나 신사참배 문제는 토의하지 않는다고 하는 서약서를 제출하지 않으면 각 선교사의 통상사업 협의회까지도 허가하지 않는 상황이다. 또한 서약서를 제출한 다음에도 그 서약을 이행하였는지 어떤지를 보기 위해 형사가 임석하는 것이 통례이다.

일본제국이 헌법으로 종교의 자유를 보장한 사실에 비추어 정부는 문부성을 통하여 학생 들에게 요구하는 신사참배에는 하등 종교적 의미가 없다고 밝혔다. 혹자는 이 정부의 성명을 신뢰하고 자기의 양심에 하등 가책을 받지 않고 그대로 학생들을 참배에 데리고 나가는 것이다. 그렇지만, 그 정부 및 정부 당국자의 성명은 매우 불만족한 것이 있어서, 서로 모순된 경우도 많다. 일본 대심원(大審院)은 1901년에 신도(神道)는 종교라고 선언한 것이 있는데, 이 선언서는 오늘날까지 취소되지 않고 있다. 또한 정부의 보호하에 발행하는 각종 인쇄물을 보아도 신도는 일본 국교로써 그것은 일본 국민 생활의 일부분이라고 씌여 있다. 즉 그 용어가 순전히 종교적 언어이다.

이와 같은 모순된 발표문을 살펴 보면 참배 행위에는 종교적 의미가 없다고 하는 말은 어떠한 편견도 없는 인물에게도 도저히 수긍하기 어려운 것이요, 특히 그 참배 의식에 대한 공론을 참작할 때는 더 한층 수긍하기 어려운 것이다. 6할 내지 9할의 일본인은 모두 신사를 종교로 인정하며, 보이지 않는 저 세상과의 교통을 하기 위하여 신사에 간다. 이렇게 생각고 행동하는 사람들은 조선인 사이에서도 매우 높은 비율이다.

조선인 기독교인의 태도를 이해하는 사람은 터럭만한 의혹도 품을 여지가 없다. 신자 또는 비신자를 막론하고 많은 사람의 이야기를 들으면 과거 50년 간에 교회의 회원은 저들 자신의 조상숭배를 거부한 것으로 인하여 그리스도를 믿지 않는 자기 가족 및 친구들의 학대를 받았다. 그렇다면 만약 저들이 이

제 완전히 같은 의식에 의해 일본 황실의 선조를 숭배하는 것에 동의한다면 어떻게 그것이 모순되지 않는다고 하겠는가?

각 대표적 교회 단체가 이미 취한 행동은 기독교인의 양심의 태도를 명료하게 보이고 있다. 즉 지금까지 다년간에 걸쳐 장로, 감리 양파가 연합 경영하는 모든 전문학교 및 중학교의 이사회에 대표를 보내고 있던 조선장로파 교회의 총회 및 몇몇 노회 등은 위 학교가 자발적으로 또는 강제 하에 신사참배를 하는 사실을 확인하고 그 대표를 탈퇴시킨 것이다. 많은 목사가 경찰관에 대하여 이교의 신에게 절함으로 신의 계명을 깨뜨리기보다는 차라리 먼저 죽는 편이 좋다고 솔직히 말했다. 어떤 목사는 이 때문에 벌을 받고, 이미 투옥된 자도 있으며, 또 고문을 받는 자도 있다.

오늘날 지도적 지위에 있는 수백 명의 목사 및 기독교인은 어떤 뚜렷한 죄명도 모른 채 체포되고 있다. 그들이 이 문제에 관하여 분명한 신념을 견지하고 있다고 하는 것은 주목해야 할 일이다.

요컨대 지금 조선에서 경영하고 있는 각 미션학교들이 당면한 문제는 이것이다. 정부의 명령에 복종하여 학생들을 데리고 신사에 가서 참배함으로써 교육 기관의 존속을 도모할 것인가, 아니면 명령을 거부하여 어쩔 수 없이 학교를 폐쇄할 것인가이다. 그 외의 다른 방법은 전혀 없다. 경찰은 매우 엄중히 하고 있다. 학생은 강제적으로 끌려 나가고, 가지 않는다고 하는 선생은 교원의 자격을 잃고 그 지위를 빼앗기는 것이다. 어떤 선생은 학교를 그만두는 것보다는 정부의 성명에 찬동하는 편이 이득이라고 생각하여 학생에 대하여 신사참배에는 종교적 의미가 없다고 설명하고 이 상태로 일시적으로 난국에 잘 대처할 것을 꾀하고 있다.

많은 학교에서의 경험으로 본다면, 만약 그렇게 하면 학교의 정신적 생활의 원기는 이미 죽고 만다. 평양에서는 3개의 기독교학교(숭실, 숭실전문, 숭의)가 신사참배를 강요당했지만, 그 학교 생도 중 지도적인 기독교인 백 여명은 자기들의 양심에 배치되는 행위를 하기 보다는 차라리 학교를 그만두는 편이

났다고 하여 퇴학하였다. 평양의 세 학교의 공기는 완전히 변했고 그 정신적 생명은 이미 죽었다.

조선에서 2대 선교회의 선교사들 가운데 과반수를 넘는 압도적인 다수는 이 위기에 직면하여 해야 할 것은 최후까지 명쾌한 크리스천의 증인으로서 버티는 것이라고 생각하고 있다. 만약 학교가 오직 교육을 위하여 불만족한 조건을 요구하더라도 우리는 그대로 해야 하지만, 그러나 조선에서와 같이 만약 그것이 장래의 교회 지도자를 양성하는 목적을 위해 설립된 것이라면 그 정신적 생명의 중추신경을 단절하는 것은 있을 수 없다. 오늘날 조선의 교육은 로마 제국에서 옛날 교육과 같은 경우에 직면해 있다. 제국의 명령과 하나님의 명령, 어느 쪽에 복종할 것인가? 우상 숭배 정부의 명령과 크리스천의 양심, 어느 쪽을 교육 행위의 표준으로 삼을 것인가? 많은 조선인 신자는 이미 이 문제에 봉착하여 필요하다면 금고 이상의 고통도 받을 용의가 있다. 저들의 이러한 결심은 오랫동안 신앙심 깊은 조사와 회의의 결과에서 이루어진 것이다.

하나님은 우리에게 어떤 일이 일어나더라도 그것을 인내할 수 있도록 용기와 지혜를 주시는 분이라고 믿고 교회는 용감히 전진하지 않으면 안 된다고 하는 것이 저들의 신념이다."[104]

원한경-"가이사의 것은 가이사에게 돌려주라"

"이른바 조선의 신사문제는 극히 중대하기 때문에 이 문제에 관계되는 여러 사실을 가장 냉정하고 또 신중히 고려할 필요가 있다. 해외선교부는 이 사실을 인정하고, 최근까지 각 관계 방면에 대한 사태의 예단 재결을 삼가도록 주의를 주어 왔다. 그런데 불행하게 많은 사람들은 감정에 내몰려 이 주의를 무

---

104) World Christianity(1938년 제 2호) 국사편찬위원회 D.B에서 전재. 이 자료는 김승태의 논문 「1930년대 기독교학교의 「신사문제」 소고」의 부록으로 올라있다. 『한국기독교와 신사참배 문제』 한국기독교 역사연구소.(2004년 제12판)

시하고 혹은 신문을 통하여 혹은 연단에 서서 매우 강한 감정적 선전을 꾀하고 있다. 한편으로는 종교의 박해와 순교의 광경, 또 한편으로는 신앙을 배신한 실황을 묘사한 그림을 걸어 두고 있다. 이것은 물론 진실한 동기와 신념에서 나온 행사요, 북장로파 선교회의 약 60 퍼센트에 이르는 공론을 다소 적확히 대표하는 것이지만, 조선에서 사업을 경영하는 각 선교회 전체로 보면 소수 의견에 불과한 것이다. 나는 왜 조선에 있는 선교회의 과반수가 그간 널리 반포된 성명서에 비추어 불가사의하게 보이는 입장을 취하는가 하는 이유를 설명하고 싶은 것이다. 그러나 나는 단순히 나 일 개인의 의견만을 서술하든가 또는 성명서만을 많이 열거하는 것을 그만두고 이에 4대 기본문제를 게재하여 여러분의 고려를 촉구함과 동시에 위 문제의 답안에 사용된 사실도 아울러 소개하고자 하는 것이다.

(1) 일본의 국가신도 의식의 본질은 어떤가?

1) 일본제국 정부는 이 의식은 비종교적 국가 공식 행사라고 말하기를 여러 차례 성명해 왔다.

2) 이 의식은 종교적 신도(神道)를 모방한 점이 많아서 지금까지도 외관상 많은 종교적 색채를 띠고 있다.

3) 이 의식은 유사(有史) 이래 또는 유사 이전의 국가적 영웅을 기념하는 것이요, 애국정신의 작흥 강화를 목적으로 하는 것이다.

무명 전사자의 묘지 및 링컨기념비는 누누이 국가의 신사라고 불리며, 이들 신사에 바치는 꽃다발과 일본 신사에 바치는 소나무 가지, 종이 조화(造花) 등은 아주 비슷한 것을 여러분은 알고 있을 것이다.

과거 10수년간 애국심의 작흥 강화에 따라 정부는 모든 학교의 교원 생도에 대하여 국가의 신사에서 정기적 국제일(國祭日) 축하식에 참렬하도록 명령한 것이다. 여기서 이 참렬은 어떤 때는 의식축하를 위한 것도 되고, 어떤 때는 각

특정일의 신사참배도 하게 되는 것이다. 보통 신사참배 참가요구서에는 교원 몇 명 인솔 하에 학생 몇 명이라고 하는 식으로 지정되어 왔다. 또한 의식 거행 중에는 '경례 !'라는 호령 하에 참배자 일동은 신체를 약간 굽히고 머리를 숙이는 것이다. 무릎을 굽힌다든가 엎드려 절하는 것을 요구하지 않는다. 만약 의식이 없을 때에 참배하는 경우는 생도는 신사의 앞에 나란히 서서 선생이 호령하면 다 같이 경례하고 퇴장한다. 결국 요컨대 참렬과 경례 외에 아무것도 요구하지 않는 것이다.

⑵ 참배의 의미는 어떤가?

나는 이 참렬과 경례에는 반드시 숭배의 뜻이 있다고 믿기 어렵다. 우리 예배당에는 때때로 예배심이 없는 사람들이 호기심을 가지고 출석하기도 한다. 일본에서 경례는 존경과 인사의 표시로써 일반적으로 행해지고 있다. 군인은 보초교대 때 서로 머리를 숙인다. 크리스천 일본인 장례식에서는 고인의 사진을 보기 쉬운 곳에 두고, 일반 장례식 참여자는 이 사진 앞에 나아가 경례하고 퇴장하는 것이 통상의 예의이다.

일본의 사찰과 신사에서 행하는 것을 보면 통상의 경례와 숭배의 차이는 완전히 구별된다. 즉 사찰에서는 몇 번이나 손을 씻고 몇 번이나 절을 하고, 또는 무릎을 굽혀서 판연한 종교 예식을 행하는 것이다. 그렇다면 특히 정부가 숭배는 요구하지 않는다고 여러 차례 성명함에 비추어 신사참배 및 경례는 반드시 숭배의 의미가 포함되어 있다고는 생각지 않는 것이다.

⑶ 크리스천은 그리스도에 대한 충의를 위태롭게 하지 않고, 정부의 명령에 복종하지만, 정부는 우리 신사참열(神社參列) 의의 공시 방법을 허락하고 있다. 경성 연희전문학교에서 나는 다음과 같은 고시를 발표하는 것이 상례이다.

'정부의 명령에 따라 생도 ___명 및 교원 ___명은 내일 ___신사(神社)에서 의식에 참렬(參列)한다. 제국정부에서는 위 의식은 종교가 아니라고 성명하였으므로 우리 크리스천은 어떤 종교적 의미 또는 목적으로 참렬하는 것이 아니

고 충실한 신민(臣民)으로서 참렬하는 것이다.'

나는 솔직히 애독자 여러분이 각각 자기 자신에 대하여 '만약 자기가 그 지위에 있어서 자기의 입장을 선명하게 할 특권이 주어진 경우는 자기도 분명한 양심으로 참배할까?'라고 질문해 보기를 간절히 바라는 것이다.

(4) 그러나 기독교인은 자기 자신에게 질문할 문제가 하나 더 있다. '만약 내가 어떠한 양심의 가책을 받지 않고 참배할 수 있더라도 나는 당연히 참배할 것인가?' 여기에는 이해득실 문제도 있고, 또 결과도 생각할 필요가 있다. 그리하여 만약 우리 양심이 노(No)라고 한다면 참배할 수 없는 것이다. 그런데 만약 우리가 '신앙을 배신한' 것처럼 믿어 사람들의 감정을 존중하여 이 의식의 참가를 거부한다면 그 결과는 어떻게 될까 ?

1) 우리들의 학교는 전부 폐쇄된다.
2) 생도의 대부분은 비기독교 학교에 인도되고, 비크리스천 선생의 지도하에 놓이며, 결국 의식 참렬은 계속된다.
3) 학교는 전부 참렬이 요구되기 때문에 생도의 인도를 거부하는 자에게는 전혀 교육의 기회가 주어지지 않는다.
4) 무교육자 또는 15년 이상 이 의식에 참렬한 자 중에서 장래 교회 지도자를 선택하는 문제가 일어난다.
5) 정부 당국자의 마음에 기독교 선교사는 치안방해와 불충을 교사하고 선동하는 자라고 하는 혐의를 일으키게 할 것이다.
6) 교육 이외의 각 사업, 전도 및 의료 방면에도 결국 곤란에 빠지게 할 것이다.
7) 우리가 수만 명의 조선 청소년들에 대하여 교문을 폐쇄한다면 조선인 신자의 친선적 호의를 잃을 것이다.
8) 우리가 신자의 자녀를 비기독교학교에 전학시킴으로써 신자인 학부형의 악감을 사게 될 것이다.

그리하여 나는 단순히 차가운 인쇄물 토론회에서만 이들 결과를 논하는 것이 아니라 내가 잘 알고 있는 청소년들의 실제생활의 결과를 생각하는 것이다. 나의 친한 어떤 크리스천 친구는 나에게 절망적인 비명을 지른다. '그러나 닥터 언더우드! 만약 당신이 기독교 학교를 모두 폐쇄한다면 나는 나의 아이들을 어디에 보냅니까?' 나는 나의 교구민을 위하여 기꺼이 저주 받을 인물이 되어도 좋다. 나는 감히 순교를 말하는 것이 아니다. 또한 사업 경영의 현지에 나의 약한 교구민을 버려두고 나만 은급을 받고 퇴직하고 싶지도 않다.

조선의 교회는 이 문제에 관하여 같은 마음이 아니다. 과거 3년간 목사, 장로 또는 학부형 중의 선명한 입장에 대하여 항의를 한 사람도 없었다. 각 지방교회가 경영하는 장로파 학교 176 학교 중 2 학교를 제외하면 전부 신사의식에 참예하도록 요구받았지만, 계속 경영 중에 있다. 또 2개의 노회는 각각 교구내에서 미션학교의 계속을 결정했다. 또 우리가 경영하는 여러 학교의 교원과 학생은 모두 교육 사업의 계속을 희망하고 있다.

끝으로 우리는 제국 정부가 현재 교전 중이라는 것을 잊지 말아야 하는데, 이와 같은 비상시에 정부가 가장 큰 일로 여기는 것에 반대하여 전복하려는 혐의가 있다고 해석하도록 행동하는 것이 좋은 것일까? 또한 이것이 지혜로운 것일까?

세상에는 일본에 대한 편견이 있고, 또 자신의 판단을 고수하기 위하여 일본 정부에 반대하는 자도 있다. 그러나 일본 정부의 외국인 손님으로서 이 정부의 호의와 보호를 받고 있는 우리들은 그 국법에 따라 적어도 정부와 국민 사이의 관계를 방해하지 않도록 할 의무가 있다. 우리가 경영하는 사업을 위하여 우리 개인의 좋고 싫음 운운의 편견을 허락지 않는다. 아니 사업이라고 하는 추상적인 어떤 것뿐만 아니라 조선에서 하나님의 자녀를 봉사하는 우리들의 기회를 위험에 빠뜨리지 않도록 우리는 편견을 허락하지 않는 것이다."[105]

105) World Christianity(1938년 제 2호) 국사편찬위원회 D.B에서 전재. 이 자료는 김승태의 「1930년대 기독교학교의 신사문제 소고」에도 부록으로 올라있어 참고하였다.

갈등의 사례들에서 항용 나타나듯이 여기서도 동일한 사안, 같은 사태를 두고 해석의 시각이 매우 다르다. 따라서 이에 임하는 태도도 엄청난 차이가 있다. 그 결과도 너무나 다르다.

한편 감리회의 영향력이 큰 선교사 아더 베커(Arthur Becker 백아덕)[106]도 신사참배 찬성론자였다. 그는 경신학교의 쿤스, 정신학교의 루이스, 에비슨, 매클라렌 등도 자신과 같은 입장이라고 하였다. 당시 감리회는 평양 숭실을 연합으로 운영하는 데서 탈퇴하고 언더우드 일가와 더불어 연희 운영에 참여하고 있었다. 베커는 신사참배 거부로 기독교학교들이 폐교된다면 한국인들이 물질적이고 반기독교적인 학교에서 교육받는 상황에 놓일 수 있다는 점에 주목하고 있다고 하였다. 신사참배가 종교적이냐 아니냐 하는 본질 문제보다는 그로 인하여 발생할 상황에 대한 우려가 더 컸다고 할 수 있다. 베커는 신사참배에 반대하는 선교사는 북장로교에서는 다수를 차지하지만 전체 선교부에서는 소수라고 하였다.[107] 원한경과 동일한 입장이다.

그런데 이는 선교사들간의 갈등만으로 끝난 것이 아니다. 자연스런 일이지만 한국인들 사이에서도 첨예한 대립각을 드러나게 했다. 또 신사참배 반대가 폐교로 이어지는 상황이기에 많은 한국인 학교 당국자들은 선교사들과 대립하기도 하였다. 이런 분위기가 지속되면서 학교의 존폐문제가 거론되고 한국인 기독교인들과 선교사들 간의 갈등도 불거졌고, 선교사들 간의

---

106) 백아덕(Becker, Rev. Arthur L. 白雅德, 1879-1978.12.21): 미감리교회 한국 선교사. 미국 출생. 미시간대학에서 물리학 전공하고 박사학위 취득. 1903년 내한하여 무어(David H. Moore) 감독으로부터 목사 안수를 받았으며 1907년 평양 숭실학당 대학부의 물리학 및 수학교수로 봉직하며 숭실과학관을 건립하였다. 감리교가 숭실학교 운영에서 물러나면서 그도 물러나 1914년 배재대학장, 같은 해 장감연합재단으로 설립된 연희전문학교 설립이사, 부교장으로 부임하여 수학 물리학과 교수와 과학관을 건립하고, 실험실 설치 등 과학교육의 기초를 확립하였다. 1941년 추방되었다가 1946년 다시 내한. 연세대 이사로 활약했다. 1948년 귀국 본국에서 은퇴하여 1978년 12월 21일 별세하였다.

107) 안종철 「중일전쟁 발발전후 신사참배문제와 평양의 기독교계 중등학교의 동향」 p 103에서 인용

갈등도 드러났다. 대체로 평양에 주재하는 선교사들은 반대 입장을 표명하였지만 서울이나 그밖의 지역의 경우는 찬성인 경우가 많았다. 일본주재 선교사들도 평양주재 선교사들이 신사참배에 적절하지 않은 종교적 중요성을 부여하고 있다는 인식을 갖고 있었다. 그들은 평양주재 선교사들이 근본주의자들이라는 생각, 이는 미국의 선교본부보다도 더 보수적이라는 판단을 갖고 있었다고 한다. 주한 미국 영사 에드슨은 신사참배 문제를 알아보기 위해 일본으로 건너가 그곳에서 활동하고 있는 교육선교사들의 경우를 조사하였는데, 당시 일본에 있는 교육선교사들은 각급 학교에서 신사참배를 허용함으로써 일본 정부의 협력을 얻고 있었다고 보고했다. 따라서 영사관측은 신사참배 문제에 개입하지 않으려고 하였다. 이는 미국 국무성에서 윤산온의 탄원을 외면한 것과 맥락을 같이 한다.

평양과 인근지역의 기독교학교와 관련을 맺은 한국인들간에도 신사참배로 인하여 학교가 폐쇄되는 일만은 막아야 한다는 생각을 가진 사람이 적지 않았다. 숭실에서도 교직원과 동문회측은 강력하게 선교사들의 교육사업 철수를 반대하였다. 일제는 협박의 일환으로 숭실 출신들은 향후 정부기관에서 일하지 못할 것이라고 암시하기도 하였다. 1936년 2월18일 숭실전문교수회는 세 가지를 결의하였다. 첫째, 교수회는 숭실전문과 운명을 같이한다는 것, 둘째, 학교를 영구히 존속시킬 것, 셋째, 경영자측에서 문제를 해결하지 못한다면 경영권을 조선인측에 넘길 것 등의 요구였다. 2월 19일에는 숭실전문학생들이 대강당에 모여 학교사수결의대회를 열기도 하였다.[108)]

미국해외선교부는 필리핀 주재 제임스 로저스와 중국 산동 주재 폴 애보트를 조사위원단으로 임명하여 1936년 조선에 급파하였다. 이들은 우선 일본에 들러 일본 주재 선교사들의 의견을 청취하였는데 일본 주재 선교사들은 당국이 신사참배를 애국 행위라고 하면 그대로 받아 들이면 된다는 입장

---

108) 『숭실대학교 100년사』 中 평양숭실편 p492, 1997년

을 전달하였다고 한다. 두 사람은 총독을 만나서도 신도(神道)가 종교가 아니라는 입장을 들었다. 그러나 그들은 총복부 관리들이 군부의 심한 압박을 받는 듯한 인상을 받았고, 신사참배 문제에 있어서 외사과와 학무국은 유연한데 반하여 군부와 경찰이 매우 강경하다는 것을 확인하였으며, 이로 인하여 북장로회 선교사들의 입장을 이해하고 동조하게 되었다. 물론 그들은 상당수 한국인들이 학교보다는 교회를 택하려 한다는 태도를 확인하였고, 또 어떠한 경우에도 학교가 폐쇄되는 것을 원치 않는다는 입장도 확인하였다. 선교부 연례회의는 두 조사위원이 참석한 자리에서 1936년 7월 1일 중등학교에서의 철수를 결정하고 그 결과를 해외선교부에 보냈다.[109)]

『성서조선』 1936년 1월 84호에 게재된 함석헌의 글 '순교의 정신'은 교단 소속이 아닌 기독교인의 신사참배에 대한 시각을 반영하고 있다.

> "요새 신문 보도에 의하면 평양을 중심으로 장로파 교회에서는 신사불참배 문제로 큰 문제를 당하고 있는 모양이요, 그것 때문에 당국과의 교섭을 하기 위하여 나선 사람의 하나인 조오지 매큔씨는 기자에게 그 소감을 말하여 '오십년 선교에 이런 고민을 하여 보기는 처음'이라고 하였다고 한다. 나는 그 기사를 읽으면서 스스로 동정의 한숨이 입에서 나옴을 금치 못하였다. ...조지 매큔씨는 그가 조선에 올 때 어떻게 온 것을 돌이켜 보면 이런 경우에 어떻게 처할 거인가 하는 것을 좀 더 빨리 결단할 힘이 있을 것이다. 그는 어떻게 조선에 왔는가? 복음의 사명에 의하여서라고 할 것이다. 과연 복음의 사명으로다... 이제 만일 정치적 세력으로서 조직적인 방법을 써서 박해하는 날이 오면 어떻게 할 것인가? 여기 대하여 미리 각오한 바가 있지 않으면 안 된다. ...그러므로 우리는 이때에 순교의 정신으로써 스스로 강해지는 것밖에 길이 없다.

---

109) 1936년 6월 25일~ 7월 2일 서울서 열린 북장로회 선교사연회에서 '교육철수권고안'을 표결에 붙여 69:16으로 결의 했다. Educational Policy of the Chosen Mission of the Preshyterian Church U.S.A(July. 1. 1936)

신앙은 강철 같은 것이다. 버티다 못 버티면 부러지는 것이 신앙이다....기독교는 순교의 종교다. 순교에 의하여 일어난 종교요, 순교의 정신을 가지는 자만이 믿을 수 있는 종교이다. 이는 역사가 증명하는 일이다. 교회는 십자가의 목재로 지은 방주요, 그 운행은 순교자의 피로서 되어왔다. ...1936년이 온다. 정치가에게는 군비 충실의 해요, 경제가에게는 경기회복의 해일는지 모른다. 기독교신자에게는 무엇이 올까? 순교의 형장이 가까와지고 있을 것이다."[110)]

다. 윤산온의 출국, 그리고 숭실의 폐교

윤산온은 1936년 1월 18일 평안남도 도지사 명의로 숭실전문에서 해임되었고, 1월 20일 총독부가 이를 승인하였다.[111)] 총독부의 압박에 따라 1936년 2월 26일 숭실재단이사회는 공석이 된 교장에 모의리를, 부교장에는 이훈구 농과과장을 임명하였다.

1936년 3월 21일 윤산온은 많은 사람의 아쉬운 작별 인사를 받으며 미국으로 돌아 갔다. 한국에 온 다음 두 번째의 강제성 출국이었다. 1936년 3월 18일자 동아일보 3면 사회 기사의 사설에서 '윤산온 박사를 보내노라'라는 제하에 윤산온의 출국을 언급하고 있다.

비교적 장문이지만 당시 조선의 일반 여론을 잘 반영하고 있다는 판단에서 전문을 옮겨 싣는다.[112)]

윤산온 박사를 보내노라

1. 32년 전에 조선에 온 윤산온 박사는 32세의 청년이었다. 그동안에 선천에서 평양에서 조선의 자제들을 위하여 교육사업에 진력해 나온 것이었

---

110) 『성서조선』 1936년 1월

111) 평안남도 당국은 숭의여학교의 스눅 교장도 1월 22일자로 해임하였다.

112) 동아일보 1936.03.18. 3면 사회 기사 (사설) 尹山溫博士를 보내노라 一, 三十二年前에 朝鮮온 尹山溫博士는 三十二歲의 靑年이엇다. 그동안에 宣川서 平壤서 朝鮮의子弟를...

다. 사정에 의하여 일시 귀국한 일도 있었지마는 다시 이 땅에 와서 이 땅의 사람들의 행복을 위하고 이 땅의 후진들을 교육하여 훌륭한 사람들이 되게 하였던 것이었다. 숭실전문· 숭실중학의 두 학교는 박사의 주재 아래에서 오늘의 발전을 보게 되었으니 조선을 생각하고 조선의 교육을 생각하고 조선 사람의 장래에 대하여 치념(致念)하는 사람이면 그 어느 누가 박사에 대하여 감사하지 않을 수 있으랴? 박사는 지금 그의 고국인 미국을 향하여 며칠 후에 이 땅을 떠나가게 되었다. 이 땅 사람들의 섭섭히 생각하는 마음이야 어찌 다 말할 수 있으랴?

2. 우리는 지난 해에 어비신[魚丕信] 박사를 보냈었다. 그때에도 석별의 정은 이길 수 없었지마는 그래도 어비신 박사는 팔순(八旬)의 고령으로 벌써 정년퇴임한 지 오래 되었는지라 고국산천으로 돌아가서 한운야학(閒雲野鶴)을 벗삼아 노년을 보내겠다는 것이 사람으로서 당연히 있을 일이라고 할 것이니 보내는 사람도 섭섭기는 하지마는 그 그러할 것을 생각하게 되었던 것이다. 그러나 지금 윤산온 박사는 육순(六旬)의 고령이라고 하지만 미국인의 활동적 기질로 보아서는 아직 오랫동안 활동할 수 있을 터이니 지금 마치 연부력강(年富力强)이라고도 할 처지에 있는 터이다. 그래서 우리는 박사가 더 오래오래 이 땅에 있어서 우리 자제를 훈육하여 주기를 기대하였던 것이었다. 그리고 또 그와 같이 하는 것이 또한 박사 자신의 기원도 되었던 것이다. 그러기 때문에 박사는 한번 귀국하였다가도 또 다시 이 땅으로 왔었던 것이었다. 박사는 고국에 있어서는 조선에 있어서보담 더 높은 지위에 있었던 것이었으니 조선으로 다시 돌아온 것은 명리(名利)를 꾀하려는 것이 아니었고 다만 어린 양(羊)들을 생각함이라고 할 것이었다.

3. 최근에 박사는 "내가 조선을 버리고 어디로 가오리까? 하고 그 심경을 말한 일이 있었다. 그래서 우리도 박사가 끝까지 이 땅에 있어서 이 땅의 후진을 위해서 일해주기를 절실히 원했던 것이었다. 그런데 지금 그 이별을

보게 되니 우리를 위해서 섭섭하고 또 박사를 위해서 섭섭히 생각지 아니 할 수 없는 바이다. 최근 당국자와의 사이에 종교상 의견충돌이 있었던 것은 너무도 밝게 드러난 사실이니 여기서 다시 되풀이 할 필요도 없는 것이지만 당국자 자신도 박사가 얼마나 조선교육계에 공헌이 많았는가를 충분히 인식할 줄로 생각하는 바이다. 그러므로 박사가 이 땅에 머물르는 데는 별 고장(故障)이 없을 것이겠다. 그러나 사업으로부터 떨어지는 것을 무엇보다도 싫어하는 이들로서는 가야만 할 이유를 발견하였나 보다.

4. 태평양을 건너가는 길이 태평하기를 우리는 마음끝 비는 바이다. 박사가 이 땅에 끼쳐놓은 발자취는 없어지지 아니할 것이며 박사가 이 땅에 뿌려둔 씨는 성장을 계속하여 나갈 줄로 우리는 믿는 바이다. 이 땅 사람들의 최근의 태도가 혹 박사의 심서(心緖)를 어지럽히지나 아니 하였을가 하는 것을 우리는 그윽이 염려한다. 그러나 박사는 이 땅의 좋은 편을 항상 생각하여서 저 운외만리(雲外萬里)에 있을지라도 오히려 이 땅을 생각하고 이 땅 사람의 교육을 위하여 생각하여 주기를 우리는 간절히 바래는 바이다. 1936년 3월18일 동아일보 사설[113)]

그의 출국이 일제의 강제 추방의 형식임에도 동아일보는 매우 따뜻한 시각으로 그것도 사설란에서 다루고 있다. 이 기사에서 쓰인대로 그는 32살에 조선에 와서 32년을 지내다가 떠난 것이다.

윤산온이 해임되어 학교를 떠나기 직전 숭실중학의 학생이었던 김형석은 윤산온 교장이 마지막 훈화에서 '하라'라는 말만 일곱 차례 외쳤다고 기록하고 있다. 그는 이것이 당시 한국인이 너무 소극적이며, 용기가 없고 진취성과 개척정신이 적었던 것을 안타깝게 여겨 영기(英氣)와 개척적이고 창조적

---

113) 독자의 독해 편이를 위해 뜻이 손상되지 않는 범위 안에서 현대 한국어로 표기를 바꾸었다.

인 신념을 갖고 살라는 부탁을 하려고 한 것이라고 해석하였다.[114)]

윤산온 교장이 출국하던 날의 광경을 이동진 목사는 다음과 같이 묘사하였다.

> "숭실의 폐교와 더불어 윤 교장도 다시금 강제 출국 명령을 받게 된 것이다. 그것이 윤 교장으로서는 한국 땅을 마지막으로 밟고 한국민들과 마지막으로 이별하는 계기가 되었다. 윤 교장이 평양을 떠나서 귀국하는 날, 평양 시내와 근교로부터 기독교인들 뿐만 아니라 수많은 일반시민들까지 전송을 나와서 평양역의 큰 광장이 전송객으로 가득 메워지게 되었다. 그 수가 7,000 내지 8,000명 정도 되지 않았던가 생각된다. 사실 나는 그와 같이 굉장한 전송을 전에도 그 후에도 다시는 본 일이 없다. 열차 입구에 선 윤 교장은 눈물을 흘리며 또 손수건으로 눈물을 닦으면서 '다시 또 오리다. 안녕히 계십시오.'하고 말하였으나, 무심하게 떠난 기차의 그 길이 마지막이 되고 말았다. 1936년 3월21일의 일이다."[115)]

그는 귀국길에 하와이에 들러 그곳에서 4주간 머물렀다. 이 기간 동안 그는 하와이 한인연합교회에서 연설을 하였다. 제목은 "미국의 친구들(Friends in America)"였다. 이 연설문에서 그는 신사참배강요가 일본헌법 28조에 보장된 종교자유조항에 침해된다고 하였다. 뿐만 아니라 이것이 1858년 미일조

---

114) 김형석 『인생의 의미를 찾기 위하여』 1988년 자유문학사 pp23-25 '잊을 수 없는 훈화' 김득렬 편 『권세열 선교사 전기- 씨를 뿌리러 나왔더니』pp223-226 참조, 인용

115) 『인물로 본 숭실 100년』 (숭실대학교 출판부, 1996) 이동진 목사 「한국교회와 숭실의 은인 尹山溫」 김창걸의 『실(實)찾아 삼십년』(1993년 10월) 139쪽에서는 다른 풍경을 전한다. 1936년 3월 21일 당일 평양역 플랫폼은 일본 경찰과 헌병 형사들이 요소요소에 배치되어 경비가 삼엄했고 윤산온과 그의 부인이 부산행 열차를 기다리고 있었다고 하고, 전송 나온 사람은 그리 많지 않았다고 한다. 선교사와 숭실중학교와 전문학교 교직원 그리고 평양시대 교인들이 나와 있었다고 한다. 학생으로서는 김창걸 혼자였고 다른 학생들은 보이지 않았다고 한다. 이동진 목사의 기술과는 사뭇 다른 분위기인데 왜 이런 차이가 나왔는지 모르겠다.

약과 다른 국제조약에서 보장하고 있는 해당국가의 종교자유에 대한 침해라고 주장했다. 그의 시각에는 심사참배가 신도(神道)의 의식이며 신도는 천조대신과 천황의 조상들이 신으로 모셔져 있고, 그들을 영령으로 예배하는 것이기 때문에 국가의식이 아니라 종교라는 것이었다. 내용도 그러하지만 그의 제목이 더 인상적이다. '미국에 있는 친구들'이 있으니 한국인들은 용기를 잃지 말라는 권면일 것이다.

한인연합교회에서 행한 그의 연설은 나중에 미국 상하원에 보내졌다.

윤산온이 하와이를 거쳐 미국에 돌아간 다음 1936년 12월 20일 뉴욕한인교회에서 '신도'와 관련한 한국의 교육문제, 즉 신사참배 관련한 한국의 교육문제를 설명하였다. 이어 1937년에 1월경 그는 국무성에 출두하여 신사참배에 관한 자신의 입장을 밝혔다.[116] 이 때도 그의 논조와 견해는 기존의 것과 일관되었다. 그는 국무부가 나서서 주미 일본대사에게 이 문제를 제기하여 해결해 달라고 청원하였다. 그러나 미국무부의 1936년 8월 14일 메모에는 서울주재 선교사들의 견해를 지지하고 있다. 그것은 평양주재 북장로회 선교사들의 견해에 비판적이고 따라서 이 문제에 개입할 필요가 없다는 서울주재 영사 랭딘의 입장을 지지하는 것이었다. 랭딘의 관점은 일본주재 선교사들의 관점이기도 했고 평양이 아닌 서울주재 각 교단 선교사들의 다수 의견이기도 하였다.

윤산온은 이렇게 국무부에 호소하는 정치적인 활동과 함께 무디성서학원의 교장으로 활동하였다. 물론 그는 한인들의 유학생활을 돕고 한인들 모임에 자주 참석하여 신사참배에 관한 의견을 한국말로 설파했다.[117]

윤산온은 1937년 다시 조선으로 돌아올 생각을 가졌던 듯하다. 떠날 때 다시 또 오겠다고 했던 만큼 그의 귀국은 적어도 그의 마음 속에서는 영구

116) "Presbyterian Mission School in Choson" 윤산온과 Doom과의 대화

117) 안종철 「윤산온의 교육선교활동과 신사참배문제」 pp90-91

귀국이 아니었다. 1937년 6월 3일자 동아일보 2면 사회 기사는 윤산온이 8월 초에 평양에 돌아온다는 기사를 싣고 있다. “작년 3월 중순에 조선을 떠난 평양숭실전문학교 전교장 윤산온 박사는 그동안 미국뉴욕에 체재중이든바...”의 기사를 실었다. 이 기사는 윤산온의 누이 캐서린[118]의 말을 인용하고 있다.[119] 이 예측적 기사는 결과적으로 맞지 않았다. 그러나 이 기사로 미루어 보면 그가 떠날 때 적어도 형식에 있어서는 영구추방은 아니었다고 할 수 있다. 상황에 따라 돌아올 수 있다고 생각한 듯하다.

당시 미국무부도 윤산온이 미국에 잠시 머무는 것으로 간주하고 있었다고 한다. 윤산온이 돌아갈 때 일본 고베에 상당 기간 머물렀다. 1936.03.28. 동아일보 2면 사회 기사는 윤산온의 단신을 싣고 있는데 “귀국 도중 일본의 고베에 들린 윤산온 박사는 본사 사장에게 다음과 같은 글을 보내어 그의 가는 길에 짤막한 소식을 전해왔다....”[120]고 하였다. 내용은 그동안 돌보아 준 것에 대한 감사의 표시였다. 윤산온과 당시 동아일보 사장과의 친분을 짐작할 수 있는 기사이다. 이는 윤산온이 개인 동아일보 사장과의 친분이 아니라 한국인과의 친분이라 할 것이다.

윤산온이 떠난 다음에 숭실전문은 폐교의 절차를 밟아갔다. 총독부의 강요로 신사참배를 수용할 수밖에 없다는 입장을 취했던 모의리가 교장에, 농학과장이었던 이훈구가 부교장에 임명되었지만 폐교의 수순일 수밖에 없었다.

그런 사이 신사참배는 여전히 교계의 주요 이슈가 되고 있었다. 중국과의

118) Katherine McCune은 윤산온의 누이로서 1908년 재령선교지부로 배속되었고 이 후 1925년 평양지부로 옮겨 활동했다. A Heathen Bride 등 몇 편의 글을 KMF에 기고했다.

119) 동아일보 1937.06.03. 2면 사회 기사(뉴스). 尹山溫博士 八月初에 歸壤【平壤】 작년三월중순에 조선을 떠난 평양숭실전문학교전교장 윤산온박사는 그동안 미국뉴욕에 체재중이든바...

120) 동아일보 1936.03.28. 2면 사회 기사. 尹山溫博士의 片信 ◇歸國途中神戶에서 귀국도중 신호에들린 윤산온박사는 본사 사장에게 다음과 같은 글을 보내어 그의 가는 길에 짤막한 소식을 전해왓다..

일전을 준비하고 있던 일본은 마침내 1937년 9월 모든 조선 사람들에게 중국과의 전쟁에서 일본의 승리를 기원하는, 그리고 전몰군인에 대한 위령의 의식을 강요했다. 여기에는 모든 종교 단체도 해당되었다. 대부분의 교단이 결국 신사참배를 수용하였다. 그러나 장로회에서는 여전히 상당수의 인사들이 이를 반대하고 있었다. 신사참배 반대에 앞장 선 인물은 주기철, 이기선, 김선두 목사 등이었다. 총독부는 이들을 사전에 구속시키고 1938년 9월 9일 평양 서문밖교회에서 열린 장로회 제27회 총회에서 신사참배를 결의하게 하였다.

당시 현장에 있던 블레어(방위량)[121], 헌트(한부선), 그리고 편하설을 비롯한 30여 명의 선교사가 회의 진행에 강력히 항의하며 무효를 외치고 단상으로 향했지만 상황은 회복불가였다. 총회는 '신사참배는 종교가 아니며 기독교 교리에도 어긋나지 않는 애국적 국가의식이기에 솔선해서 국민정신 총동원에 적극 참가하여 황국신민으로서 정성을 다해 달라'는 취지의 선언문을 채택하였다. 1939년 9월 8일 신의주 제2예배당에서 회집한 제28회 총회 예배 순서에서는 '일본궁성을 향하여 허리 굽혀 절하고, 일본국가를 봉창하며, 황국신민서사 제창의 순서를 넣기도 하였고[122], 또 국방 헌금 및 일본군 위문금 모금도 결의했다. 나아가 1940년 제29회 총회에서는 10월 20일을 황실 기념 애국주일로 정하였다.

많은 독지가들의 헌금과 열정을 쏟아 넣은, 너무도 희망찬 길을 달려온 숭

---

121) 블레어(William N. Blair; 방위량 1876-1970)는 미국 북장로교 선교사로 1901년에 한국에 왔다. 그는 평양과 안주에서 40여 년 동안 인근 교회를 순회 전도하였다. 1907년 장대현교회에서 1월 2일부터 22일까지 이길함(Graham Lee), 길선주 장로 등과 함께 말씀을 전하며 회개와 부흥의 불씨를 일구어냈다. 3·1 운동 때는 평양지방에서 적극적으로 후원하였다. 한경직이 숭실전문학생시절 그의 비서노릇을 하였다. 1930년대 중후반에는 신사참배 거부운동의 주역이 되었으며 1942년에 일제에 의해 강제 출국당했다. 1945년에 다시 한국으로 돌아와서 대구 지역에서 사역하기도 했다. 대표적 저서는 *Gold in Korea*이다. 1948년에 출간된 이 책에는 러일 전쟁, 을사조약, 합방 등 구한말의 시대적 정황과 한국인 신앙인의 생활상이 잘 드러나 있다.

122) 대한예수교 장로회 제28회 총회회의록 16-17쪽

실학교를 폐교한다는 것은 결코 쉬운 결단일 수 없다. 따라서 폐교를 불사하게 만든 신사참배 거부 문제와 관련하여 선교사 윤산온의 신학적 입장에 관심을 가질 수 있다. 앞서 말한대로 평양 주재 장로회선교사들 이외의 서울을 비롯한 다른 지역과 감리회를 비롯한 다른 교단 선교사들은 신사참배에 대하여 그렇게 격렬한 반대를 하고 있지 않았기 때문이다. 조선조 말기부터 일제 강점기의 선교사들 대부분은 대체로 일본에 대하여 좋은 인상을 갖고 있었고, 우호적 태도를 지니고 있었으며, 일본에 있는 선교사들 그리고 기독교인들과 우호협력 관계를 유지하고 있었다. 이는 미국의 외교정책과도 부합한다. 따라서 선교사들이 굳이 반일적인 태도를 취할 이유도 없었다.

윤산온은 당시 평양주변에 포진한 북장로회 선교사들 상당수가 그러하듯 신앙 노선이 보수적이었다. 그 역시 스코틀랜드 출신이었고, 흔히 말하는 그곳 출신 특유의 보수주의적 신앙관을 갖고 있었다. 그는 정교분리와 같은 형태를 취하지는 않았다. 그가 선천의 신성학교에서 일황의 사진에 절하라는 요구를 거부했거나 105인 사건의 주모자라는 혐의를 받았듯이 또 3.1운동에서 한국인들이 일본 헌경에 쫓기는 것을 숨겨주는 데서 드러나듯 그는 한국인들의 민족주의적 열정, 또는 일본의 부당한 압박 등에 대하여 상당한 정도 동정심을 지녔고, 독립을 원하는 한국인 주장에 공감하고 있었으며 그들의 친구가 되려고 노력하였다.

윤산온 역시 본래적 목적은 선교였다. 선교와 관계없는 정치적 반일이란 그와 상관 없는 것이다. 대체로 정정이 불안한 곳에 와 있는 선교사들이 본국정부나 현지의 영사관 등과 적극 협력해야 하는 처지에 있을 수 있음은 충분히 이해할 수 있다. 또 종교를 정치적으로 이용하고자 하는 시도가 한국인들 사이에서도 얼마든지 있을 수 있고 실제로 그런 시도들이 있기도 하였기에 이에 대한 경각심을 선교사들이 갖는 것도 당연하다. 실제로 번하이젤(편하설) 같은 선교사는 정치적으로 교회를 이용하고자 하는 시도에 대해서는 단호하게 거부하는 태도를 표명하였다.

윤산온의 전반적인 활동에서 보듯이 선교사로서 그는 선교라는 본래의 임무에 충실하고자 했고 그것이 불가능할 때는 타협하지 않는 근본주의적 태도를 지니고 있었다. 그의 궁극적 관심은 교회의 확장과 기독교 교육에 있었고 여기에 그의 노력을 집중하였다. 그는 정치적이라고 해서 외면하는 태도를 취한 것이 아니라 부당하다고 보는 부분에 대해서는 저항했던 것이라고 할 수 있다. 신성학교교장 시절 총독부의 인가문제로 갈등을 겪을 때 즉 학교에서 성경 등 종교교육을 할 수 없다는 방침에 대하여 그는 기독교학교의 본질적인 부분에 충실하고자 노력했던 것이 잘 드러난다. 신사참배로 압축되는 사안에서 그는 총독부와 충돌하였다. 그의 행동은 일부 선교사들 사이에서는 돌출 행동으로 비치기도 했고 미국정부에서도 유사한 인식을 하고 있었다.[123)]

그의 추방을 미국정부는 막아 주지 않았다. 정치적 관점에서는 미국정부가 윤산온을 다소 성가시게 느꼈을 수도 있다. 그러나 이 시기를 지나면서 국제정세는 제2차 세계대전으로 전개되었다. 일제와 맞선 그가 한국을 떠난지 5년 만에 미국은 일본과 전면전을 선포하게 된 것이다. 1941년에 이른바 태평양 전쟁이 벌어졌으니 일제에 대한 윤산온의 저항은 미국과 일본의 갈등 전조였다고, 결코 함께 할 수 없는 관계의 균열이 미리 나타난 것의 의미를 갖는다고 할 수 있다.

해리 로즈는 숭실이 신사참배반대로 폐교한 것은 그것이 그대로 남아 소련 점령 치하에 공산주의의 도구가 될 수 있는 것보다 차라리 나았다고 평가한다. 숭실 건물은 소련군 사령부가 되었고 그들이 철수한 다음에는 조선공산당이 사용했다는 것을 그는 곁들여 말하였다.[124)]

---

123) 서울 주재 미국 총영사관 영사의 보고서. 1937년 3월 8일.「기독교 학교들과 신사의례」
124) Harry A. Rhodes *History of the Korea Mission Presbyterian Church 1935-1959* p277

6. 배위량 교장과 윤산온 교장

평양시절 숭실대학의 학교 경영에서 5명의 선교사가 교장의 책임을 맡았으나 대표적인 인물을 꼽으라면 그 활동량에 있어서나 역할의 중대성에 있어서 초대 배위량과 4대 윤산온 교장을 들 수 있을 것이다. 이 말은 2대 라이너, 3대 마펫, 5대 모의리가 역할이 없었다는 것을 뜻하는 것이 전혀 아니다.

배위량 교장이 숭실에 대학과정을 추진할 때 교육선교사 윤산온이 평양에 부임하였고, 배위량을 돕는 일이 임무로 주어졌다. 그 일은 그가 선천의 신성학교장으로 부임할 때까지 계속되었다. 평양에서의 배위량 윤산온 두 사람은 모두 애초에 교육 담당 또는 교육선교사로 역할이 정해져 있었다. 배위량이 숭실대학의 초대 교장으로 1916년까지 직무를 수행했으니 대학으로만 계산하면 11년이다. 물론 이 기간 그는 숭실중학의 교장도 겸직했다.

배위량 교장은 한국에 근대적 의미의 인문대학의 초석을 놓았다. 그리고 선교부가 운영할 대학을 서울에 두는 것이 옳으냐 평양에 두는 것이 옳으냐 등의 문제, 이른바 대학문제로 선교회에 논란과 갈등이 분분할 때 그는 충분하고 당위적인 논리와 일관된 태도를 견지하며 숭실대학의 폐교를 막고 학교를 유지하였다. 1916년 그의 사임은 이 사건으로 빚어진 갈등과 관련을 갖고 있는 것으로 보인다.

윤산온은 1928년에 숭실의 교장으로 부임하여 1936년 2월에 해임되었으니 7년여 기간 교장의 직무를 수행하였다. 그는 이 기간 학교를 최고 수준에 올려놓았다. 앞에서 이미 기술한 대로 그는 큰 강당 겸 체육관을 지었고, 농과를 신설하였으며, 2차 세계대전 이전 위기의 시기에 다음 학생 세대들에게 영원히 잊을 수 없는 여러 가지 형태의 감동을 주었다. 신사참배를 끝까지 거부한 것은 일부 학교구성원들에게 폐교로 이어지는 아픔을 감수하게 하였으나 다른 일면 의인의 당당함을 보여주는 쾌거로 새겨졌다.

윤산온이 초기 평양에서 적응 훈련을 할 시기에 배위량을 돕고 사귄 부분이 있기는 하지만 윤산온은 숭실의 교장으로 근무하던 시절 매년 10월 개교기념일 축하행사에서 배위량 박사에게 특별한 경의를 표하는 순서를 거행하였다.[125)]

이 두 사람은 공통점이 많았다. 배위량은 미주리 주의 파크대학을 가장 바람직한 것은 아니지만 숭실대학이 따를 만한 모델로 삼았다. 윤산온과 그의 부인은 둘 다 파크대학의 졸업생이었고, 이미 기술한 대로 그의 부인은 파크대학 전성기에 그 대학 설립자인 매카피(McAfee) 교장의 딸이었다.

배위량과 윤산온 이 두 사람은 모두 한국에 오기 전에, 한 때 유명하고 자랑거리였던 델 노르트 대학(Del Norte College)의 내지선교부(the Board of Home Missions)의 회장을 맡았다. 신학적으로, 특히 선교사 교육철학에 있어서 이 두 사람은 노선은 비슷했다. 그러나 본성과 기질은 아주 달랐다. 배위량은 조용하고, 진중하고, 꼼꼼한 성정을 지니고 있었다. 그는 재정과 선교 일정의 구체적인 계획을 세우기 전에는 어떠한 일도 시작하지 않았다. 반면에 윤산온은 활동적이고, 활기 있으며, 적극적인 사람이었다. 그는 항상 번뜩이는 좋은 아이디어를 가지고 동료를 돕거나 거의 파탄지경에 이른 재정의 위기를 극복하곤 하였다. 이는 당시 그를 지켜본 한국인들의 눈에도 그렇게 비쳤다. 1929년 6월 14일자 동아일보 기자도 그렇게 기술하고 있다.

배위량의 신중하고 보수적인 성향은 윤산온을 안타깝게 했을 수 있다. 윤산온은 재치가 있는 말솜씨를 갖고 있었다. 아주 탁월한 이야기꾼으로서 드라마틱하게 이야기를 전달하는 놀라운 재능을 지녔다는 것이다. 그는 이야기를 전할 때 기본적인 규칙 두 가지를 엄수하고 있었는데, 모두 사실에 기초하였고, 이야기를 전할 때마다 언제나 새롭게 다듬어서 전하였다.[126)]

---

125) 리처드 베어드 *William M. Baird, a profile*, 『윌리엄 베어드』 숭실대뿌리찾기위원회 옮김 2016년 숭실대 기독교문화연구원 pp154-157

126) 리처드 베어드 *William M. Baird, a profile*, 『윌리엄 베어드』 숭실대뿌리찾기위원회 옮김 2016

배위량 윤산온 두 사람 사이에 같지 않으나 결코 간과할 수 없는 같은 점을 들 수 있다. 그것은 두 사람이 모두 북장로회 선교사들이면서 평양 숭실대학의 교장으로 활동하면서 같은 북장로회 선교사들인 서울의 원두우 원한경 부자와 각각 대립했다는 점이다. 그것도 결과적으로 대학문제와 연결된 문제로 갈등관계를 이루었다. 배위량은 원두우와 더불어 기독교연합대학을 이미 설립한 평양에 둘 것이냐 수도 서울로 옮길 것이냐의 문제로 오랜 기간 다투었다. 오래고 질긴 논쟁과 다툼 끝에 결과는 평양과 서울에 각각 대학을 두는 것으로 귀결되었다. 그런데 숭실의 윤산온과 연희의 원한경은 신사참배 문제로 의견이 갈라졌다. 윤산온은 신사참배를 종교의식으로 보았다. 그리고 '내 앞에 다른 신을 두지 말라'는 계명에 입각하여 기독교 학교학생들의 참배를 거부하였고 이 문제에 관한 한 비타협으로 일관하여 결국 숭실이 폐교되는 결과를 가져 왔다. 반면 원한경은 신사참배를 국가의식으로 규정하고 또 '가이사의 것은 가이사에게'라는 논리로 대응하며 기독교 학교가 이에 신사참배를 하는 것이 불가할 것이 없다고 하였다. 그리하여 연희대학은 일제치하에서 폐교를 면하였다. 신사참배가 우상숭배냐 아니냐 하는 문제를 두고 두 사람이 심각한 대립을 하였다는 점과 그 일의 결과가 폐교와 존립으로 갈라졌다는 점에서 두 사람의 입장 차이는 매우 심각한 고민을 남게 하였다.

어쨌든 숭실의 배위량과 윤산온, 연희의 원두우와 원한경의 사고와 대립의 결과가 현실의 숭실대학과 연세대학의 차이를 가져왔다고 말할 수 있다. 교회와 세속, 지방과 서울, 일제에 대한 배타적 저항과 신앙적 순수성의 견지와 일제에 대한 정치적 타협과 신앙적 탄력성과 융통성 지향, 폐교와 살아남기, 공산주의로 잃어버린 땅과 자본주의의 현 대한민국의 중심지라는 여러 차이가 그 안에서 논리와 세력 등의 형태로 작용하고 있었다.

년 숭실대 기독교문화연구원 pp154-155

7. 『인생문제(人生問題)와 그 해결(解決)』 및 각종기고문

가. 저서

윤산온은 숭실전문교장 시절 『인생문제(人生問題)와 그 해결(解決)』이라는 책을 출판했다. 이 책은 어떤 자료에서는 『그리스도의 전기』라고 되어 있는데 내용은 그러하다고 할 수 있지만 실제 출판된 책의 제목은 『人生問題와 그 解決』이다.[127] 이 책은 윤산온이 영어로 쓴 것을 당시 숭실전문의 영문학 교수였던 양주동에게 부탁하여 당시의 한국말로 번역한 것이다. 1934년에 평양숭실전문학교에서 발행하였고, 서울 한성도서인쇄주식회사에서 인쇄하였다. 양장과 반양장 두 종류로 간행하였고, 정가는 양장본은 80전, 반양장본은 50전이다. 본문 105쪽짜리 작은 책자이다.

이 책에는 저자인 윤산온의 머릿말과 번역자 양주동의 서문이 있다. 윤산온은 영문으로 된 머릿말에서 '누구나 다 갖고 있는 문제를 혼자 고민하지 말고 예수와 함께 해결하라'고 한다. 예수에 대한 수많은 말들이, 그를 우리와 멀리 떨어져 있는 신비한 인격체로 여기게 하지만 그가 이 책의 각 장에서 소개하는 예수는 우리가 먼저 쉽게 접근할 수 있는 사람이며, 누구든지 그가 처한 환경 속에 들어갈 수 있고 그를 모델로 하여 참된 인생의 길을 택할 수 있으며, 자기를 흔드는 모든 유혹을 극복하고, 자신이 속한 공동체에 자신의 영향력을 미칠 수 있다고 한다. 특히 이 책의 제10장은 "바라는 것의 실상이요, 보이지 않는 것의 증거인 믿음"생활이 일상생활에서 실제적인 것이라고 한다. 그는 서문에서 이 책을 숭실전문의 양주동 교수에게 대학생과 고등학생이 읽고 이해할 만한 현대 한국어로 번역하여 달라고 부탁하였음과 그가 기울인 시간과 노력에 감사한다는 것을 밝혔다.

---

127) 해리 로즈는 이 책을 영어로 *Solve Your Ploblems with Jesus*로 표기하고 있다.

양주동이 윤산온의 영문 원고를 당시 한국의 현대어로 옮기면서 쓴 역자 서문은 비교적 간략하다.

> "윤산온 박사의 이 책은 한국의 기독청년들의 좋은 수양서가 되리라 생각한다. 윤산온 박사는 이 한 권의 책에서 그리스도를 따르는 사람이 마땅히 지녀야 할 바른 인생관을 가르쳤고, 더구나 일상 생활에서 부딪히기 쉬운 여러 가지 문제를 해결하는 데 직접 또는 간접적으로 많은 도움이 될 만한 교훈을 제시했다. 그의 가르침은 근본적으로, 성경에 나타난 그리스도의 생애를 날줄로 하고 모든 실천적 문제를 씨줄로 하여 연역적이고 구체적으로 해설한 만큼 매우 체계적이고 실질적이다. 윤산온 박사는 오랫동안 우리나라에서 선교와 인재 육성에 종사하여 우리나라의 사정을 잘 알고 있으며, 또한 조선의 청년을 사랑한다. 따라서 우리말로는 처음 간행하는 박사의 책이 우리 청년들을 대상으로 한 것은 당연한 일이다. 나는 이 글이 우리나라 기독교계의 광명이 될 것이라고 생각하며, 특히 정당한 신앙과 의미 있는 생활을 추구하는 기독청년들과 학생들에게 엄숙한 스승이 될 것이라고 굳게 믿는다. 몇 마디 말을 하여 솔직한 느낌을 전한다."

'네 모든 문제를 예수와 함께 해결하라'는 것은 윤산온의 평소 지론이었다. 위의 책이 출간되기 직전 1933년에 윤산온은 "예수를 바라보라"는 글을 잡지에 기고한 일이 있다. '앙야소(仰耶蘇; 히브리 10장 2절)'[128]이다. 그는 한자어 이 세 글자야말로 힘이 있는 글자라고 하며, 여기에 인생의 모든 비밀이 담겨 있다고 한다. 그는 성경에 있는 '예수를 바라보라'고 하고, '부활하신 예수를 바라보라'고 한다. 그가 정리하는 예수는 인격이며, 우리를 정상화하는 의(義)이며, 우리의 아버지며, 우리 신앙의 완성자이시기 때문이라 한다.

---

128) 宗教時報 제2호 소화 8년 1933년 2월 6일

그는 또한 '언제나 새로운 예수를 바라보라'고 한다. 그리고 별다르게 아는 것도 없는 과거의 회상은 그만두고 우리의 생각을 혼란하게 하는 미지의 장래 걱정도 그만두고, '오로지 예수만을 바라보라'고 한다. 이 말은 선교사가 할 수 있는 평이한 말이라고 할 수 있겠지만 이것의 실천은 결코 누구나 다 할 수 있는 것이 아닐 것이다. 그리고 윤산온은 실천으로 이것을 가르친 사람이라고 할 수 있다.

『인생문제(人生問題)와 그 해결(解決)』은 1934-35년에 1,500부가 팔렸다고 한다. 해리 로즈는 이 책의 영문명을 "*Solve Your problems with Jesus*"로 표기하고 있다.[129] 현재 이 책은 숭실대학교 박물관에 반양장본이, 경성대학교 도서관에 양장본이 소장되어 있다.

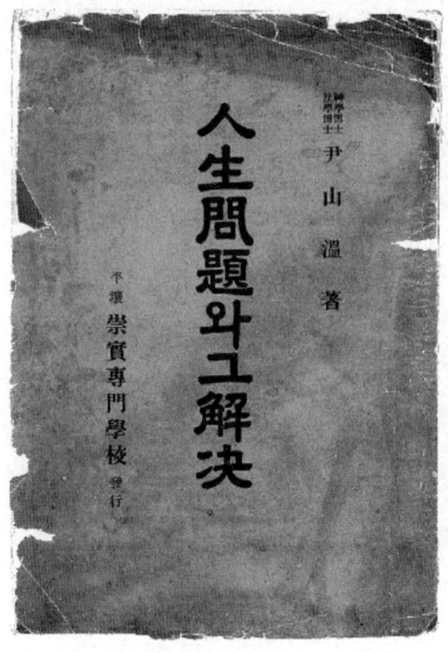
神學博士 法學博士 尹山溫 著
人生問題와그解決
平壤 崇實專門學校 發行

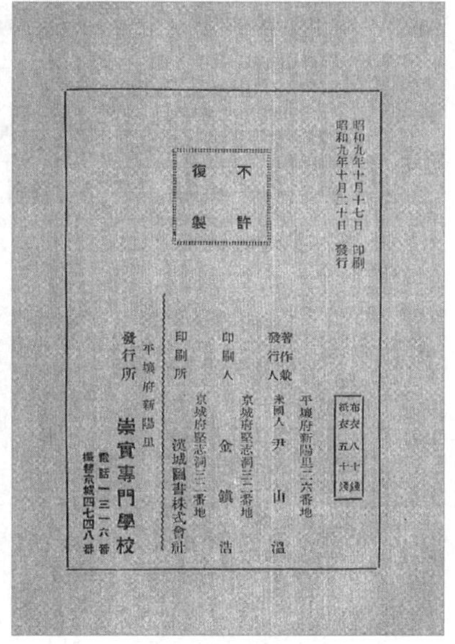
昭和九年十月十七日 印刷
昭和九年十月二十日 發行
不許複製
布表八十錢
紙表五十錢
平壤府新陽里二六番地
著作兼發行人 米國人 尹山溫
京城府堅志洞三二番地
印刷人 金鎭浩
京城府堅志洞三二番地
印刷所 漢城圖書株式會社
平壤府新陽里
發行所 崇實專門學校
電話一三一六番
振替京城四七四八番

129) Harry A Rhodes *History of the Korea Mission Presbyterian Church 1935-1959* p276

나. 윤산온의 기고

윤산온은 비교적 활발하게 집필 활동을 하였지만 저술로 남은 것은 앞서 소개한 것 외에 특별한 것이 없다. 그러나 잡지와 신문 등에 그리고 선교부나 어떤 정치적 목적에 따라 쓴 글들이 많다.

윤산온도 『신학지남과 KMF에 기고를 하였다. 또한 선교회에 공적인 보고서를 제출하였다. 물론 개인적 보고서도 있다. 윤산온이 KMF에 기고한 글은 모두 20 편이다. 목록은 아래와 같다.

1. 평양에서 강림한 성령 1907년 1월
2. 성령의 놀라움, 1907년 3월
3. 확장되는 은총 1907년 4월
4. 평양신학교 개강하는 날 1907년 6월
5. 우리가 보지 못하는 광경, 1907년 10월
6. 역사 따르기, 1907년 11월
7. 평양 시내 학교사역의 재조직 1908년 8월
8. 한국인 노회의 세 번째 연례회의, 1910년 1월
9. 선천에서의 캠페인, 1911년 1월
10. 학생선교회 조직 1911년 2월
11. 앞 길 창창한 사람들. 1911년 9월
12. 그래, 바로 소년들이지!(Yes! Just Boys), 1911년 9월
13. 정직한 노동이 사람을 만든다. 1911년 9월
14. 최작은놈-작은 개구쟁이 최가 1911년 12월
15. 증언 활동, 1917년 2월
16. 선교사의 사역 1917년 10월
17. 한국사도들의 새로운 행전-장 목사가 1916년 한국장로교총회에서 북노회의 서기로서 보고한 것을 윤산온이 번역하여 KMF에 게재함 1917년 12월

18. 머리와 가슴 훈련만큼이나 필요한 손 훈련 1918년 1월

19. 학생들은 먹어야 한다. 어디서 어떻게 먹이는가 또는 하숙부의 운영-1918년 10월

20. 연합기독교(합성숭실)대학 전도대 1935년 12월

그밖에도 그는 여러 잡지와 신문에 활발하게 기고하였다. 그가 발행인었던 『농민생활』에는 모두 46차에 걸쳐 기고했는데 그 제목은 다음과 같다.

윤산온이 『농민생활』에 기고한 목록

1. 발간사 1권 1호
2. 농부 선지자: 미가 2권 8호
3. 성탄월의 소감 3권 1호
4. 믿음 3권 6호
5. 구멍 속에서 삶지 말라 3권 9호
6. 흙 한줌[일배토(一杯土)] (상) 4권 3호
7. 흙 한줌[일배토(一杯土)] (중) 4권 4호
8. 흙 한줌[일배토(一杯土)] (하) 4권 5호
9. 여러분은 귀합니다 (상) 4권 6호
10. 여러분은 귀합니다 (하) 4권 7호
11. 인생의 목적 (상) 4권 11호
12. 인생의 목적 (하) 4권 12호
13. 빵[면포(麵包)] 5권 1호
14. 멘델의 유전법칙에 대하여 5권 2호
15. 진리 (상) 5권 3호
16. 진리 (중) 5권 4호
17. 진리 (하) 5권 5호

18. 농민생활 창간 4년을 맞으며(권두언) 5권 6호

19. 세상의 제일 언짢은 사람 (상) 5권 6호

20. 세상에 제일 언짢은 사람 (하) 5권 7호

21. 대로상의 천국 (상) 6권 2호

22. 대로상의 천국 (하) 6권 3호

23. 예수는 나를 위하여 무엇을 할 수 있는가 (상) 6권 4호

24. 예수는 나를 위하여 무엇을 할 수 있는가 (하) 6권 5호

25. 내가 지금 아는 것을 그때 알았더라면 6권 6호

26. 만인이 다 갈 길이 있는데 당신은 어디로? (상) 6권 7호

27. 만인이 다 갈 길이 있는데 당신은 어디로? (하) 6권 8호

28. 기도하라 (상) 6권 9호

29. 기도하라 (하) 6권 10호

30. 인간의 동정 6권 11호

31. 사업과 포폄 6권 12호

32. 연두소감 7권 1호

33. 어제 오늘 내일의 하느님 (상) 7권 2호

34. 어제 오늘 내일의 하느님 (하) 7권 3호

35. 기회는 목전에 있다 (상) 7권 4호

36. 기회는 목전에 있다 (하) 7권 5호

37. 예수께서 당한 가장 언짢은 일 7권 6호

38. 옥중이나 투옥된 것은 아니다 7권 7호

39. 어떠한 왕인가! 어떠한 왕국인가! (상) 7권 8호

40. 어떠한 왕인가! 어떠한 왕국인가! (하) 7권 9호

41. 부지런히 일하고 하느님을 두려워하라 (상) 7권 10호

42. 부지런히 일하고 하느님을 두려워하라 (하) 7권 12호

43. 예수를 알고 전도하라 8권 1호

44. 이것이 진리다 8권 2호

45. 죄: 누가 십오장의 이야기 (상) 8권 4호

46. 죄: 누가 십오장의 이야기 (하) 8권 5호

위의 목록에서 나타나듯 윤산온은 1929년 6월『농민생활』이 창간된 이듬해인 1930년에 「농부선지자; 미가」를 기고하였고, 3년차인 1931년에는 3차례, 4년차인 1932년에는 7차례, 5년차인 1933년에는 8차례, 6년차인 1934년에는 11회, 7년차인 1935년에는 11차례, 8년차인 1936년에는 4차례의 기고를 하였다. 1933-1935년의 4년간 거의 매달 한 차례씩 활발하게 기고하였음을 알 수 있다. 그런데 1935년과 1936년은 윤산온이 신사참배 거부의 태도를 견지하자 평안도지사와 총독부 학무국이 그의 교장직 해임과 폐교 조치를 운운하며 압박을 하던 시절이다. 일제가 관리, 경찰, 군대, 언론까지 동원하여 전방위로 윤산온을 압박하던 이때 그가 기고한 글 가운데 「어떠한 왕인가! 어떠한 왕국인가!」(1936년 8월호), 「예수를 알고 전도(傳道)하라」(1936년 1월호)와 「이것이 진리(眞理)다」(1936년 2월호)에 그때의 그의 마음의 지향이 잘 담겨 있다. 이는 그가 신사참배를 거부하는 태도를 취한 신앙적 배경을 이해할 수 있는 또 다른 자료가 될 것이다. 이 세 편의 글을 아래에 현대문으로 옮겨 전재한다.

어떠한 왕인가! 어떠한 왕국인가![130)]

'백만 군사 앞에 다시 말을 타고 나아갈 아침이 다시 오지 아니할까? 새벽만 오면 나의 이 비참한 운명을 회복할 수 있을 것인데 어찌하여 이 기나긴 밤

130) 『농민생활』 1935년 8월호

은 새지 않는 것인가?'

이것은 저 독일의 프레드리히 대왕이 '토르고' 전쟁터에서 패하고 난 다음에 한 말이다.

요한복음 제18장에는 다른 밤의 그림이 나타나 있다. 그 밤이야말로 세계 역사상에 제일 어두운 밤이었고 그 밤에 프레드리히 대왕보다도 더 위대한 이가 어서 아침이 되기를 기다렸다. 그것은 겟세마네의 고민으로 깊어진 밤이었고, 유대의 반역으로 말미암아, 베드로의 부인으로 말미암아, 제자들의 달아남으로 말미암아 깊어진 밤이었다. 그 밤에 하나님의 아들이 안나에게로 갔었고, 그 다음 가야바에게로 가서 그 앞에 짐승과 같은 관리들에게 갖은 모욕을 받았다. 조금 있다가 아침이 되었으나, 슬프다! 그 아침은 밤보다도 더 비참하였다. 예수께서는 빌라도의 재판정에 붙잡혀갔고 빌라도는 아침에 선잠을 깨어 이 만왕의 왕을 재판코자 출정하였다.

그리하여 빌라도의 재판정에는 역사 이래 가장 극적인 일막이 연출되었다. 무수한 난민들은 종교광이 되어서 예수의 피를 달라고 소리 질렀다. 군중이란 언제나 그러하거니와 그들은 모두 이성을 잃은 자들이었다. 그들은 의식(儀式)적으로 더럽힌 바 되어서 유월절의 떡을 먹지 못할까 하여 재판정에 들어가기를 원치 않았다. 그러면서도 이 열광된 군중은 하나님의 아들의 피를 손에 적시기에는 아무런 주저도 하지 않았다.

아아! 그릇된 종교광(宗教狂)이란 얼마나 두려운 악마인가! 그들은 비록 손에 새빨간 피투성이를 하고서라도 유월절의 떡을 먹는 기회만은 고집하였다. 이러한 것은 거의 믿기 어려운 일이지만, 몹시도 비극적인 데도 사실은 사실이었다.

마지막으로 빌라도가 나와서 물어보았다. '무슨 죄로 너희들은 이 사람을 고소하느냐' 그들은 견딜 수 없다는 듯이 모두 아우성을 쳤다. '만일 그가 악한 자가 아니라면 우리들은 그를 대감 앞에 붙들어 오지 않았을 것입니다.' '오냐 그렇거든' 빌라도가 말하였다. '이 사람을 데려다가 너희들의 법률대로 처분하라' 여기서 우리들은 이상한 것을 본다. 너희로 하여금 이 사람을 죽이게 함은 상관없는 일이다. 우리가 어떤 사람을 사형에 처하는 것은 옳지 못한 일이다. 불쌍한 늙은 빌라도여! 물론 우리는 그의 약점을 타매(唾罵)하지 않을 수 없지만 그의 입장을 동정하지 않을 수도 없다.

어찌할까 곤혹스런 빌라도는 다시 재판정에 들어가서 예수에게 물어보았다.

빌라도: '네가 유태인의 왕이냐?

예수: '그 말은 당신의 말씀입니까? 혹은 다른 사람들의 말입니까?'

빌라도: '네가 유태인인가? 너의 동족과 제사장들이 너를 고소하였다. 네가 무엇을 하였는가?'

예수: '나의 왕국은 이 세상의 것이 아닙니다. 만일 나의 왕국이 이 세상의 것이라 한다면 나의 부하들이 나를 유대인에게 인도하지 않으려고 싸웠겠습니다마는 나의 왕국은 이 세상의 것이 아닙니다.'

우리는 예수께서 여러 번 이 '왕국'이란 말을 복음 중에 사용한 것을 본다. 우리는 이 말을 볼 때마다 이 말이 세상의 많은 힘 있는 글자 중에서 가장 큰 말인 것을 발견한다.

애초부터 한 왕국의 건설자가 되는 것은 많은 야심가들의 불타는 열망이었다. 그 열망이 알렉산더 대제의 꿈을 채색하였고, 줄리어스 시저의 공상에 떠올랐고 운명을 형성하였으며, 나폴레옹의 눈부신 환상을 지었다. 잠 안자는 차이렌과 같이 이 열망이 많은 영웅들의 가슴속에 샤를마뉴, 크롬웰, 그리고 루이 14세 이 모든 사람들의 가슴 속에서 노래를 불렀다. '나의 왕국'이란 한 마디를 하여 보고자 그들은 모두 침식을 잊었다. 이 한 가지 야심을 이루고자 역사상에 얼마나 많은 사건이 나타났는가? 그리하여 백만 군병이 모집되었고,

해군이 건설되었고, 인민이 약탈되었고, 많은 전쟁터가 선혈로 물들여졌다. 그러나 그들은 한 번 선지피로 물들인 기둥을 가진 옥좌 위에 올라앉게 되자 그들은 이른바 지상의 왕국이란 것이 하루 아침의 물거품에 지나지 않음을 깨닫게 되었다. 역사를 돌아 보건대 얼마나 많은 왕국이 졸지에 흥하였다 졸지에 망하였는가? 여기서 우리는 하느님의 말씀을 되풀이 하지 않을 수 없다. '땅 위의 왕국은 곧 없어질 것이다'

'나의 왕국은 이 세상의 것이 아니다'라고 예수는 말씀하셨다. 여기서 우리는 인류 역사의 가장 중요한 문제에 직면하게 된다. 우리는 전혀 새로운 사상의 세계를 알게 되고 새로운 노력의 계획, 새로운 활동의 힘, 새로운 사업의 목적을 알게 되고 다른 모든 왕국과는 전혀 다른 영원한 왕국을 알게 되었다. 그러면 그리스도의 '왕국'이란 과연 무엇인가?

우선 첫째로 영원한 왕국은 영(靈)적이다. 영원한 왕국은 땅 위에 유래를 가진 것이 아니다. 그것은 초자연적 시초를 가졌고 그것의 본질과 특징이 지상의 것이 아니고 그 목적과 복이 완전히 천상의 것이다. 그러함으로 영원한 왕국은 그 범위가 무한하고 하등 국가적 정치적 경계를 가지지 않아서 모든 백성을 왕국내에 포함하였다. 과연 우리가 한 번 그리스도의 왕국을 생각하여 볼 때에 우리는 그 사상의 막대함에 놀라지 않을 수 없다. 과연 그의 사상은 만고의 탁월한 큰 사상이었다. 오직 무한한 능력을 가진 크나 큰 두뇌자여야만 예수와 같은 사상의 한 부분을 소유할 수가 있다. 예수께서는 팔레스타인과 대제국과의 국경선도 지나간 적이 없으시지마는 세계의 어느 철학자보다도 지혜로웠고 어느 최대의 시민보다도 더 세계주의적이었고 어느 사상가보다도 더 심원하였다. 그는 모든 지방적 제한된 견해에서 초연히 벗어났고 모든 종족적 편견에서도 탁연히 벗어나서 그의 막대한 계획 가운데 세계의 모든 백성을 포함하였다. 다음의 말씀을 보라! 사람들이 동에서 서에서 와서 아브라함과 같이 앉으리라. 일터는 곧 세계이다. 내가 만일 땅 위에서 올라가게 되면 모든 사람을 내게로 끌게 되리라. 이 모든 힘 있는 말씀 가운데는 과연 항성과 같은 권력이 나타나 있지 않은가? 이 말씀 가운데는 무한대의 범위와 힘을 계획한 것이 나타나 있지 않은가? 영원의 언덕으로부터 오는 호흡과 분위기가 이 속에 포함되어 있지 않은가? 누가 그의 말에 이와 같은 무한성을 불러 넣었으며 누가 그의 목적의 수행을 위하여 긴 세월을 기대하는가? 눈을 감고 상고하여 보라! 빌라도의 재판정에 있어서는 창백한 피곤한 사람이 '나의 왕국은 이 세상의 것이 아닙니다' 말씀할 때에 무한한 하나님으로 우뚝 솟아나지 않는가? 뿐만 아니라 그리스도의 왕국의 정신성은 이 점에서 더욱 고조된다. 즉 위대와 축복과 지혜의 표준이 뒤집힌 것이다. 야유적인 빌라도의 '위대'의 개념은 무엇이었는가? 물론 그것은 로마의 위대였다. 로마는 과연 위대한 세력으로서 다른 민족을 멸망시켰으니 그것은 힘의 세계에 건설된 위대였다. 자기 앞에 앉아있는 이 쓸쓸한 죄수의 입에서 다음과 같은 말이 나올 때에 빌라도의 뺨에는 얼마나 가련하다는 표정이 흘렀는가? 상상하여 보라!

'위대함에 대한 당신네들의 표준은 잘못된 것입니다. 당신네의 왕국은 부정한 기초 위에 있습니다. 당신은 참으로 위대한 것의 의미를 파악하지 못했습니다. 나의 왕국 그것은 모든 다른 왕국이다. 멸망한 뒤에도 영원히 계속할 것입니다. 마는 나의 왕국에서 위대의 표준은 겸손과 봉사입니다. 어린애와 같이 겸손한 사람은 나의 왕국에서 가장 큰 사람입니다. 자기 이웃사람을 위하여 제 몸을 바쳐 봉사하는 사람은 당신네들의 법전에 의하건데 바보에 불과하겠지만 나는 당신네들에게 말하노니 나의 왕국에서는 모든 사람의 종이 가장 위대한 사람입니다. 그리고 복에 대한 당신들의 표준도 잘못되었습니다. 당신네들 생각에 복된 사람이란 권력 있는 자리에 높이 앉아서 아주 거만한 태도로 또는 온순한 것을 경멸할 만한 약자의 소행이라고 호언장담하는 사람입니다. 그러나 나의 왕국에서는 마음이 가난한 사람이 복 받은 사람이요, 애통하는 자, 온순한 자가 복 받은 사람입니다. 그다음 당신의 이른바 지혜는 다만 어리석음에 불과합니다. 죽음의 천사가 당신의 영혼을 부를 때 당신의 철학이 무엇입니까? 아무런 영적 광명이 없는 당신의 자연심이 무엇입니까? 당신의 모든 지적 광명이란 것이 인생과 운명의 무거운 결과 앞에서는 한낱 깜박이는 반딧불만도 못한 것입니다. 오오! 빌라도의 마음대로 궁전을 건축하소서. 군대를 조련하소서. 철학을 연마하소서. 지혜를 닦아보소서. 그러나 어리석은 이여! 오늘 밤이라도 당신의 영혼이 당신을 떠나가면 그것들은 모두 누구의 것이 되겠습니까? 예수께서 위대함과 축복과 지혜의 표준에 대하여 얼마나 근본적 혁명을 일으켰는가? 이점을 충분히 이해한다면 그때에 우리는 비로소 나의 왕국이 이 세상의 것이 아니라는 예수의 교훈의 참된 의미를 파악하게 될 것입니다.

예수를 알고 전도(傳道)하라![131)]

새 해를 당하여 여러분의 사명이 무엇인가? 실질에 있어서는 그것은 언제나 마찬가지 문제이니 곧 예수께서 피로 쓴 하나님의 사람의 복음이다. 그러나 특히 오늘에 있어서는 그것이 어떠한 시대적 의의를 갖는가? 근본정신에 있어서 우리는 다시 한 번 생각해 보자. 옛날 신약시대에 기독교인들은 전세계를 통하여 이단과 박해를 직면하였다. 그때에 바울은 다음과 같이 부르짖었다.

"너희를 인도하여 하나님의 도를 가르치는 자를 생각하며 그 행하는 바의 종말을 궁구하여 보고 그 믿음을 본받으라. 예수 그리스도는 어제나 오늘이나 영원토록 변치 아니하시느니라"(히브리서 13장 7-8절)

예수그리스도는 곧 복음이시다. 그리스도는 우선 무엇보다도 하나의 '사실'이다. "진리가 육신이 되어 우리들 가운데 거하시매 우리가 그 영광을 보는 것이다"(요한복음 1장 14절) 요즘 세상에서 현실주의에 대하여 여러 가지 말이 많

131) 『농민생활』 1936년 1월호

다. 그렇다. 그리스도야 말로 실재이다. 마치 로마의 황제와 같이 실재요, 반역자 유다와 같이 실재이다. 아니 그보다 훨씬 더 실재이다. 만일 육의 사상을 실재라 부를 수 있고 염세주의를 실재라 부를 수 있다면 우리가 선택할 문제는 한 손에 그것을 두고 또 한 손이 기독교의 이상을 들 것이 아니요, 이른바 현실주의라고 하는 암흑한 것과 예수의 빛나는 현실주의 사이의 선택에 있는 것이다. 대개 세상에 있어서 기독교는 역시 하나의 사실이다. 그것은 확실히 체현된 것이요, 역사에 나타난 것이다.

그러나 그리스도는 보통 존재하는 사실 이상의 것이다. 그가 어떠한 의미를 가졌나를 설명하기 위하여 다음의 이야기를 소개하고자 한다. 자리에만 누워 있던 어느 불구자 청년이 '창으로 내어다 보더라'라는 글을 썼다. 그 글에서 그는 단풍나무를 바라볼 때에 얻은 비상한 경험을 다음과 같이 말한다.

"갑자기 그 무엇이 내 속으로 뛰어 들어오는 듯한 가운데 나는 보았다. 마치 내 생전에 처음 보는 모양으로 태양 앞에 빛나고 있는 아름다운 단풍나무를 보았다. 나는 눈이 피곤할 때까지 나무를 바라보다가 눈을 감았다. 그러나 눈을 감았음에도 불구하고 어떤 기적으로 말미암아 단풍나무는 아직도 눈앞에 보인다. 모든 가지와 잎새가 내 눈앞에서 빛나고 있다. 나는 그것이 얼른 사라져 없어질까 하였으나 그렇지 않았다. 그것은 점점 분명히 보인다. 설령 후일에 내 눈이 무엇을 보지 못한다 하더라도 이것만은 언제나 보이리라 생각한다. 그러한 것을 알게 되자 내 안에는 새로운 힘이 생기고 말로 형언할 수 없는 승리감을 가지게 되었다."

'진리가 육신이 되어 우리 가운데 거하신다'를 좀 더 분석하여 경험적으로 설명할 수 있을까? 히브리서의 저자는 그리스도를 바라보았다. 혹은 차라리 갈릴리에서 예수와 같이 다니던 사람들의 기억으로서 그리스도의 그림을 바라보았다. 그는 언제나 같은 그리스도였다.(히브리 13장 8절) 그 다음 그는 눈을 감았다. 아마 그는 예수의 그림이 없어지리라 생각하였을 것이다. 그러나 없어지기는 고사하고 어떤 기적으로 말미암아 그의 감고 있는 눈속에서 더욱 더 빛난 것이다. 그런 줄을 알게 되자 그의 마음에는 새로운 힘을 얻었다는 의식이 생겼다. 그러면 우리도 바울과 같이 그러한 환상을 얻을 수 있지 않는가?

이러한 경험은 세기와 세기를 통하여 자꾸자꾸 되풀이 되었다. 부활에 대한 우리 신앙의 핵심은 바로 이것이다. 신약에는 이러한 구절이 도처에 있다. '네 안의 그리스도' '나는 산다. 그러나 내가 사는 것이 아니다. 그리스도가 내 안에 산다'.(갈라디아2장 20절)

여기에 하나의 사실이 있을 뿐만 아니요, 하나의 내재적 사실이 있는 것이다. 이 내재적 사실이 바울을 움직여 힘찬 용기를 가지고 말할 수 있게 한 것이다. '예수 그리스도는 어제나 오늘이나 영원히 같으시니라'(히브리서 13장 8절)

이상이 우리가 알아야 할 요긴한 문제이다. 그러나 이것이 현대에는 어떠한 특수한 의미를 가졌는가? 너무나 여러 가지 의의를 가졌기 때문에 한 마디로 말하기가 심히 어려우나 좌우간 말하여 보자.

이것은 우선 명백하다. 그리스도는 고난의 시대에 진리와 도덕으로 계시다는 것이다. 도덕은 여러 가지 정의(定義)가 있으나 정의(正義)에 대한 믿음이 옳은 것의 지도성과 그 궁극의 승리를 확신하는 것이라 말할 수 있다. 심지어 군인들처럼 힘의 철학을 가졌음에도 불구하고 사실에는 도덕에 의존하고 있는 것이다.

도덕은 특히 위기의 시대에 있어서는 첫째 요구가 된다. 유럽을 보라. 자유가 확보되는 듯하더니만 독재가 발흥하였고, 유물론이 성대하여지며 공산주의가 일어난다. 러시아에서는 수백만 명이 경제적 불만을 가지고 살고 있다. 이것을 어찌할까? 도덕이다. 모든 것의 주재자를 믿는 것이다. 한 마디 이야기를 하자. 어떤 집에서 부모가 일요일 오후에 세 아들을 데리고 산보를 나가는 습관이 있었다. 이십리는 강가로 나가고 돌아오는 이십리는 산길이다. 강가와 산림 중간에 벌판이 있는데 거기에는 농가의 개나 암소가 있다. 아이들은 암소를 찌링소로 생각하기 쉽고 개를 미친개로 생각하기 쉽다. 그래서 그 벌판을 지나갈 때에는 제일 작은 아이는 언제나 아버지의 손을 꼭 붙들고 간다. 그는 아버지에게 모든 것을 믿고 따라가는 것이다. 그러면 그리스도는 어찌하여 우리의 손이 되며 우리의 믿는 존재가 되는가? 어찌하여 기쁨이 기쁘고 빛이 빛나는가? 그 증거를 과학적으로 말하기는 어렵다. 우리는 어떠한 힘이 이 세상 건너 편에 이 세상 주위에, 안에 있는 줄로 확신한다. 그 힘이 모든 것을 주장하는 것이요, 우리가 주장하는 것이 아니다. 그 힘이 예수가 아닌가? 그 힘이 예수를 통하여 나타나서 우리에게 희망을 주지 않는가? 이것이 곧 신앙이다. 그러나 기쁨과 같이 빛과 같이 우리의 정신을 빛나게 한다. 그것은 지식으로 헤일 것이 아니요, 그보다도 충만한 지식의 예언이다. 그것은 생활 밖에 있는 것이 아니요, 곧 생활의 중심이다. 예부터 지금까지 많은 사람들이 그리스도의 이름 밑에서 이 아지 못할 힘을 찬미하여 왔다. 그럴 때마다 어떠한 손이 자기의 손을 쥐는 것을 깨달았다. 그들은 모두다 하나님이 세상 끝까지 자기를 보호하여 줄 것을 알았다.

그들은 자기의 궁핍이다. 만일 시적인 것을 알았고 죽음조차도 인생의 한 획은 연극에 불과한 것임을 알았다.

이것을 희망이라 하든지 위안이라 하든지 혹은 도덕이라 하여도 관계없다. 좌우간 이것이 없어서는 사람이 모두 저주 가운데 들어가고 만다. '환상이 없는 백성은 망한다' '예언이 없는 곳에 공중생활은 퇴보한다'

이 복음은 고난의 시대에 있어서 도덕 이상의 가치가 있다. 그것은 모든 것을 이기는 힘이다. 기독교의 많은 순교자들을 보라! 순교자에 대하여 말하기 쉬우나 그들이 실지로 그리스도를 위하여 죽은 것을 깨닫기는 쉬운 일이 아니다. 가령 누가 와서 내 어깨를 두드리며 네가 그리스도를 버리든지 혹은 죽음의 고초를 겪든지 둘 중에서 하나를 택하라고 하면 우리는 어느 길로 갈 것인가?

그러나 그들은 죽었다. 죽으면서도 주님이 힘과 기쁨을 준다고 하였다. 이

선지자들의 증거한 것을 심리학적으로 연구할 수는 없다. 그들은 하늘 위에 있는 그리스도를 불렀고 그들의 감은 눈에는 그리스도가 보였다. 그리하여 그들은 그 몹쓸 고초를 달게 받은 것이다. 그들은 다만 고초를 참았을 뿐 아니라 그것을 승리하며 달게 받은 것이다. 그들은 어찌하여 죽었는가?

우리는 모두 그리스도의 종이다. 그리고 복음은 옳지 못한 것을 반대하는 힘이다. 복음은 악에 항의하고 악으로 인하여 고통당하고, 필요하다면 악을 행하는 사람과 악을 당하는 사람을 모두를 위하여 목숨을 잃기도 하는 것이다. 그런데 그 힘은 기쁨을 짝한다. "나를 위하여 사람들은 너희를 박해할 때에 행복되다. 기뻐하고 기뻐하라" (마태복음 5장 11-12절)

복음은 고난시대의 도덕이요, 어려운 문제가 있을 때의 힘이다. 그것은 곧 죄악에서의 구원이다. 어떤 청년이 우리가 죄 지은 줄을 어떻게 압니까? 이렇게 질문하니까 "사람은 죄를 안다. 그것으로 충분하다"고 대답하였다. 과학자도 죄를 지을 수 있다. 예술가도 죄를 지을 수 있다. 진리와 미(美)를 모독하는 경우에는 우리는 모두 죄를 지을 수가 있다. 사실 죄를 짓는다. 신성을 모독하고 천품을 낭비하고 맹서를 깨뜨리고 우리는 우리가 죄를 짓는 줄을 알기 때문에 우리의 죄가 깊음에 따라 저주도 깊을 것을 분명히 알아야 하겠다. 그렇다. 우리의 죄악이 관영(貫盈)하기 때문에 예수께서 갈보리에서 죽지 않았는가?

이것이 진리(眞理)다[132)]

예수께서 "나는 길이요, 진리요, 생명이다"라고 말씀하셨다. '진리가 무엇이냐'라고 빌라도가 예수에게 질문하였다. 진리는 영원히 같은 것이다. 그러나 불완전한 사람에게는 그것이 날마다날마다 변하는 것이다. 옛날에는 모든

132) 『농민생활』 1936년 2월호

사람이 말하기를 "땅은 가만히 있고 해가 움직인다. 우리 눈에 땅은 가만히 있고 해는 머리 위에서 움직이는 것이 보이지 않는가?"하였다. 그때의 사람들은 마치 열차 안의 어린애가 창밖의 나무를 보고 나무가 움직인다고 생각하는 것과 같았다. 그 뒤의 사람들은 땅이야말로 돌아가는 것임을 알았고 해가 움직이는 것같이 보이는 것도 땅이 돌기 때문임을 알았다. 이것은 진리에 한걸음 더 나아간 것이다.

일찍이 모든 사람들은 생각하기를 노예제도와 사회적 불평등은 정당하다고 하였다. 그것은 과거에도 있어왔으니 미래에도 그러하리라고 한다. 어떤 이는 반드시 노예가 되어야 하고 어떤 사람은 향락하여야 한다고 생각하였다. 그러나 사람은 평등을 주장하게 되었고 그것을 위하여 싸웠다. 이것도 역시 진리에 한걸음 더 나아간 것이다. 이 다음에는 지식이 보편화됨으로써 평등이 현실화될 것이다.

의인 시몬은 말하기를 "세상은 세 가지 위에 서있으니 법률과 예배와 자선(慈善)이라"고 하였다. 우리는 그밖에도 얼마든지 더 들 수가 있으나 도무지 하나로 줄이는 편이 나을 것이다. 세상은 진리 위에 서 있다. 진리가 크면 클수록 죄를 지은 사람은 그것을 받아들이기가 어렵다. 나비는 촛불을 보고 눈이 부시어서 타죽고 말지마는 사람은 촛불을 밝히고 글을 읽는다. 그러나 사람도 햇빛은 정면으로 바라보지 못한다. 그와 마찬가지로 적은 진리는 우리가 깨달을 수 있으나 큰 진리 앞에서는 눈이 부시어서 깜짝 놀란다. 2+2=4인 것을 어린아이도 알지마는 삼각형의 내각의 합이 180도인 것을 알기는 그리 쉽지 않다.

악을 벌주고 선을 상주는 것이 오늘날 문명국의 목표이다. 하나님의 보좌 앞에서 심판을 행할 때에 이 문제는 분명히 해결될 것이다. 이러한 진리는 우리가 깨닫기 쉽다. 그러나 보다 큰 진리는 사람의 마음이 성장함을 요구한다.

단순한 진리에도 우리는 놀란다. 예전에는 시간은 시작도 없고 끝도 없는 것이요, 공간은 한정이 없는 것이다. 시간이 만일 시작이 있었으면 그 시작 전에는 영원한 시간이 있었을 것과 같이 끝난 뒤에도 영원히 시간은 진행될 것이다. 공간이란 것도 어떤 한정이나 제한이 있을 수가 없다. 혹시 묻는 사람이 있을 것이다. 저 무한 끝에는 무엇이 있는가? 굳은 담벽이 있는가 허무(虛無)인가? 그러나 굳은 담벽은 있을 수 없다. 있다면 어디까지 갈 것인가? 더구나 허무는 애초부터 존재하지 않는 것이다.

시간은 끝이 없는 것이요, 공간 역시 한이 없는 것이다. 그러나 사람은 이 단순한 진리에 깜짝 놀라서 우리의 유한한 일생을 똑딱거리는 시계를 쳐다보고 담과 벽이 있는 우리의 조그마한 땅을 바라보면서 하나님께 제한을 감사한다.

예수께서 빌라도 앞에서 유명한 말씀(요한복음 18장 33-38절)을 하신 뒤에 빌라도는 '진리가 무엇이냐'고 물었다. 예수께서는 빌라도에게 예수 자신과 하늘나라의 진리를 말씀하였던 것이다. 그때 빌라도가 진리를 지식과 반성이라 생각하고 지식을 문명의 척도라고 생각하였다면 그의 한 일이 달라졌을까? 우리는 그렇다고 믿지 않는다.

전세계는 진리로 건축되었고 진리는 연구의 결과이다. 대개 예수께서 사람은 하나님의 모양대로 만들어졌다.고 말씀하셨다. 나는 진리니라라고 예수는 말씀하셨다.

몇 백년간의 사상이 담겨있는 옛날 탈무드 저자의 글을 읽어보라!

"학자는 예언자보다 위대하다"

"스승은 부모 이상으로 존경하여야 한다. 부모는 너를 이 세상에 가져왔으나 스승은 너에게 다음 세상으로 나가는 길을 가르쳐 준다"

"세상은 학도들의 호흡으로만 구제 된다"

예수께서는 말씀하였다. "나는 진리다"

유대민족이 여러 가지 박해를 받음에도 불구하고 꾸준히 성공하는 것을 이상히 여기는 사람은 지식이란 것이 얼마나 관계가 큰가를 생각하여 보라! 하나님은 모든 그들의 생활의 중심이었다. 하나님 자신이 곧 진리이시니 하나님을 아는 것은 곧 영원한 생명이다.

사람의 모든 지적인 노력은 진리를 단순화하고자 하는 일이다. 모세는 옛날 유대선생들의 가르침에 의하여 진리에 대한 자기의 생각을 613조의 명령에 체화(體化)하였다. 다윗은 다시 그것들을 열한가지로 주었으니 그것은 시편 15편에 나타나 있다.

"1.여호와여 주의 장막에 머무를 자 누구오며 주의 성산에 사는 자 누구오니이까 2.정직하게 행하며 공의를 실천하며 그의 마음에 진실을 말하며 3.그의 혀로 남을 허물하지 아니하고 그의 이웃에게 악을 행하지 아니하며 그의 이웃을 비방하지 아니하며 4.그의 눈은 망령된 자를 멸시하며 여호와를 두려워하는 자들을 존대하며 그의 마음에 서원한 것은 해로울지라도 변하지 아니하며 5.이자를 받으려고 돈을 꾸어 주지 아니하며 뇌물을 받고 무죄한 자를 해하지 아니하는 자이니 이런 일을 행하는 자는 영원히 흔들리지 아니하리이다."

이 시편은 순전히 진리를 노래한 것이다. 이사야서는 다시 이 거룩한 요구를 여섯 가지로 줄여 놓았다. 이사야서 33장에 있다.

"오직 공의를 행하며 정직한 것을 말하고 토색한 재물을 가증하게 여기며 손을 흔들어 뇌물을 받지 아니하고 귀를 막아 피 흘리자는 꾀를 듣지 아니하며 눈을 감아 악을 보지 않는 자라야 하리라"

미가는 다시 이것을 세 가지로 줄였다.

"하나님께서 너에게 요구하는 것이 의를 행하고 자비를 사랑하고 너의 하나님으로 더불어 겸손히 행하는 것밖에 무엇이냐"

이사야는 이사야 56장에서 이것을 다시 두 가지로 줄였다.

"너희는 공평한 것을 지키고 의를 행하라"

아모스는 세 마디 말로 줄여 놓았다.

"너희는 나를 찾으라"

하나님의 아들 예수는 이렇게 말씀하셨다.

"나는 진리다"

마틴 루터는 자기의 생명이 위태할 때에 이렇게 부르짖었다. "나는 여기 서

있다. 하나님이 나를 도우시매 나는 달리 할 수가 없다." 그런데 그것이 그의 힘이었다. 그는 자기가 진리라 믿는 것을 말하였고 그대로 생활하였다. 루터는 영원히 살 것이다.

묘지석이나 비석 위에는 어떤 사람이 어느 날 죽었다고 쓰여 있다. 그러나 어떤 무덤에는 다음과 같이 써야 할 경우가 있을 것이다. "여기에 누워 있는 사람은 죽지 않았다. 그는 진리를 말하였으니 영원히 살 것이다." 이와 같은 비명을 쓸 수 있는 사람은 행복하다. 큰 진리를 말하는 사람은 과연 복 받은 사람이다.

진리를 말하는 방법은 여러 가지가 있다. 뉴튼의 물질 법칙은 "질양에 정비례하고 거리의 제곱에 반비례한다"는 것이다. 이 몇 마디가 뉴튼 이전에 쓴 수백 권의 과학서적보다 더 중요한 것이다. 이것은 과학진리를 말하는 방법이다. 예수께서 말씀하신 아름다운 비유 속에는 무한한 진리가 포함되어 있다. 하나님의 말씀 성경은 영원한 진리이다.

어느 학식 많은 유대의 랍비가 어느 날 오후에 어려운 문제를 가르치고 있는데 사람들은 모두 졸고 있었다. 그는 소리를 질렀다. "옛날 어느 애급의 부인이 한꺼번에 60만 남자를 생산하였소." 사람들은 모두 깜짝 놀라 깨어서 그의 말하는 진리를 들었다. 군중이 잠을 깨자 랍비는 말하기를 그 여자는 다른 사람이 아니라 모세의 어머니 요게벱이라 하였다. 그 여자의 몸에서 난 한 아들이 애급에서 나간 60만인이 된 것이다. 그러므로 요게벱이 모세 하나를 낳은 것이 60만인을 낳은 것과 같이 중요하다는 것이다.

많은 사람이 요게벱과 같은 진리의 어머니였다. 공자의 어머니, 맹자의 어머니, 석가의 어머니, 링컨, 갈릴레오, 에디슨의 어머니 등 이러한 분들의 어머니는 모두 무수한 사람의 어머니였으니 왜 그러냐 하면 그들은 진리의 어머니이기 때문이다.

진리가 무엇이냐고 빌라도는 야유조로 물었고 대답을 기다리지 않았다. 예수께서는 사실대로 나는 진리의 왕이라고 말했다. 다른 모든 것은 지나가고 변하고 없어지지마는 진리는 그런 법이 없다. 그것은 유일의 침이요, 재산이요 기초이다. 시대 무지 증오 모든 풍랑과 폭풍우가 진리를 때린다. 그것들은 모두 지나가고 진리만이 그대로 남는다. "나는 길이요, 진리요, 생명이다" 예수를 통해서만 영원의 진리를 알 수 있다. 그를 잘 알면 진리를 잘 알 수가 있다. 그를 구주로 믿으면 여러분은 진리인 예수와 함께 영원으로 올라갈 수가 있을 것이다.

그밖에도 윤산온은 여러 잡지와 신문에 활발하게 기고하였다. 이를 테면 아래와 같은 것들이 있다.

「앙야소(仰耶蘇)(히브리 10장 2절)-힘 있는 세 글자」『종교시보(宗教時報)』 제2호 소화 8년 1933년 2월 6일

「여러분은 세계를 추진하는 사람의 하나인가?」『숭실』 제 10호[133] 논단

Modern Circuit Rider In Chosen(1912, The Board Of Foreign Mission Board Presbyterian Church in USA)

이들 외에도 신사참배와 관련하여 그가 공적으로 쓴 편지와 강연 글들이 많이 있다. 물론 선교본부에 보낸 연례보고서도 있고 선교회인사에게 보낸 사적인 편지도 많이 있다.

이 가운데 『종교시보』에 게재한 「앙야소」곧 '예수를 바라보자'라는 것은 그가 저술한 『인생문제의 해결』을 압축한 것과 같은 내용이다. 「여러분은 세계를 추진하는 사람의 하나인가?」는 숭실전문학생들에게 역할과 인식의 시야를 넓힐 것을 격려하는 내용이다. 이 두 편의 글 역시 현대문으로 옮겨 아래에 둔다.

---

133) 소화5년(1930년)6월 발행인 윤산온 발행;숭실편집부 인쇄; 숭실전문학교

앙야소(仰耶蘇; 히브리 10장 2절)
-힘 있는 세 글자[134)]

다만 세 글자, 이 세 마디 말이 인생의 모든 비밀을 포함한다. 모든 독자들이여. 이 세 글자를 믿으라! 이 세 글자 위에서 행동하라 그리하면 여러분은 모두 1933년이란 신년에 있어서 인생의 비밀을 알게 될 것이다.

성경에 있는 "예수를 바라보라" 그가 누구이신지, 그가 무엇을 하시는지, 그가 무엇을 주시는지, 그가 무엇을 요구하시는지 알기 위하여, 또 그의 성격에서 우리 모범을, 그의 가르치심에서 우리의 교화를, 그의 교훈에서 우리의 준칙을, 그의 약속에서 우리의 의지할 바를, 그의 몸과 그의 사업에서 우리의 영혼의 요구를 충족시킬 충분한 만족을 찾기 위하여 십자가의 예수를 바라보라. 그의 피로부터 우리의 속죄와 우리의 용서와 우리의 평화가 콸콸[곤곤(滾滾)] 흘러 나왔음을 보기 위하여.

부활하신 예수를 바라보라. 그에게서 의를 찾기 위하여. 그의 의로움만이 오직 우리를 정상화하고, 또한 그 의를 통하여. 우리는 아무리 보잘 것 없는 사람일지라도 그의 이름만으로 확실히 접근할 수가 있다.

그를 바라보라. 그는 곧 그의 아버지요, 우리의 아버지며, 그의 하나님이요, 또한 우리의 하나님이다.

예수를 바라보라! 우리의 신앙의 창조자시요, 또한 대상이신 그를 바라보도록 그가 우리에게 가르쳐주실 것이다. 그는 우리를 그러한 신앙 속에 있게 하여 주실 것이니, 대개 그도 또한 그 신앙의 완성자이시기 때문이다.

예수를 바라보라. 우리 자신과 우리의 사상 우리의 소원 우리의 계획을 바라 보지 말자. 예수를 바라 보라. 세속과 그 유혹과 그 모범과 그 격언과 그 의견을 바라보지 말고, 예수를 바라보라. 사탄을 바라보지 말라. 저 아무리 사탄

---

134) 『宗教時報』 제2호 소화 8년(1933년) 2월 6일

이 그의 분노로써 우리를 놀래키고 그의 아첨으로써 우리를 달래어도. 아 아! 얼마나 많은 쓸 데 없는 문제와 뒤숭숭한 의혹과 위험천만한 악으로부터 타협함과 혼란의 사상과 헛된 몽상과 비통한 절망과 괴로운 싸움과 애닯은 타락이 있을 것이냐? 우리가 만일 예수를 바라보지 않고 그가 인도하는 길로 따라가지 않는다 하면, 그가 인도하는 길을 놓치지 않기 위하여 한 순간이라도 딴 길을 바라보지 않도록 주의하지 않는다 하면.

예수를 바라보라. 우리가 지상에 있는 동안 . 언제나 새로운 예수를 바라보라. 별다르게 아는 것도 없는 과거의 회상은 그만두고 우리의 생각을 혼란하게 하는 미지의 장래 걱정도 그만두고. 예수를 또 한 번 바라보라. 그것이 모든 잡념을 버렸거들랑 오로지 예수만을 바라보라. 언제나 예수를 바라보라. 좀 더 확고하게 좀 더 든든하게. 그리하여 그 시간을 기다리라. 예수께서 장차 우리를 불러 지상에서 천국으로, 시간세계에서 영겁으로 데려갈 시간, 필경 우리도 그와 같이 될 행복된 시간을 기다리라. 모든 일은 예수를 바라보며 하자.

「여러분은 세계를 추진하는 사람의 하나인가?」[135)]

세계를 추진하는 사람이란 세계를 진보향상의 경역(境域)으로 밀고 가는 사람만이 받을 수 있는 명칭이다. 세상에는 유용(有用)한 사람과 무용(無用)한 사람의 두 종류가 있다. 묻노니 여러분은 그 어느 종류에 속하는가? 유용한 인물의 계급은 그 사업이 자신을 유지할 뿐만 아니라 남에게까지 선을 할 수 있는 사람들로 성립되었고, 무용한 인물의 계급은 적지 않게 많은데 이는 전연히 아무 것도 하지 않는 절대적의 숫벌떼[웅봉군(雄蜂群)]들과 자신의 안일만을 위하여 사업에 열중하고 남에게는 아무런 유익도 주지 않는 상대적의 웅봉군으로 구성되어 있다.

---

135) 『숭실』 제 10호 소화5년(1930년) 6월 숭실편집부 인쇄, 숭실전문학교

게으른 자와 이기적인 인물이 많이 있는 듯하다. 그러나 반가운 것은 유용한 일꾼 다시 말하면 추진자가 그 수에 있어서 100대 1의 비율로 우세한 것이다. 첫째로 그 제1위에 설 사람은 조선의 어머니들이다. 그들은 고생을 참으며 값없이 일하는 무명의 일꾼들이니 그들의 꽃다운 시절과 정력은 미래의 자손들을 위하여 희생되고 마는 것이다. 그 다음은 수백만의 아버지들이니 그들은 자식을 먹이고 입히고 또 교육시키기 위하여 자신을 부정하면서 가장 천한 직업에 아무 불평 없이 하루같이 일하고 있는 것이다.

아내나 자식의 행복과 안락을 얻기 위하여 모험적으로 힘썼으면 많은 사람은 위대하게 되었을 것이다. 남을 위하여 봉사하도록 구속을 받은 그들은 이러한 모험을 감행할 권리가 없는 줄로 생각하였다. 그리하여 그들은 흠모함과 선망을 받을 기회를 내어버리고 혼자서 무거운 걸음을 걸어가고 말았다. 아! 이 사람이야말로 참된 추진자의 하나이다. 그는 마치 군인과 같이 영예를 바라지 아니하고 자기의 생명을 희생하고 만다. 진실로 그는 마침내 문명의 승리를 얻고야 마는 것이다. 그들은 세계의 진보발달을 위하여 생명과 활동력의 전부를 바쳐서 일하나 결코 세상에 알려지지 못한다. 자기를 희생하고 암담한 가운데 단순히 의무의 이행을 위하여 살아가는, 인내하며 무겁게 걸어가는 추진자들이다.

청년이나 노년이나 또는 남자나 여자나 누구를 물론하고 우리는 문명의 피안으로 추진하는 사업을 조력하든가 그렇지 않으면 굴[모려(牡蠣)], 기생하는 게[해(蟹)]와 같이 천하게 사회를 의지하고 생활하는 무용한 숫벌의 무리와 같은 사람이 될 것이다. 우리들은 다 우리의 할 일이 있고 원하면 능히 할 수가 있다. 노인이라 하여 타태(惰怠)해서는 못쓴다. 그는 반드시 힘서 일해야 하며 그리함으로 인하여 모범을 제시할 수가 있는 것이다. 쾌활한 성격 인생에 대한 낙관적 태도, 필요한 사람에게 주는 격려, 타인의 과실에 대한 신중한 비평, 이 모든 것들은 능히 많은 사업을 할 수 있는 것이다.

자기를 존경할 줄 알고 자기의 장래를 파괴할 죄악이 물들지 않은 청년은 자신과 사회를 아울러 이익 되게 한다. 그가 만일 설교하는 것과 같이 실행할 용기가 있다면 그 영향을 주는 것이 매우 클 것이다. 실제 생활에 있어서 그러한 청년은 안수받은 목사이든 아니든 불구하고 사회의 참된 개혁자가 될 수 있는 것이다. 밭을 가는 사람이나 정직하게 가옥을 건축하는 사람이 인생을 편의(便宜)롭게 하고 또 남을 위하여 평안을 도모하는 사람은 모두 유용한 사람이요, 칭송할 만한 사람들이다. 질주하는 기차를 조종하여 자신의 수 천명의 여객을 밤새도록 보호하여 그들로 하여금 상업을 할 수 있도록 도와 주고 정확한 시간과 고도의 신경을 써서 자기의 생명을 무사히 보전하는 저 기관수야말로 참된 추진자의 하나이다.

어떤 방면에 있어서든지 사회의 진보를 위하여 힘을 쓰고 남을 위하여 일하고 새 가정을 건설하고 새 비장을 개척하고 새 공업을 발명하는 사람은 큰 공헌가요 가장 어려운 활동분야의 큰 일꾼이다. 그 사람이야말로 위대한 추진자이다. 추진자에는 위대한 사람도 있고 적은 사람도 있다. 요컨대 그들은 모두 세계를 움직이는 자들이다. 그리고 그들은 시대를 따라 변한다. 보라! 그대들은 그 제일선에서 참가 하여라! 그들은 속에 있는 신으로 인하여 감동함을 받은 자들이다. 보이지 않는 하늘 아버지의 충동과, 보이지 않는 주님의 희생과, 영생하는 성신(聖神)의 무한한 힘을 가진 추진자들의 사업은 다만 인생 70년에 한정하지 않고 앞으로 영원토록 살아있어서 작용할 것이다.

8. 대의와 배려, 그리고 예수와 함께

윤산온은 교육선교사였다. 그는 이점에서 배위량과 비슷하다. 그와 비슷한 시기에 내한한 대부분의 선교사들이 신학교를 졸업하자마자 목사안수를 받고 선교사로 온 것과 달리 그는 학교를 경영해본 경험을 갖고 있었고 또 교수 경력을 갖고 있었다. 이점에서 그의 아내 헬렌 매카피도 마찬가지였다. 둘 다 교수경력을 이미 갖고 한국에 온 것이다.

윤산온은 한국이 정치적 주권을 거의 다 상실한 무렵에 한국에 왔고 한국인이 자주성을 상실하는 과정을 목격하였으며, 식민지 치하에서 어떤 부당한 취급을 당하는지를 보고 함께 아파하였고, 또 독립을 위하여 몸부림치는 장면도 안타깝게 지켜봤다. 그는 마음이 뜨거운 만큼 적극적으로 또 밝게 공헌하였다.

그는 식민지 치하의 한국인을 사랑하였고 그들의 자주국민에 대한 열망을 공유하였다. 그는 한국인들에게 독립국의 사람으로 예수를 믿으라고 하였다. 정치적으로 경제적으로 문화적으로 정서적으로 자주민으로서 예수를 믿으라고 하였던 것이다. 그리고 한국인을 적극 도왔다. 하나님에 대한 믿음, 동료들에 대한 사랑, 언론의 자유가 갖는 힘에 대한 신뢰, 낙천적이고 기쁨이 충만한 인성, 이것들이 윤산온의 생애와 그의 한국에서의 사역에서 드러난 특징이다.

윤산온의 삶의 행적에서 우리는 이해와 배려와 사랑을 읽는다. 그는 젊은 날 불우한 환경에서 자랐다. 그는 만학(晩學)의 고학생이었다. 그가 한국에서 체재하는 동안, 특히 선천의 신성학교장으로 그리고 평양의 숭실중학교와 숭실전문학교장으로 있는 동안 그의 집에는 항시 가사 일을 돕는 학생들 여러 명을 두었다. 그것은 사실 호사를 누리기 위해서가 아니라 그들의 학비를 돕기 위한 명분에서 였듯이[136] 많은 고학생들이 윤산온으로부터 여러 형태의 사랑과 도움을 얻어 교회와 사회 국가의 큰 사람이 되었다. 하나하나 꼽을 수 없을 만큼 많은 인재가 그의 보호와 도움 아래 성장했다. 그의 이런 배려는 그의 성장 배경과 무관하지 않을 것이다. 이는 그의 인격을 이루는 핵심요소이다.

우리는 윤산온 교장에게서 대의(大義) 지향을 본다. 또 실용(實用)을 주의로 삼는 진실성을 본다. 대의와 실용은 사실 어울리기 힘든 개념이다. 그런데 그는 이를 그의 삶을 통하여 구현해 냈다. 그의 사회적 대의지향은 우선 105인 사건을 두고 드러났다. 타임지 기자 영국인 맥켄지는 윤산온에 대하여 "그는 일본인이 한국인을 대우함에 대공(大公) 대의(大義)하지 않음을 들어 법정에 자주 출두하여 변호하였다고 하고, 그래서 일본인이 윤산온씨를 원망함이 심하다"고 쓴 기사가 그의 공의로운 처신을 대변한다고 할 수 있다. 이런 그의 지향과 태도는 3.1운동 때에도 확연히 드러났다. 그는 3.1운동이 일어나기 전에 이미 국제정세가 민족자결주의가 시대정신이 되어간다는 것을 알고 있었고 이 시대조류와 더불어 한국민의 앞날을 당시 미국대통령과 논의하였고 또 이 흐름을 국내의 뜻있는 인사들에게 전한 것으로 알려져 있다. 그가 시도한 한국인들의 정신적 자세의 변화는 실용성의 강조와 기술및 노동의 중시였다. 지성과 공의로 표방되는 덕성이 조화된 신앙을 지향했을 뿐만 아니라 정직한 노동이 바른 인격을 이루어 낸다든가 지성과 덕성만이 아니라 노동과 기술이 필요하다는 생각이 당시의 한국인들에게 절실히 필요하다는 인식을 갖고 이를 위한 방안을 마련하고 실천에 주력하였던 것이다. 이는 그가 쓴 많은 글들 속에 그리고 그가 신성학교와 숭실전문을 경영하는 가운데서 잘 드러났다. 두 학교에서 자조부를 운영하여 노동의 가치와 기술을 가르치고 학비를 스스로 마련하게 한 것도 그러하고 숭실전문

---

136) 김창걸 『實찾아 三十年』 1993 도서출판 정문 61-67쪽

에서 농과를 신설하여 운영하며, 또 『농민생활』이라는 잡지를 운영하여 당시 국민의 대다수를 차지하는 농민들에게 실용적이고 과학적인 영농을 보급한데서 잘 드러난다.

그의 한국인에 대한 배려는 그에게서 배운 많은 제자들의 입과 글에 나타나 있지만 동아일보의 평가가 어느 정도 객관성을 담보할 것이다. 1928년 동아일보기자는 그에 대하여 "그는 우리 조선의 대은인이요, 또는 우리 조선문화 계발에 대개척자이다. 어찌 존경하고 사랑하지 아니할 바이리요"라고 하였다. "능란한 한국말로 설교할 수 있는 선교사"인데서 그의 한국에 대한 이해와 따뜻한 태도가 드러나며, "변화를 통한 발전을 지향하는" 사람이라는 평가[137)]가 한국인들에게 주어진 그의 강렬한 인상중의 하나였다. 제자 사랑이나 한국인의 문화적 향상을 위한 노력도 돋보이는 것이지만 무엇보다도 그의 제자들에게 강렬하게 남은 교훈은 독립의식의 고취였다고 할 수 있다. 그는 "예수를 믿되 독립국의 자주민이 되어서 예수를 믿어야 한다"는 사상을 주입시켜 나갔으며, 제자들에게 그는 한국을 속국에서 이끌어낸 "모세와 같은 지도자"로 기억되고 있다.

이상의 것 못지않게 우리가 그에게서 주목하는 것은 역시 신사참배거부와 관련된 그의 지향과 태도이다. 여전히 한국사회에서 논란의 핵심, 불편한 사실의 위치에 있는 신사참배문제에 있어서 그가 취한 태도는 진리의 엄정성과 그에 대한 솔직한 실천이었다. 그리고 세상의 왕국이 아니라 하나님나라에 대한 그의 열망이었고 복음에 대한 진실한 접근이었다. 그에게 있어 복음은 옳지 못한 것을 반대하는 힘이다. 복음은 악에 항의하고, 악으로 인하여 고통을 받고, 필요하다면 악을 행하는 사람과 악을 당하는 사람을 모두 위하여 자기 목숨을 희생하기도 하는 것이다. 그는 옳지 못한 것에 반대하는 힘은 기쁨을 수반한다는 것을 믿었다. 복음을 위하여 사람들로부터 핍

---

137) 방지일 『야사(野史)도 정사(正史)로』 2001년 9월, 선교문화사, 윤산온 61쪽

박을 받을 때 오히려 기뻐하고 기뻐하라는 태도가 그의 신사참배거부의 태도 바탕에 흐르고 있었다.

위에서 거론한 모든 덕목의 원천은 결국 그의 신앙이다. 그리고 그것은 윤산온에게서 '예수와 함께 문제를 해결하라'로 표현되었다. 이는 그가 한국에 머무는 동안, 학생들과 접촉하거나 대중강연을 통하여 한국인을 만날 때마다. 외친 메시지의 핵심이었으며 그의 저서의 내용이었고, 또 그가 살아가며 취한 의미있는 행동의 근간이 되는 원리였다. 그의 한국에서의 행적은 오직 이 길을 걷는 것이었다. 그는 스스로가 예수의 충실한 제자였고, 한국인들이 특히 그의 제자들이 예수의 제자로 살 것을 가르쳤다.

II부

윤산온의 Korea Mission Field 기고문

KMF 기고문 목차

1. The Holy Spirit in Pyeng 평양에서 역사하시는 성령 1907년 1월
2. The Wonder of It 성령의 놀라움, 1907년 3월
3. Ever Extending Blessings 계속 확산되는 은혜 1907년 4월
4. Opening days at the Theological Seminary 평양신학교 개강하는 날 1907년 6월
5. A Sight We do not Witness 우리가 보지 못하는 광경, 1907년 10월
6. Following history 역사 따르기, 1907년 11월
7. Reorganization of the city School Work of Pyeng yang 평양 시내 학교사역의 재조직 1908년 8월
8. The Third Annual Meeting of Korean Presbytery 한국인 노회의 세 번째 연례회의, 1910년 1월
9. The Campaign in Syen Chen 선천에서의 캠페인, 1911년 1월
10. Student's Missionary Organization 학생선교회 조직, 19111년 2월
11. The Hopefuls 앞 길 창창한 사람들. 1911년 9월
12. Yes! Just Boys 그래, 바로 소년들이지! 1911년 9월
13. Honest Labor makes The Man 정직한 노동이 사람을 만든다. 1911년 9월
14. Choi Chagun Nom- Little brat Choi 최작은놈-꼬마 개구쟁이 최가 1911년 12월
15. Activity in Witnessing 증언 활동 1917년 2월
16. The Missionary On His Job 선교사의 사역 1917년 10월
17. New Acts Of Korean Apostles 한국사도들의 새로운 행전-장 목사가 1916년 한국장로교 총회에서 북노회의 서기로서 보고한 것을 매큔이 번역하여 KMF에 게재함 1917년 12월
18. Hand Training Nessary as wellas that of Head and Heart 머리와 가슴 훈련만큼이나 필요한 손 훈련 1918년 1월
19. The Student Must Eat 학생들은 먹어야 한다. 어디서 어떻게 먹이는가 또는 하숙부의 운영- 1918년 10월
20. Union Christian Preaching Bands 연합기독교대학 전도대 1935년 12월

1. 평양에서 역사하시는 성령[138)]

***우리의 겨울사경회에 대한 한마디**

등록을 책임진 스왈른[139)] 목사가 지난 밤 내게 말하기를 "이번 사경회에 참석하기 위하여 시골에서 온 사람이 1,000명을 넘었다"고 했다. 어떤 사람들은 매우 먼 곳에서 왔다. 300리나 떨어진 곳에서 온 사람들을 나는 알고 있다. 360리 떨어진 곳에서 온 사람들도 있다. 이 사람들은 추위 속에 산을 넘고 험한 길을 걸어 두 주간에 걸쳐 진행되는 성경학습반에 참석하기 위하여 이곳에 왔다. 그들 각자는 오가는 비용을 스스로 부담해야 했는데, 그 비용은 결코 적은 액수가 아니다.

이들은 얼마나 부러운 사람들인가! 등불을 든 사람도 몇 있지만 군중들 대부분은 등불도 없이 어둠속에 장대현교회로 몰려가는 광경을 보면 마음이 흐뭇할 것이다. 우리는 어제 저녁 수업 시간에 일련의 회합을 가졌다. 여성 신도들은 여러 교회에 나뉘어 모이기로 되어 있다. 말하자면 북쪽교회, 동문교회, 남문교회 등. 서문밖에 있는 남자들의 사랑에는 이들 지역의 담당 선교사들의 부인들이 인도하는 예배가 있었다. 하급학교 소년들은 숭실대학과 숭실중학 채플에서 만나고, 그 모임은 장로들 가운데 한 사람이 이끌었

---

138) KMF 1907년 1월 The Holy Spirit in Pyeng

139) 스월른(蘇安論) 목사는 농과대학 출신으로 미국 북장로교회 소속 맥코믹 신학교를 졸업하고 한국에 선교사로 파송되었다. 소안론 목사의 약력은 조경현의 "순례자 '소안론' 선교사"에 상세하다. 그는 농과대학 출신답게 한국에 과수심기에 공을 들이기도 했다. 그가 안식년 차 미국에 갔다 오면서 사과나무 묘목 300개를 갖고와서 대구에 있는 선교본부에 묘목 150개를 전달하여 대구 근방 기독교인에게 나누어 주어 심게 하였고 나머지 150개는 평양에 있는 선교본부에 전달하여 평양근처, 주로 황주에 있는 신도들에게 나누어 주고 심게 하였다. 이것이 오늘의 우리나라 대구사과와 황주사과의 유래가 되었다. 그후에 우리나라 사과는 전국적으로 퍼져나갔고 종류도 개량하여 농산물 소득의 큰 몫을 차지하고 있다.

다. 내가 말한 것처럼 많은 사람들이 규모가 큰 중앙교회에 몰려들었다. 간밤에 2,000명이나 그 건물에 모였다고 하니 오늘 저녁에도 어제보다 적지 않은 사람들이 그 건물에 모일 것이라고 나는 확신했다.

헌트(Hunt)[140]목사의 설교가 끝난 다음 리(Lee)[141] 목사가 몇 마디를 한 다음 "기도합시다"라고 하자, 즉각 그 방은 하나님께 올리는 남자들의 기도 소리로 가득 찼다. 방안에 있는 모든 남자들이 큰 소리로 기도하고 있었다. 놀라운 일이다! 누구도 큰 소리로 기도하지 않는 사람이 없었다. 만일 당신이 들었다면 그들이 누가 누구인지 분간하지 못했을 것이다. 일부는 기도 중에 울부짖고, 어떤 사람에게 지은 특정한 죄를 용서해 달라고 빌었다. 그리고 모두가 성령의 충만함을 간구했다. 비록 그들이 그렇게 다양한 목소리로 기도하였어도 혼란은 전혀 없었다. 그것은 하나의 완전한 조화였다. 나는 그것을 어떤 말로도 묘사할 수가 없다. 그것을 이해하려면 그것을 직접 목격하는 수밖에 없다. 어떤 감정적인, 정서적인 휩쓸림 같은 것은 없었다. 각자 자신의 기도에 완전히 집중하고 있었다. 그리고 그것은 다만 시작일 뿐이었다. 얼마나 크고 놀라운 은총이 다가오는 낮과 밤에 우리를 위하여 준비되어 있었던가!

우리 장로교 선교사들은 감리교 선교사들과 이 사경회를 시작하기 전 한 주일 동안 연합집회를 가졌다. 그 집회들이 우리들 모두에게 엄청난 은총의 근원이었다. 금요일 저녁 폐회할 때에 다음 주를 위한 모임을 계속 하자는 제안이 있었다. 외국인 학교 교실에서 정오 집회를 하자는 제안도 있었다. 우

140) William B. Hunt, 한국이름 한위렴(韓緯廉) 이에 대해서는 박응규의 「한위렴 (William B. Hunt)의 황해도 재령 초기 선교역사」(교회사학 제 4권 1호 pp.149~174)을 참조할 것. 수원 교회사연구소, 2005년

141) 그레엄 리(Graham Lee 이길함李吉咸 1861-1916) 선교사는 미국 일리노이 주에서 출생, 맥코믹신학교를 졸업하고 1892년 북장로교 선교사로 내한해 1912년까지 주로 관서지방 특히 평양 주변에서 활동하였다. 1907년 1월 2일부터 15일까지 2주간 장대현교회에서 열린 '평양대부흥회'때 이를 인도하였다.

리는 그렇게 하기로 결정했다. 하루하루 우리는 거기서 만났고 성령을 받기 위하여 기도했다. 그 모임에는 리더가 없었다. 각자 조용히 방에 들어가 무릎을 꿇었다. 그리고 성령이 이끄시는 대로 기도했다. 하나님께서는 우리의 기도에 응답하셨다. 확실히 지난 밤과 오늘 밤의 집회가 그것을 입증했다. 설교하는 사람들은 성령이 충만하였고, 그밖의 사람들은 그들이 설교할 때에 아무 것도 말할 수 없었다. 우리 각자는 우리가 위와 연결된 것을 보지도 듣지도 못했다. 나는 당신이 성령받기를 위하여 기도할 때 우리와 함께 할 것이라고 확신한다. 즉 우리가 기도하는 것은 이 사람들이 그들의 집회 회원들에게 여기서 받은 그 능력을 갖고 가기를, 우리가 그동안 보았던 것 이상으로 그 사역이 발전하기를 바라는 그 일이다.

한 주 후 웰스 의사[142]로부터: 우리 전체 공동체와 한국인 교회는 지난 밤 그리고 오늘 특별히 우리들 모두가 우리들의 생애에서 결코 느끼거나 본적이 없는 성령 임재의 체험적 확신을 받았다. 그것은 놀라운 일이다. 출석한 선교사들 각각 놀랄 만큼 은총을 받았다. 우리는 성령을 받았다는 체험적 고백이 끝없이 이어지기를 기도한다.

이틀 후: 이곳에서의 성령 임재의 증거는 계속되고 있으며 이어지는 집회에서 며칠 전에 언급했던 것 이상의 보다 확실한 증거들을 보여 주었다. 그 가운데 최고는 모두가 더 잘하기로 새롭게 결심했다는 것이고, 가장 신망이 있던 직원들과 구성원들 일부가 그들의 죄를 고백했다는 것이다.

---

142) James Hunter Wells(禹越時)는 의사로서 1895년 6월3일 입국하여 세브란스에 근무하다가 1896년 평양의 선교병원 제중원을 설립하여 활동했다.

2. 성령의 놀라움[143)]

우리는 우리의 믿음이 일찍이 도달했던 것 이상의 놀라운 은총을 받고 있다. 평양시의 남녀 신도들은 이제 모두 그들의 사경회에 참가하고 있다. 도시 남자들과 시골에서 온 남자들을 위한 사경회반은 분리하였다. 약 800명의 남자들과 400명의 여성들이 사경회반에 등록되어 있다. 아침반은 9시에서 12시까지 성경공부반에서 보낸다. 그들은 중앙교회에서 오후 1시 50분에 시작하는 성악반에도 떼를 지어 몰려든다. 2시에서 2시반까지는 기도하는 시간이다. 그 후는 둘씩 둘씩 짝을 지어 도시로 흩어진다. 도시는 두 개 교파의 다양한 교회들로 구분된다. 이들로 모든 구석구석을 다 담당할 수 있다. 그리스도에 대한 신앙에의 초대, 또 찬양과 간증을 위한 저녁모임에의 초대에는 어느 개인도 가정도 소외되는 일이 없다.

이들 한국인들이 기도하고 일하는 것을 보는 것은 참 놀랍다. 그들이 일하고 있을 때에도 기도하는 것을 보라!

나는 남문교회에서 스왈른 목사의 조사로 있는 한국인 장로와 함께 50-60 차례의 심방을 했다. 그리고 많은 기쁨을 누렸다. 확실히 옛 사도들이 했던 방식이다. 우리는 어느 집으로 가서 주인이 집에 있는지 어떤지를 묻는다. '안으로 들어오라' 하면 들어가 자리에 앉아 우리 자신을 소개한다. 우리는 한 번도 내침을 당하거나 거절 당한 일이 없다. 우리는 그 집주인에게 타락한 사람의 이야기, 그를 구하러 오신 예수님의 이야기를 한다. 물론 그 집 주인에게 말을 하고 있지만 사실상 그집 온가족이 듣고 있다. 몇 분간 말을 한 다음 우리는 온가족에게 함께 기도하자고 머리를 숙이게 한다. 그 집에서 나오기 전에 저녁 예배에 꼭 나오라고 초대하고, 교회에 가는 길에 그를 교회

143) The Wonder of It 그것의 놀라움, KMF 1907년 3월

당까지 안내해줄 사람이 방문할 것임을 약속한다.

모든 집에서 이렇게 한다. 전도하는 사람들은 가능한 곳에서는 이와 똑같이 한다. 결과로서, 저녁 모임은 더욱 깊어지고 강해지며 기독교인의 지팡이가 되기로 결심한 남자와 여자들이 늘어 난다. 지난 한 주간 동안 그들 중의 많은 사람들이 성경, 찬송가, 성경요리문답을 구입했다.

우리 모두 이러한 은총을 즐거워 한다. 많은 사람들이 이교도는 죄를 인정하고 예수를 구세주로 인정하면서 교회에 들어올 수 없다고 한다. 그러나 우리는 사람이 상상할 수 없는 것을 보고 있다. 곧 성령이 하시는 사역이다. "하나님에게는 어려운 일이 없다." 우리는 요즘 이렇게 말한다. 더구나 그것을 믿기 시작하고 있다. 처음으로 교회에 온 이교도가 일어나 죄를 지은 것을 간증하고 예수를 구주로 영접했음을 보여준 사례가 지난 주에 있었다. 그 도시에 있는 모든 이교도는 기독교인은 그들처럼 죄인이라는 것을 배우고 있고, 다만 차이점은 기독교인은 구원받은 죄인이라는 것이며, 이교도는 잃어버린 자라는 차이가 있을 뿐이라는 것도 배웠다. 이들 성령이 쏟아져 나오는 한 가운데 있는 것의 기쁨이란 무어라 해야 할 지!! 도시의 거리를 통하여 집으로 가는 것이 얼마나 놀라운 일인지, 기독교인의 모든 가게와 상점들이 두 주일 동안 문을 닫은 것을 보는 것이 얼마나 놀라운 일인지!! 그것이 이 도시에서 벌어진 일들이다. 그 남자들은 한국의 설 명절 첫 두 주간을 성경공부와 영혼 구원에 보내고 있다. 그것은 참 사도들의 소망이다.

어느 다른 날 저녁 나는 한 부유한 상인이 노동자 곁에 앉아 흐르는 눈물을 훔치며 잃어버린 죄인을 위한 구세주의 사랑을 설명하고 있는 모습을 보았다. 그것은 사람 안에 있는 그리스도의 사랑이다. 더 있다. 그것은 그 안에 형성된 그리스도이다. 그 같은 광경은 돌처럼 굳어진 마음을 깨지 않을 수 없다.

우리는 지난 해에 새 신자가 얼마나 되었는지 헤아려 보지 않았다. 확실히 우리 모든 교회, 감리교와 장로교에 2,000명보다 적지 않은 수의 새 신자가 회합이 폐막될 때에 있을 것이다. 만일 우리가 현재 그들이 나올 것으로 보이는 방식으로 판단한다면 그러하다.

교활한 사탄은 우리들의 사역에 손을 뻗으려고 애쓰고 있다. 엊그제 한 이교도가 감리교회당으로 갔다. 수백 명이 예배를 드리고 있는 그곳에서 그는 '불이야! 불이야!' 라고 외쳤다. 교회당의 여성들이 있는 쪽에서 공포의 패닉 현상이 일어났다. 이는 예배당의 뒤편에서 이교도 여성들의 군중들에 의하여 시작되었다. 그들은 군중들 속을 왔다 갔다 하면서 큰 문을 부수고 날카로운 비명을 지르며 악을 썼다. 무어(Moore)[144]씨와 노블(Noble)[145]씨가 오늘 밤 우리들에게 말하기를 그들은 마치 우리와 조롱에 갇혀 있는 많은 짐승들 같았다고 하였다. 많은 사람들이 심각한 부상을 당했다. 죽은 사람은 없었

---

144) 무어(Moore, Rev. & Mrs. John Zachariah Ⅱ, 문약한文約翰, 1874.1.8-1963.8.6). 미감리교회 한국 선교사. 목사. 미국 펜실바니아 피츠버그의 3대 목사 집안에서 출생한 후 오하이오주 사이오 대학을 거쳐 1903년 드류 신학교를 졸업, 한국 선교사로 내한. 1905년 Alpha Roney양과 결혼했다가 1914년 부인과 사별하고 1915년 마운트 유니온 신학교에서 신학박사 학위를 취득 후 재차 내한, 1910년 이미 한국에 나와 있는 Ruth Benedict양과 재혼한 후 40여 년 동안 평양 광성 고등학교, 정의여자 고등학교, 평양 요한 학교, 평양여자 고등학교를 설립 인재 양성에 힘쓰며 전도교육 사회사업에 종사하다 1940년 귀국하였다. 1945년 한국정부로부터 교육전도 사업의 공로로 표창을 받았으며 1963년 8월 6일 로스엔젤레스에서 별세하였다. 감리교 DB에서 자료를 취함

145) 노블(Noble, William Arthur 1866 - 1945). 미감리회 선교사, 한국명은 노보을이다. 미국 펜실베니아 스프링데일에서 출생. 와이오밍신학교와 드류 신학교를 졸업하고 1892년 와이오밍 연회에서 목사 안수를 받았다. 그후 결혼하여 3개월 후인 10월 17일 한국에 선교사로 입국하였는데, 여기에는 1년 전 한국에 와 활동하던 Hall 홀과의 우정이 크게 작용하였다. 그는 3년 동안 배재학당에서 학생들을 가르쳤고 1894년 홀이 사망하자 그의 후임으로 평양 선교회 문을 열었다. 15년 동안 평양을 중심으로 북지방 교회를 돌보다가 서울로 이주하여 1933년 은퇴하기까지 서울에서 활동하였다. 1930년 남북감리회 합동시에는 미감리회의 전권위원으로 활약하였다. 그는 뛰어난 행정실력을 갖춘 목회자였다. 관리자로 2년, 지방감리사로 40년을 일했으며 여러 지방을 동시에 관할한 적이 많았다. 1908년부터 3년간 평양 및 서울 지방 감리사로 일할 당시 한국감리회의 70%가 그의 관할 밑에 있었다. 전 선교구역을 순회하였으며 한국지방회의 90%를 관장할 때도 있었다. 한국에서 42년간 일하는 동안 그는 한국 감리회가 독자적인 성장을 이룩하는 것을 목격할 수 있었는데, 그가 한국에 들어올 당시 50명 가량의 교인이 은퇴할 당시엔 2만명으로 늘어났다. 또한 코리아 레포지털 및 코리아 리뷰에 많은 논문을 기고하였으며 소설(이브, 한국의 이야기)을 쓰기도 했다. 1933년 3월 은퇴한 후에도 1년 동안 더 서울에 머물면서 계속 일을 돕다가 귀국하여 1945년 1월 6일 캘리포니아 스톡튼에서 사망하였다.

다. 확실히 만일 가죽 구두와 같은 거친 신발을 신은 미국 사람들 같았다면 여러 사람이 밟혀 죽었을 것이다. 이야기는 악마가 교회로 들어가 여러 사람을 죽였다는 식으로 이교도들 사이에서 돌고 있었다. 어젯밤, 이 교회에는 여성들이 그리 많지 않았다. 우리들은 그 사고가 하나님의 영광을 위하여 작용할 것이라고 확신한다. 한국인 설교자는 끝맺는 기도에서 그 광경을 심판날에 견주었다. "믿지 않는 사람들에게는 그 날이 얼마나 두려운 날이 될 것인가!" 가 그의 기도의 요지였다.

1월 모임이 시작되기 전에 많은 선교사들이 어떤 부흥이 되어야 할지에 대하여 계획을 세웠다. 성령이 그 모든 계획을 가져가 버렸다. 그리고 그 나름의 방식으로 은총을 내렸다. 우리는 처음에는 의구심을 가졌다. 우리의 두려움은 적지 않았다. 감사하게도 주님은 우리에게서 모든 의구심과 두려움을 가져갔다. 우리는 인도인이 그런 것처럼 "하나님이 우리에게 두려움 없음의 은혜를 주셨다"고 기도한다.

> "만일 우리가 사랑하는 그들이 그와 같은 방식으로 구원을 받는다면 우리의 모든 자연적인 성향과 욕망을 하나님이 일하시는 방법으로 가게 하면 안되는가? 여러 방법으로 하나님을 충족시키는 사람은 고요하고 이슬이 내리는 침묵과 마찬가지로 폭풍우를 통하여 일하신다. 그분이 사역하는 그것이 충분하지 않은가? 우리는 그의 길을 확인하거나 그에게 왜 우리 방식으로 하지 않는지를 물을 것인가?"

이것은 인도에서 온 보고서에서 인용한 것이다. 그리고 이는 바로 우리의 느낌과 정확히 같다. 우리의 계획을 앞세워서는 안 된다. 왜냐하면 우리가 성령을 슬프게 할지도 모르는 두려움 때문이다. 우리는 성령으로 하여금 그의 방식대로 일하시게 해야 한다.

3. 계속 확장되는 은혜[146)]

나는 3일간 도시를 벗어나 시골에서 얼마간 새로운 경험을 하였다. 나는 연례회의 후에 두 번의 긴 여행을 하였다. 하나는 곡산(谷山)[147)] 순회 구역 안이고, 다른 하나는 리(Lee)목사의 순회 구역 중화(中和)[148)] 지역인데, 이곳의 교우들과 목회사역을 즐겼다.

이번 여행에서 나는 평양대부흥운동기간에 받은 큰 은혜가 이곳까지 퍼졌음을 발견하였다. 나는 59명의 학습교인을 받았는데, 그들 한 사람 한 사람은 참회하고 뉘우친 죄인이었다. 주일 예배 동안에 이들 남자와 여자들은 일어나 깊이 울부짖으며 그들의 죄를 고백했다. 그들 중의 일부는 진정으로 고뇌하고 있었다. 이들이 교회에 들어가기 전에 그들의 죄와 그리스도 예수와의 관계 그리고 그들을 위한 예수의 희생에 대한 깊은 인식을 보여 주었다. 우리는 이러한 일들로 인하여 하나님을 찬양하지 않을 수 없다. 우리는 상상도 못한 것을 보고 있다. 거친 이교도들이 몇 주간의 교회 출석 후에 죄에 대한 고백과 함께 그들을 구원하기 위하여 죽은 그리스도의 사랑을 깨달은 것이다.

나는 4명의 남자와 1명의 여자에게 세례를 주었는데, 그들 모두는 죄의 어두움에 대한 깊은 이해를 갖고 있었다. 처음으로 공동체에서 이러한 역할을 수행하는 것은 우리 주님의 찢어진 몸과 쏟은 피에 대한 생각을 하는 것처럼

---

146) KMF 1907년 4월 Ever Extending Blessings

147) 곡산(谷山)은 황해북도 북동부에 위치한다. 1895년(고종 32) 지방제도 개정으로 곡산군(谷山郡)이 되어 개성부(開城府)에 속하였다가 1914년 군면 폐합으로 황해도로 편입 되었다. 별칭으로는 덕돈홀(德頓忽)·고곡(古谷)·곡성(谷城)·진서(鎭瑞)·상산(象山) 등으로 불리고 있다. 산간 분지로서 잡곡의 집산지이며, 특히 담배와 소가 유명하다.

148) 중화(中和)군은 평안남도 남부에 위치한 군이다. 동쪽은 황해도 수안군, 서쪽은 용강군·강서군, 남쪽은 황해도 황주군, 북쪽은 강동군·대동군과 접하고 있다. 1938년 당시 인구는 9만 5150명이었으며 11개 면 203개 리(里)로 되어 있으며, 군청소재지는 중화면 낙민리이다.

눈물 나는 것이다. 공동체를 그와 같은 사람들로 이끌어가는 것은 얼마나 즐거운 일인가? 우리가 이곳에서 주일 오후에 갖는 것과 같은 그런 사랑의 잔치를 나는 전에 가져본 일이 없다.

그 부흥사경회가 있은 뒤로부터 평양의 모든 교회들은 사람들로 꽉 찼다고 말하는 것 이상이었다. 북쪽교회 교우들은 근래 새 건물로 들어갔다. 그것도 역시 너무 작아 그들은 전과 같이 옛 건물에서도 예배를 드린다. 두 군데 모두 꽉 찬다. 동쪽 교회도 똑같은 문제를 안고 있다. 남쪽 교회는 크게 덧붙여 확장했음에도 주일 예배에 참석하는 무리들을 위한 넉넉한 공간이 없다. 건물이 큰 중앙교회 역시 넘치고 있다. 지난 주일 서문 밖의 사람들이 두 개의 사랑에서 만났는데 400명이 넘었다. 이들이 중앙교회로 가지 않았음에도 이 큰 교회는 차고 넘쳤다. 우리는 이 도시의 서쪽에 큰 교회를 따로 두어야만 한다. 각각 다른 교회 건물들을 더 만들어야 한다. 이 모든 것을 위하여 우리는 이 일을 하시는 하나님께 영광을 돌리지 않을 수 없다.

감리교회와 우리 교회는 이 도시 전체를 그리스도에게로 이끌어 가기 위하여 최상의 조화 속에 일하고 있다. 그리고 우리는 그것을 하려는 의지가 충만하다.

4. 평양신학교 개강하는 날[149)]

평양장로회신학교 개강 첫 날들은 우리가 통상적인 신학교 개강일에 보게 되는 것과는 매우 달랐다. 사람들은 전라도, 서울, 부산, 원산, 의주, 선천, 강계, 그리고 황해도와 이곳 평양에서 왔다. 그것은 우리가 미국에서 방학 끝난 다음 대학에 돌아와 모일 때 보았던 그런 광경이다. 이들이 오랜 이별 후에 만나는 것을 보자! 4개의 반에 75명이 있는데, 그들은 얼마나 열정적인 동료들인지!! 그들은 서로 인사를 하면서 여기저기서의 집회에서 성령의 폭발을 목격했는지를 물었다. 우리 모두는 사람들 사이에서의 차이를 알게 되었다. 어떤 사람들은 그들의 삶에서 성령의 힘을 목격했고, 그것이 없음을 알은 다른 사람들은 그들이 왜 그렇게 다른지를 알 수가 없었다.

교수들은 첫날 밤 그들과 기도회를 가졌다. 그 모임을 어떤 사람들은 못마땅하게 여기는 것이 분명했다. 첫 주간 매일 저녁은 기도의 시간이었으며 죄를 고백하는 시간이었다. 학기 초에 하나님과의 올바른 관계를 맺겠다는 것을 결심하여야만 그들의 공부가 하나님의 목적을 성취할 것이다. 그 주간에 하나님의 은사가 나타나는 몇몇 기적이 있었다. 이 사람들은, 한국인 교회의 목사가 될 사람들인데, 그들의 삶에서 죄를 태워 없애는 성령의 불을 체험한 것이다.

지난 화요일 저녁은 찬양과 감사의 간증이 있었다. 짧게 해야 했다. 한 시간 가량 좀처럼 들을 수 없었던, 50-60개의 신실하고 기쁨이 넘치는 간증이 있었다. 각자 그들의 개인적 감정을 포함시키지 않았다. 그들 중 일부는 신학교 개강일 동안에 성령이 그들에게 행하신 일들을 간증하면서 기쁨의 눈물을 흘렸다. 그들은 변화된 사람들이다. 우리는 그들의 기도에서 그것을 느

---

149) KMF 1907년 6월 Opening days at the Theological Seminary

낀다. 그들은 구습을 버렸다. 우리가 그들을 만날 때 그들의 삶에서 그것을 감지할 수 있다. 그들은 진정이 없는 형식성을 취하지 않는다. 그들을 가르치는 선교사들은 수업 중에 그들의 태도에서 그들의 삶에 변화가 있었음을 본다고 말한다. 그들은 전에 그들이 했던 쓸모없는 질문을 하지 않는다. 우리는 이것이 교회의 장래에 어떤 의미가 있을 지 평가할 수 없다.

우리는 계속해서 하나님을 그리고 그의 사역을 찬양하며, 이 때에 그 일에 성령을 쏟아 부으신 것을 찬양하며, 또 더 큰 은사를 여전히 쏟아내실 것을 약속하신 하나님을 찬양한다. 만일 우리가 우리에게 맡겨진 일에 충성을 다한다면 그리 하실 것이다.

5. 우리가 보지 못하는 광경[150)]

나는 내가 방문했던 순회구역에서 온 환자들을 심방하러 그 달에 세 번 병원에 간 일이 있다. 웰스 의사가 수행할 매우 위험한 수술이 있는 어느 날 아침이었다. 나는 내가 본 대로 그 수술에 대하여 상세한 설명을 하고 싶다. 그 수술을 위하여 모든 도구들이 얼마나 주의 깊게 준비되고 배치되었는지를, 미국병원의 가장 섬세한 수술에서 내가 보았던 것만큼 주의 깊게 또 조심스럽게 의사와 간호사들이 철저히 준비한 것을 말이다. 그러나 나는 오직 사실만을 쓰겠다.

모든 것이 준비된 다음 칼로 절개하기 직전에 나는 미국 병원에서는 보지 못하는 광경을 보았다. 종양(腫瘍)을 찾아 성공적으로 그것을 제거하고 환자를 살려냄에 있어 특별한 지혜와 신령한 기술을 구하는, 그래서 그 환자와 그 환자의 모든 가족이 그리스도를 믿게 되고, 모든 영광이 지혜와 기술을 주신 그리스도에게 있게 되기를 기도했다. 기도한 보조 의사는 그가 구하는 것이 이루어질 것을 믿었다. 그들의 손가락과 기구를 정교하게 조작하는 것을 지켜 보는 것과 무시무시한 종양이 제거된 것, 여성 환자의 생명을 구하는 것을 보는 것은 특별한 기쁨이었다.

---

150) KMF 1907년 10월 A Sight We do not Witness

6. 역사 따라 하기[151)]

나와 내 아내를 제외한 공동체의 구성원 모두가 멀리 가 있던 어느 날 저녁에 한 중학교 소년이 크게 흥분하여 우리 집으로 와서 공장[152)]으로 가자고 했다.

시내에서 온 30명 또는 그 이상의 뻔뻔스런 노동자들이 기계팀장이 작업하고 있는 그 기계를 뜯어내기 위해 왔다는 것이다. 이 기계 때문에 그들 생업을 잃게 될 것이 확실하다는 이유에서였다. 그들은 기계팀장에게 이미 시작한 것을 끝내고 다시 시도하지 않는다는 것을 약속하라고 하면서 만일 그가 그 요구에 따르지 않는다면 죽여 버리겠다고 협박하였다.

주 장로를 찾아 우리가 건너가니 사람들이 이내 조용해졌다. 만일 그들이 불만이 있다면 이 부서를 책임지고 있는 선교사에게 알렸어야 더 좋았다고 그들에게 말했다.

그같은 경험들은 새로운 기계가 도입되거나 새로운 발명품이 만들어진 나라에서는 흔히 있는 일이다.[153)] 이들 한국의 소상인들은 역사의 전례를 따르고 있는 것이다.

---

151) KMF 1907년 11월 Following history

152) 이는 숭실학교에 있는 안나 데이비스 인더스트리얼 self support department 곧 산업자조부를 말한다.

153) 이를 우리는 '러다이트 무브먼트'라고 부른다. 노동자에 의한 기계파괴운동으로 18세기 말에서 19세기 초에 영국에서 일어났다. 방직업과 양모공업에 있어서 기계를 사용하게 되자 종래의 제조직공들이 대량으로 실직되거나 임금 저하가 발생하였다. 게다가 나폴레옹 전쟁과 기근으로 인한 식량부족이 겹쳐 노동자의 생활을 더욱 곤란하게 되자 하급노동자를 주체로 한 기계파괴운동이 발생하여 1811~1813년에 최고절정에 이르렀다. 이 기계파괴운동은 파괴금지법의 시행과 군대의 출동에 의하여 탄압을 받았고, 자본주의적 생산양식의 확립과 더불어 파괴운동이 무력하다는 자각이 확대되자 노동자계급은 1824년에 획득한 단결권을 기초로 한 근대적 노동조합운동으로 바뀌었다.

7. 평양 학교사역의 재조직[154)]

우리는 평양의 초등학교와 인문 중학교[155)]의 재조직을 최종적으로 완수했다. 학생들은 평양의 5개 교회와 관련이 있는 건물에서 공부하고 있다. 각각 분리되어 있는 5개의 학교는 1명에서 5명에 이르는 선생이 있고, 다섯 개 학교 각각에서 모든 학년을 가르치고 있다. 우리가 재정비한 조직은 다음과 같다. 예비학교와 1학년은 두 개의 학습용 건물을 갖는다. 하나는 시내에 다른 하나는 서문밖에 둔다. 다른 초등 단계들은 각각 전에 사용하던 세 개의 다른 학교 건물 중의 하나를 사용하게 된다.

인문계 중등학교는 시내 한 가운데 있는 중앙교회 근처에 짓게 될 새 건물을 사용할 것이다. 점차적으로 새 건물은 모든 초등학교를 위해 남겨둔 대지에 짓게 될 것이다. 우리는 현재 가까이 있는 건물들을 사용하기로 결정하였다. 나중에 더 널찍하고 안락하며 통풍이 잘 되는 건물을 짓기 위해서이다. 교장과 부교장은 학교를 감독하고 교사들에게 본보기가 될 교육을 시키고 학생들이 그들의 도덕적, 영적인 성장에 있어서 최선의 결과를 얻는 것을 살핀다. 12명의 교사들이 선발되었고 그들 중의 두 사람은 숭실대학 졸업생이며 세 사람은 야간학교 졸업생인데, 이 야간학교는 숭실대학의 교과과정과 유사한 과정을 따르고 있다. 그밖의 다른 사람들은 모두 4-5년제의 정규학

---

154) KMF 1908년 8월 Reorganization of the city School Work of Pyengyang

155) 문법학교라고 번역할 수 있는 grammar school은 오늘날 중등교육의 원형으로, 고대 그리스에서는 주로 그리스어 문법·문학 등을 교수하여 장차 학자가 되기 위한 준비 또는 정치가 양성에 주력하였다. 그러나 17·18세기 영국에서는 상층계급의 중등교육 기관으로 발족하였지만 지방주민들의 단결력이 강해서 지방주민들의 학교로 생각했으며, 수업료도 받지 않는 경우가 있었다. 능력만 있으면 가난한 자도 입학시키기로 하였는데, 이는 능력 있는 자를 각 계급에서 모아 우수한 사회인을 육성하기 위한 것이었다. 문법학교는 이후 대륙과 미국에서도 인문주의 중등학교로 등장하였는데, 산업혁명 후 상공업 관련 지식과 기술이 요구됨에 따라 실과를 주로 한 학교가 설립되기 시작하여 일반 시민의 자제 누구나 입학할 수 있는 학교가 되었다. 여기서는 숭실중학을 비롯한 중학과정을 의미한다.

교 교육을 받은 졸업생들인데, 그들은 일년 전기간이 아니라 5년 동안 매년 몇 주간씩 교육을 받은 사람들이다. 교장은 선교사이고, 부교장은 중앙교회 장로중의 한 사람인데, 부교장은 숭실대학에서 2학년을 마쳤다.

학교의 최종 권위는 학교 이사회에 있다. 이 이사회는 교회들의 다양한 분야에서 선출되거나 지명되어 구성된 조직이다. 우리는 교장, 부교장, 위원회, 이사회, 교사들과 학생들을 위한 규정집을 만들었다. 같은 규정이 평양시 학교이사회에서 채택되었다.

우리는 이번 가을학기 학교 등록생수가 600명을 넘어서기를 기대한다. 지난 6월, 우리는 인문계 중학교에서 28명을 졸업시켰다. 이 숭실중학교 말고도 같은 통제 아래 있는 여학교도 있다. 이번 가을학기가 시작되면 우리는 모두 다섯 분야를 갖게 된다. 인문계반은 다른 반들과 구별된다. 지난 6월 과정을 모두 마치고 이들 학교로부터 졸업 자격증을 받은 여섯 소녀가 있다.

우리의 학교 통합 노력에 의하여 그 효율성을 몇 배 높일 수 있기를 기대한다. 그리고 전교회와 국가가 자랑스러워 할 결과물을 내기를 기대한다. 이들은 모두 3-4년간 학비를 전적으로 스스로 부담하며, 그들을 돕기 위한 외국으로부터의 기금은 전혀 없다. 그들은 그들의 졸업생들을 숭실중학에 약 7년 정도 보내 왔는데, 시내 초등학교를 졸업한 소년들 가운데 하나는 곧 숭실대학의 4학년이 될 것이고, 3명은 3학년이 될 것이며, 그밖에 시내 학교 출신의 다른 학습반에 많은 학생들이 있다.

한국인들은 학교에 대한 이 새로운 조정을 환영한다. 자력으로 공부하면서 그들의 과거 성적기록을 지키려고 최선을 다하려고 한다.

우리는 보고서가 들어온 바와 같이 평양시의 한국장로회로부터 약 1만엔을 받았고, 이 기금은 1907년 6월 1일부터 1908년 6월1일까지 연장된다고 한다. 이 기금은 전적으로 한국인들이 보내준 것인데, 그 중 상당 부분은 초등학교에 사용된다. 이들 한국 기독교인들은 그들의 아이들이 기독교 학교에서 성경을 배우게 하기 위하여 이러한 큰 희생을 하기로 결심한 것이다.

그들을 불신자 학교에 보낼 수 있지만 그렇게 되면 그 아이들이 기독교적 윤리로 훈련 받지 못할 것이다. 그래서 부모들은 아이들이 성경을 사랑하도록, 예수와 그들을 위한 그의 희생을 배우도록 훈련 받게 하려고 기꺼이 음식, 옷, 그리고 이 세상의 안락함을 희생하고자 하는 것이다. 그런 학교들이 국가의 희망이다.

8. 한국인 노회의 세 번째 연례회의[156)]

한국장로회는 2년 전 마펫 목사가 그 첫 번째 회장으로서 독립체로 조직되었다. 지난 해 게일[157)] 박사가 그 명예를 받았다. 금년에는 한국에 선교를 개척한 인물인 언더우드가 회장으로 뽑혔다. 한국에서 사역을 시작한 지 25주년이 되는 올 해는 누가 선출되어야 할까? 지난 3년 동안 한국에 없었음에도 언더우드는 한국인들에게 항상 잘 알려져 왔던 것처럼 새롭게 만든 용어를 사용하곤 했다. 한국에서 사역하고 있는 다섯 개의 장로회선교부는 두 개의 카나다선교부, 하나의 호주선교부, 하나의 미국남장로회선교부, 그리고 하나의 미국북장로회 선교부이다. 모든 선교사들은 한국의 자치적 교회에 소속된다. 비록 모든 조직은 하나의 노회의 구성 요소이지만, 그것은 총회를 구성하기 전에 노회의 단계에서 매년 충분하게 지도자를 훈련시키고 있다. 지역에서의 모든 사역은 8개로 되어 있는 지역 장로회 위원회의 관할 아래 있다. 그들은 그들에게로 위임되었을 때만 오직 노회의 그같은 힘을 활용할 수 있다. 지난 2년간 8개의 노회가 되었고 현재의 노회는 총회가 될 것이다. 이제 한국에는 112명의 장로가 있고 15명의 목사가 있으며, 그들 가운데 8명은 이 회의에서 임명되었고, 그들 모두는 평양신학교에서 5 년간의

---

156) K.M.F 1910년 1월 The Third Annual Meeting of Korean Presbytery

157) James Scarth Gale(한국명은 '기일'奇一, 1863~1937)은 캐나다의 청년 선교사로 1888년 12월 15일 25세의 나이로 일본을 거쳐 부산에 도착했고, 다시 인천 제물포 항으로 입항하여 서울의 언더우드(H.G. Underwood) 집에 머물렀다. 선교 여행 도중 해주(海州)에서는 귀신으로 여겨져 해주 목사(牧使) 앞에서 차려진 밥을 먹고서야 사람 대접을 받았다고 한다. 또 대구 감영(監營)에서도 괴물로 취급받자, 지필묵으로 글을 써 보여 양반 대접을 받았다. 게일 목사는 한문에 능통하고 한국인의 족보에도 조예가 깊었다. 1928년 은퇴하기까지 40년간 한국에 머무는 동안 연동교회에서 27년간 목회하며 연동여학교('정신여학교'의 전신)와 예수교중학교('경신중학교'의 전신)를 세웠다. 또 한국 최초의 사역(私譯)인 「신구약전서」와 「천로역정」을 번역하고 「한영대사전」을 편찬했다. 또한 한국어 문법책인 「사과지남」(辭課指南)을 저술하였고, 한국 고전에도 관심이 남달라 춘향전, 심청전, 구운몽 등을 번역·출간하기도 했다.

과정을 이수했다.

2년 전 노회가 결성된 다음 첫 성직을 받은 7명의 목사들 가운데서 한 사람[158]을 선교사로 한국에서 가장 큰 섬 제주도로 파송하기로 결정했다. 이것은 반복되어 금년에는 새로 임명된 8명의 목사들로부터 한 명의 목사를 두 번째로 한국 밖으로 보내기로 하였는데, 그곳은 블라디보스토크 마라타임 지방의 한국인들 지역이다. 러시아의 통계로는 이 지역에 약 20만명 정도의 한국인이 있다고 한다. 제주도 선교사에게는 한 명의 조사(助師)와 매서와 전도부인이 있다. 블라디보스토크 마라타임 지방의 선교사에게는 나중에 보내게 될 것이다. 그 모든 경비는 장로회에서 지급할 것이다. 세 번째 임명된 사람은 한 달간 일본 동경대학의 700명의 한국 학생들 사이에서 일하도록 파송되었다. 이제 한국인들은 중국어를 배우는 여러 젊은이가 있고 그들은 가능한 한 빨리 이들이 준비되면 중국의 만주(滿洲)에 선교사로 보내게 될 것이라고 말한다.

이 노회 모임의 다른 모습의 하나는 한국인 목사 가운데 한 사람이 편집하고 노회의 위원회가 운영하는 주간신문사의 설립이다. 우리는 그것이 잘 되기를 바란다.

우리의 교회학교들과 관련된 일들을 다루게 될 교육이사회가 구성되었다. 이 이사회는 의장이 언더우드인데, 학교에 대한 논의의 시간을 할애해야 할 필요성을 노회로부터 제거하고, 그 모든 에너지를 직접 전도에 쏟게 할 것이다.

미국장로회 해외선교이사회의 아더 브라운 박사가 장로회 총회 폐막식에 참석하였다.

한국인들이 현안 문제를 토론하는 것, 계획을 수립하는 것, 새로운 위업을 시도하는 것, 외국인들에게 충고를 요구하는 것을 지켜보는 것은 매우 흥미

---

158) 이기풍 선교사를 말한다.

롭다. 외국선교사들이 한국인들에게 보여준 확신은 한국인들이 선교사들에게 느끼는 확신으로 열매를 맺었다.

노회는 사랑의 잔치이다. 사업의 거래와 같이 영적(靈的)인 고양(高揚)의 시간이다. 현지인과 외국인의 차별은 거기에 없다. 우리는 모두 '현지인'이다. 이들 노회원들은 영적인 사람들이고 그들은 교회를 하나의 영적인 힘으로 지켜 가고 있다.

9. 선천에서의 캠페인[159)]

선천[160)]에서의 부흥운동은 큰 성공이었다. 당신이 알다시피 우리는 그렇게 작은 곳에서 일하고 있다. 한 한국인이 "당신은 불신자가 없어 부흥을 할 수 없다"고 말했다. 그러나 그는 틀렸다. 평안도의 다른 군(郡)에서 특별 대표로 참석하러 온 사람이 70명이나 뽑혔다. 그리고 다시 그 숫자가 모였다. 전도할 불신자가 없다고 말하는 이들 미지근한 사람들로부터 부흥이 시작되었다. 그것이 퍼졌다. 그 마을은 크지 않기 때문에 우리는 전도자들을 인근 도시로 매일 오후 내보내 그곳에서 밤에 집회를 열도록 하였다. 몇몇 마을에는 처음에는 기독교인이 한 사람도 없었다. 선천 외곽 27군데의 마을에서 예배가 드려졌고, 많은 사람이 믿었다. 한 개의 마을도 대표자가 없는 곳이 없었다.

부유하고 학식이 있는 박씨들이 사는 마을에서 몇몇의 학생들과 다른 전도자들을 매우 박절하게 대했다. 그곳 주민들 일부가 조상숭배를 포기하고 참 하나님을 섬기기로 결심하자 박해가 일어났던 것이다. 일부 노인들이 몽둥이를 들고 예배드리려고 모여든 사람들을 두들겨 팼다. 몇 사람이 예수를 부인하며 도망갔지만 오히려 결심하지 못한 사람들은 이런 박해를 보고서 예수의 가르침이 참된 가르침이라는 확신을 가졌고, 예수를 따르기로 결심하였다. 마침내 거기에 교인수가 100명이 넘는 번창하는 교회가 설립되었다. 그들은 하나님의 말씀에 굶주려 있었다. 그래서 선생들이 규칙적으로 그들을 가르치러 그곳으로 나가고 있다.

---

159) KMF 1911년 1월 The Campaign in Syen Chen

160) 선천군은 평안북도 서해안 중부에 있는 행정구역이다. 동쪽은 정주군·구성군, 서쪽은 철산군, 남쪽은 황해, 북쪽은 구성군·의주군과 접하고 있다. 1907년 5월 당시 10면으로 호수 8,124호, 인구 3만 2268명이었다. 1914년 행정구역 개편으로 곽산군이 폐지되어 그 일부가 선천군에 편입됨에 따라 1면이 증가해 11면이 되었다.

한 전도팀은 다른 곳에서 시작하였는데, 이곳 선천에 있는 지역 교회가 지원을 하고 있다. 우리는 장날 비신자를 위한 특별 예배를 드렸다. 1,000명 이상의 군중이 교회로 몰려 왔는데, 그들 중의 어느 누구도 전에 교회에 와 본 일이 없다. 40명 가량이 그날 예수를 믿기로 결심하였다. 그들 모두는 자신들의 이름을 등록하기를 원했고 각자 교회당을 떠나기 전에 하나님께 기도했다. 믿기로 결심한 사람의 총계는 700명인데 그들 가운데 많은 사람이 다른 곳에서 이곳으로 왔다. 신성중학교 학생 모두 그리고 모든 인문계 학생들은 그들의 모든 주간을 전도하는데 보냈다. 그같은 열정이라니!! 김익두 목사는 황해도 출신인데, 사람들에게 특별한 열정과 힘을 불러 일으켰다. 그는 모든 교회에 큰 은총이었다.[161]

이곳에서의 특별예배를 마친 다음 우리는 전에 부흥집회를 가졌던 크고 넓은 지역의 여러 구역으로 흩어졌다. 의주에서 기억할 만한 부흥회가 있었다. 비가 오고 있음에도 불구하고 400명 이상의 새신자가 등록하였고 전교회가 고무되었다. 교회는 새로운 생명을 얻었다. 우리가 떠날 때 그들 스스로 가까운 주일까지 2일간을 더 계속하기로 결심하였다. 특별예배가 오후에 있었다. 하나는 나이 많은 사람들을 위한 것이었는데 그것은 매우 흥미로웠다. 두 개는 어린이를 위한 것이었는데 이들 하나에서는 모든 공립학교 아이

---

161) 金益斗(1874-1950) 목사는 황해도 안악 출신이다. 16세 때 향시에 응시하였으나 낙방, 이후 상업에 종사하였으나 실패하였다. 향리에서 깡패로 소문날 만큼 실의의 나날을 보내다가 1900년 봄에 스왈른(Swallen, W.L.) 선교사의 '영생'이라는 설교에 감동하여 기독교에 관심을 갖게 되어 1901년 1월에 스왈른 선교사으로부터 세례를 받았다. 재령교회 전도를 위해 헌신하라는 스왈른의 지시를 받고 교회사역을 시작하였고, 이어 신천에 개척 전도사로 파송되었다. 1910년 평양장로회신학교를 졸업하여 목사가 되었고, 졸업 후 신천교회 위임목사가 되어 생애의 대부분을 그 곳에서 목회하였다. 그는 신비스런 능력을 보여 청중들이 많았다. 1919년 10월 강동(江東) 염파교회의 사경회에서 신유(神癒)의 능력을 보였고 많은 난치병을 고쳤다. 1920년 평양의 연합부흥집회에서 그의 설교를 듣고자 3천 명을 수용하는 장대현교회당이 좁을 정도로 대중이 몰려들었다. 1943년 일본경찰이 강제로 그를 연행하여 신사참배를 시키고 이를 선전자료로 삼았다. 해방 후 1946년 11월에 북한은 기독교도연맹을 만들고 그를 총회장에 임명하였다. 1950년 10월 14일 신천교회에서 새벽 기도를 드리고 있을 때 난입한 공산군에 의하여 살해되었다.

들이 왔고, 거기에는 1,000명 이상의 어린이들이 참석하였다.

한 나이 많은 여인이 믿기로 결심하였는데, 그녀는 여러 해 전에 언더우드를 만났지만 그동안 왜 믿으려 하지 않았는지의 이유를 말했다. 나는 어느 날 저녁에 선천시내의 동문교회에서 교우들의 신앙 생활을 한 햇수를 물었다. 두 사람은 22년 동안 기독교를 믿었다고 했고, 그들 중 한 사람은 지난 장로회에서 목사 안수를 받았으며, 다른 한 사람은 서울의 세브란스 의과대학을 졸업했고 의주에서 병원을 개업하고 있다고 했다.

의주사람들은 강하고 자부심이 있으며 건장하고 놀랄 만큼 지성적이다. 교회의 부흥이 시작되었고 지속되고 있으며 하나님은 이 일에 그가 동의하고 계심을 보여주고 있다.

10. 학생전도회 조직[162)]

여기 우리 학교의 학생들이 전도의 정신을 펼치는 전도회를 갖고 있다. 소년들은 방학 동안 주일과 장날에 전도하기로 서약했다. 그들은 나의 시골 사역에서 나를 돕고자 열망했다. 나는 지난 해 함께 일을 시작한 두 명의 조사(助師)가 있다. 지난 9월부터는 두 명을 더 채용했다. 그래서 지금은 네 명이나 된다.

전도회 소년들은, 내가 평양에 있을 때 그랬듯이, 전도회 대표들을 파송하기로 하였다. 한 사람은 제주도로 파송했다. 그들은 그것에 대하여 나와 대화를 했고 나는 그 일을 내가 회원으로 있는 우리의 타리 화이[163)] 선교이사회에 제안했다. 실행위원회는 한 명을 파송하는데 드는 기금을 책임지기로 했다. 남부지방은 이곳 선천의 소년들이 가보고 싶어 하는 곳이다. 그리고 그들의 전도사가 경상도로 파송되기를 원했다. 비용은 대략 절반 정도가 증가했다.

소년들은 전도사를 파송하기 위해 크게 희생했다. 이번이 바로 기회의 때라고 느꼈던 것이다. 그들 가운데 일부는 겨울 동안 쌀이 없이 좁쌀을 먹으며 살기로 했다. 선발된 젊은이는 열정적인 동료이다. 그는 월요일 오전에 여기를 떠난다. 그를 뒷받침하는 기도의 분량만큼, 내가 확신하건대, 그에게 힘을 가져다 줄 것이다. 그는 위대한 일을 해낼 것이다. 그는 지난 봄 신학교에서 1학년을 마쳤다.

---

162) K.M.F 19111년 2월 Student's Missionary Organization

163) 원문에 The Mission Board of Tari Whai로 나와 있다. 그 의미나 기구의 성격 등을 알 수 없다.

11. 앞 길 창창한 사람들[164)]

학교를 구성하는 것은 무엇인가? 이것은 이 나라에서 요즘 종종 제기되는 질문이다. 많은 사람들이 "만일 당신이 훌륭한 선생을 갖고 있다면 그리고 학생을 갖고 있다면 당신은 좋은 학교를 갖고 있는 것이다"라고 하는 가필드(J. A. Garfield)[165)]의 견해에 동의한다. 이 지역의 교회가 계몽된 교회, 시대에 뒤떨어지지 않는 교회가 되어야 한다는 것을 인식하여 여러 작은 학교들이 설립되었다. 우리는 대중들에게 전도하는데 강조점을 두고 노력한다. 교회가 성장함에 따라 우리는 전도된 사람들을 교육하는데 우리의 에너지를 더 쏟아 왔다. 여러 해 동안 기독교인 부모들의 자녀들 빼고는 어느 누구도 우리의 학교에 입학을 허가하지 않았다. 우리의 초등학교는 처음부터 자조(自助)를 해왔다. 남의 도움에 의존하지 않았다는 말이다. 현재 196명의 교사들이 가르치는 학생들은 출석자가 3,318명인데 그 가운데 116명의 지난 해 총 경비는 7,000달러였다. 이들 학교는 교회에서 지명된 이사들로 구성된 학교 이사회의 통제 아래 있다. 이 이사회는 정부의 허가를 받았고, 정부의 지침을 적절하게 수행하고 있는지를 살핀다.

지난 해부터 지방의 남녀 학생들을 위한 초등학교의 책임을 지게 되었고, 재조직하였다. 한국인들은 최선을 다하고 있지만 학교운영에 대한 지식이 없어서 암초를 만나곤 한다. 그래서 큰 빚을 지게 되었고, 좌절했다. 학교를 재조직한 것은 교회에 도움이 되었다. 270명의 소년들과 105명의 소녀들이 6개의 다른 장소에서 모인다. 소녀들은 따로 분리하여 모이고 4명의 여선생들이 가르쳤다. 샤록스[166)] 부인은 이들 소녀들을 위하여 귀한 시간을 내어

164) KMF 1911년 9월 The Hopefuls

165) James A. Garfield(1831-81) 미국 제20대 대통령(1881)

166) 샤록스(Alfred M. Sharrocks, 謝樂秀)는 북장로교 파송 한국선교사이다. 그는 미주리 주에

봉사하였다. 소년들은 적절한 건물이 없어서 다섯 장소에서 나뉘어 모인다. 결과적으로 이들 270명의 소년들, 곧 어린 꼬마들, 인문계 중학교 소년들은 이 작은 건물에 다 수용할 수 없어서 필요에 따라 다소 분산시켰다. 큰 교실이 있는 건물이 현재 절실히 필요한데 5,000달러의 예산이 있어야 세울 수 있다. 이들 양떼들에게는 보호막이 있어야 하고 그들을 먹여야 하고 보살펴야 한다. 만일 교회가 장래에 자신을 지탱하려 한다면 말이다.

이 글을 읽는 친구들은 이 지역에 있는 하나님의 포도밭에 기념관을 세우도록 마음이 감동되지 않는가! 이 하나님의 사람들은 고용된 9명의 교사들, 그리고 학교 운영 경비를 위한 기금 마련에 영웅적인 노력을 하고 있다. 그러나 그들은 더 이상은 못한다. 당신이 도울 수 있겠는가?

있는 파크대학을 졸업한 후 1899년 9월 29일 부인(Mory Ames)과 함께 한국에 왔다. 윤산온보다 6년 먼저 온 것이다. 그는 초기에는 세브란스 의학전문학교에서 에비슨(Oliver R. Avison), 웰스(James H. Wells)와 함께 해부학·생화학·생리학·약물학 등의 교재를 만들었다. 그 후 북장로교 선천지부가 개설되면서 그곳의 의료선교사로 파견되었으며, 1904년부터는 강계지부에서 사역하였다. 1909년에는 평북 선천의 신성학교 교감으로 취임하여 윤산온과 적극 협력하여 파크대학의 교육 체제를 재현하였다. 그는 1919년 미국 미네소타주 로체스터에서 죽었다. 그의 부인은 1938년까지 한국 선교에 헌신하다가 뉴욕으로 돌아가 살다가 1950년 그곳에서 죽었다. 그의 딸(Ella, 謝恩羅)은 간호선교사로 1952년까지 안동·대구·서울 등지에서 활동하였다.

12. 그래, 바로 소년들이지![167)]

그들의 얼굴을 보라! 그들에 대하여 어떻게 생각하는가? 자. 그들은 소년들이다. 소년들은 세계 어디서나 소년들이다. 그들 일부는 평범하고, 일부는 근사하고, 일부는 교활하고 일부는 사랑스럽고, 일부는 매우 고약하지만, 그러나, 나의 친구들이여! 그들은 소년이고, 그들은 하나님께서 취하여 선교사들을 만들어내는 재료이다. 나는 여기서 그들은 우리들 일부가 하는 것보다 그 일을 더 잘 할 것이라고 감히 말한다.

그렇다. 여기에 '붉은 머리의 빌(Red-Headed Bill)'이 있다. 그의 머리카락은 검고, 그의 눈은 날카롭다. 그의 이빨은 딱딱하고 누구도 그의 어머니가 아닌 한 '그는 멋쟁이이다' 라는 거짓말을 할 수는 없다. 그녀에게 우리는 그것이 거짓말이라고 하지는 않을 것이다. 그리고 여기에 '주근깨 얼굴의 페트(Freckled Face Pete)'가 있다. 여기의 소년들은 주근깨는 없어도 마마자국, 곰보자국은 있다. 그는 미국 아이 페트와 같이 그 온몸에 달라붙어 있는 즐거움이 있다. 착한 소년 죠니(Johnny Goodboy)[168)]가 여기에도 있다. 거친 소년들은 그 자신을 해치고 학교를 떠날 생각을 한다. 그들은 중학생들인데, 자신들이 무엇인가를 알고 있다고 생각한다.

그들을 볼 수 있었는가? 만일 아니라고 한다면 소년들이 있는 가까운 중학교 아니 기숙학교를 방문하여 당신이 보는 얼굴들이 모두 갈색이며 눈과 머리카락이 검은 돌처럼 검다면 당신은 바로 우리를 방문한 것이다. '붉은 머리의 빌'이 초등학교를 책임지고 있다. 지난 해 학당에서 가르쳤는데 그 학당은 그가 그 자신과 같은 모습 사람을 만난 곳이다. 그는 온 정신을 그의 일

---

167) KMF 1911년 9월 YES, JUST BOYS!

168) 부모의 눈에는 착한 아이지만 남들의 눈에는 매우 성가시고 버릇없는 아이를 말한다.

에 기울였다. 복음을 잘 가르쳤다. 결과로 우리에게 그를 돌려보내라는 편지가 온다. “그는 그들을 어떻게 다루는지를 안다.” “그는 그의 선생을 사랑한다.” 등이 편지에 써 있다. 그렇다. 친구들이여! 그는 축구를 잘 하고 야구를 잘 하며, 좋은 학생이다. 그는 때로는 평범하다. 우리도 그렇지 않은가! 그들은 저 평범한 사람들과 같은 소년들이다. 금년에 그러한 153명의 학생이 있다. 그들 모두가 기독교인이다. 몇 사람은 이름뿐인 기독교인이지만 그들 대부분은 거룩하게 구별된 기독교인이다.

당신은 필자가 위에서 언급한 어머니 같다고 생각할 것이다. 그래서 내가 왜 그렇게 느끼는지를 당신에게 말하겠다. 아침 6;30분에 기숙사로 가서 21개의 방에서 울리는 찬송을 들어 보라. 직설적인 성격의 짐이 읽는 성경에 귀를 기울여라. 주근깨가 있는 페트로부터 마치 그가 자기 아버지에게 말하듯이 죄의 고백을 하는 것을 듣는 동안 머리를 숙여라. 그들을 본적이 있는가? 밤 10시에 다시 가 보라. 그러면 동일한 장면을 볼 것이다. 학당의 채플로 가보라. 선생은 소년들에게 진심으로 말하고 있고 소년들은 울고 있다. 휴식을 알리는 종소리가 울리면 그들은 운동장으로 나간다. 그들이 외치는 소리를 들어보라. 그들이 공중제비를 돈다. 그의 근육이 심하게 뒤틀리고 있음에도 그는 웃고 있다.

“오후 7시에 전도회가 있습니다”라는 광고가 나간다. 나와 함께 가자. 거기에는 지성적인 복음을 듣지 못하는 사람들의 요구가 제기된다. 경상도 지역은 한 소년의 마음에 짐이 되었다. 그는 지난 해 여기서 노회가 열렸을 때 만난 장로로부터 들은 것을 말한다. “전도사를 보내자”거나 “영원한 선”을 말한다. 그리고 출발한다. 각자 그렇게 많이 서약을 한다. 여기 모퉁이에 네 명의 소년이 함께 앉아 있다. 그들은 무슨 계획을 세우고 있는가? “그렇다. 우리는 그것을 할 수 있다. 만일 우리가 다음 두달 간 먹으려고 집에서 가져온 쌀을 판다면 12엔을 받을 수 있을 것이다. 우리는 7엔 정도면 충분한 좁쌀을 살 수 있을 것이다. 쌀 없이 좁쌀을 먹고 살아 보자.” 그들은 최종적으로 그것의 일부를 팔아 전도사들에게 4엔을 주었다. 다른 사람들도 서약을 하고 있다. 필자는 어떤 것도 서약하지 않는다. 기금은 늘어났다. 전도사로 선정된 한국인은 파송되었고 소년들은 축복을 받는다. 그들을 본적이 있는가? 이 사람들을? 자. 그들은 소년들이다. 그게 전부다. 이 압록강 너머에 있는 도시 안동으로 가는 전도사는 이 학교의 정신적 생활에 있어서 하나의 동력이다.

그들이 무엇을 배우냐고 묻고 있는가? 서양 소년들이 배우는 것과 똑 같은 것을 배운다. 성경이 매일같이 배우는 교과서라는 점만 빼고는 같다. 필자는 7년전 아이오와에서 150명의 학생이 있는 학당을 책임진 일이 있다.[169)] 역시 그들 가운데도 놀랍게 명민한 소년이 있었다. 이들 150명은 장학금을 받고 있으며 일반적인 능력에서 그들보다 뛰어났다. 수학, 산수, 대수학, 그리고 평면기하학을 다 끝냈다. 과학, 역사, 언어, 그리고 고등학교 교과과정에서 나온 다른 것들을 모두 가르친다. 젊은 김은암은 단지 피상적인 가르침을 원하지 않는다. 그는 그 주제에 대한 선생의 지식을 밑바닥까지 알아낼 때까지 질문과 입증을 멈추지 않는다.

네명의 교수와 세명의 조교가 있다. 소년들은 그들을 사랑하고 그들도 소년들을 사랑한다. 필자는 하루에 3,4시간씩 각 학년마다 가르친다. 그는 선생들에게 교수법을 가르치고 소년들과 선생들은 그에게 어떻게 살고 사랑하는지를 가르친다. 우리는 모두 바쁘고 또 행복하다. 실망스런 일도 있고 의기 소침하는 일도 있다. 그러나 그것들이 한 번에 오지는 않는다. 그리고 지금은 소년들은 모두 휴가를 떠나 필자는 그들이 누구인지를 잊어버렸다.

17명의 소년이 6월 14일 졸업장을 받고 마지막 인사를 하였다. 그들은 오닐 여사의 장학금을 받은 소년들이다. 그들은 하나님이 그들을 잡았을 때 휴오닐 2세가 준 일을 할 것이다. 그들은 외국선교회 사무국의 소년들이다. 그

---

169) 1904년 윤산온은 아이오와주 코에 대학(Coe College)에서 교수로 있으면서 코에중학교를 책임지고 있었다.

들의 손에 들린 졸업장을 보라. 그리고 한 팔에 성경을, 그리고 다른 팔에 찬송가를 들고 있지 않은가? 그들은 장로교회의 소년들이다. 그들은 보편 교회의 소년들이다. 그들은 하나님의 일을 하러 나갈, 그의 교회를 섬기기 위해 나갈, 우리의 교회를 위하여 그리고 해외선교를 위하여, 그리고 휴 오닐 2세를 위해, 그리고 그들이 그런 일을 준비할 수 있게 해준 오닐 여사를 위해 일하러 나갈 하나님의 소년들이다.

여기까지 오는 것은 매우 힘들었다. 누구에게는 4년간의 고통스런 시간이, 누구에게는 3년의 투쟁의 시간이 필요했다. 이제 그들은 하얀 가운을 입을, 하얀 사각모를 쓸 준비가 되었다. 몇 사람에게는 취업 요청이 왔고 5명은 대학에서의 4년간의 공부를 위한 숨고르기를 하고 있다. "당신은 내가 무엇을 하기를 원하는가?"는 다른 12명의 물음이다. 그리고 응답이 왔다. "나는 당신에게 줄 급료가 없다. 그러나 산간 지역에 있는 약한 교회를 돕는 기회를, 평지에서 설교하고 그 사악한 도시에서 예수를 믿을 수 있는 기회를 제공하는 것 이외에는 당신에게 줄 급료가 없다." 그들은 모두 그들의 소명을 들었다. 그리고 응답했다. 그들 모두가 단지 음식이나 신발과 옷값을 지불하기 위한 1달러 또는 2달러만으로 출발했다. 한 사람은 대학에 진학하기 위하여 떠난 사람의 자리를 대신하려고 정주로 갔다. 다른 사람은 지난 해 목포에서 교회를 도왔던 소년의 역할을 이어 받았는데, 이번 가을에 대학에 가는 그를 도울 수 있을만큼 넉넉하게 그의 봉급을 저축하였다. 남은 10명은 이 지역의 멀고 가까운 곳으로 흩어졌는데, 각자 초등학교에서 가르치면서 교회를 돕기 위해서이다. 그들이 사랑하는 그리스도의, 달리 찾을 수 없는 풍요를 설교하고 있다. 이들 후자 가운데 하나는 만주에 있는 중국인들에게 선교사로 가는 것이 오랜 숙원이다. 그리고 그 소년은 그것을 위하여 기도하고 있다. 하나님께서 우리들의 마음의 소망을 채울 수 있는 길을 열어 주시기를 기도한다.

이들 소년들을 준비시키는데 얼마나 비용이 드는가? 비용 마련에 얼마나 힘이 드는가? 오닐 여사가 하나님의 감동으로 5,000달러나 비용이 드는 학과 수업과 행정용 건물, 3,000달러가 드는 기숙사, 6,000달러가 드는 농장, 그리고 산업자조부 행정실 마련을 위해 1,000달러를 기증하였다. 지난 해 해외기금으로부터 받은 총액은 학생 1인당 85센트보다 적다. 농장 기부금으로부터 받은 것과 해외기금으로부터 받은 것을 합하면 해외기금으로부터 학생 1인당 4-50달러가 된다. 교회는 이들 학생들의 교육에 얼마나 적은 비용을 대고 있는가! 이 17명의 소년들이 3년 혹은 4년간 그들의 과정을 마치는데 든 외국기금의 총비용은 170달러이며 일인당 10달러이다. (우리 학교는 2년간만 해외원조를 받았다.) 이 투자에 대하여 당신은 어떻게 생각하는가? 이들 소년들은 우리가 할 수 없는 일을 할 수 있다. 교회는 이들을 가르치는 비용을 대야 한다.

13. 정직한 노동이 사람을 만든다[170].

1911년 4월 6일이다. 등에 지게 곧 짐바구니를 진 것은 그들 가운데 18명이다. 그들은 윤산온의 공관 경내 주변에 담을 쌓기 위하여 냇가로부터 돌을 나르고 있었다. 그들 중의 일부는 양반들의 아들이고 상인들의 아들이며, 짐이 무거운 것을 아는, 전에 잘 살았던 사람들의 아들들이다. 다른 사람들은 그 일이 힘든 줄 모르는 농부의 아들들이다. 그들 모두는 노동에 대한 생각을 바꾸었다. 그들은 신성학교의 학생으로 초등학교 출신이며, 학생들이 힘든 노동을 해서는 안 된다는 한국인들의 생각으로부터 가장 멀리 떨어져 있다.

이들 속에 27살된 사람이 있다. 그는 새끼손가락의 손톱을 반인치 정도 길렀다. 그는 이 나이까지 젊어서부터 공부해온 고전학자이다. 여러 날 동안 그는 비서로서의 자리를 기다렸다. 그러나 그것은 그에게 필요한 것이 아니다. 필자와 의사 샤록스는 파크대학에서의 경험을 갖고 있다. 이 사람은 다른 학생들과 같은 훈련이 필요하다. 그는 먹을 음식이 없다. 다른 소년들은 그를 도우려고 하지 않는다. 그가 사무실에서 할 수 있는 일을 찾기 위해 다른 곳을 알아 보려고 결심하고 떠나려고 하였다. 그런데 그가 나를 찾아 왔다. 나는 그와 '고난과 그 유익함'을 주제로 대화를 했다. 성령이 그를 확신시켰고 기도를 드린 후에 우리는 헤어졌다. 그는 매우 자랑스러운 가족이 있다. 그의 투쟁은 힘들었다. 그 다음날 '노동자'라는 제목의 보고서를 그가 내놨다. 그의 긴 손톱은, 세상에 증언컨대, 그가 노동자가 아니며 양반인데도, 잘라 없앴는데, 다시는 기르지 않을 것을 우리는 희망한다. 그는 고통의 불속을 헤쳐 갔다. 그리고 새 사람이 되었다. 노동에 대한 새로운 태도를 지닌 사람이 된 것이다. 그가 노동하기를 사랑하는가? 우리는 모른다. 그러나 그

---

170) KMF 1911년 9월 Honest Labour Makes Man

는 즐겁게 그의 일을 하며 전보다 훨씬 더 행복하다. 원상언[171]은 여러 차례 남들보다 곱절로 일을 하였다.

파크대학에서와 같이 많은 소년들이 너무 힘들지 않은 일을 원한다. 비서직을 밭에서 씨 뿌리는 것이나 새 건물을 짓기 위한 땅 고르기 작업보다 선호한다. 일은, 정직한 일은 미국에서 학생들을 인생에서 그의 위치에 맞게 만들었다. 그보다 훨씬 더 많이 이들 한국인 학생들을 일하게 하고, 또 그리스도와 그의 교회를 위하여 고통을 받게 한다.

자조부(自助部)에는 57명의 학생이 등록되어 있다. 선천지부의 회원들은 소년들에게 일거리를 마련해 주기 위해 광범위한 노력을 한다. 이를테면 씨뿌리기, 장작패기, 정원다듬기 등등. 캠퍼스 바닥 다지기, 기숙사 마당 다지기, 벽 쌓기, 길 만들기 등에 많은 학생들을 고용한다. 봄에 나무심기를 돕는 것에 의사 샤록스의 감독 아래 여러 학생 소년들을 고용했다. 일부는 등사하는데 바쁘고, 학당에서 쓰기 위해 우리가 번역한 평면기하학, 물리학, 화학의 책 제본에 바쁘다. 다섯 명은 초등학교에서 반나절을 가르친다. 세명은 비서의 일을 하고 두 사람은 학당 건물의 관리인이며, 네 사람은 우리가 카펫을 사용하는 것처럼 한국인들이 바닥에 사용하는 맷트를 만들고, 두 명은 한 동안 목수일을 도왔다. 두 사람은 그들의 부모에게 내준 학교 농장에서의 농사를 돕고 있다. 통계를 내보니 6,600회의 반나절 노동이 있었는데, 6,600명의 소년들이 반나절 동안 일하는 것, 또는 한 소년이 6,600의 반나절 노동을 한 셈이 된다. 그와 같이 하여 학생들은 거의 500달러를 받았고, 그것은 시내 노동자들이 실제로 그만큼 일한 것에 해당하는 액수이다. 만일 우리가 쌓을 벽이 있거나 고를 땅이 있다면 우리는 재빨리 우선 마을에서 최고로 일 잘하는 사람으로부터 그 일에 대한 평가를 먼저 받는다. 만일 소년들이 그 일에 계약을 한다면 그들은 그 일을 똑 같이 해야 하며 그럼으로써 그 재단의 돈

171) 윤산온은 Won Sang En으로 표기했는데 이는 아마도 긴 손톱을 길렀던 그 학생 이름인 것 같다.

은 주어진 그 특수한 목적을 위하여 조심스레 사용된다. 그들이 학생이기 때문에 그들이 더 받아야 할 이유는 전혀 없다. 학생들이 한 일의 대가로 지난해 주어진 500달러에서 우리는 학당에서 이들 학생의 등록비와 기타 비용으로 125달러를 돌려 받았다. 그러므로 지불된 돈의 4분의 일은 휴 오닐 주니어 학당의 운영경비로 되돌아 왔다. 이 소년들은 공부를 할 수 없었다. 그들 자신을 돌볼 수 있는 기회가 주어지지 않았다면 말이다. 이 자조부에서 이들을 도울 수 있는 기금이 없는 상황은 때때로 감당하기 어려운 짐을 지게 한다. 바라기는 선교부가 한사람을 이 자조부를 책임지게 하여 그것이 존재하는 이유를 성취시켜야 할 것인데, 그것은 곧 학생들이 자조하는 것이며, 동시에 모든 방면에서 훈련된 사람이 되게 하는 것이고, 그들의 머리와 가슴뿐만 아니라 손도 어떻게 사용할지를 아는 사람을 만드는 것이다.

재정적 부담과 이 부서에 대한 일상적 통찰의 책임을 맡은 학당의 교장은 한 사람이 수행할 수 있는 것 이상이다.

이런 투자를 할 것인가? 가까운 데서 보고 있는 우리는 결과가 자조부의 존재 필요성을 입증하며, 이 기관을 없앨 수 없다는 사실을 증명한다는 것을 안다. 재단이나 선교부에 단 1센트도 부담이 들게 하지 않는다. 학당의 기금에서 한 푼도 가져 오지 않는다. 우리는 이 일을 수행하기 위한 일터도 없고 건물도 없다. 우리가 계획을 세우고, 우리가 그것을 수행해야 하는 매우 부자유스런 방식이지만 그럼에도 우리는 좋은 결과를 얻는다. 의사 마르키스(Marquis)는 10달러와 한 배럴[172]의 옥수수씨를 보내 주었다. 그러나 이것은 그가 도운 것이 아니다. 자조(自助)에 대하여 소년들과 가진 회의에서 그는 그 자신의 삶과 초등학교, 고등학교, 대학교에서 그가 겪은 삶의 경험을 말

---

172) 가운데 배가 불룩 나온 통을 가리키는데, 영국과 미국에서 액체, 과일, 야채 따위의 부피를 잴 때 쓴다. 1배럴은 영국에서는 약 163.5리터, 미국에서는 액체의 부피를 잴 때는 약 119.2리터, 야채나 과일의 부피를 잴 때는 156.3리터에 해당한다. 석유의 부피를 잴 때는 약 159리터에 해당한다

했는데, 그것은 소년들에게 결코 잊을 수 없는 안락과 영감을 주었다. 그렇다. 의사 마르키스는 "그분이 주신다"고 말했으며 우리는 그에게 큰 소리로 "그분이 주신다"고 호응했다.

14. 최작은놈[173]-꼬마 개구쟁이 최가

"작은 놈" 그것이 사람들이 그를 부르는 이름이다. 사실상 그는 어떤 이름도 없다. 아버지 성은 최이고, 그리고 그는 "최가 성을 가진 꼬마 개구쟁이"이다. 그는 키가 작고, 장난꾸러기이다. 그의 이마 아래 황갈색 눈꺼풀 사이의 작고 검은 진주 같은 눈동자는 항상 무엇인가 진행되고 있음을 보여준다. 그의 머리 양쪽에 붙어있는 귀는 앞으로 쏠려 있어 어떤 소리도 어떤 단어도 그를 피해갈 수가 없다. 그의 코는 작고 대부분의 소년들의 것보다 날카롭다. 그의 얇은 입술과 넓은 턱은 단호한 결심과 강한 의지를 보여준다.

초등학교 소년들 가운데 하나가 일요일 아침 길에서 놀고 있는 그를 보고 그에게 주일학교에 가자고 했다. "만일 네가 간다면 윤산온 목사가 너에게 카드를 줄 것이다"라고 했다. 그가 교회에 왔고 그와 같은 많은 소년들이 함께 노래 부르는 것에 관심과 흥미를 보였다. 다음 주일에도 오라고 하자 그는 그러겠다고 대답하였다.

다음 주일에 그가 왔는데 이전의 주일처럼 맨발이었는데, 그의 얼굴에는 기쁨이 넘쳐 있었다. 그런데 그는 전에 한 번도 주일학교에 온 일이 없는 소년을 데리고 왔다. 항상 그랬던 것처럼 나는 그에게 카드를 주었고 "작은 개구쟁이 최"는 그의 개인적 행위, 곧 친구를 교회에 데려온 것으로 칭찬을 받았다. 그 다음 주일 그는 전에 데리고 온 소년 말고 다시 새로운 소년 두명을 데리고 왔다. 새 친구들에게 그들을 데리고 온 사람과 함께 일어서라고 하자 "꼬마 개구쟁이 최"가 일어서서 곧 그가 데려온 친구들을 둘러보기 시작했다. 그런데 둘 중에 하나만 보였다. 그는 소년들 사이에서 남은 한 친구를 찾았지만 찾지 못했다. 그는 문밖으로 뛰쳐나가 '두번 째' 친구를 따라 뛰

---

173) G. S. 매큔이 표기한 것은 CHOI CHAGUN NOM이다. '최 작은 놈'을 이렇게 표기한 것으로 보인다. KMF 1911년 12월

기 시작했다. 내가 그를 불러 그가 멈췄을 때, "그가 달아나고 나는 그를 따라가고 있었다"고 그는 말했다. "아냐. 다음 주일에 데려와!"라고 말했다. 다음 주일 그는 지난 주일 그가 놓친 친구를 데리고 왔다. 얼마나 공을 들여 그 친구를 붙잡고 끌어왔을까! 매주 그는 새 소년을 데리고 왔고 그의 새 친구가 잘 오는 지를 살펴보고 있었다. 그의 전리품이라 할 수 있는 여섯 명의 친구들이 그를 좋아했다.

복음이 그를 붙들었고, 매주일 주일학교에서 배운 이야기를 가족들에게 들려주었다. 그의 어머니가 그의 설득을 견디지 못하고 몇 주 전에 교회에 나타났다. 그의 자유 의지로 그는 교회가 운영하는 초등학교에 다니기 시작했다. 등록비를 지불하면서 그의 아버지는 그가 기독교인이라고 말했다. 그러나 "꼬마 개구쟁이 최"는 그의 아버지 역시 기독교인으로 만들기로 했던 것이다. 그를 위해 기도하자! 그 같은 "꼬마"가 교회에 모아들일 수 있는 이교도가 거의 없는 곳에서조차 할 일을 찾을 수 있다. 왜냐하면 그들은 하나님을 위하여 일하려는 열망을 갖고 있기 때문이다.

15. 증언 활동[174)]

건강하려면 숨을 쉬어야 하고 먹어야 하고 운동해야 한다.

"기도는 기독교인의 생명의 호흡이고,
기독교인의 태생지의 공기이다."

러스킨(Ruskin)[175)]은 "예술가가 배워야 할 첫 번째 일은 어디에 앉을까 하는 것이다"라고 말했다. 등산에서 산꼭대기는 모두가 올라가 보려고 하는 곳이지만 모든 장엄한 풍광들을 조망하고 지배하는 최고의 장소가 오직 한 군데 있다. 우리의 주제와 관련하여 우리는 그처럼 그의 은총의 왕국의 모든 실제적 광경을 지배하는 최고의 전망지점과 그것을 앞당겨 구현하는 방법을 발견하여야 한다. 그리고 그의 은총의 왕국을 이루어야 한다. 우리는 복음 전도에서 중추적 위치를 발견한다. 이것은 복음 이상이다. 그것은 내재화된 메시지이고, 복음 더하기 전달자이다.

밧모섬의 요한은 영원히 지속되는 복음을 갖고 천국 한 가운데서 날아다니는 천사를 보았다. 복음전도는 천사가 그 안에 있는 복음이다. 그것을 간직하고 있는 사람과 복음의 양자는 분리될 수 없는데 그 이유는 상호 본질적인 관계이기 때문이다. 그렇기에 복음전달자는 곧 그 메시지이다.

여기서 우리는 세상에 봉사하러 오신 예수와 같다. 봉사를 통하여 그는 구원하신다. 이제 미국에서 그렇게 많이 그리고 자주 목소리 높여 외치는 구

---

174) KMF 1917년 2월 Activity in Witnessing

175) John Ruskin (1819~1900). 영국의 시인, 작가, 예술가. 예술비평과 사회비평으로 유명하다. 참된 미는 도덕적 원만으로부터 생성된다는 예술론을 제창하였으며, 사회 혁명의 필요성을 강조하고 인도주의의 경제학을 제창하였다. 주요저서 '근대 화가론' '이 다음 자에게도' '호마와 백합' 그리고 베니스건축에 대한 글이 특히 유명하다.

호 "봉사하기 위하여 구원했다"는 것은 "구원하라고 구원받았다"라는 구호로 개선되어야 한다.

핵심은 예수의 초기 제자들에 의하여 분명해졌다. 그들은 복음을 전파할 때 손으로 하지 않았다. 왜냐하면 그들은 책이 없었기 때문이다. 그들은 그들의 삶으로 그들 자신, 그들 존재의 날실과 씨실로 복음을 전했다. 바울은 그 자신을 "주 안에 있는 사람"이라 했고, 또 다시, "그리스도가 내 안에 사신다"[176]고 했다. 사망에서 예수를 일으킨 무한한 그 힘이 나의 연약한 인간의 몸에서 사람을 구하라고 역사하신다. 신약성경은 예수 흉내내기에 대해서는 거의 말하지 않았지만 '예수 안에 살기'에 대해서는 많은 것을 말한다. 예수 흉내내기를 덜 강조하고 보다 역동적인 것을 주시고 영혼의 승리에 덜 기계적인 것이 되는 성육신을 더 강조하는 데에 나는 감동한다. 예수가 만일 여기에 잠간 육신을 입고 있는 상태로 무엇을 하실까가 아니라 예수가 지금 여기 그의 제자인 나의 육신과 마음과 영혼에서 하시고자 하는 일이 무엇일까가 가장 숭고한 질문이다. 앞의 질문은 핵심에서 벗어나 있지만 후자는 예수가 인성을 정복한 그 핵심을 꿰뚫고 있다. 예수와 함께 인성 본능은 성령강림절을, 복음은 은혜로운 분위기를 필요로 한다. 죄인은 따뜻하고 녹여내는 그리스도의 사랑 안에서 차별당하지 않지만 그 망토는 왔다 갔다 하며 속박을 구애하는 것에 항복하고 만다. 복음전도자의 마음속에는 너와 나의 마음에도 또 그 어떤 사람의 마음에 있는 얼음도 녹일 수 있는 넉넉한 따뜻함이 있어야 한다. 올리버 크롬웰은 한 때 성에 들어가 어떤 은으로 된 사도의 상(像)을 가리키면서 "그 상을 가져다 녹여 그것들을 복음을 전하는 사업에 쓰도록 보내라"고 명령하였다. 많은 교회에서 공식적으로 사무직으로

176) 신약성서 갈라디아서 2:20 "내가 그리스도와 함께 십자가에 못 박혔나니 그런즉 이제는 내가 사는 것이 아니요 오직 내 안에 그리스도께서 사시는 것이라 이제 내가 육체 가운데 사는 것은 나를 사랑하사 나를 위하여 자기 자신을 버리신 하나님의 아들을 믿는 믿음 안에서 사는 것이라"

일하는 사람들은 대체로 차갑게 하나님을 드러내는데, 그래서는 안 된다. 접촉이 되어야 하고 녹아내려야 하고 왕국에 대한 열망으로 틀이 짜여야 한다.

우리는 교회 주변을 순시하는 선교사들처럼 세례 받은 자의 역할을 검토하고 권면하고 개선한다. 그리고 학습자의 역할을 검토하고 격려하며, 다른 사람에게 세례를 준다. 우리는 재정을 살펴 본다. 우리는 밤 늦도록 우리 교우들에 대한 봉사를 수행한다. 그리고 어떤 문제를 갖고 있는 사람을 찾아내어 위로한다. 그리고 아침에는 다른 약속을 이행하기 위하여 일어나 떠난다. 그리고 그 바쁜 과정을 반복한다. 우리는 우리가 보게 될, 그들의 개인적 구원에 대하여 수고를 해야 할 비기독교인이 있지 않다고 확신하는가? 선교사들과 똑같이 누가 이 생명의 일을 하겠는가? 만일 "어떻게 시간이 없는 우리가 길을 찾을 수 있을까?"라고 말한다면, 사랑의 하나님이 원하는 일을 찾는데 실패한 적이 있는가? 예수는 매우 바쁘다. 그러나 안드레와 요한과 떨어져서 보낸 그 밤에 그는 그의 왕국의 토대 안에서 크게 모습을 나타냈다. 우리 안에 따뜻한 마음이 없다면 굶주린 영혼의 삶 때문에 완전한 성공을 방해하는 일이 있을 것이다.

우리는 너무 바쁘고, 마치 평소 그러하듯 하다면, 우리가 열정적으로 설교하지 못한다. "십자가의 방법으로 십자가에 달린 그리스도를 전도하라!" 시간은 짧고 우리는 일해야 한다. 우리에게는 전보다 더 잘 훈련된 한국인 사역자들이 있다. 조용히 서있는 것은 멈추고 있음을 의미한다. 그것은 실패이다. 바울이 고린도전서 4장 3,4절에서 제시한 것처럼 다음 네 측면에서 우리 자신의 비전을 얻어보자!

1) 먼저 너 자신을 보라! 너의 친구들이 너를 보듯이 너의 동료 선교사를 보라. "우리에게 선물로 주신 그 능력이 얼마나 대단한가?"가 될 것이다. 당신의 친구는 당신의 결점을 알고, 만일 당신이 그의 제안에 귀 기울인다면 당신은 그리스도의 보다 나은 증인이 될 것이다.

2) 증언자여! 너 자신을 응시하라! 세상이 너를 평가하듯 그렇게 너 자신을 응시하라. 선천에서 한 배움이 없는 한국인 여성이 그녀가 시골 이교도들 사이에서 열정적으로 증언하고자 하니 그들이 그녀가 접근할 때 투덜거리며 "저기 예수가 온다"고 하여 그녀에 대한 그들의 평가를 드러내었다.

3) 당신 자신이 당신을 볼 때에 증언자의 태도를 유지하라! 더 이상 증언하지 않음에 대하여 당신은 자신에 대하여 매우 관용한다는 것을 알 것이다.

4) 우리의 주님이 당신을 평가하듯 당신 자신 증언자로 집중하라! 하나님은 아신다. 그의 아는 것은 증언자로서 당신에 대한 평가이다. 나의 이름으로 당신이 해야 할 최소한의 일은 나에게 한 것이다. 한 번은 부흥회에서 한 한국인이 나에게 와서 말했다. "윤목사! 선교사들 가운데 일부는 한국인들 예배에 잘 가지 않소. 우리는 그들이 아이들이 있고 핑계거리가 있음을 알고 있소. 그러나 우리의 약한 기독교인들은 그로 인하여 당신들을 비난하고 있소. 제발 그것에 대하여 그들에게 무언가 해명해주시오". 우리는 교회예배에 참석함으로써 증언을 할 수 있다. 그리고 일요일마다 우리의 인사를 그들에게 할 수 있다.

우리는 당면하는 현실적 조건들을 넘어서는 신선한 비전이 필요하다. 안식년에서 돌아올 때 태평양을 건너 서쪽으로 향하는 증기선에 무선 광고가 있었다. "증기선 셜 리가 요코하마로부터 삼일거리 떨어진 지점에서 불이 났고, 작은 보트에 탄 17명이 실종되었다. 그들을 구조하기 위해 최선을 다하라!" 즉각 승객과 선원들이 그 작은 배를 찾기 위하여 긴장된 응시상태로 경계태세에 돌입하였다. 그 성난 파도로부터 17명을 구하기 위한 간절한 흥분이 모든 사람을 지배했다. 어둠은 내려 앉았으나 우리 증기선 몽골리아호의 1,400명 승객들에게 잠못 드는 밤이왔다. 그 다음날 그 큰 배가 북쪽으로 50마일 정도 그의 항로를 달리는 동안 모두들 근심스런 관찰을 하고 있었다. 그런데 그 배는 다시 50마일 남서쪽으로 항해하여 다시 또 근심스런 밤을 보내게 되었다. 다음 날 아침 10시 반경 통신원 소년이 무선사무실로부터 갑판에 나와 소리쳤다. "발견했습니다. 발견했습니다. 그 작은 배는 요코하마 근처 항구에 안전하게 상륙하였습니다." 아! 그 시간이 얼마나 기뻤는지.

하나님의 무선이 우리에게 닿아 멸망할 수백만에 대한 적절한 근심을 일으키고, 그의 약속을 요구하듯 주님에 대한 증언이 확실하게 되기를 바란다. "나는 만일 내가 땅으로부터 들림을 받는다면 모든 사람을 나에게로 끌어올 것이다."

16. 선교사의 사역[177)]

선교사가 하는 일은 무엇인가? 사람들의 삶이 그들이 지금까지 살아온 것보다 더 좋게 살아가게 하는 것이다. 그가 접촉했던 사람들의 삶에 그의 인격적 흔적을 남기는 것이다. 무엇보다도 그의 인격적 영향이 모든 사람들의 마음에 주 예수의 아름다운 이미지를 남겨놓는 그런 삶을 사는 것이다. 그가 있는 곳은 어디든지 그리고 그가 만나는 모든 사람들에게 진리를 나누어 주는 일에 그 자신을 던지는 것이 그의 일이다.

우선, 선생에 대하여 생각해 보자. 과거의 우화(寓話)에 따르면 쥬피터는 한때 인류에게 가장 유용한 사람에게 불멸을 상으로 주었는데, 올림퍼스 법정은 경쟁자들로 들끓었다. 전사는 그들의 애국심을 자랑했다. 그러나 쥬피터는 호통을 쳤다. 부자는 인색하지 않고 아낌없이 주는 넉넉한 태도를 자랑했다. 쥬피터는 그에게 가난한 사람이 그보다 더 가난한 사람에게 자선을 베푸는 모습을 보여주었다. 웅변가는 목소리로 한 국가를 좌우하는 그의 힘을 자랑했다. 쥬피터는 고개짓으로 하늘의 주인들을 결집시켰다. 시인은 칭찬을 통하여 신들까지도 감동시키는 그의 능력을 자랑했다. 쥬피터는 얼굴을 붉혔다. 음악가는 하늘로 운반된 유일한 인간의 학문을 실천하는 것을 선언했다. 쥬피터는 망서렸다. 어떤 선언도 하지 않으면서 경쟁자 집단을 큰 관심을 갖고 바라보는 덕망 있는 사람을 보면서 쥬피터는 선언했다. "당신은 누구인가?" "다만 관람자일 뿐입니다." 회색머리카락의 현자가 대답했다. "이 모든 사람들이 한때 나의 제자들이었다." 쥬피터가 말했다. "그에게 왕관을 씌워라!" "신실한 교사에게 불멸의 왕관을 씌워라! 그리고 나의 오른 쪽에 그의 자리를 만들어라!"

177) KMF 1917년 10월 The Missionary On His Job

확실히 이것은 낭비와 방종을 고려한 우화이다. 그 속에는 모든 신실한 교사들에게 영감을 줄 수 있는 충분한 진리가 있다. 하나님은 우리에게 참으로 큰 책임을 주셨다. 우리는 매일 같이 밝은 생각들, 민감한 마음들, 유약한 의지와 접촉한다. 그들과 주고받는 우리의 말은 무게가 있고, 우리가 드는 사례들은 더욱 힘이 있다. 채닝(W. E. Channing) 박사[178]가 말했다. "젊은이들을 가르치는 교사의 사무실보다 더 높은 사무실은 없다. 왜냐하면 지상에서 젊은이들의 마음과 영혼과 성격 같이 값있는 것은 없기 때문이다. 최고의 중요성을 갖는 하나의 고백이 있다면 나는 그것이 학교 선생님의 고백이라고 믿는다."

우리가 종사해야 할 특별한 일이 그 마음들을 교육하는 것이라면, 지성인을 훈련하고 도덕성의 원리들을 깨우치는 것이 허용된다면, 우리의 생도들을 정신적 지식의 영역으로 인도하는 것 역시 우리의 의무이다. 무엇보다도 우선 활기차게 그들을 위대한 스승 곧 "나의 멍에를 매라. 그리고 나를 배우라! 그러면 네 영혼이 쉼을 얻으리라"[179]라고 말씀하신 분에게 소개하여야 한다.

우리 모두는 이들 한국의 젊은이들이 그들에게 종교적 신뢰를 계속해서 강요하는 것을 원치 않는다는 것을 알고 있다. 그러나 그들은 예외 없이 강력한 기독교적 성향을 예찬하며, 사랑의 기독교인들이 그들의 복지에 관심을 갖고 있으며, 때로는 그러한 주제에 열정적인 말을 하는 것을 감사하고 있다.

학교와 대학에 있는 모든 선생님들 중에서 예수 그리스도에 대하여 나에

---

178) 여기서의 Dr. William Ellery Channing은 Unitarian 설교가이고 William Ellery Channing(1818년 11월 29일-1901년 12월 23일)은 그의 조카로 초월주의 시인이다. 통상 삼촌은 "Dr. Channing"으로 조카는 "Ellery Channing"으로 표기하여 구별하고 있다.

179) 마태복음 11장 "28.수고하고 무거운 짐 진 자들아 다 내게로 오라 내가 너희를 쉬게 하리라 29.나는 마음이 온유하고 겸손하니 나의 멍에를 메고 내게 배우라 그리하면 너희 마음이 쉼을 얻으리니 30.이는 내 멍에는 쉽고 내 짐은 가벼움이라 하시니라 "

게 말한 매우 겸손한 선생님과 같이 나에 삶에 지울 수 없는 인상을 남긴 사람은 없다. 언젠가 누군가 같은 방식으로 인도되지 않았을 때 그 학교에 그런 말은 거의 없었다. 그 학교에는 뚜렷한 종교적 교육은 없다. 교실 안팎에서 이 교사는 그렇게 그녀 자신의 삶에서 거룩함의 아름다움을 드러냈고 또 꾸준히 예수를 모든 생명을 위한 참된 이상으로 믿고 있었기에 궁극적으로 그녀의 학생들은 그녀의 주님이고 선생인 분에게로 마음을 돌리게 되었다.

우리는 일의 영역과 한계를 스스로 정해야 한다. 우리의 영역은 결코 오늘의 영역보다 더 넓은 적이 없다. 한국에서 직접 교육선교를 위한 일을 하기로 한 외국인 선교사가 82명이다. 약 1,500백만명이 살고 있는 이 나라의 13개 도(道)에서 사역하고 있다. 한국의 기독교인은 약 30만명이다. 현재의 조건에 비추어 볼 때 우리의 책임은 무엇인가? 학교는 지역사회에서 하나의 봉사자이다. 그것이 인문계 학교이든 고등학교이든 유치원이든지 봉사가 있어야 한다. 지역사회의 모든 유용성에 적용될 수 있어야 한다.

한국에는 대학을 포함하여 38개의 기독교 고등 교육기관이 있다. 지난 해 미국에 있는 모교회가 외국인 교사들에게 지불한 실제 액수는 18,000엔을 넘는다. 여기에 덧붙여 58,500엔의 예산이 드는 한국인 교사 218명과 18,170엔이 드는 일본인 교사 47명이 있으니 학교를 운영하는 비용은 적지 않다. 그것은 삶에 대한 투자이기 때문에 그 비용을 썼다고 우리는 생각한다. "돈은 당나귀를 앞으로 나아가게 한다." 학교는 교육용 장비가 없이는 성과를 거둘 수 없는데, 장비를 마련하려면 많은 비용이 든다. 사실은 사실이다. 그리고 우리는 사실에 맞서야 한다. 우리의 학교가 정부의 요구를 따라야 한다고 우리는 생각한다. 관계 당국과 손을 잡고 일해야 한다. 각자는 전적으로 상대방을 이해하여야 한다. 우리의 학교가 그 노력이 이루어진 만큼 가장 큰 가능한 성과를 최대한 산출하게 해야 한다.

어떤 사람은 교육의 최고 목적은 사람들로 하여금 시민의식을 갖게 하는 것이라고 한다. 참으로 그들은 그렇게 훈련되어야 한다. 그러나 모든 관계들에 있어서 사람을 훈련시키는 것이 더 지혜로운 일이 아닌가? 무엇보다 먼저 그들을 그들 자신의 선생으로 되게 하는 훈련, 그들이 삶과 그 문제에 있어서의 선생이 되게 하는 것이다. 이상적인 남자는 자신의 가능성을 100% 쏟아내어 그것을 지역 사회에 주는 사람이다. 누구도 그가 생각하지 않는 한 효율적일 수 없다. 그래서 학교에 정신적 훈련 과정과 정신적 영양을 공급하는 과정을 완성하라는 의무가 주어졌다. 이 세대에게 사려 깊고, 노련하고, 명확한 시력, 넓은 마음을 지닌 지도자 등 그것이 필요로 하는 것들을 공급할 수 있는 그런 정신적 비품을 다 갖추게 하라는 것이다.

우리는 교육이 만일 오직 지성적이기만 하다면 완전한 것도 아니고 철저한 것도 아니라고 믿는다. 사람은 지성적인 것 이상이다. 그는 뇌와 더불어 마음을 가졌다. 그는 근본적으로 영적인 존재이며 이러한 사실을 간과하는 교육은 일방적인 것이다. 우리는 오늘날 일본의 교육자들 사이에 지도자들이 이 감성적인 면에 점점 더 많이 목소리를 낸다는 사실을 발견한다. 교육의 목적이 사람을 그의 모든 관계에 있어서 훈련하는 것이 되어야 한다면 인간 존재가 할 수 있는 가장 중요한 관계, 곧 그를 신과 연결시키는 관계와 우주의 위대한 정신적인 진리는 간과될 수 없다. 인간은 종교적이고, 구제할 수 없을 만큼 종교적이어서 그렇게 말한다. 또 그의 종교적 본성은 만일 그가 그의 삶의 깊이를 건드리게 되면 그의 교육에 기대하게 되어 있다. 그의 영적인 측면은 너무 생동적이어서 과정에서 배제할 수가 없다. 그것은 그의 경력에서 다른 어떤 요소보다 더 그의 습관을 정립하고 그의 미래를 형성하게 된다. 영적인 훈련이 없다면 그는 충분히 삶에 대한 준비가 되어 있는 것이 아니다. 그는 현대 교육에 잘 숙달되어 있을 수 있다. 만일 그가 하나님 사랑하는 것을 배우지 않는다면 그의 명령을 지키는 것을 배우지 않는다면 그는 "너에게 부족한 것이 하나 있다"[180]고 예수가 말한 젊은이와 같은

180) 마태복음 19장 "16.어떤 사람이 주께 와서 가로되 선생님이여 내가 무슨 선한 일을 하여야 영생을 얻으리이까 17.예수께서 가라사대 어찌하여 선한 일을 내게 묻느냐 선한이는 오직 한

상태에 있는 것이다.

기독교학교는 지역공동체에 많은 봉사를 한다. 비록 조선총독부 교육령 포고가 새로 준 헌장에서 교과의 일부로서 종교를 가르치는 것을 떼어내라고 하지만 아직 방과 후 학생들에게 영향을 미치는 선생들에게 제약을 가하는 일은 없다. 기독교학교는 비록 교과과정의 하나로서 성경을 가르치지는 않을지라도 다른 시간에 성경을 가르칠 수 있고, 학생들에게 좋은 기독교인이 되라고 영향을 미칠 수 있다. 기독교학교는 지역공동체에서 가장 좋은 열매를 맺는 위치에 있다. 그것은 사실 동서 어디든 한 국가의 모든 교육 체제에 큰 축복이다. 기독교학교는 어떤 다른 학교의 적이 아니라 오히려 동정적인 도움자이다.

그래서 기독교학교의 의무가 있다. 원만하게 잘 양육된, 충분히 모든 면이 잘 효율화된 영혼을 양성하는 것, 남자와 여자들을 인생에 있어 지도적 능력을 갖춘 자가 되게 하는 의무이다.

우리 선교사들은 우리의 중학교와 대학교에서 우리에게 몸을 맡긴 2,940명의 학생들이 우리의 일이고, 교사의 본보기가 되는 예수 그리스도를 따르는 우리 교사들은 그 학생들을 가장 훌륭한 남자와 여자로 만드는 직무를 수행하고 있다. 지난 해보다 13명 이상의 한국인 교사와 10명 이상의 일본인 교사들이 더 늘어나서 내년은 훨씬 더 위대한 해가 될 것이다. 금년과 같이 내년에는 유럽에서 전쟁이 있을지라도 우리의 이 사역을 위한 재정기금은 증가하기를, 그래서 내년에 늘어난 것이 보고되기를 기대한다.

아래 시에서 묘사된 행복한 경험이 우리들의 것이 되기를 기대한다.

분이시니라 네가 생명에 들어 가려면 계명들을 지키라 18.가로되 어느 계명이오니이까 예수께서 가라사대 살인하지 말라, 간음하지 말라, 도적질하지 말라, 거짓증거하지 말라, 19.네 부모를 공경하라, 네 이웃을 네 몸과 같이 사랑하라 하신 것이니라 20.그 청년이 가로되 이 모든 것을 내가 지키었사오니 아직도 무엇이 부족하니이까 21.예수께서 가라사대 네가 온전하고자 할찐대 가서 네 소유를 팔아 가난한 자들을 주라 그리하면 하늘에서 보화가 네게 있으리라 그리고 와서 나를 좇으라 하시니 22.그 청년이 재물이 많으므로 이 말씀을 듣고 근심하며 가니라."

"어쩌다가 하늘에서 언젠가
어떤 축복받은 성인이 내게로 와서 말씀하셨네.
모두 환영하라! 사랑하는 이여!
그대를 위해
나의 영혼은 사망할 때까지 희생양이 되겠노라
그리고 오! 한 영혼이 가져올 영광
생각하니 그 얼마나 환희로울까!"

17. 한국사도들의 새로운 행전[181]

- 장 목사[182]가 1916년 한국장로교총회에서 북노회의 서기로서 보고한 것을 윤산온이 번역하여 K.M.F에 게재함

감사

우리는 모든 교회가 하나님의 아낌없이 베푸시는 은총으로 성공적인 한 해를 보낸 것에 크게 감사드립니다. 우리는 안수 받은 목사들의 숫자를 점진적으로 늘려 현재 44명에 이르렀습니다. 새 신자의 숫자는 늘어나서 일년 전 1,200명으로 보고한 것을 넘어섰습니다. 우리는 지난 해 보고한 것보다 훨씬 많은 조직된 교회를 갖고 있습니다. 우리는 우리 노회가 그렇게 크게 성장하여 우리들이 총회에 새로운 노회를 조직하여줄 것을 요청해야만 하게 된 것에 하나님께 진심으로 감사드립니다.

교회들의 일반적인 조건들

교회 성장에는 세 가지 기본적인 것들이 있습니다. 우리는 우리들의 교회가 그 기본들에 따라 성장하고 있음을 하나님께 감사드립니다. 첫 번째 조건은 기도입니다. 기독교인들은 각자 그들의 개인적인 기도의 삶을 통하여 성장해왔습니다. 가족제단이 설립되었는데, 대부분의 우리 교회 구성원들은 그들의 가정에서 가족기도회를 하고 있습니다. 많은 교회들이 교회건물에

---

181) New Acts Of Korean Apostles 한국사도들의 새로운 행전-장 목사가 1916년 한국장로교총회에서 북노회의 서기로서 보고한 것을 매큔이 번역하여 KMF에 게재함. 1917년 12월.

182) 1916년 평북노회 서기는 장덕로(張德櫓)이다. 이때 노회 장소는 선천읍 북교회이고 8월 22일 제 10회 로 모였다. 『평북노회사』(1979년, 기독교문사)

서 낮 휴식 시간에 기도모임을 가질 때까지 지난 몇 년간 새벽기도가 성장했습니다. 어떤 사람들은 지난 8년간 단 한 번도 새벽기도를 놓치지 않았습니다. 주님과의 이른 시간에의 이러한 만남은 개인에게 그리고 교회에게 100배의 은총을 가져 왔습니다. 주중 기도모임은 물론 모든 기독교인들이 참석합니다. 지난 한 해 동안 참가자가 크게 늘어났습니다. 마귀를 쫒아내기 위한 그리고 병자를 위한 특별기도회가 있습니다. 또한 보편적인 기도 주간이 잘 준수되고 있습니다. 이들 외에 길가에, 주막에, 감옥에, 산에, 하나님께서 북쪽의 어린이들에게 큰 안락함과 영감과 말씀하지 않은 은총을 주신 곳에서 기도모임들이 있습니다.

성경읽기와 성경공부는 교회성장의 두 번째 근본 요소인데 지난 한 해 동안 진전을 이루었습니다. 선천에 있는 우리의 큰 규모의 일반 사경회가 지난 1월 후반기에 열렸는데, 전국 각지로부터 1,500명 이상이 모여 들었습니다. 4월에 있었던 부인사경회에서는 800명 가량이 모였고, 큰 회의가 각 군에서 열렸습니다. 이들 말고도 순회구역은 성경공부를 위한 중앙학습반이 있습니다. 각 교회에서 사경회는 4일에서 8일간 열립니다. 교회 사무직원들을 위한 여름 일반반이 있고 남자성경학원, 여자성경학원이 있습니다. 5일에서 10일까지의 사경회에 23,000명 이상이 등록하였습니다. 많은 사람들이 단계적으로 성경을 읽었으며 어떤 사람들은 세 번 네 번 읽었습니다. 신학교에는 32명의 학생이 있고, 많은 학생들이 다음 해의 입학허가를 받기 위해 준비하고 있습니다.

전도는 교회성장의 세 번째 기본요건입니다. 기독교인들의 주요사업은 복음을 전하는 일입니다. 전도에는 여러 방법이 있습니다만 각 기독교인은 적어도 한명을 그리스도에게 인도하려고 노력하여야 합니다. 얼마간의 부흥회가 열렸고 이 부흥회는 은총의 근원이었는데, 지역에 있는 교회 회중의 증가에 있어서 뿐만 아니라 온 교인들이 마음을 합하여 뜨거운 열정으로 예수를 알지 못하는 사람들에게 복음을 전하고 있습니다. 의주에 있는 고군도교회에서 열린 부흥회에서 약 30여명의 천도교인들이 그들의 죄를 회개하고 예수를 따르는 자가 되었습니다. 천도교는 기독교의 일종으로 교회를 모방한 유사종교 조직입니다. 한 지역에서 결성된 금연조직은 불신자들에게 전도하기 위하여 그의 모든 시간을 사용하는 한 한국인에게 급여를 지불하였습니다. 한 번도 접촉하지 않은 지역에 있는 이교도들에게 예수의 복음을 전하기 위하여 네 명의 성직자와 3명의 안수를 받지 않은 형제들에게 지불할 급여를 마련하기 위한 특별기금이 만들어졌습니다. 매달 내는 헌금 외에 일 년에 50전을 내는 부인전도회의 회원 숫자가 3,000명을 넘어섰습니다. 그들은 벽지에 있는 이교도 여성들에게 2인1조의 두 팀, 4명의 전도부인을 파송하는데 드는 급여 등의 비용을 지급하는 것 말고도 두 명의 성직자와 4명의 성직을 받지 않은 복음전도자 4명을 파송하고 그 비용을 부담했습니다. 오닐 주니어 학교 곧 선천중학교의 학생들과 교사들은 엄청난 희생을 통하여 기금을 만들었고, 노회는 그들의 졸업생 가운데 한 사람을 복음전도자로 지명하여 한국 남부의 아직 복음이 들어가지 않은 지역에 파송하였습니다. 그렇게 넘치는 은혜로 한국의 북부에 그의 교회를 허락하신 하나님을 찬양합니다. 그분에게, 교회의 머리되신 그분에게 모든 영광을 돌립니다.

금년에 노회의 안수를 통하여 복음사역자로 12명에게 성직을 부여하였습니다. 금년까지 우리 노회에서 신학교를 졸업한 전체 숫자는 모두 52명에 이릅니다. 한명을 제외한 남은 모두가 목사 안수를 받았습니다. 그 중 두 사람은 주님께 대한 보다 높은 봉사를 하였습니다. 한명은 사직하였고 5명은 다른 노회에서 사역하고 있습니다. 남은 44명은 노회 소속 교회에서 그리고 앞으로의 선교 사역에 매우 바쁩니다. 지난 해 15명의 장로가 장립되었고 노회는 33명을 더 선출하도록 허락하였습니다. 더하여 10명의 복음전도자에게 목사안수를 하였는데, 구역 안의 교회들이 역시 재정을 부담하기로 하였습니다.

만일 깨끗하게 해야 할 필요가 있다면 그리스도의 모든 교회에는 훈련이 있어야 합니다. 이것은 매우 슬픈 일이며 어려운 일입니다. 교회로부터 정직을 당한 총 숫자는 428명입니다. 대부분의 원인은 너무 어린 자녀를 결혼시키거나 간음하거나 음주, 성수주일을 하지 못한 것들입니다. 이것 때문에 우리는 상당히 우울합니다. 하나님께서 이 모든 사람들에게 회개에 합당한 열매를 맺게 하시기를 원합니다.

우리의 교회학교에 관하여 보고합니다. 노회가 100개가 넘는 학교들을 감독하는 데 있어서 윤산온 박사를 도와온 강씨에게 급여를 지불하도록 결정했다는 것을 말씀드리게 되어 기쁩니다. 이들 학교들을 유지하는데 필요한 기금을 모금하려고 애썼습니다. 교회학교가 있는 모든 교회에서 30엔에서 1,000엔까지 다양하게 모금이 되었습니다. 모든 일이 정부의 표준에 맞게 이루어졌습니다. 지난 해보다 300명 이상이나 많아졌습니다.

하나님 은혜의 특별한 징조

우리노회 선교위원회의 노력으로 남만주지역에서 다음의 일을 수행할 수 있게 되었습니다. 지난 해 500명 이상의 예수를 모르던 사람들이 예수를 그들의 주님으로 부르게 되었습니다.

지난 가을노회가 끝난 후 어떤 사람이 두 명의 한국 소녀를 짐승 같은 중국인의 손으로부터 구해내는데 써달라고 250엔을 특별 기부하였습니다. 그 돈을 모두 우리의 선교사 한 목사[183)]에게 맡겼습니다. 몇 년 전에 속아서 팔린 이들 소녀들은 이미 신체적으로 성숙한 여인이 되었는데, 한 목사는 중국인들이 요구하는 250엔을 지불하고서 이들을 공포의 생활에서 구해냈습니다.

강계에서 있은 사경회를 마치고 남만주에 있는 집으로 돌아가던 두 명의

---

183) 한석진(1868-1939) 목사를 가리킨다. 그는 평북 의주 출생이다. 서상륜에게 복음을 듣고, 1891년에 사무엘 마펫에게 세례를 받고 그의 조사로서 활동했다. 1907년에 평양신학교를 1회로 졸업한 후, 한국장로교 최초의 목사 7인 중 한 명이 되었다. 안동교회에서 목회할 당시, 남녀의 자리를 갈라놓는 휘장을 철폐했고 출입문도 하나로 통일했다. 조선예수교장로회 제6대 총회장을 맡기도 했다.

남자는 중국인 강도를 만나 심하게 구타를 당하고 중상을 입었습니다. 가진 돈과 개인적 소유물들을 다 빼앗겼지만 하나님의 놀라운 은혜로 선교회 회계가 그들을 통하여 전도자들의 급여용으로 보낸 돈은 성경 갈피에 넣어두어서 탈취당하지 않았습니다.

김E.H씨는 숭실대학 학생이고 추H.R씨는 평양신학교 학생인데 이 두 복음전도자는 성령이 충만하여 강계지역에서 하나님의 영광을 높이는 기적들을 행하였습니다. 거기에는 죽음이 있고, 그들이 문을 열 수는 없는 것으로 보였습니다. 그러나 그들은 금식하고 영혼들이 구원받게 되는 하나님의 능력이 특별하게 나타나게 되기를 열심히 기도하였습니다. 그 지역에는 마귀에 사로잡힌 사람이 있었습니다. 그들은 기회가 왔다고 생각했습니다. 그들은 사흘 밤낮을 하나님께 기도했습니다. 사탄이 그 남자의 몸에서 쫒겨 났습니다. 그들의 명령 곧 예수의 이름으로 쫒아낸 것입니다. 그 이웃에 권태국이라는 잘 사는 청년이 아내 말고 두 첩을 데리고 사악하게 살고 있었는데, 하나님의 권능을 보고는 두려움을 느꼈습니다. 그는 새신자로 등록하였습니다. 많은 다른 사람들이 기독교인이 되었고 이제는 그 산간 지역의 모든 마을들이 거의 천국이 되었습니다.

우원석씨는 성령에 이끌리어 그의 재산을 세 부분으로 나누었습니다. 그는 3분의 일을 교회에 바치고, 삼분의 일은 아들에게 주고, 나머지 삼분의 일로 새 사업을 시작하였습니다. 이번에 그는 하나님을 그의 동등한 파트너로 삼았습니다. 그의 사업은 번창하고 있습니다. 그의 예를 본받기를 기대합니다.

벽동군[184]에 있는 한 여인은 49년 동안 마귀에 들렸었는데, 최근 주변 모두에게 테러를 행하고 있었습니다. 그런데 치유가 되었습니다. 마귀는 믿음으로 물리쳐졌으며 그녀는 이제 바른 정신을 갖고 있습니다. 그리고 열성적

---

184) 평안북도 중북부에 위치한 군으로, 동쪽은 초산군, 남쪽과 서쪽은 창성군과 접하고 있으며, 북쪽은 압록강을 경계로 만주 지방인 안동성의 관전현과 닿아 있다.

인 신앙의 기독교인이 되어 그의 삶에서 예수의 영광을 나타내고 있습니다. 그 근처에 살고 있는 모든 사람이 이것을 보고 주께로 돌아왔습니다.

선천군은 900 가구 중에서 600 가구 이상이 기독교인입니다. 참으로 하나님의 나라가 이곳에 임했습니다.

선천남교회는 그들의 목사를 위해 벽돌로 목사관을 지었습니다.

용천군[185)]의 한 기독교인은 지역 전도부인의 모든 경비를 부담하고 있습니다.

철산군의 한 마을에서 교회가 모든 사람이 기독교인이 될만큼 성장했습니다. 교회는 10리쯤 떨어진 마을에까지 복음을 전하려고 매우 노력했습니다. 그들이 얼마나 열성적으로 전도를 했는지! 그러나 몇 시간만으로는 항구적 결과를 가져오지 못합니다. 그들 온 교회는 휴가철에 이 오랜 보수적인 마을에 가려는 계획을 세웠습니다. 여러 날 동안 밤낮으로 끈질기게 전도하였습니다. 그들은 식량을 가져갔고 그 마을의 어떤 집에서 음식을 마련하였습니다. 70명의 기독교인 모두가 한 주간 이상 기도하였고 개인적 면담을 하였으며, 몇몇 집에서 저녁 모임을 가졌습니다. 그들의 열정으로 이 보수적인 사람들을 감동시켰습니다. 이렇게 한 결과, 22명의 주님을 따르는 자들의 교회가 된 것입니다. 희생이 있었습니다.

의주에는 2명의 미국선교사와 12명의 한국목사들의 지휘 아래 57개의 교회가 있습니다. 의주는 한국에서 가장 철저하게 기독교화된 군입니다. 인구의 15분의 1이 기독교인입니다. 이 군에 있는 22개의 교회들이 지난 한 해 동안 성장하였습니다. 매주일 500명 이상 모이는 교회가 6곳이나 됩니다.

몇년 전에 설립된 고아원은 의지할 곳 없는 고아들을 돌보고 있습니다. 금년에 우리는 '목회자구제위원회'를 구성했는데, 이 위원회는 교회를 섬기다가 퇴임한 목사 가족들의 필요를 돕기 위한 기금을 마련할 것입니다. 이 기

185) 평안북도 서단에 위치한 군. 동남쪽은 철산군, 동북쪽은 신의주시·의주군, 서북쪽은 압록강을 사이에 두고 중국의 요령성 안동현(安東縣)과 마주보며, 서남쪽은 황해와 접하고 있다.

금의 출발자금으로 100엔을 몇 교회가 기부했습니다.

지난 일을 보고하는 데에 많은 지면과 시간을 할애했습니다. 성장은 기록될 것이지만 우리는 희망적으로 미래를 전망합니다. 우리의 해결책은 하나님께 기대는 것입니다. 그로 하여금 우리를 통하여 더 많은 것을 성취하시게 합시다. 우리는 더 많은 지도자를 발굴하고 그들을 훈련시켜야 하는데 성경학교와 신학교에서 그렇게 해야 합니다. 우리는 새로운 주일학교를 세워야 하고 더 많은 교회를 조직해야 하고 보다 많고 좋은 교회당을 세워야 합니다. 우리는 예수께서 오실 때까지 그리스도를 전해야 하며, 그러면 우리는 부끄럽지 않을 것이며 오히려 "잘 했다"는 칭찬을 우리 주님으로부터 받을 것입니다.

18. 머리와 가슴 훈련만큼이나 필요한 손 훈련[186)]

'그 긴 손톱'은, 다양한 용도를 위해 청결하게 잘 다듬어져 있는데, 우리 학교의 입학허가를 받으러 온 젊은 학생의 손톱이다. 그는 그것으로 코를 후비기도 하고, 뺨을 긁기도 하고, 내가 관찰하기로는, 확실히 그것을 이쑤시개로도 사용한다. 그는 그가 양반이라는 것을, 그러므로 노동에 대해서는 아무것도 모른다는 사실을 내게 깊이 인상 지우려고 노력했다. 그는 조용히 "나는 노동을 하지 않습니다"라고 말했다. 나는 그에게 "내일 아침 '통상적인 일'에 대해서 보고하고 지시한 것을 행하시오"라고 하였다. 그는 다른 사람들에게 물었고 '통상적인 일'이 돌을 옮기고 배수구를 파는 것임을 알았다.

바쁜 학생 생활이 그에게 매력이 있었고, 따라서 그는 학교에 계속 다니기를 원했다. 나는 그에게 다른 시험을 주었다. 그의 부드러운 손은 가래질에 익숙지 않아 이내 물집이 생기고 그의 손톱은 사라졌다. 다른 사람들은 그 현상을 그들 스스로 해결했다. 그는 노동의 분위기를 스스로 알아차리기 시작했다. 그렇게 우리는 한국인들의 그 긴 손톱이 사라지는 것을 알게 되었고 그것으로 그와 동료들 사이의 장벽도 사라지는 것을 발견하였다. 그는 일하지 않는 것은 명예롭지 않다는 것을 배웠고, 그는 일하는 것이 기쁜 일이라는 사실을 알리는 열렬한 교사가 되었다. 긴손톱주의는 한국뿐만 아니라 다른 나라에서도 해악이며 한국의 젊은이는 그들이 일해야 한다는 사실을 깨닫고 있다.

우리의 당면한 과제는 "우리 학교의 성격이 무엇이 되어야 하는가?"였다. 우리는 선의 최고량, 곧 최대선을 찾고 있다. 곧 돈과 노동을 가장 현명하게 사용하는 것이다. 본능적으로 우리는 한국인의 성격과 그들에게 필요한 것

---

186) KMF 1918년 1월 Hand Training Newssary as well as that of Head and Heart

이 무엇인지를 생각한다. 솔직히 하나의 시스템이 요구된다. 그것은 한 번에 정신적 도덕적 영적인 가치를 건설해야 하는 것이고, 또한 한국인의 나쁜 성격을 파괴하는 것이어야 한다.

한국인들의 나쁜 점이 무엇인가? 그들은 장래에 대한 사려가 부족하다. 명예에 대한 높은 관념이 없다는 것이 아니다. 직접적인 열정, 판단, 통찰력이 대체로 결핍되어 있다. 교육받은 사람은 통상적으로 자신을 과대 평가한다. 왜냐하면 그의 지성이 그의 생활에서의 경험보다 빠르게 성장하기 때문이다. 그러나 한국 젊은이에게 더 큰 위험이 있다. 왜냐하면 교육제도 속에 담긴 원래의 관념이 그와 그의 동료들 사이에 극복하기 힘든 장벽을 만들기 때문이다.

이러한 결핍에도 불구하고 우리는 개선할 수 있고 그것을 추구함에 있어서 실제로 인내할 수 있는 참다운 열정이 있음을 발견한다. 이것이 위대한 희망을 만들어낸다. 거기에 들어가는 상당한 비용을 정당화시킨다. 또한 우리가 그들을 위하여 할 수 있는 일체의 봉사를 만들어 낸다. 우리는 한국인을 위한 교육의 문제를 해결하려고 노력해 왔다. 그들 스스로 찾아온 몇 사람을 훈련시켜서가 아니라 그들을 지도자로 만들어서 교회와 지역 사회에서 도움을 주도록 파송하기 위해서이다. 많은 학생들이 빈곤하기에 우리들은 그들의 자조를 위한 육체노동을 할 수 있는 기획안을 만들어야 했다. 우리는 육체 노동 체제가 잘 조정되면 그 안에서 실제적인 교육이 이루어진다고 믿는다. 이런 육체노동이 무엇이 되어야 하는가에 대해서는 두 가지 이론이 있다. 첫째는 그의 전체적인 목적이 학생들에게 그들 자신을 지탱할 수 있는 것을 제공하여야 한다는 것이다. 두 번째 이론은 육체노동의 우선적 목표는 교육적인 것이어야 하며, 그 일을 하는 과정에서 학생들이 인격적으로 완전하게 된다는 비전을 갖고 시행되어야 한다는 것이다. 그들을 과학적으로 최고 수준의 기계기술자나 최고의 농부가 되게 하는 것이다. 문제가 바로 여기에 있다. 우리 학교의 목적이 무엇인가? 그것이 일차적으로 젊은이를 훈련시켜 특정 교회의 일을 하게 하는 것, 곧 목사, 교사, 그리고 교회의 영역을 확장하고 그 영적인 삶을 개발하는데 있어서 지도력을 발휘할 수 있는 사람들을 훈련시키는 것인가? 강조점이 어디에 놓일지라도 거기에서 우리는 결과를 얻을 것이다. 만일 후자가 우리의 목적이라면 우리는 전자에서 가장 좋은 열매를 얻는데 최선을 다해야 할 것이다. 만능의 사람을 개발하는데 가슴과 머리와 손이 훈련되어야 한다. 그렇게 우리는 모든 학생들이 어떤 훈련교범을 갖게 해야 한다. 우리학교의 목적은 젊은이를 훈련시키는 것인데, 그 젊은이는 선생이 되고 그들 백성의 지도자가 되어야 할 사람들이다. 예를 들면, 그들이 배운 대로 살아야 한다. 학생들이 그들이 벌지 않은 단 한 푼이라도 받지 않으려고 하는, 노동에 대한 그런 존경을 깨우치는 것, 견고한 기초위에서 우리가 산업노동을 확립할 수 있다. 자조와 지성적 노동을 위해서뿐만 아니라 성품의 개발과 하나님 나라의 건설을 위해서이다.

휴 오닐 2세 학당의 산업자조부에는 많은 분과가 있다. 예를 들면 목공, 기계창, 낙농, 돼지키우기, 밀, 농사, 정원가꾸기, 과수원, 정육, 양잠, 통조림공장, 이발소, 사탕과 당밀 만들기 등이다. 목공소와 기계창은 성공적으로 정확하고 조심성 있게 훈련시키고 있다. 지난 한 해 동안 우리는 2,655엔에 이르는 액수의, 738개의 분리된 일거리를 산출해 냈다. 지금까지 학생들이 875엔을 받았다.

낙농부는 우리의 뒤뜰 창고에서 두 마리의 암소로 시작했는데 현재 약 40마리의 암소로 발전했으며 낙농막에서 또는 농장 밖에서 송아지들을 기르고 있다. 이들 중 13마리가 홀스타인과 에어셔 혈통의 젖소이다. 10마리는 홀스타인과 한국소의 교배종 송아지이고 나머지는 한국소이다. 우리는 아직 성장하고 있다. 우리의 소들은 아직도 어린 암소이고, 생산자가 아니라 소비자이다. 많은 학생들이 낙농부에서 일했다. 그들 가운데 한 학생은 3월에 졸업했는데 낙농부 최고 책임자에 적합한 훈련을 받기 위하여 일본에 갔다. 우리는 사업의 초기 단계에서 약간의 손실이 발생하였다. 그러나 우리는 이들 송아지들이 우유를 생산하게 될 때에 아주 좋아질 거라는 전망을 갖고 있다. 우리는 1년에 7,600 카트(quart)[187]의 우유를 생산했다. 이것으로 85 파운드의 버터와 150파운드의 치즈를 생산했다. 치즈는 우편 소포를 이용하여 서울, 광산, 그밖의 곳으로 보냈다. 우리는 농막으로부터 농사에 쓸 150엔 이상의 값이 나가는 황소가 지고 운반할 600 덩어리 이상의 유기질 비료를 얻었는데, 이는 농사에 매우 중요한 자산이다. 지금은 하루에 열 명의 학생이 낙농부에서 일하고 있다. 다섯 명은 오전에 다섯 명은 오후에 일한다. 낙농부에서 학생들이 받은 전체 현금은 약 240엔에 이른다. 우리는 정부로부터 이 일에 독점적 허가증을 받았다. 우리들의 가장 큰 고객은 일본인들이다. 우유를 사는 한국인들은 그 숫자가 점점 늘어나고 있다. 외국인 선교사들도 고정 고객이다.

돼지기르기 부서는 '돼지는 돼지다'라는 책의 이야기로 출발했다. 우리가 갖고 있는 돼지의 품종은 버크샤와 요크샤이다. 버크샤가 최고의 품종이지만 우리는 검은 고기맛을 좋아하지 않는 외국인들을 위해서는 요크샤를 키운다. 우리는 15마리의 육종용 돼지와 58마리의 정육용 돼지와 29마리의 새끼돼지가 있다. 지난 겨울 우리는 33마리의 돼지를 정육용으로 도살하였다. 학생들은 소세지 만드는 방법, 시장에 내다 팔 정육 만드는 것을 배웠다. 다음과 같은 결과가 있었다.

정육과 소시지 ………………… 980 파운드
햄과 베이컨 ……………………… 590 파운드
라드(돼지기름;lard) …………… 100 파운드
비엔나소시지 …………………… 42 파운드

187) ¼ gallon, 약 1.14l

여기에서 볼 수 있는 최상의 결과 중의 하나는 전체 영역에서 이루어진 품종개량이다. 다가오는 수확을 위하여 비료를 준비하는 우리를 본받으려 하는 한국인을 보는 것에 감사를 드린다.

농업은 이제 3년차이다. 첫해에는 비료가 모자랐다. 우리는 사용한 비료에 대하여 아주 높은 값을 지불하였다. 비료를 사용하지 않으면 수확이 적다. 우리는 또한 돌을 제거함으로서 땅을 비옥하게 했다. 봄에 두 곳에서 3,500 짐의 돌을 제거하는데 3주 동안 15명의 학생이 동원되었다. 많은 비용이 지불되었지만 이제 이 땅은 많은 생산력을 보여줄 것이다. 지난 봄에 우리는 많은 비용을 들여 세 곳 이상의 땅을 정리하였다. 일한 소년들에게는 한 짐에 얼마씩의 계산으로 임금을 지불하였다. 400 짐 이상의 돌이 제거되었다. 금년에 우리는 거의 두 배 이상을 수확하였다. 세 명의 성공적인 농부가 우리와 협정을 맺어 농장을 운영하게 되었다. 그들은 소년들을 부릴 줄을 안다. 그들은 그 소년들을 가르쳐서 그들의 시간을 넉넉하게 준다.

이 부서에서 소년들이 얻은 현금 이익은 약 350엔에 달한다. 방앗간에서 우리는 약 450 가마의 쌀과 약 200 가마의 수수와 다른 곡식을 도정했다. 황소들이 바빴는데 그들은 노동을 통하여 그들의 밥값을 지불해야했기 때문이다. 한 두 소년이 여기서 일했다. 돼지들에게 곡식을 빻는데서 나오는 부드러운 곡식껍데기 가루(뒹겨)를 주었다. 그래서 돼지기르기 부서에 도움이 되었다.

학생들은 학기 중에 바쁜 시간에도 매일 많은 것을 배우고 그것은 그들의 가정에까지 확산되었다. 아래의 목록은 그들이 매일 반나절씩 일들을 실천하는데 얼마나 바쁜지를 보여준다.

* 목공과 캐비넷 만들기 부서가 있는 산업부에서 학생들은 대패질하기, 톱질하기, 틀기와 연결하기, 짓기를 배운다.

* 기계창에서는 소년들이 대장질, 병 만들기, 관 맞추기, 수선하기를 배운다.
* 유리 끼우기와 염색 하는 방에서는 유리 자르기, 다듬기, 맞추기, 나무염색하기, 페인트 칠하기 등으로 소년들이 바쁘다.
* 산업농장에서는 땅을 준비하고 쟁기질하기, 거름주기, 씨뿌리기, 경작하기, 잡초 뽑기, 관개하기, 추수하기 등으로 조금도 게으름 피울 수 있는 시간이 없다. 그리고 항시 거기에 있어야만 한다.
* 방앗간에서는 사료를 저장하고 곡식을 도정한다.
* 정원에서는 수확량을 설계하고 쟁기질을 하고 거름주기를 하고 채소저장을 한다.
* 과수원 운영은 나무를 심고 약을 뿌리고 가지치기를 하고 거름주고, 접붙이기를 한다.
* 통조림부에서는 학생들을 고용하여 저장보관, 깡통에 넣기, 젤리 만들기와 같은 일들을 한다.
* 낙농부에서는 여물주기, 품종돌보기, 우유짜기, 살균하기, 시장에 내다팔기, 버터와 치즈 만들기, 거름만들기 등의 일을 한다.
* 돼지기르기 부서에서는 먹이주기, 품종돌보기, 소시지 준비하기, 햄과 베이컨 굳히기 등을 한다.

우리는 양잠을 위해, 500그루의 뽕나무 심기를 막 시작했다. 내년 봄에는 누에치기와 계란사업을 시작할 것이다. 꿀벌 사업에서는 우리는 꿀벌을 분봉하고, 돌보고 있다. 내년에는 내다 팔 꿀을 얻을 수 있을 것이다. 임산(林山)부에서는 씨앗에서 나온 싹 곧 묘목을 내년 봄에는 옮겨 심을 것이다. 우리에게는 외국에서 들여온 닭과 칠면조가 있다.

1년 동안 학생들이 일한 반나절의 총계는 모두 17,881회에 이른다. 자조부에서 학생들에게 지불한 전체 금액은 2,385.37엔에 이른다. 자조부에서 운용한 돈의 총액은 매달 평균 750엔이 된다. 자조부에는 이를 운영하기 위한 외국으로부터 지원해주는 기금이나 내려주는 기금이 전혀 없다. 각 부서는 자조해야 한다. 그 자체 운영비를 마련해야 한다. 어떤 부서는 적자이고 다른 부서는 남는데, 우리는 학교의 산업자조부에 어떤 결손도 없이 그 해를 마감한다. 이것은 전체 9,000엔의 수입과 지출 총액에서 학생들이 노동의 댓가로 거의 4분의 1을 받고, 그들 노동의 비용은 그 자체로 부서의 손실이 아니라는 것을 보여준다.

우리가 보듯이 산업노동은 그것이 항상 성공을 거둔다는 인상을 주지는 않는다. 이 일은 잘 선정된 좋은 기계설비가 있는 경우에서조차도 실행하는 데 있어서 조심스레 겸손하게 해야 하며 그 가장 의미 있는 결과는 그들 자신을 분석이나 책으로 만드는 데 내주지 않는다. 어느 기관에서 이루어진 일을 알기 위해서는 학교의 결과를 탐구하는 것이 관례적이다. "너의 졸업생들은 무엇을 하고 있는가?"라는 질문이 던져 졌을 때, 그 대답은 쓰여진 돈과 노력이 학교의 목적을 성취하고 있는지 어떤지에 관한 사실을 드러낸다. '휴 오닐 2세 학당'은 오래된 학교가 아니다. 우리의 첫 졸업생은 1909년에 나왔다. 우리의 졸업생들은 전도와 교육을 하느라 농장에서, 가게에서, 사업에서 매우 바쁘다. 일부는 일본의 특수학교에서 공부하고 있다. 그들은 교회사역에서 유능하다.

어떤 사람들은 학생들이 학기 중 일자리를 갖게 됨으로 학습에 장애가 있다고 말한다. 이것은 그의 일이 그의 교육과 훈련의 한 부분이지 별개의 것이 아니며, 체계적으로 정리되었을 때에는 해당하지 않는다. 우리 졸업생 가운데 세 명이 서울의 의과대학에서 그리고 일본의 와세다 대학에서 1등을 하고 있다. 지난 봄 대학평의회에서 실시한 시험에서 다양한 미션학교에서 온 85명 중에서 합격자 18명 속에 9명이 우리학교 졸업생이었다. 9명 가운데 1명을 뺀 나머지 모두가 산업자조부에서 일을 하여 자신의 학교생활을 열어간 학생이다.

우리의 졸업생이 모두 133명인데, 그 중에서 3명이 죽었다. 그들의 평균

나이는 22살이다. 그들은 아직 저명한 자리를 얻을 수 있는 나이에 이르지 못했다. 그러나 우리는 그들이 교회에서 쓸모 있는 사람들이며, 게으른 나날을 보내지 않는다는 사실에 기쁘다. 살아있는 130명의 졸업생들 가운데서 한국교회의 외국인 선교사 총회에서 임명된 목사가 한 사람 있다. 한국교회가 지원하는 10명의 복음전도자가 있다. 4명의 장로와 10명의 지도자(장차 장로가 될 사람 embryo elder) 39명의 집사, 64명의 주일학교 교사가 있다. (이것은 위의 내용을 포함한다.) 그렇게 많은 사람이 교회에 유용하게 쓰이고 있다.

45명이 더 나은 직업 훈련을 받기 위하여 학교에 다니고 있다. 한국 밖의 대학에 12명이 나가 있다. 정부의 특수학교에 10명, 한국에 있는 대학에 15명, 신학대학에 8명이 있다. 국내외 선교사 신분으로 또는 복음전도자의 신분으로 교회로부터 급여를 받는 사람이 12명이고, 43명이 초등학교 교사, 교장 가운데 5명이 있고 7명은 정부의 기관에 있다. 4명은 목수이고 캐비넷 작업자이며, 14명은 농사를 짓고 있고 5명은 기업을 운영한다.

우리는 전적으로 철저하게 우리가 그 소년들을 그렇게 훈련시키면 그들이 독립된 생활을 하게 되었을 때에 기하학이나 중국 고전은 수수나 조의 성장, 대장간이나 가축돌보기, 쟁기질하기, 김매기 등의 방법의 지식에 대해 그들이 갖게 될 감사의 마음을 표현하게 할 것이다.

우리 졸업생들이 그 일들을 실천하면서 그들이 학교 강의실에서 뿐만 아니라 그들의 '긴 손톱'을 망가뜨리는[188] 훈련부에서 배우는 것을 볼 때에, 우리는 그 결과가 그 노동에 상응하는 값이 있다고 느낀다. 한국 청년들은 바로 이것을 필요로 한다. 그는 머리를 훈련시켜야 하지만 비단 코트와 보라색 리본과 외국제 구두를 신고 점잖은 체하는 하이컬러의 개인이 될 것이 아니다. 그는 또한 그가 함께 일하는 또는 그가 위하여 일하는 사람들이 아는 산

---

188) 당시 양반가 자제들이 새끼손톱을 길게 기르고 있었는데 그것이 그들은 노동을 하지 않는 계급이라는 표시가 되기도 하였다. 그런데 그들이 산업자조부에 와서 노동을 배우게 됨에 따라 긴 손톱이 부서져버렸다는 것이다.

업현장에서 훈련되어야 한다. 그러면 그는 보다 높은 수준의 삶으로, 그리고 주 예수 그리스도, 그의 구세주에 대한 지식으로까지 그의 동료들을 끌어 올릴 수 있는 많은 길들을 갖게 될 것이다.

19. 학생들은 먹어야 한다[189)]

- 어디서 어떻게 먹이는가 또는 하숙부의 운영 -

그렇다. 학생들은 먹어야 한다. 그들이 어디서 먹어야 하는지 왜 이것이 학교 생활에서 필요한 부분인지에 대한 물음이 있으면 가장 잘 정리되어야 한다. 학생들이 생활하는 세 가지 방법이 있다. 집에서, 하숙에서, 또는 기숙사에서 사는 것이다. 후자 둘은 우리 주제에서 특별히 관심을 가져야 할 부분이다. 학생들이 하숙할 수 있는 좋은 집을 계획하는 것은 매우 중대한 문제이다. 학생들이 그들 스스로 자신의 숙소를 찾도록 내버려둬서는 안 된다. 하숙집 값을 정하는 일은 언제나 어려운 일이다. 일반적으로 하숙집 주인들은 하숙집 방값 정하는 데에 남이 개입하는 것에 화를 내며, 그들끼리 뭉쳐서 스스로 값을 정한다. 그들은 교장이나 책임부서에서 조정한 합리적 가격에 비용을 부담하는 것은 손해라고 하면서 낮은 값을 거절한다. 그 결과는 대체로 하숙값을 하숙생들이 실제적으로 부담하게 된다. 난방 조명 음식의 일반적 위생 조건, 학생들이 잠자는 장소 등은 학교의 통제 밖에 있다. 학생들이 먹는 음식은 반드시 위생검사를 받아야 하는데, 이 계획은 그것을 막는다.

바람직한 결과를 얻기 위해서 기숙사는 학교에서 절대적으로 필요하다. 여기서 학생들은 남들과 섞여 어울리며 사는 기술을 배우게 된다. 그의 귀여운 단점이 알려지고, 그는 그가 공동체에서 유일한 한 사람이라는 것을 인식하게 되며, 다른 사람의 권리도 존중되어야 한다는 인식을 갖게 된다. 기숙사에서 공부 시간을 규정할 수 있다. 그들이 먹는 음식도 철저히 검사되어야 하며, 영적인 생활의 발전도 지도를 받을 수 있다. 학교에서 가장 큰 문제는

---

189) KMF 1918년 10월 The Student Must Eat

'얼마나 더 많이' 가 아니다. 우리는 학생들이 그 자신의 학업을 위해서 할 수 있는 수단을 갖게 하기 위한 방안을 설계할 수 있다. 그러나 문제는 학생들의 비용을 우리가 얼마나 더 줄일 수 있어야만 그들이 적은 비용으로 교육받을 수 있게 하느냐는 것이다. 우리는 약간의 급여로 온가족이 살고 있는 경우를 본다. 어째서 한 학생의 하숙비용이 그렇게 많은지 이상하게 생각한다. 이 문제를 해결해야 할 필요성을 느끼면서 우리는 하숙부를 운영하는 몇 가지 방법을 위해 노력했다. 그중 몇 가지는 다음과 같다.

우리는 일부 학생들에게 접시와 솥을 주고 그들 스스로 취사하도록 허락하였다. 이것은 몇가지 이유에서 실패하였다. 만일 그가 남학생이라면 요리 경험을 갖게 된다. 일부 여학생도 그러하다. 이 경험이 남학생에게는 필요한 것이 아니다. 우리는 조심스럽게 쌀 또는 조의 양을 가늠하여 그것을 샀다. 남학생들이 거의 집에서 다니는 학생만큼 소비하는 것을 발견하였다. 한달 동안 남학생들이 한 솥 이상의 밥을 태워 낭비하였다. 병이 나면 그는 얼른 약을 샀는데, 이것은 그의 방을 따뜻하게 할 수 있는 충분한 연료를 사용하는데 익숙하지 못했기 때문이며, 또는 그의 음식을 먹음직하게 조리할 충분한 양념을 사용해 본 일이 없기 때문이다. 이 계획은 지난 몇 년 동안 꽤 많은 시험을 거쳤음에도 결과적으로 우리에게 완전한 실패였다. 한 번에 너무 많이 먹인 결과로 또 남은 시간 쫄쫄 굶은 결과로 많은 병자가 발생하였다. 연료를 아끼다가 감기에 들곤 했던 것이다. 우리는 어떤 환경에서든 다시는 그것을 허용하지 않을 것이다.

다른 계획은 음식준비와 난방을 할 수 있는 경쟁력을 지닌 한국인에게 기숙사를 맡기는 실험을 해본 것이다. 그는 사업 경험이 있는 사람이었으며, 교회의 직원이었고, 학생들을 많이 사랑하는 사람이었으며, 신교육을 받았고, 이 일로 그의 생계를 꾸려나가는 사람이 아니라 교회를 위하여 그가 성취할 수 있는 선을 위하여 내가 권유했기 때문에 그 일을 하는 사람이었다. 우리는 그가 난방용 땔 나무가 값이 쌀 때 사놓을 수 있도록 그리고 쌀과 조를 가장 값이 쌀 때 사놓을 수 있도록 1년 단위로 돈을 그에게 빌려 주었다. 곡식청구서 지불에 대한 엄격한 규율이 있음에도 식비를 내지 못한 학생들로 인하여 야기된 빚 때문에 그가 고통 받는 것을 발견하였다. 또한 주어진 음식 종류와 난방에 대하여 엄청난 불만이 있었다. 학생들 입장에서는 책임자에게 엄청난 이익이 돌아가고 있다는 느낌이 들었다. 결론적으로 우리는 거의 이상에 가까운 계획을 세웠다. 그것은 일년간의 노력 끝에 개발된 것이다. 우리는 학생들을 5그룹으로 나누었다. 그리고 구별되는 이름을 부여하였다. 학생들의 삶의 표준에 따라 정리되었다. 첫 번째는 최고의 쌀과 최고의 양념, 조미료 등을 날마다 사용하였다. 한 달에 4.00에서 4.50엔의 비용이 들었다. 두 번째는 좋은 쌀이지만 약간 덜한 맛을 내는 반찬을 주었는데 이 비용은 한 달에 3.50에서 4.00엔이었다. 세 번째는 쌀과 조를 섞은 밥에 꽤 괜찮은 반찬과 한 주일에 두 번 고기를 주었으며 비용은 3.00에서 3.35엔이었다. 좁쌀은 네 번째 클럽의 주식이었다. 일주일에 고기와 특별식을 두 번 주었다. 비용은 2.80에서 3.00엔이었다. 다섯 번째는 네 번째와 거의 같은데 다만 특식이 없고 가장 값싼 곡식과 그와 같은 것들이 제공되었다. 비용은 한 달에 2.50에서 2.80엔이었다. 각 클럽은 의장으로서 한 사람의 교사가 있다. 그 의장은 모든 모임을 주도한다.

이러한 계획이 계층을 나누는 것으로 생각할 수 있을 것이다. 그러나 우리의 경험은 다른 것을 입증하였다. 학생들은 서로 분리된 곳에서 식사를 한다. 그러므로 그들은 다른 학생들이 무엇을 먹는지 보지 않는다. 이 클럽 계획은 단지 먹는 것만을 위해서 정리한 것이다. 각 클럽은 요리하는 여자를 두고 있다. 이들 요리사는 대체로 그들의 아들들에게 공부시키기 위해서 온 어머니이다. 클럽은 그 어머니와 아들에게 노동의 대가로 숙식을 제공한다. 그녀는 그 클럽 아이들 모두의 어머니가 된다. 그들은 또한 그녀에게 매달 식비에서 남은 거스름돈 50센을 드린다. 이들 여자들은 멀리서 온 학생들의 경우 바느질도 하고 세탁도 하여 소년들의 옷을 깨끗하고 단정하게 해준다.

그런 여분의 모든 일에 대하여 학생들은 개인적으로 대가를 지불한다. 소년들은 그들이 마치 집에 있는 것처럼 느낀다. 그들이 건강이 안 좋을 때 이들이 그들을 위로하는데 있어서 엄마노릇을 한다. 그가 집에 있을 때 그의 어머니가 그에게 해주듯 아픈 학생을 위해 맛있는 음식을 만들어준다. 그녀는 그녀의 아들들을 자랑스러워 한다. 그녀는 소년들 사이에서 기숙사의 분위기를 깨끗하고 학생들에게 영적으로 도움이 되는 방향으로 유지하는데 영향을 미친다.

음식재료를 구입하는 일은 각 클럽의 위원회의 손에 맡겼다. 공급되는 물품은 책임자에게 자물쇠와 열쇠를 맡겨 그들의 책임 아래 보관하였다. 소년들은 난방용 땔나무와 조명용 기름을 그들 스스로 샀다. 한 달에 한번 클럽에 보고해야 하는 회계책임자를 두었다. 나의 비서는 모든 클럽의 내용을 보고 받았고, 위원회에 제출할 보고서를 만들었다. 그 위원회는 클럽의 모든 의장들로 구성되어 있는데, 나는 이 위원회의 의장이다. 매달, 클럽을 옮기고자 하는 요구가 있다. 어떤 학생들은 학교에 입학할 때 자조부에서 일할 수 있는 지를 물었고, 그들에게 일자리를 줄 필요가 있다는 인상을 주기 위해서 좁쌀밥 클럽에 들고자 노력했는데, 그들을 흰 쌀밥을 먹는 클럽으로 옮겼다. 왜냐하면 부모들이 결국 비용을 집에서 댈수 있다고 했기 때문이다. 이렇게 옮기는 과정은 클럽 계획의 잇점 중의 하나이다. 최고가의 클럽에서 시작한 어떤 사람들은 나중에 다른 클럽으로 옮길 수 있는 허가를 해주었다. 그런 식으로 항상 좁쌀만 먹어 왔던 가난한 학생들도 그에게 적절한 클럽으로 옮겨갈 수 있다. 클럽에서 학생들에게 독립은 전혀 허용되지 않았다. 그들의 메뉴를 정리하는 일을 제외하고는. 한 소년이 비용을 제대로 지불하지 않으면 다른 소년들이 그가 지불해야할 때까지 그를 지켜야 한다. 학교는 또는 어떤 개인도 그의 동료 클럽회원들이 그에게 아침 점심 저녁에 요구하는 것과 같이 어떤 방식으로든 학생이 그 숙식비에 대한 빚을 지불해야 할 의무 때문에 학생을 압박할 수 없다. 그들은 언제나 그와 함께 있고 그는 그의 비용을 지불하고 그렇지 않으면 음식을 먹을 수 없다. 클럽의 학생 회계는 항상 자조부에서 돈이 쓰여야 할 곳을 찾는다. 그는 학생이 그 돈으로 연필 책 또는 그와 같은 것을 사는데 사용하기 전에 가장 먼저 그 돈을 받기 위하여 거기 있다. 그들 사이에는 매우 엄격한 규칙이 있다. 그들은 그렇게 비용을 최하로 깎아 내린다. 우리는 이제 그것을 그렇게 정리해냈다. 그래서 물건을 구입하는 것과 클럽의 일을 하는데 많은 시간을 뺏기지 않는다. 클럽은 너무 클 필요는 없다. 우리는 그것이 20명이면 이상적이라는 것을 발견했다. 그러나 그들은 현재 12명에서 32명까지이다.

나는 모든 교장은 만일 제대로 이해한다면 이 계획이 좋은 것임을 알 것으로 확신한다. 그것은 학생들에게 자치적인 그리고 사업하는 교육을 제공한다. 손실을 지켜보고, 장날 시장에서 흥정하는 것, 가정에서의 관리 등의 교육을 제공하는 것이다. 그것은 정치 경제 사회학이 함께 연결된 학교이다. 그 관리에 최선을 다하는 학생들은 그의 가정에서뿐만 아니라 그가 나중에 교회의 일을 하게 될 때 교회의 재정적인 문제에 있어서도 큰 자산을 갖게 된다. 한국인들은 위의 모든 일들을 배워야 한다. 그것은 한 사람이 만드는 것은 그렇게 많은 것이 아니라 그것은 한 사람이 절약한 것이라는 것을 배워야 한다. "절약한 한 페니는 벌어들인 한 페니이다"는 말이 사실이 된다. 큰 잔치를 벌여 하루 낭비하고 두 주일 굶는 일이 한국 가정에서 너무 많다. 여기에 기숙사에서 학생들에게 실용적 교육을 제공할 기회가 있다. 그것은 그들에게 한 달, 일 년 단위 미래를 위한 계획을 수립함에 있어서 그를 도와줄 것이다.

20. 연합기독교대학 전도대[190)]

지난 여름 방학 기간 동안 대학 전도대는 저 먼 남쪽에서 북쪽에 이르기까지 많은 승리를 거두었다. 52개의 여름성경학교가 많은 마을에 예수와 그의 복음을 전했고, 한국의 13개도와 만주에 사는 수천 명의 사람들과 가정에 그리스도의 복음을 전했다. 만일 당신이 한 가운데 윤산온 교장과 함께 찍은 사진 속의 대학생들을 세어 본다면 당신은 50명을 찾을 것이다. 8명은 사진을 찍지 못했다.

이번 여름 성경학교 등록자수는 각각 60에서 400명에 이른다. 전체 등록자수는 7,235명이다. 어떤 곳에서는 저녁집회까지 있었다. 아이들은 기독교인이 아닌 그들의 부모들을 데리고 왔다. 이들 저녁 모임에서 1,000명 가량이 복음을 들은 것으로 추산이 된다. 대학의 가을학기 개강 후 간증 모임에서 농학부의 한 신입생 애기[191)]가 "얼마나 놀라운 하나님의 은혜인가! 거의 400명의 소년들과 소녀들이 두 주일간의 학습에 등록을 했으니"라고 하였다. 우리는 기도했고 계획을 세웠다. 19명의 젊은 남자와 여자가 가르치기를 자원하였다. 우리의 목표는 하나님의 말씀을 기억하게 하는 것이다. 왜냐하면 우리는 가르치는 것이 가장 중요한 것임을 알기 때문이다. '내 말은 나에게 빈 말로 돌아오지 않는다' 우리는 아이들에게 어떻게 기도하는 지를 가르쳤다. 우리는 그들을 사람을 낚는 어부가 되라고 가르쳤다. 그들 부모와 함께 막 시작한 그들에게 그렇게 가르쳤다. 항구적인 결과를 얻기 위하여 우리 19명은 기도하기 위해 그리고 성경공부를 위해 함께 모였다. 왜냐하면 우리

---

190) KMF 1935년 12월 Union Christian Preaching Bands

191) Aggie라고 윤산온이 표기했는데, 아기 또는 애기를 이렇게 쓴 듯하다.

는 스스로가 해온 것보다 더 높지 않으면 다른 사람들을 지도할 수 없다는 것을 느꼈기 때문이다. 이 도시의 많은 다른 청년들이 우리를 돕기 위하여 매일 왔다. 그들은 선생들을 데려왔고 참외, 수박을 가져왔다. 의기소침할 일도 있었지만 우리가 예수와 동역자라는 느낌이 우리를 덮었기 때문에 이런 일들을 잊었다. 참으로 환난 역경 속의 큰 즐거움이었다.

황해 속의 한 섬인 백령도에서 두 개의 성경학교가 열렸다. 어부들이 그들의 선원들을 데려왔다. 해변에 천막을 치고 거기서 아이들을 가르쳤다. 숭실대학생들이 여기서 저녁마다 아이들에게 전도했다. 많은 나이든 사람들, 복음에 굶주린 사람들이 아이들에게 가르치는 내용에 온종일 귀를 기울였다. 한 경찰관이 그들이 떠나기 전에 아이들에게 잔치를 베풀었다. 그들이 한 일에 대하여 감사를 표하기 위해서이다. 맨 앞 줄과 둘째 줄의 3명이 두 전도대에 속한 사람들이다. 한 전도대는 평양에서 40마일 떨어진, 복음을 필요로 하는 곳으로 나갔다. 다른 한 전도대는 전라도 남단으로 갔다. 그들은 25개 교회에서 전도집회를 열었다. 그들의 음악은 큰 자산이다. 전라남도 소록도 [Biederwolf Leper Colony][192]에서 복음전도대는 어느 오후에 집회를 열었는

192) 순천 애양원을 말한다. 애양원교회의 시작은 미국 남장로교 한국 선교회 소속 선교사들의 선교 활동으로부터 시작이 되었다. 1904년 2월 목포 선교부에서 광주선교부를 개설하기로 하고 벨목사 오웬 목사를 파송하여 설치케 되었다. 1909년4월3일 급성 폐렴이 걸린 오웬 의사를 치료하기 위해 목포에서 활동 중이던 포사이트(Wiley H.Forsythe) 의사가 광주로 급히 오다가 광주에 도착하기 전 13마일쯤 떨어진 남평과 광주의 금당산 사이에 있는 곳 길가에 누워 있는 여자 한센병 환자를 보았다. 그는 자신에 대한 위험을 생각지 않고, 오로지 주님 께서 하신대로 행하려는 마음에서, 그녀를 안아 말에 태우고 광주까지 걸어서 왔다. 이 한센병 환자 여인은 1908년 3월에 부임하여 선교활동을 하고 있던 윌슨(Robert M.Wilson)이 사역하고 있던 광주 선교 진료 입원실에서 치료를 시작하였다. 그 때 이 여인을 정성을 다하여 치료해 주던 광경을 지켜 보았던 윌슨이 1909 년 여름, 인근 봉선리에 작은 집을 짓고 한센병자 20여 명을 치료하기 시작했다. 그 후 최흥종 목사가 제공한 1000평의 부지에 45인 수용시설로 출발하여 환자가 늘어 갔으며 윌슨과 제중원 사무원 최흥종과 이만준 등이 3년간 전도를 해서 1912년에 영국 에딘버러에 있는 영국 한센병 협의회로부터 2천달러의 도움을 받아 한센병자 수용소, 진료소, 예배처소 등을 마련하게 되었다. 1916년 이후 찾아드는 한센병자 수는 나날이 늘어나 1924년에는 560여명에 달하게 되었다. 1924년부터 광주 한센병자 촌을 순천으로 옮겨가려는 준비를 해서 1928년에 완전히 현재의 애양원으로 이주를 하게 되었다. 1928년 이주 당시 "비더울프 나병원(Biederwolf Leper Colony)"이라고 불렸으며, 교회는 신풍교회라 불

데, 복음을 전하고 간증을 하고 800명의 나환자에게 최고의 음악을 연주하였다. 광양에서 길 목사는 발언할 기회를 얻지 못했다. 이들 대학생들이 왔을 때 약 600여명의 청중이 나왔는데, 항구적일 각성이 거기 있었다. "젊은이, 남들을 위해 열정적으로 그리고 인색하지 않게 자신을 희생하는 이들 젊은이들이 그 불을 잡았다"고 길 목사가 기록했다. "나도 깊이 고무되었다. 그리고 실천하고 있다. 몇 명의 새 신자가 다음 달에 학습을 받을 것이다. 우리는 이들 숭실대학 학생들을 보내주신 하나님께 감사드린다."

지난 여름 25회에 걸쳐 개최된 집회의 청중들은 약 9,000명으로 집계된다. 우리는 숭실대 학생들이 지난 여름 목격한 남자, 여자, 아이들이 25,000명에 이르는 것을 쉽게 추산할 수 있다.

대학생들이 가서 사역한 지역과 교회들로부터 많은 편지가 왔고 계속 오고 있다. 명광(明光 Bright Light town)이라는 도시에서 온 한 편지는 다음과 같다.

"당신의 대학생들과 함께 예수가 오기 전에 우리의 도시는 얼마나 어두웠는지!! 우리 기독교인들은 불을 잡았습니다. 중죄인들이 하나님의 말씀을 들었습니다. 그의 구원하여 주심을 기뻐하고 있습니다. 우리의 도시는 그의 이름과 같이 공정하게 될 것입니다. 우리는 주변의 많은 시골마을들이 짙은 어둠에서 그리스도에게로 나아오기를 기대합니다. 내년 여름에도 대학생들을 다시 보내주시기 바랍니다."

다른 편지는 이렇게 썼다.

"내 아들이 아내와 아기를 남겨놓고 집을 나가 유전적인 허랑 방탕의 삶을

렸다. 비더울프라는 사업가가 당시에 애양원내의 시설을 지어주겠다고 자신의 이름으로 병원 이름을 하라고 했다 한다. 그후 개인의 이름으로 불리는 것이 바람직하지 않다 하여 1935년 당시 원장인 윌슨박사가 환우들에게 현상 공모하여 "애양원"이라는 이름이 채택되었다.

살고 있습니다. 집 나간 아들은 돈을 더 얻으려고 돌아왔습니다. 대학생들이 왔습니다. 그들이 내 아들을 붙잡았는데 그의 모든 삶이 바뀌었습니다. 그는 교회에 나가고 있고 주일학교에서 돕고 있으며 성경클럽에서 가르칩니다. 하나님께서 그를 복음 전도자로 부르실지 모릅니다. 왜냐하면 그는 명석한 정신을 갖고 있고 이제 깨끗한 마음까지 지니고 하나님을 위해 일하고 있기 때문입니다."

여수교회순회전도대원

이 편지는 북녘에서 온 것이다.

"우리 교회는 당신의 대학생들이 올 때 거의 마지막 숨을 쉬고 있었습니다. 작은 불꽃이 일어났고 이제 122명의 진정한 기독교인들이 정규적으로 주일 예배와 주일학교 수요일 기도모임에도 참석하고 있습니다. 당신은 그들이 추수하는 들녘에서 일하는 동안 부르는 찬송을 들어야 합니다. 우리는 모두 주님이 주시는 기쁨에 들떠 있고 뜨거운 여름에 당신의 학생들이 성령의 힘을 갖고 우리 마을에 온 것에 대하여 하나님을 찬양합니다. 이곳에서 항구적으로 이루어진 결과를 우리와 함께 즐기기 위하여 성탄절에 그 학생들 일부를 이곳에 보내주시기 바랍니다."

행복한 결과를 이루어낸 모든 곳을 생각하자! 그리고 승리한 영혼들과 되살아난 기독교인들을 생각하자!

III부

헬렌 매카피 매큔의 KMF기고문과 선교보고서와 편지들

明治三十八年七月八日第三種郵便物認可

THE

KOREA MISSION FIELD

Vol. II. SEOUL, KOREA, NOVEMBER, 1905. No. 1.

STEAMER ANTO MARU THE DAY AFTER THE WRECK.

The Wreck of the Anto Maru.

BY MRS. HELEN MCAFEE MCCUNE.

The Siberia landing in Yokohama August 31, had on board some thirty-five missionaries of various denominations bound for Japan, Korea, China, India, and the Philippines. Korea claimed ten of the number, two returning after furlough and eight coming to join the missions for the first time. Yokohama witnessed a change in the group, for three of the young women were met half-way and came on to Korea later as brides. The seven who were left journeyed on, having still one bride-to-be left for safe delivery. The trip across from Japan was made without noteworthy incident, unless there might be reason for congratulation because of the unusually quiet passage. At Fusan the company again divided, those belonging in the south leaving three to find their way to Chemulpo alone.

Saturday, September 9, was a cloudy day and toward evening the Anto Maru began to roll in an unpleasant way. As night came on it became rougher and finally a heavy fog settled about the vessel. Mr. and Mrs. McCune and Miss Donaldson, since become Mrs. Koons, en route to Seoul and Pyeng Yang were the only "foreigners" on board. At midnight after an hour of being lost in the fog with the fog-whistle blowing its lonesome wail, the Anto Maru struck a rock with a crash which brought terror to every one on board. In a moment the whole boat was in confusion. It is fearful to be unable to understand any explanations or interpret any orders and signals as one is who is new to the Jap-

10388

헬렌 매카피 매큔의 KMF 기고문

1. 안토마루호의 좌초 The Wreck Of The Anto Maru KMF 1905년 11월
2. 선천의 일요일 아침 Sunday Morning In Syen Chyun KMF 1911년 9월
3. 선천에서 소녀와 젊은 여성들을 위한 사역 Work in Syen Chyun For Girls and Young Women KMF 1911년 11월
4. 선천의 부인사경회 The Syen Chyun Women's Bible Study Class 1912년 8월
5. 선천의 주일학교들 Sunday Schools In Syen Chyun KMF 1915년 10월
6. 부인들의 집회-장로회 대회 Women's Meeting -Presbyterian Conference KMF 1917년 9월호

1. 안토마루호의 좌초

KMF 1905년 11월

지난 8월 31일 요코하마에 정박한 시베리아호에는 일본, 한국, 중국, 인도 그리고 필리핀으로 가는 여러 교파의 35명의 선교사들이 타고 있었다. 한국행 선교사는 10명인데 2명은 휴가 뒤 귀환하는 중이었고, 8명은 처음으로 선교에 참여하러 오는 중이었다. 요코하마에서는 도중에 만난 3명의 젊은 여성이 나중에 신부가 되어 한국에 오는 변화를 목격했다. 예비 신부 한 명은 더 안전하게 오기 위하여 남았고, 나머지 7명은 여행을 계속했다. 일본으로부터 한국으로 건너오는 여행은 평소와 달리 순조로운 뱃길 때문에 축하할 이유가 있었다는 것 말고는 별로 특별한 사건이 없었다. 부산에서 우리 일행은 다시 나뉘었는데, 남쪽 지부에 속한 사람들과 제물포로 갈 길을 찾아 나선 세 사람이었다.

9월 9일 토요일은 구름 낀 날씨였는데, 저녁 무렵 안토마루호는 심상치 않게 출렁이기 시작했다. 밤이 되면서 험해졌고 마침내 배에 짙은 안개가 잔뜩 내렸다. 매큔 부부와 도날슨 양[1)]은 배에 탄 유일한 외국인이었다. 안개에 빠져든 지 한 시간 뒤 자정 무렵, 호루라기가 째지는 듯 울리면서 안토마루호는 갑판 위의 모두를 공포로 몰아넣는 굉음과 함께 암초에 걸렸다. 한 순간 배 전체가 혼란에 빠졌다. 일본어나 한국어에 생소한 사람으로서 어떤 설명도 이해할 수 없었고, 어떤 지시나 신호도 해석할 수 없다는 것은 두려운 일이었다. 혼란 속에서 영어를 약간 할 줄 알았던 몇몇 사람들이 그들이 아는 얼마 안 되는 말마저 잊어버렸고, 사건의 근본 원인이 무엇인지에 대해 알

1) 도날슨 양은 나중 쿤스(Edwin W. Koons) 목사와 결혼하였다.

수 있게 될 때까지는 긴장의 연속이었다. 한참 있다가 한 일본사람이 정신을 차려 그의 영어를 회복했고, 우리는 안토 마루호가 암초에 걸렸으며, 갑판이 비스듬히 기울어진 채 한쪽으로 불안정하게 걸려 있음을 알게 되었다. 배가 가라앉으리라는 두려움이 있었지만 상륙할 지점을 찾아 승객들이 배를 떠날 때까지 배가 바위에 걸려 있으리라는 것은 희망적이었다. 펌프가 작동했고, 상륙할 지점을 찾도록 보트가 보내졌다. 당연한 것이겠지만 첫 번째 충격과 혼란 뒤에 갑판에서 장교들과 선원들은 일사분란한 모습을 보여 주었다. 구명보트는 아주 위험한 임무를 수행하러 떠나서 그 일을 잘 해냈지만, 기다리는 사람들에게는 구명보트가 돌아올 때까지가 긴 시간인 것처럼 느껴졌다.

일등실 승객들은 선실로 불려가 구명 기구를 지급받았다. 빵을 나누어 받고 육지가 나올 때까지 물이 없을까봐 모두들 서둘러 물을 마셨다. 마침내 보트가 돌아왔고, 일등실과 이등실 승객들이 갑판으로 호출되었다. 금방 잊을 수 없는 광경이 펼쳐졌다. 너무 어두워서 갑판 저 편을 볼 수가 없었다. 한 두 개의 손전등이 배와 나란히 놓이도록 애쓴 구명보트를 가까스로 비추고 있었다. 갑판위에 밧줄, 상자 같은 것들이 어지럽게 널려 있었고, 사람들은 그것을 넘고 기어서 보트에 이르러 먼저 탈출하려고 애쓰고 있었다. 배가 불안정하게 암초에 걸려 있었고, 마치 희생제물을 휩쓸어 가기로 작정한 듯 허리춤으로 치고 들어오는 파도 때문에 무언가에 의지하지 않고 갑판에 서 있는 것은 불가능했다. 밀려오는 파도로 매우 조심해야 했기 때문에 구명보트를 옆에 나란히 대기까지는 시간이 걸렸다. 구명보트에 먼저 타기 위한 필사적인 투쟁이 있었고, 세 명의 외국인들은 그러한 위험 속으로 밀려들어가기 보다는 옆으로 비껴 있었다. 구명보트 하나가 이내 가득 차고 이등실 승객들이 모두 떠나자 다른 보트가 왔다. 두 번째 보트가 사람들을 가득 태우고 있을 때, 매큔씨가 도날슨 양을 그 난간으로 갈 수 있도록 도왔다. 그리고 파도가 올라왔을 때 구명보트가 그녀를 태우고 매큔 부인에게 다가왔다. 그가 몸을 돌렸을 때 한국인 두 사람이 보트 끄트머리 조명 쪽으로 뛰어 올랐고 그 바람에 보트가 뒤집혔다. 험한 광경이 펼쳐졌다. 21명의 사람들은 뒤집힌 구명보트 옆에서 끊임없이 밀어닥치는 위험에 대항해 물속에서 필사적으로 발버둥쳤다. 도날슨 양의 구명조끼는 그녀를 수면으로 떠오르도록 잘 작동했고, 그녀는 곧 매큔씨와 구조하러온 일본인에 의해 난간으로 끌어 올려졌다. 난파한 배에서 떠나기 위한 그 다음 시도는 좀 더 나았다. 난간 위에 있는 경비원들은 구명보트를 타려고 애쓰는 사람들이 정원을 초과하지 않도록 곤봉을 들고 막아서고 있었다. 구명보트에서 버팀목까지 밧줄이 곧게 연결되었고 그 줄을 따라 보트가 이끌렸다. 상륙은 매우 위험한 일이었다. 보트를 바위 틈새에 끼워 넣어야 했고 승객들은 안전한 곳으로 바위를 기어 올라가야 했다. 흔들리는 배에서 상륙할 수 있는 안전한 곳을 찾기 위해 손과 무릎을 최대한 활용했고, 상륙한 뒤 우리는 안도했다.

섬은 본토에서 20마일, 제물포에서는 80마일 가량 떨어져 있었다. 작은 섬은 둘레가 1 마일을 넘지 않았는데, 한 쪽은 깎아지른 듯 했고, 다른 한 쪽은 작은 항구와 7채의 한국 가옥으로 이루어진 작은 마을이 있었다. 날이 밝고 모든 승객들이 상륙했을 때 -보트가 뒤집혔을 때 실종된 것으로 추정되는 불쌍하고 불운한 한 사람을 제외하고- 우리는 신발이 없는 것을 발견했고, 발이 아픈 채로 섬의 중심에 놓인 언덕을 넘어 한국인 가정으로 갔다. 이런 집들이 있다니! 외국인들은 주민들의 눈에 굉장한 호기심의 대상이었지만 그 가정이 베풀 수 있는 모든 환대를 받았다. 우리들은 겨울 저장식품이 염장 생선과 비슷하게 냄새를 풍기는 식품들이 보관되어 있는 작은 오두막을 제공받았다. 지붕과 벽은 친환경의 전형이었고, 마당보다 마루가 더 낮았기 때문에 먼지가 전혀 없었고, 배수가 잘 되도록 적당히 기울어 있었다. 안토마루의 선장은 배가 난파되어 걸려있던 바위에서 느슨하게 풀리고 있던 날 아침에 빠른 생각과 판단을 보여주었다. 펌프는 줄곧 잘 작동했고 그래서 약간 연기가 났다. 비록 배는 가라앉고 있는 상황이었지만 배가 바위에서 벗어났을 때 그는 배를 섬 근처로 향하게 했고, 배가 멈춘 지점에서 짐을 꺼낼 수 있게 했다. 승객들과 선원들은 힘을 합해 짐, 우편물, 화물들을 내렸다. 놀랍게도 짐은 더 많이 손상되지 않았다. 만조가 되어 파도가 갑판의 더 낮은 쪽 선장선교(船長船橋)에 이르렀을 때 배는 지표면이 허락하는 만큼의 깊이로 가라앉았다. 바위에서 짐을 내리고 배에 싣는 것을 구경하는 것은 흥미로왔다. 비록 가끔 손에 땀을 쥐게 했고 가방과 상자들이 바닷물에 살짝 잠겨 있었지만 물건들이 젖지 않도록 노력을 기울이는 것을 볼 수 있었다. 섬에서 사진을 찍는 것을 가능하게 해준 어린 소년에게 감사한다. 낮 동안에 그는 조심스럽게 난파선으로부터 선반 위에 얹혀 있는 필름을 날라 왔다. 보답으로 난파선 앞 바위에 그 작은 소년이 서있는 모습을 사진으로 찍어 주었다. 외국인들을 돕는 것은 그의 특별한 책무였고, 시종일관 그는 헌신적인 지지자였다.

그날의 전망은 그리 좋지 않았다. 외딴 섬은 항로에서 벗어나 있었고, 이런 가망성 없는 환경에서 한참 동안 비는 꾸준히 퍼부었다. 젖은 옷과 젖은 손가방을 어느 정도 말려 입을 수 있었으나 고장난 배는 한 쪽 끝이 물에 잠긴 채 놓여 있어서 매우 절망적으로 보였다. 거친 파도 때문에 구조 보트는 올 수 없었고, 겨우 널빤지 하나가 내리는 비를 막아 주고 있는 짐들이 바위 위에 쌓여 있었으며, 그곳으로부터 먹으려고 가져온 밥은 맹인이라도 거절할만한 상태였다. 최악은 배에서 술을 잔뜩 가져온 것이었다. 만취한 일본인과 얼근하게 취한 한국인 사이에 금방이라도 민족전쟁이 터질 것 같았다. 그래서 중립적으로 참으로 연합국의 정신을 지닌 미국인들은 그 마을의 불쾌한 환경에서 벗어나서 김이 모락모락 피어오르는 눅눅한 땅에서 눅눅한 담요를 펼치고 눅눅한 천으로 몸을 감쌌으며, 축축한 무릎덮개와 담요를 덮고, 우산을 받친 채 그 저녁과 밤을 보냈다. 사건으로 가득 찬 날이 눈앞에 펼쳐지는 것을 보면서 한국에서의 첫 번째 잠을 잔 것이다.

저녁나절 마을에서 통곡소리가 일어나더니 언덕 쪽에서 흥미로운 광경이 펼쳐졌다. 분명코 그 공동체의 대모격인 나이든 부인이 가는 곳마다 울면서 이집 저집 돌아다녔다. 마을 사람들이 모습을 나타내 그녀를 따라갔고 그녀는 반대편 언덕으로 길을 인도했다. 몇몇의 일본인들 또한 집보다 야외가 더 낫다는 것을 알아차리고, 분명히 예전에 마을 주민들의 무덤인 것이 분명한 언덕 위의 공터로 매트를 내왔다. 여인의 통곡과 흐느낌이 얼마나 대단하던지! 거기엔 어떤 부끄러움도 없었지만 진정한 슬픔과 눈물이 있었다. 그것은 일본인들이 다른 곳에 쉴 곳을 찾을 때까지 진정되지 않았다.

월요일 아침 마을은 일찌감치 활기를 띠었고, 아침 동안에 배가 시야에 들어와 있음을 알리는 반가운 소식이 있었다. 모두들 그 반가운 모습을 놓치지 않으려고 안달이 난듯했다. 여러 번 언덕을 오르자 바라던 것처럼 배가 가까이 옴에 따라 작고 까만 점이 점점 커졌다. 그러자 그 배의 주목을 끌기 위해 대단한 노력이 시도되었다. 시도는 한동안 실패로 돌아가는 듯 했다. 그러나 한참 뒤 거의 섬을 지나칠 무렵 배는 그 궤도를 바꿔 우리 쪽으로 향했다. 미국인, 일본인, 한국인들 할 것 없이 모두 그 토카이 마루호를 만나게 된 것에 만세를 불렀다.

토카이 마루호가 월요일 오후 새로 받은 승객들을 태우고 감에 따라 구조된 선교사들이 그 섬에서의 일들을 과거의 일로 추억하게 되어 행복한 마음이 들었다. 그 몇 일간의 경험은 공포, 위험, 어이없는 측면들이 있었지만, 그것들을 통해 모두 하늘 아버지의 놀라운 보호하심을 자각할 수 있었고, 극단적으로 위험한 순간 속에서도 평정을 느낄 수 있었다. 기독교인들의 유대가 강력하다는 것이 증거되었다. 예수를 믿는 두 명의 일본인과 한 명의 중국인이 그 섬으로 뒤쫓아 와서 도움을 주었다. 승객들과 선원들 가운데 적어도 6명이 그 날 밤에 구조를 위해 기도했고, 바울처럼 기도가 응답받을 것에 확신을 지녔었다는 것을 알게 된 것은 안도스러운 일이었다.

여러 언어들에 공통점은 없지만 아버지께서는 그에게 드리는 각자의 감사와 찬양의 말들을 알아 들으신다.

2. 선천의 주일 아침

KMF 1911년 9월

선천에서는 누구나 주일아침에는 주일학교에 간다. 사실 누군가 기꺼이 움직일 마음이 있다면 그는 7개의 분과를 마음대로 오갈 수 있다. 9시 30분에 북쪽 교회의 사람들은 양목사의 지도하에 모임을 갖는다. "많을수록 더 즐겁다"는 원칙을 준수하며, 이 주일학교는 우리 서구인들의 생각에는 좋을 것 같은 작은 반들로 나뉘지 않는다. 이 교회 건물은 새신자반, 초심자반, 세례교인반의 세 영역으로 나누기에 적합하다. 세례교인들은 일반적인 한국 사람들보다 더 책임감이 강한데, 그들의 반은 인원이 넘쳐 인접한 학교 건물에서 별도의 집회를 갖는다. 교회의 세 날개에 편안히 집회를 진행할 수 있을 정도로 사람이 들어차면, 한 사람이 연단에 서서 그의 기독교 신앙의 성장에 준하는 공부내용을 해설한다. 여기에는 600명이 등록해 있다.

남쪽 교회까지 가려면 조금 걸어야 하는데, 거기에서 김장로의 지도 아래 공부하고 있는 남자들을 또 볼 수 있다. 여기에서는 등록하는데 좀 더 신경을 써야하는데, 나이에 따라서 크게 세 개의 반으로 세분화된 것을 볼 수 있다. 이 반들은 여전히 꽉 차있다. 400명의 남자들이 출석하는데 교실이 7개이기 때문이다.

이 마을을 남북으로 나누는 시내를 따라 걸으면 앤 제미슨 빌딩에 도착한다. 그 지붕아래에 온갖 것들이 다 들어 있다. 일요일 아침 9시 30분, 크고 작은 소녀들로 꽉 차있는 것을 볼 수 있다. 그 소녀들은 학당에서, 문법학교에서, 그리고 초등학교에서 온다. 집에서 온 소녀들-주간에 학교다니는 것은 허락받지 못한 채-도 있고, 초등학교를 들어가기에도 너무 어린 소녀들도 있다. 350명이 등록해 있다. 샤록 부인은 10개 반을 위해서 다양한 학교

조직과 학당의 상급반에서 온 선생님들을 이끄는 책임을 맡고 있다. 학교는 수준별로 잘 나뉘고 잘 관리되고 있다. 작은 어린이들은 개인의 방에 모여 공부하는데 그림 차트를 보면서 배운다. 각 반을 맡은 젊은 여성들은 수많은 더 잘 훈련받은 일꾼들과 동등하다. 어린 소녀들은 그녀의 발 앞에 조용히 앉아 그림과 이야기에 몰두한다. 새로 온 사람들은 참으로 한국식으로 텍스트와 제목, 구절을 암송하는 것에 놀란다. 두 번째 음절마다 강세를 넣는데 가끔 다른 음절에도 넣는다. 훈련되지 않은 서양 사람들의 귀에는 그것이 무의미 하게 들리지만 한국인들은 음절의 더미 속에서 의미를 골라 낼 수 있는 것 같다.

어린 소녀들이 수업을 마친 후 시내를 건너 조금 걸으면 휴 오닐 주니어 학당에 도착한다. 거기서는 11시에 닥터 샤록스와 매큔씨의 지도 아래에 젊은 남자와 소년들의 집회가 열리는 것을 볼 수 있다. 학당과 문법학교, 초등학교 학생들 그리고 올 수 있는 어린이는 누구라도 다 모여 있다. 그 소년들 사이에는 몇몇의 열성적인 어린 전도자가 있어서 그 결과 일요일마다 새로 온 아이들을 볼 수 있다. 1년 전 매큔씨는 어린이들에게 그들이 데려온 신입이 1년 동안 잘 출석하면 데려온 사람에게 성경책을 주겠다고 말했다. 그 해 말 13명의 소년들이 새로운 모범생을 배출할 수 있었고, 그래서 성경책을 받았다. 두 소년에게서 흥미로운 사례를 볼 수 있었다. 그들의 가정에서 소년들이 먼저 믿음을 가졌는데, 그 결과 두 집의 전 가족이 교회에 나오게 된 것이다. 300명이 넘게 출석하는 이 주일학교는 14개 반으로 나뉘는데, 교사진은 학교조직과 고급학당의 반에서 차출되었다. 소년과 소녀를 위한 학교의 경우 노래를 잘 부르는 것을 볼 수 있는데, 이는 주간 학교가 음악에 있어서 영향력을 지니고 있음을 보여준다. 아무래도 우리 기준으로 보았을 때 한국인의 신체로는 노래를 잘 부르지 못하지만 학생들이 부르는 노래는 음조가 꽤 정확하다.

이번에는 다시 앤 제미슨으로 발걸음을 옮겨야 한다. 남부교회의 젊은 여성들을 위한 학교이다. 남부교회는 옛날 교회보다 젊은 여성들을 훨씬 더 많이 수용할 수 있다. 헬스트롬 양이 리더로 함께 파견되었고 그들은 자신들의 주일학교를 가지게 되었다. 화이트 부인이 줄곧 관리해왔는데 이제 새로운 교회가 거의 완성되어 젊은 여성들이 곧 나이든 여성들과 함께 사이좋게 교회에 올 수 있을 것이다. 여기에서는 130명이 5개 반으로 나뉘어 등록한다. 이번에 우리가 찾아본 남부교회로 다시 돌아가 보면 그 교회는 로스 부인의 지도하에 나이든 여성 신자들로 채워져 있는 것을 볼 수 있다. 새신자, 초심자, 세례교인으로 구성된 3개의 주요 분과가 나이에 따라 나뉘어 있다. 학교 측은 260명의 여성들이 6개 반에 나뉘어 있다고 보고한다. 이 학교의 한 여성은 시련을 거쳐서 그녀의 명예로운 자리까지 왔다. 그녀는 2년 동안 그녀의 이름 앞에 '똑똑하지만 나쁜'이란 논평이 붙어 다닌 그런 성질을 가지고 있었고, 학급에 선생으로 요청 받는 일이 보류되었다. 신의 자비는 그 성질을 변모시켰고 그녀는 지금 선생이 되어 있다. 한 학급에 앉아 있는 어떤 여성의 삶은 매우 모범적 예시이다. 비록 그녀는 얼굴이 질병으로 일그러져 있지만, 그녀가 이 학급에서 공부할 수 있을지 질문 받았을 때, 그녀는 그러한 마음가짐을 보여주었다. 그녀는 남편이 양반 선비여서 일을 할 수 없기 때문에 그녀와 아들이 힘들게 일해서 가족을 부양해야 한다는 사실을 설명하기를 원하지 않았다. 로스 부인은 그들의 교실에 앉아 있는 여성들의 재미난 이야기를 많이 해줄 수 있을 것이다.

끝으로 우리는 주일학교 공부를 하고 있는 7번째 그룹을 보러 북쪽교회를 다시 방문해야 한다. 여기에는 363명의 여성들이 18개 반에 등록해 있다. 이 학교는 매큔 부인이 책임자로 헬스트롬 양이 한 반을 가르치고 있다. 할머니들이 그곳에 얌전히 머물기만 했더라면, 독립된 영역을 확보할 수 있도록 커튼을 쳐서 구역을 나눴기 때문에 커다란 교회는 질서 있는 곳이 되었을 것이다. 자기 반에서 자기 이름을 '이스라엘의 어머니'라고 대답한 여인이 있었는데, 그녀는 나머지 구역이 잘 되어 가는지 살피러 돌아다녔다. 재미있는 이야기들이 있다. 조용한 얼굴로 앉아 있는 한 여인은 한 해 전에 악마의 손아귀로부터 벗어나기 위에 교회에 왔다. 새신자 반에 있는 영리하게 생긴 한 여성은 곧 초심자 반으로 옮겨갈 것이라고 기대되었지만, 시간이 지나도 그녀는 앉아서 다른 사람들이 진급하는 것을 바라보기만 했다. 그녀는 첩으로, 남편은 그녀가 그를 떠나도록 허락하지 않았고, 그녀가 도망가려고 해도 그녀의 아이들과 갈 곳이 아무데도 없었다. 통로 맞은편에는 같은 남자의 진짜 아내가 앉아 있다. 그녀는 가정의 환경에 대해 아무런 책임이 없게 된 이래로 줄곧 세례교인이었다.

강씨는 여전도사로서 체이스 양이 함께 여러 해 동안 시골을 돌아 다녔는데, 월급도 받지 않고 때때로 자기 돈으로 생활비를 충당하며 강단 옆에서 중년의 세례반 여성들을 가르친다. 목사의 아내는 한 구석에 자기의 반을 가지고 있다. 다른 쪽 끝에 있는 선생님은 남편이 신발을 제조해서 가족을 부양했다. 지난 겨울 그 집의 문이 갑자기 열렸는데, 젊은 과부가 된 딸이 아이를 등에 업은 채 집으로 돌아오는 것을 맞아들이기 위해서였다.

아기들에 대해 말하자면, 5살이 채 못 되는 215명의 어린 아이들을 태운 요람을 잊을 수가 없다. 우리는 그들에게 매주 일요일마다 오지는 말라고 요청하지만, 그들의 상당수가 어머니들이 출석하는 세 개의 주일학교에 함께 참석한다. 가끔씩 하는 집회에는 어머니들뿐 아니라 아이들도 함께 부른다. 우리가 해주고 싶은 만큼 어머니들을 돕기에는 출석인원이 정말 너무 많다. 200명의 영유아들을 보살필 때에는 무엇을 지속적이거나 분명하게 생각할 수가 없다. 일요일 아침마다 우리가 할 수 있는 한 가르치고 도와야 할 여성과 소녀들을 위한 주일학교에는 1,000명이 넘는 인원이 출석한다. 교사들은 가능한 한 신중하게 선택되고, 그들이 일을 시작하기 전에 교회 목사와 회의에서 승인을 받는다. 우리는 정규반을 맡기기에 앞서, 일시적으로 대체해서 실습하는 유망한 여성들을 지속적으로 관찰한다.

3. 선천에서 소녀와 젊은 여성들을 위한 사역

KMF 1911년 11월

나는 특히 초등학교에 다니는 소녀들에게 무엇을 도와 줄 수 있고, 젊은 여성들을 위해 할 수 있는 일이 무엇인지에 대해 이야기 하려 한다. 교육적인 측면에서 선천을 설명할 때 우리는 학교의 구획이 다른 지부와 다르다는 것을 염두에 두어야 한다. 우리의 보성여학교에는 사전준비를 위한 어떤 부서도 없다. 그래서 우리가 보성여학교의 일을 보고할 때 우리는 단지 최고급 과정의 세 학급에 대해서만 보고한다. 우리가 평양이나 서울의 학교와 동일한 기반 위에서 보고한다면 우리는 우리 보성학교에 대해서만 제대로 보고하는 것이 아니라 우리지역의 문법학교에 대한 일과 젊은여성학교[2]의 일들도 함께 나눌 수 있을 것이다. 체이스 양은 학생들에겐 독자적 기관(separated institutions)이 더 좋을 것이라고 느끼기 때문에, 우리는 사전 준비 부서 대신에, 시골 출신이거나 지역 학교에서 곧바로 보성여학교로 올 수 없는 소녀들을 보성여학교의 기숙사에서 돌보기로 재조정함으로써 문제적 요소를 없앴다. 그러면 저학년을 감독함으로써 우리는 여전히 소녀들을 관리해 나갈 수 있다. 우리의 계획은 우리 지부에서 잘 굴러갈 것으로 보이지만 물론 보다 큰 도시에서는 실패하게 될 것이다. 저학년 시험문제는 지방 학교의 감독관인 매큔씨에게 승인받는다. 만약 우리 학당에 형편없이 준비가 안된 아이가 들어오게 될 경우 체이스 양이나 위트모어 부인이 그 아이 대신 매큔씨와 해결을 보아야 한다. 샤록스 부인은 지난해 저학년을 관리했고 우리의 교사진은 그들이 요구받는 모든 제안을 흔쾌하게 받아들인다. 우리는 우리 학교

2) Young Women's School

에서 몇 명의 소녀들이 경제적인 이유로 유급을 한 것을 발견하고, 자립할 수 있는 방도를 제공함으로써 해결책을 찾으려 했다. 물론 그것이 시도되었을 때 곧바로 문제에 봉착했다. 누구를 돕고 누구를 거절할지 결정하는 것이 어려웠기 때문이다. 우리는 교회 관리자들에게 그 책임을 넘겼다. 그들 가운데 학교에 특별히 관심을 지니고 있는 한 사람이 도와주어야 할 가정 형편이 어떤 것인지에 대해 상담해 주었다. 돕는 방법에 있어서 가장 쉬운 길은 11조 헌금상자로 가서 몇 푼의 엔화를 학교 회계담당자에게 넘기는 것이다. 그러나 그것은 소녀들을 위한 최선의 방법이 될 수 없다. 그래서 11조 헌금상자로 가기에 앞서, 소녀들은 미국에서 대주는 일감으로 천조각에 매 주 반나절씩 바느질을 해야 한다. 그들에게 일거리를 줄만한 조각보 가방을 찾는 것은 그렇게까지 어려운 일은 아니었다.

보성여학교에서 더 나이가 많은 소녀들을 위해서도 우리는 같은 일을 했다. 그들에게는 우리가 강구해낼 수 있는 것이라면 무엇이든 바느질을 하도록 했다. 소녀들은 햄스티치 하기를 좋아했고, 그래서 올해는 그것으로 작품을 만들었다.

젊은 여성들을 위해서 우리는 독자적인 학교를 가지고 있다. 교과 과정은 일반적인 저학년의 것에다가 여성인 그들에게 도움이 될 만한 내용들이 더해진 것이다. 이를테면 위생에 대한 것이다. 올 해 헬스트롬 양이 마을에서 병자와 부상자를 치료하는 일들을 한다. 그들은 어린이보다 빨리 성장할 수 있고, 우리는 4년 안에 전 과정을 끝낼 수 있기를 바라고 있다. 우리는 시골 여인들이 이 학교에 들어오는 것을 허가한다. 그들의 가족들이 가로막지 않는다면 말이다. 시골 여인들에 대해서, 우리는 그들이 비록 어린아이가 있고, 아이를 학교에 데려오지 않기로 되어 있을지라도 가족들이 가로막지 않는 사람들만 입학을 허가한다. 지난 해 여성들은 아침 예배에서 보성여학교의 소녀들과 만나고, 나머지 아침 시간은 그들의 교실에서 공부하면서 보냈다. 교사나 목사들이 권장하는 재정적 지원에 관해서, 우리는 그들에게 할 수 있는 일거리를 제공한다. 램프 양은 여성들에게 자수 놓는 법을 가르치고 있는데, 우리는 이것을 주요한 자립분과로 만들 수 있기를 희망하고 있다. 기숙사에 있는 여성들로 말하자면, 지금 우리가 새로운 기숙사에 그들을 데리고 있을 수 있는 것은, 여성들이 시간당 3.75 내지 4센트를 받으며 하루에 3~4시간씩 일함으로써, 의복을 제외하고는 자신들의 비용을 지불할 수 있기 때문이다. 그 일이 끝났을 때 우리는 일거리를 더 많이 가지게 될 것이라 믿는다. 이 학교의 목적이 무엇인지 묻곤 한다. 이렇게 생각할 수 있다. 몇몇 여성들은 좀 더 깊이 공부하기 위해 정규 학당으로 들어가기로 할 것이고, 몇몇은 우리가 사무엘 양의 귀환으로 번창할 것이라고 기대하는 성경학원[3)]에서 특별한 공부를 할 준비가 되어 있을 것이고, 몇몇은 우리의 시골 교회들에 교사로 나가게 될 것인데, 거기서 그들은 교회일 뿐 아니라 학교 일에서도 훌륭하게 도울 수 있을 것이다. 마지막으로 앞에 언급한 것 못지 않게 중요한 것이 있다. 우리는 그들 중 많은 수가 그들 자신의 집으로 나아가서, 어머니로서 주일학교 교사로서 모든 선한 일의 지도자로서 우리 교회에 힘이 되어 주길 기대한다.

---

3) Bible Institute

4. 선천 부인사경회

KMF 1912년 8월

선천의 부인사경회는 4월 2일에서 11일까지 개최되었다. 646명의 부인에게 그들이 직접 구입한 뱃지를 그들의 가슴에 달아 주었다. 이들 외에 사경회의 전반부가 지나 등록이 마감된 다음에 온 사람들도 상당수였다. 전체 참석자가 700명이 넘어섰다. 지역 부인들의 참석으로 저녁 집회는 훨씬 더 확대되었다. 통상적인 경우와 같이 사경회는 세례자반 학습자만 초신자반으로 나뉘었다. 학습자반과 초신자반은 그들의 나이에 따라 3개반으로 나뉜다. 세례를 받은 부인들도 3개의 반으로 나뉘는데, 수년 째 공부한 사람들로서 주일학교 교사들 또는 전도부인들, 전에 공부한 일은 있지만 아직 자격을 받지 못한 사람들, 그리고 세례를 받고 나서 한 번도 사경회에 참석하지 않은 사람들이다. 이 모든 사람들은 나이에 따라 다시 반이 나뉜다. 모두 13개의 반인데 하루에 두 차례씩 강의가 이루어진다. 우리는 활용 가능한 두세 개의 지역교회 직원들과 같이 이 지역의 많은 지도자적 부인들과 함께 교사 역할을 수행하여야 한다. 편하설 목사의 부인 헬렌 컥우드가 평양에서 와서 수업을 맡아 헌신하였다. 그녀가 담당한 두 강좌 말고도 우리 선천지부의 회원들이 하루에 아홉 강좌씩을 담당했는데, 그렇게 함으로써 수업은 하루에 11시간의 외국어 강좌 15시간의 한국어 강좌 모두 26강좌이다.

각각의 반은 그 나름의 장점이 있다. 그리고 이 사경회를 특징 짓는 것으로 보이는 것의 하나는 그저 왔다 가는 구경꾼이 한 사람도 없다는 점이다. 아침기도회가 끝나면 부인들은 명상공부를 하기 위하여 자리를 정돈한다. 이 반 저반 왔다 갔다 하여 종종 성가시게 보일 수 있는 휴식시간이 전혀 없다.

사경회의 휴일은 부활절이다. 이날 교회는 여성들로만 가득 찬다. 성찬식은 매우 강한 인상을 주었다. 김목사가 하는 설교의 메시지는 부인들이 갈급했던 죽음과 부활의 메시지였다. 북부교회 공간의 3분의 2가 성찬을 받으려고 하는 사람들로 가득 찼다. 나머지 삼분의 일의 공간은 아직 성찬에 참여할 자격이 없는 사람들이 차지하고 있었다. 실제로 세어보지는 않았지만 성찬에 참여한 부인들이 800여명으로 추산된다. 그들이 설교에 귀 기울이고 성찬을 받는 진지한 모습을 앉아서 지켜보는 것은 특권이다.

올 해 부인들은 의사 샤록스 선교사가 수입한 매직 등불을 보고 매우 기뻐했다. 이 랜턴은 사경회 기간 동안에 처음으로 공개적으로 대중들에게 불을 밝혔다. 선교사들의 가정은 방문하는 사람들에게 통상적인 모습을 보여줄 수 있다. 매일 노래하는 시간이 있다. 어떤 날 저녁은 일상적인 생활을 한다. 그러나 각 부인들에게 보여주는 핵심적인 것은 기도와 성경공부에 헌신할 때의 시간이다.

5. 선천의 주일학교들

KMF 1915년 10월

선천에서는 일요일 아침을 내내 성경공부를 하면서 보낸다. 9시에 첫 번째 벨이 울리고 12시 30분에 마지막 벨이 울린다. 또는 전체를 검토하는 책임을 맡은 선생님의 재량에 따른다. 우리가 한국에 와 있은 이래 남자들이 늘 우선적으로 차례를 차지했다. 비록 우리가 가용할 수 있는 모든 공간을 사용한다고 해도 모두가 동시에 집회를 한다는 것은 불가능할 것이다. 그래서 우리는 수준별 학교를 만들 수밖에 없었는데, 이렇게 될 수 있다는 것에 대해 우리는 매우 감사한다.

성인 남자들과 소년을 위해서 4개의 학교가 있는데, 그 가운데 꼬마들은 그들의 누나와 함께 여학교에 갈 수 있는 기회가 더 있다. 이 교회에서 저 교회로 그리고 학교 건물을 둘러 보면 4개 학교에 대해 대략 다음과 같은 것을 알 수 있다. 남부 교회에서는 328명의 남성이 있고, 북부 교회에서는 494명이 있으며, 250명의 초급단계의 소년들과 140명의 젊은 남성들이 있다. 동시에 여학교는 성경학원 빌딩에 분과가 있는데, 381명의 소녀들과 46명의 어린 소년들이 등록했다. 이 학교들이 하교한 뒤, 여성들이 그들의 공부를 위해 모임을 갖는다. 그들 중 416명은 남부 교회에 속해있고, 546명은 북부 교회에 속해있다. 2,601명의 등록자 가운데, 매 주일 아침 하나님의 말씀을 공부하기 위해 참여하는 평균출석자는 2,000명이 훨씬 넘는다. 선천의 인구가 기껏해야 6,000명이라는 사실을 고려할 때, 이 출석률은 이 마을의 3분의 1이 이 수업에 와 있다는 것을 의미하며, 우리에게 나머지 3분의 2에게도 접근해서 그들을 실제적 활동으로 이끌어야겠다는 열망을 남겨준다. 누군가는 집을 보기 위해 늘 집에 남아있어야 한다는 한국의 오랜 관습 때문에 등록률과 평균출석률이 정확하게 일치하리라 기대할 수 없지만 우리는 두 가지 수치를 덧붙일 수 있어서 기쁘다.

주일학교 출석자들은 교회내의 지위에 따라 세례교인, 학습교인, 새신자로 분류된다. 이 일반적인 분류는 나이에 따라 세분화된다. 한국인 목사들은 대규모의 반을 만족스럽게 여기지만 여러 학교와 연결되어 있는 외국인들은 소규모로 나뉘는 것을 지향한다. 한동안 우리는 수준별 수업을 하려고 노력했으나, 우등생을 가르치는 일은 교사들의 재량에 의지하기로 하고, 결국 일반적인 교과로 돌아왔다. 지난 겨울 특별 복음전도 사업 후, 그에 따른 후속조치로 새로운 개종자들을 가르칠 일이 난감해 보였을 때, 우리는 거기에 들어올 사람들을 위해 새로운 반을 만들었고 교리문답을 공부하는데 수업시간의 일부를 할애했다. 이 계획은 좋은 결과를 낸 것 같다. 벌써 새로 온 신입 가운데 몇몇은 초심자반으로 들어갈 자격이 있는지 판정받을 준비가 되어 있다.

주일학교 여성반에서 우리는 지난 5년간 학급의 인원이 실질적으로 두 배가 될 때까지 교사를 점진적으로 물색해 왔다. 줄이 기둥에서 기둥으로 교회 전체에 튼튼하게 매어져 있어서 우리는 학급들을 나누는 커튼을 칠 수 있다. 커튼을 정돈하는 것은 잠깐이면 되고, 주위의 다른 학급들의 모습이 보이지 않게 할 수 있는 큰 장점이 있다. 등록한 여성들에게 있어서, 새로운 신자를 데려온 사람의 이름도 기록하는 것이 도움이 된다는 것이 증명되었다. 이 방식을 취하면 새로 온 사람을 지속적으로 관찰할 수 있고 그녀가 꾸준히 출석을 유지할 수 있도록 하는데 관심을 두는 사람이 있게 된다.

여성반에서는 아기들의 문제가 항상 존재한다. 아기가 어린 엄마들은 거의 어떻게 도와줄 수가 없지만, 뛰어다니는 어린이들을 위해서는 그 아이들의 관심을 끌만한 그림과 카드, 선생님을 제공할 수 있다. 이 학급들에서 우리는 주일학교의 등록을 계산에 포함하지 않는다. 왜냐하면 그들의 많은 수가 이미 여학교에 출석하고 있기 때문이다. 그림은 어린 아이들을 유혹하고 어머니들은 좀 더 적합한 공부를 할 수 있는 기회를 얻을 수 있다.

우리 일의 큰 문제는 학생들에게 다가가고 모으는 일이 아니다. 등록 인원은 꾸준하게 증가하고 현재 참석자들은 다른 이들에게 다가갈 수 있는 기회를 가지고 있다. 우리의 가장 큰 문제가 우리 사업의 등급을 나누는 것도 아니다. 왜냐하면 교회분과에서 우리들에게 등급 나눔에 대한 기초를 주었기 때문이다. 또 한국인들은 남자나 여자나 등급을 나누는 것에 대해 예민하지 않았고, 나이를 가지고 말하거나 연차에 따라 자리를 차지하는 일에 대해 말하지 않았다.

우리의 큰 문제는 수준을 가지고 적절하고 만족스럽게 가르칠 수 있는 교사를 찾는 것이다. 미국의 주일학교에서는 한 명의 교사가 15명의 학생들을 가르칠 때 충분히 효과적인 수업을 할 수 있다고 생각한다. 그것을 기초로 할 때, 우리는 등록인원을 운영하는데 175명의 교사가 필요하겠는데, 아직까지 우리의 교사진은 100명이 못된다. 물론 교사를 선발하는 데에는 많은 것들을 고려해야 한다. 그리고 익숙하지 않은 사람에게 책임 있는 일을 맡기는 일에 대해서 우리는 급하지만 천천히 돌아가고 있다. 한국인들의 마음속에는 작은 학급에 대한 선천적인 거부감이 있는 것 같다. 교사들에게 15명 정도의 학생이 교사들의 수고를 가장 가치 있게 한다고 설득하는 것은 참 어렵다. 그들은 점차 그들이 처음에 틀림없다고 확신했던 것과는 달리 그렇게 대규모가 아니라 할지라도, 보다 적은 인원일 때 더 잘 알 수 있고, 그들의 생활 속으로 더 잘 들어갈 수 있다는 것을 깨달아 가고 있다. 우리는 가르치는 일은 그 주간 교사의 정규반에 어떤 사람들이 출석했느냐에 따라서 해야 한다는 규칙을 만드는 것이 현명하다는 것을 알았다. 우리는 또한 이와 연관해서 여성들은 남자들로부터 분리하여 지도하는 편이 더 좋다는 것을 발견했다. 남성들과 분리시키면 용감하고 박식한 여인들은 저쪽 편 커튼에 남자교우들이 앉아 있는데도 교과에 대해 질문하고 토론한다. 우리는 주간 교사의 학급이 그들을 분리시킬 때 그들은 충분히 준비된다는 것을 발견한 것이다.

우리 지부의 성경반 스케줄은 주일학교의 여성교사들을 위해 3주반을 운영한다. 시골 주민들에게뿐 아니라 도회지의 사람들에게도 유익한 이 반은 출석률이 좋다. 이번 여름의 등록인원은 100명을 훨씬 넘는다. 그들은 우리가 주일학교 과정에서는 다루지 않는 성경의 부분들을 과정에 가지고 있다. 뿐만 아니라 학생들이 가르치도록 요구받는 수업도 포함되어 있다. 이러한 노력은 그들에게 성경에 대해 전반적 지식을 제공할 것이고, 그래서 그들은 지식을 비축함으로써 좀 더 힘있게 가르치게 될 것이다. 거기에는 교수법에 대한 지도도 있다. 성경적 지식의 안내를 따라가는 진보는 느리지만 영원히 확실한 것이다. 몇 년 전의 일로 돌아가 생각해 볼 때, 교사들이 지금하고 있는 일과 같은 교사들이 그 당시 했던 일들을 비교해 보면, 거기에는 고무될 만한 훌륭한 이유가 있다. 우리는 우리의 일과 일꾼들에 대한 주님의 축복에 감사한다.

6. 부인들의 집회-장로회 대회

KMF 1917년 9월

장로교회 연례회의 특징 중 하나는 여성들이 그들 자신을 위해 발언할 수 있는 기회를 얻는 시간이 있다는 것이다. 올해 여성 집회는 연례 집회에 참석한 숙녀들의 출석확인으로 이루어졌다. 자신의 책임 하에 있었던 일에 대해 아이디어를 제공하고, 하고자 했던 사업을 성취한 경우와 그렇지 못한 경우의 방식에 대해 돌아보면서, 각자 자신이 하는 일들의 두드러진 특징에 대해 답하였다. 우리의 6개 선교지부의 소식들과 함께 멀리 떨어진 북쪽의 강계에서 온 소식과 먼 거리인 남쪽의 대구에서 온 소식은 다양한 여성선교사들이 책임을 맡고 있는 사업의 방향에 대해 잠시 생각하게 해주었다. 거기에는 여러 가지 일들이 뒤섞여 있다. 소녀들을 위한 학교사업, 여성을 위한 학교사업, 여성들을 위한 주일학교, 어린이를 위한 주일학교, 시골에서의 선교사업, 도시에서의 선교사업, 도시와 시골에서 마주치는 성경학원교육, 선교회를 지도하는 일, 병원에서 간호하는 일, 어머니들이 어머니뿐 아니라 교사 역할을 하는 여러 지부에서 집을 보고, 어린이들을 가르치는 일 등등이 뒤섞여 있는 것이다. 그것을 통해 모두들 우리에게 부여된 일을 해낼 수 있는 더 큰 능력에 대한 감사와 큰 희망에 어깨가 무거워 졌다.

출석 점검에 이어 회의 시간이 이어졌고, 거기서 우리는 모든 통상적인 사업의 여러 국면들에 대해 토론했다. 우리의 집회에서 통상 그렇듯이 오후에 사람들이 넘쳐나는 것 이상으로 이야기 할 것들도 많았다. 토론의 첫 번째 문제는 여전도사의 훈련과 활용에 대한 것이었다. 여전도사와 일을 해본 경험이 있는 사람들이 어떻게 해야 그 여성들을 가장 잘 활용할 수 있는가에 대해 방안을 제안하였다. 성경학원에서 받을 수 있는 훈련과는 별도로 여성선교사들이 그 책임 하에 있는 여전도사들에게, 그녀를 훈련하는 방법에 대해서, 교수법에 있어서, 개인의 기도생활에 있어서, 학급일을 이끌어 가는 것에 있어서, 가정방문하는데 있어서 그리고 믿지 않는 여성들에게 설교할 때에 있어서 개인적으로 도움을 줄 수 있다. 전도사가 선교사와 항상 함께 돌아다니는 것 대시에 촉망받는 여성을 훈련시키는 좋은 방법이 제안되었다. 그녀를 몇 주간 훈련한 다음 다른 사업으로 넘기거나 집으로 보내고, 한동안 다른 여성을 데려오는 것이다. 이는 선교자 자신에게는 그다지 도움이 되지는 않겠지만, 여성들에게는 훌륭한 훈련이다. 그리고 누군가 자원봉사하는 방식은 보류하고 일을 맡은 사람을 명예롭게 하는 방식으로 시골에서 일어나는 어려운 일들을 어느 정도 해결할 수 있다. 여전도사가 자기 자신을 위해서 뿐 아니라 사업을 위해서도 계속 바쁠 수밖에 없다는 것은 한 번만 지적된 것이 아니다. 우리 지부가 전도사에 관한 정책에서 다른 것은 발전적이었다. 우리 지부에서는 어떤 여성을 돌볼 수 있는 임무를 감당할 준비가 된 여성은 누구나 책임을 맡을 수 있다. 반면 다른 지부의 경우, 그러한 은사는 시골을 돌아다니고 사경회에 지속적인 도움을 주어온 젊은 숙녀들에게만 주어진다. 여성들의 시간을 조정해 주었던 사람들의 분명한 의견에 따르면, 그것은 큰 책임이이지만, 선교사가 그러한 여성의 노력을 이끌어내는 은사를 지니고 있다면 그녀의 유능함을 무척 많이 증가시킬 수 있다.

주일학교 사업에 대한 토론은 새로운 방법과 방안이 특히 어린이를 위한 사업에서 온 시골을 휩쓸고 있다는 사실을 알려 주었다. 이 새로운 출발에 관한 한 어린이 수의 증가는 환영할만 한 것이지만 거기에는 경쟁을 도입하고 학교를 지나치게 조직화하는 추세가 성장하고 있다. 그리고 그 모든 것이 주일학교 시간에도 계속되고 있고, 많은 경우 성경공부에 주어져야 하는 시간 그리고 성경공부에 보다 적절하게 소비되어질 수 있는 시간을 아주 많이 이용하고 있다.

이 학교들과 관련된 여러 사람들이 새로운 몇몇 방법이 효과적이라고 강하게 느끼는 반면, 그에 대해 경계심을 가지는 사람들도 있었다. 지금 일부의 지도자들은 필요 불가결하지 않은 일들을 하는 것을 삼가고 학교 본연의 존재 목적에 부합하는 진정성을 지키려 한다. 여성들을 위한 학교는 그러한 물결에 그렇게 많이 영향을 받지 않는다. 그들에 대한 사업은 종전과 많이 같은 방식으로 진전되어 왔다.

여성들에게 읽기를 가르치는 방법에 대한 토론은 읽지 못하는 여성들이 더 적다는 것을 보여 주었고, 우리는 그러한 맥락에서 기존에 해왔던 노력이 헛되지 않았다는 생각에 고무되었다. 문자를 가르치기 위해 차트와 카드를 사용하는 다양한 방법이 설명되고 제안되었는데, 새로 시작하는 사람을 위해서는 읽기 책으로 찬송가 책보다 더 좋은 것이 없었다. 거의 모든 지부에서 여성들에게 읽기를 가르치는 방안들을 가지고 있다. 가르치기에 이처럼 쉬운 문자를 가지고 있어서 우리 교회의 모든 여성들은 틀림없이 자기의 성경책 읽기를 배울 것이고, 각각의 사람들이 그렇게 할 수 있을 때는 분명히 기쁜 날이 될 것이다.

우리 여성들이 의료사업에서 도울 수 있는 방법에 대한 문제제기가 있었는데, 외국인 병동의 비품에 관해서 세브란스 병원의 수요에 따른 매우 실질적 제안이 왔다. 외국인 선교사를 위한 병원의 지속적인 수요가 있고, 비품은 수에 비해 충분치 못하며, 때때로 제공되어야 한다는 점이 우리의 주의를 끌었다. 미국에 관심이 있는 사람은 손쉽게 부족한 부분을 제공할 것이고, 선교사 자신들도 조금씩 시트나 베갯닢, 수건 등을 추가적으로 비축할 것이다. 그리고 그것은 일을 젖혀두고 병원에서 조용하게 시간을 보내야하는 선교인력을 위해 사용될 것이다.

그 자체적인 병원 일에 있어서 각 지부는 여선교사들이 간병인들이 관심을 보이게끔 (외국인) 환자들을 부르고, 수업의 기회를 제공하고, 한국여성들이 그들의 집을 질병에서 벗어나게끔 보다 나은 의료지식을 가질 수 있도록 도울 수 있는 가능성을 제공할 수 있게 된다.

소녀들이 교육을 받기 위해서 하는 노력에 대해 토론할 때, 우리는 그 소녀들에게 그렇게 까지 많은 도움을 줄 수 있다고 말할 수는 없다. 그러한 방식에서 주어질 수 있는 도움의 양은 그들이 그것을 할 때 효과를 낼 수 있도록 그 일을 감독할 수 있는 선교사의 시간의 양에 의해 제한되며, 우리가 소녀들이 그것을 해낸 뒤에 처리할 수 있는 일의 양에 의해 제한 될 수 밖에 없다. 자꾸 도움을 주기만 하는 것은 개탄스럽다. 왜냐하면 소녀들에게 베풀어지는 효과는 우리가 할 수 있는 한 그녀 자신을 도울 수 있다는 희망으로 고무되는 것뿐이기 때문이다. 우리의 모든 학교들은 학교의 자립부서에서 완성한 상품들을 처리하기에 조급함을 느낀다. 전쟁이 자수품들의 판매에 영향을 미치는지, 사업을 위한 시장을 발견할 수 있는지의 여부는 우리 일에서 이 부분을 담당한 여선교사들에게 매우 치명적인 문제이다.

끝날 시간이 다가오자 남은 주제들에 대한 토론이 서둘러 이루어졌다. 한국의 가정에서 우리의 방문을 맞이하는 것과 우리 집에 찾아오는 사람들을 환영하는 것은 오래 되었지만 여전히 현재적인 주제이다. 몇몇 여선교사들은 집으로 가서 그들을 둘러싸고 있는 환경 속에 있는 여성을 아는 것이 즐겁다고 말했다. 그것은 그들이 종종 들고 오는 어려운 문제 때문에 보여주는 여성들의 행동을 어떻게 설명해야할지 알게 해준다. 어떤 여인이 그녀의 남편이 집에 돌아오기 전에 집에 도착해 있지 않다면 매질이 기다리고 있다는 것을 우리가 안다면 그 여성이 교회에서 일찌감치 빠져나가는 것에 대해 보다 쉽게 양해할 수 있을 것이다. 부질없는 후회도 이야기 되었다. 환자를 방문하기를 꾸물거리는 것은 그 헌신적인 친구가 한 번 더 보기를 갈망했던 친근한 선생님의 얼굴을 잠깐 보지도 못한 채, 영겁의 세계로 보내버리는 결과를 야기한다는 것이다. 다른 일들에 대한 중압감으로 우리는 종종 방문을 소홀히 하거나 다른 날로 미루게 되지만 그날이 다시 오지 않는 경우가 자주 있다. 우리가 찾은 유일한 길은 방문을 위한 정규적인 날을 정하는 것이고 그것이 제 목적에 부합하도록 빈틈없이 관찰하는 것이다.

도시에 사는 사람들보다 작은 지부의 사람들에게 있어서 우리 집을 방문하는 것은 생생하게 궁금한 것이 더 많다. 도시에서 온 자매가 멋진 외국집을 보여주기 위해 시골의 사촌을 데려오는 일은 작은 지부의 경우 아직 유행을 벗어난 것은 아니다. 일반적인 방문자들은 그저 그렇고, 가끔 한국인들 자신 사이에서 참을 수 없는 호기심을 표출하는 여성들에게는 그 궁금증을 풀어줌으로써 그들을 고무시킬 수 있다. 다른 선교사들은 예수에게로 가는 길을 안내하고 예수에게 갈 수 있도록 그들의 삶에 접촉할 훌륭한 기회들이 있었다는 사례를 들어 설명할 수 있었다. 독실하고 헌신적인 요리사 또는 바느질 하는 여인은 종종 집의 여주인이 해낼 재간이 없는 복음의 씨뿌리기를 할 기회를 얻는다. 왜냐하면 새로 오는 방문자는 결코 외국인 여성을 이해할 수 없기 때문이다. 방문해서 '눈으로 보는 것'은 틀림없이 예수를 알려주는 기회로 활용될 수 있다. 영송(詠誦)이나 성화카드는 말로 하는 선교에 무게를 더해준다. 진정 "어떤 말도 하나님에게는 헛되이 돌아오지 않는다".

우리는 항상 아쉬운 마음으로 집회를 마친다. 그렇게 짧은 시간에 이야기하기에는 그동안 계획해 왔던 일이 너무 많았다. 또 토론하기 위해 가져온 각각의 문제들에 대해 좀 더 많은 시간이 주어졌으면 하는 바람이 있기 때문이다. 우리가 새해의 사업으로 나아가기에 우리의 기회와 은사는 너무나 커보인다. 그리고 우리들 각각은 우리 앞에 놓여 있는 일들을 해낼 수 있도록 더 많은 헌신과 능력을 갈구해야 한다.

헬렌 매카피 매큔의 개인보고서

한국 선천 지역

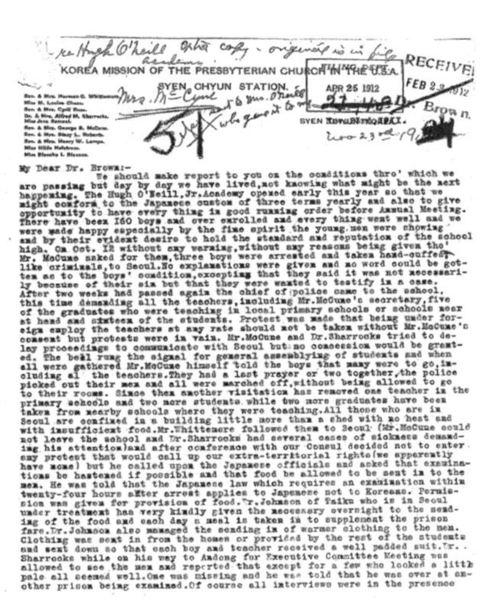

KOREA MISSION OF THE PRESBYTERIAN CHURCH IN THE U.S.A.

SYEN CHYUN STATION.

FILING DEPT. APR 25 1912

RECEIVED

My Dear Dr. Brown:-

We should make report to you on the conditions thro' which we are passing but day by day we have lived, not knowing what might be the next happening. The Hugh O'Neill, Jr. Academy opened early this year so that we might conform to the Japanese custom of three terms yearly and also to give opportunity to have every thing in good running order before Annual Meeting. There have been 160 boys and over enrolled and every thing went well and we were made happy especially by the fine spirit the young men were showing and by their evident desire to hold the standard and reputation of the school high. On Oct. 12 without any warning, without any reasons being given tho' Mr. McCune asked for them, three boys were arrested and taken hand-cuffed, like criminals, to Seoul. No explanations were given and no word could be gotten as to the boys' condition, excepting that they said it was not necessarily because of their sin but that they were wanted to testify in a case. After two weeks had passed again the chief of police came to the school, this time demanding all the teachers, including Mr. McCune's secretary, five of the graduates who were teaching in local primary schools or schools near at hand and sixteen of the students. Protest was made that being under foreign employ the teachers at any rate should not be taken without Mr. McCune's consent but protests were in vain. Mr. McCune and Dr. Sharrocks tried to delay proceedings to communicate with Seoul but no concession would be granted. The bell rung the signal for general assemblying of students and when all were gathered Mr. McCune himself told the boys that many were to go, including al the teachers. They had a last prayer or two together, the police picked out their men and all were marched off, without being allowed to go to their rooms. Since then another visitation has removed one teacher in the primary schools and two more students while two more graduates have been taken from nearby schools where they were teaching. All those who are in Seoul are confined in a building little more than a shed with no heat and with insufficient food. Mr. Whittemore followed them to Seoul (Mr. McCune could not leave the school and Dr. Sharrocks had several cases of sickness demanding his attention) and after conference with our Consul decided not to enter any protest that would call up our extra-territorial rights (we apparently have none) but he called upon the Japanese officials and asked that examinations be hastened if possible and that food be allowed to be sent in to the men. He was told that the Japanese law which requires an examination within twenty-four hours after arrest applies to Japanese not to Koreans. Permission was given for provision of food. Dr. Johnson of Taiku who is in Seoul under treatment has very kindly given the necessary oversight to the sending of the food and each day a meal is taken in to supplement the prison fare. Dr. Johnson also managed the sending in of warmer clothing to the men. Clothing was sent in from the homes or provided by the rest of the students and sent down so that each boy and teacher received a well padded suit. Dr. Sharrocks while on his way to Andong for Executive Committee Meeting was allowed to see the men and reported that except for a few who looked a little pale all seemed well. One was missing and he was told that he was over at another prison being examined. Of course all interviews were in the presence

1. 1912년 5월

이번 년도에 나의 책무는 여학교의 체이스 양이 돌아올 때까지 교장직을 맡는 것이라 할 수 있다. 젊은 여성들을 위한 학교를 관리하는 것으로 여성들의 주일학교 성경교육 사역의 감독관 역할이다.

첫 분기에는 내 직분을 담당했다. 두 번째와 세 번째 분기는 어느 정도만, 그리고 네 번째 분기는 전혀 하지 못하였다. 이 여학교는 11월에 28명의 인원으로 시작되었다. 우리는 체이스 양이 떠날 무렵의 졸업생들 뿐 아니라 작년 선생님들과 체이스 양, 그들의 낯익은 얼굴이 그립다. 윤산온씨와 입씨름 끝에 설득당해 수석 교사로 오신 장혜수 선생님은 학년 말에 기쁘고 보람 있는 시간이었다고 말씀해 주셨다. 우리의 간절한 요청에 따라 그녀를 이곳에 남겨 주신 서울의 숙녀분들의 호의에 감사드린다. 그녀 없이는 힘이 빠지는 과업이었을 것이다. 우리 졸업생들 중 임영애는 유능한 조교였다. 로스 부인과 중국인 선생님은 정규 교사가 되었고 램프 부인은 그림을, 헬스트롬 양은 음악을 가르쳤고, 성경은 교회의 담당자가 시간을 내어 가르쳤다. 이 학기에 몇 명은 다소 마음의 부담을 안고 시작해야 했는데, 이 여학생들은 2년차 수업을 다시 들어야 했기 때문이다. 3년차 학생의 학업 수준은 좋았고, 2년차 학생들은 그저 괜찮은 수준, 그리고 1년 차 학생들은 훌륭하게 해 내며 전체 수업의 다양한 학과 안에서 두 가지 조건만 제외하곤 첫 학기를 잘 마감하게 되었다. 이 학교의 교과과정은 최소 1년은 높여져야만 중학교의 필수 요건을 맞출 수 있다. 우리는 일반 심의회의 교과과정을 따르고 있어서 다른 여성 미션 학교들에 뒤떨어지지는 않지만 전반적으로 얼른 수준을 올려야 한다.

새로운 기숙사를 짓는 기초공사로 땅을 파는 것을 보는 일은 기쁘다. 우리는 교실 안에 더 많은 인원을 수용할 수 있었고 사실 더 큰 인원을 환영하며 받을 수 있었지만 기숙사에는 일 년 내내 인원들이 넘쳐 났다. 3월에는 정부의 통제가 위트모어 부인의 손에 주어졌다. 그 당시 내가 느끼기에 내 능력에 비해 훨씬 더 주의력과 실질적으로 가르치는 일이 필요했던 학교 일에 일익을 담당할 수 있어서 기쁘게 생각한다.

'젊은 기혼여성 학교'에 관련한 일은 '관리 감독'에 제한을 받는다. 이 학교는 가지각색의 경력자들로 구성되어 있었다. 크리스마스 이후에는 출석이 너무 저조해서 나는 학교를 닫도록 요청했다. 내가 이렇게 제안함으로써 충실한 출석생들은 더욱 더 열성적으로 공부하게 되었다. 이 학교는 일주일에 4회 아침에 강현채와 김영애의 수업이 있었는데 그날 아침에 젊은 여성들이 여학교의 채플에 참석하였다. 등록 인원은 30명이었지만 실제 출석은 15명 이상인 적이 없었고 평균 출석률은 더 낮았다. 그 해를 지내면서 나는 이 나라에는 공부하고 싶지만 지원 받을 방법이 없는 젊은 여성들이 많이 있음을 알게 되었다. 나는 시험 삼아서 이 여성들에게 바느질감을 약간 줘 봤는데 이것이 상당히 효과 있음을 알게 되었다. 나는 내년도 학생수에 대해 계획을 세우고 있는데 기숙사 방이 학생들을 모두 수용할 것으로 확신한다. 램프 부인이 그들 몇몇에게 자수를 가르치기로 약속해 주었고, 우리는 이것으로 학과에서 필요한 비용을 충당할 수 있을 것으로 기대한다. 여성은 매우 검소하게 생활할 수 있으며 그들은 공부할 기회를 갖기를 열망하고 있다. 여성 한 명이 하루에 예닐곱 시간 바느질을 하고 나머지 시간에 공부를 하면 한 달에 1.50의 금 달러 정도는 거의 충분히 벌 듯 하다.

주일학교에 관해 말하자면 남북으로 나누는 교회 원칙에 따라서 우리는 학교를 갈라서 이동하게 되었다. 이 분할에 의해 나는 북쪽교회에 홀로 남게 되었다. 교회학교의 등록 인원 464명 중 89명의 어린이를 제하고 375명이 평균 출석인원이다. 이 학교는 17개의 반으로 구성되어 있는데, 5개는 세례 교인 여성들, 5개는 학습문답 수강자들, 나머지 7개는 새로 믿기 시작한 사람들의 것이다. 주일학교와 관련되어 영국과 외국 성경 단체에서 지원 받는 여전도사가 절반을 감당했다. 매 주마다 그녀는 새로운 학생을 불러서 비행 청소년을 찾아보고 아픈 사람들을 방문하고 슬픔이 있는 가정들을 찾아가 보았다. 지난 11월부터 그녀는 1000번이 넘는 연락을 해왔다. 꾸준한 출석률은 어느 정도 그녀의 지속적인 방문의 결과이다. 두 번의 다른 기회를 통해 아기들과 엄마들과의 만남의 기회를 가졌고 우리들은 이것을 엄마들의 만남 기회로 시도하였으나 200명이 넘는 아기들의 소리를 듣고 돌보느라 지시 사항을 제대로 전달할 수 없었다. 성탄절에 모든 아기들은 크리스마스트리로 모여들었고 아이들 뿐 아니라 엄마들도 즐거운 시간을 보냈다.

토요일에 열린 교사모임은 그들의 지속적인 관심과 출석률을 보여주었다. 이제는 한 반에 50명의 교사들이 있고 우리들은 지속적으로 재료를 수집하기 위해 찾아다니고 있다. 이 클래스는 북쪽 교회 학교 뿐 아니라 로스 부인, 샤록스 부인과 위트모어 부인과 학교의 선생님들이 포함되어 있다. 물론 각 반의 리더들은 자신의 반이 가장 흥미있다고 생각하지만 이 반보다 더 가르치기 흥미로운 반을 찾기는 분명 어려울 것이다.

이 나라에서 내가 계획했던 유일한 학습반에는 돌봐 주어야 할 아픈 남자 아이가 있었다. 이 도시에서 열린 성경훈련 수업에서 내가 헌신적인 아침 리더들과 미처 공유하지 못한 성경말씀과 주제가 있는 것은 유감이다. 또 3주가 된 아기가 있었는데 그들로부터 최소한의 도움도 받지 못하고 있었다. 내가 맡아 함께 한 성경 여성반은 효율적인 수업을 위해 여러 번 국내 여행을 했다.

그 해에는 주어진 일 외에도 바느질 수업을 살펴주어야 했다. 미국에서 온 퀼트 조각들은 하급 학년 10개 반과 7개 학교와 4개의 여학교의 학생들의 손에 의해 제법 다른 사람들 앞에 보여줄 만한 예닐곱 개 작품들로 변모하였다. 이 퀼트들로 무엇을 할지는 아직 정해지지 않았지만 일감 제공이라는 그 임무는 확실히 달성하였다. 그 작품을 본 후 한 여성은 내게 이 작품을 꼭 만족스럽다고는 생각하지 않는지, 그리고 어떤 소녀들이 와서 이 작품이 기계로 만든 것에 비해 가격이 저렴한 것이 아닌지 물어 보았다! 퀼트 조각들 외에 몇몇 소녀들은 아주 근사하게 헴스티치 자수 놓는 법을 배웠다. 이 일들을 담당해 준 소녀들이 있었던 것은 우리의 행운이었다. 우리는 파크빌과 다른 곳에서 온 친구들, 그리고 이번에 세다 래피드 제일교회에서 온 친구들이 이 많은 사람들에게 필요한 것을 제공해 준 데 대하여 다시 한 번 감사한다.

어린 딸이 3월에 옴으로써 우리 가정의 삶은 풍성해졌다. 지금도 우리는 이 아이가 없었다면 우리가 어떻게 집을 지켜 낼 수 있었을까 생각한다. 우리에겐 감사해야 할 일들이 많다. 우리의 새로운 집은 끊임없는 기쁨의 원천이다. 의사 샤록스께 집을 훌륭하게 지어 주신 데 대해 그에 합당한 진심어린 감사를 드린다. 나머지 모든 일들이 서서히 되어가고 있다. 이제 막 마친 도배질과 기름칠이 삶에 아름다움을 더하고 있다.

가족들의 건강에 관해서도 우리는 감사할 일이 많다. 무서운 유아 질병이 왔다가 큰 문제없이 지나갔다. 사실, 우리는 지금 현재 매우 잘 지내고 있고, 한국에서 한 해 더 봉사기간을 늘리는 특권을 얻게 되어서 감사한 마음이다.

2. 1911-1912년

그 해의 나의 책무는 다음과 같다: 젊은기혼여성학교의 관리, 윤산온씨와 함께 여자 초등학교 감독, 북부교회의 여성 주일학교 관리자, 모든 여성 주일학교 선생님들과 2명의 여전도사 준비를 위한 수업,

젊은여성학교는 10월 1일에 시작되었고 9개월 간 진행되었다. 그 해의 등록 인원은 총 16명이었고 현재는 11명이다. 젊은 여성들은 확실히 그 일에 매우 관심을 보였고 즐거움을 발견했다. 그들은 온갖 종류의 가정환경을 지닌 사람들이다. 갖가지 모습의 홀아비들이 있고 부인들도 좀 있었다. 그 해에 두 명이 결혼을 했지만 그들의 학업에 아무런 지장도 주지 않았다.

그 학교에서 가르치는 일은 상반기에는 김경상이 하반기에는 강귀일이 담당하였다. 김씨는 여학생들이 산수에서 자신보다 앞서가고 있다는 것을 알게 되었고, 나머지 일들을 그만둘 수 있기 전까지 도움을 받아야만 했다. 보성여학교의 선생들 중 한 명이 그녀를 도와주러 왔고 고급반을 가르쳤다. 강귀일이 책임자였으므로 윤산온 씨의 비서가 중국어를 가르친 것을 제외하고는 귀일이 나머지를 모두 맡았다. 올 해처럼 내년에도 발전하려면 우리는 교수 인력을 확보해야만 한다.

젊은 여성들에게 그들 스스로의 학비를 충당할 수 기회를 주지 못했다면 이 학교는 존속할 수 없었을 것이다. 우리는 젊은 여성들에게 안정적으로 일을 줄 수 있는 소득원이 전혀 없다. 학교가 문을 연 시점에 미국에서 온 작업 주문서가 일을 시작할 수 있게 도와주었고 우리의 자원이 바닥이 보일 것 같을 때마다 주문서가 도착하는 식으로 도움을 받을 수 있었다. 도움은 즉석에서 돈으로 주어진 것은 아니었고 젊은 여성들은 그들의 월사금과 식비를 스스로 지불해야 했다. 램프 부인이 여성들의 일감을 배려해준 덕택에 학교가 성공적으로 유지될 수 있었다. 그녀는 여성들을 주의 깊게 관찰하고 시

간을 들여 주의 깊게 생각한 후 일을 준비하였고, 그 결과는 젊은 여성들과 램프 부인에게 현금이 되어 돌아왔다. 연말 즈음에는 신성학교 학생이 여러 패턴의 스탬프를 찍는 것을 볼 수 있었고 그래서 우리의 자조부는 한 소년에 의해 확장될 것이다.

이 해의 통계 자료는 다음과 같다: 총 등록 —16: 현재 등록: --11:
한 해 동안의 사망: -1.

10/1~3/31 까지 비용		4/1 ~ 1/30 까지 비용	
부대비용 가정	3.71	부대비용	.35
부대비용 학교	60	건물관리	2.
연료와 전등	30.16	연료와 전등	10.73
급료	48	급료	22.70
	82.47		35.78
수입금		수입금	
의회 기금	74.	의회 기금	32.25
수업료	6.60	수업료	5.40
	80.60		37.65
(주일) 합계			
지출	엔 118.25	총 수령액	엔 118.25

작업부서에서는 결코 이사회 기금을 사용하지 않지만 달러로 표시된 작업량은 흥미롭다. 현재 회계장부는 261.23 엔의 수입과 277.025의 지출을 보여준다. 이제 납품할 일과 그 만큼 지불 받아야 할 것이 남아 있으므로, 우리는 올해를 적자 없이 마감하고 가장 도움이 필요한 젊은 여성들 몇몇에게 여름에 할 일을 주어서 그들이 옷과 내년을 위한 경비를 조금 마련할 수 있게끔 도와주고 싶다.

초등학교들

윤산온씨의 감독 하에 있는 초등학교들에게, 어려운 시간들은 있었지만 좋은 결실이 있는 해였다. 우리들은 여학생들이 남학생들보다는 덜 확실하다고 느껴왔다. 최고 등록인원은 180명이었다. 임의로 뽑아 본 총 등록인원은 윤산온씨가 보고 한다. 그 해는 약 70명의 출석으로 마감했다. 교사들은 우리 여학교의 졸업생들이었고 훌륭하게 일을 해 냈다. 여섯 명의 여학생 반은 4월에 졸업했다. 그들 몇몇은 강귀일과 공부해 오면서 가을에 상급학교를 진학하기 위해 그 이상의 준비를 했다. 수업료를 충당하기 위해 바느질 기회라는 혜택을 받은 여학생들은 더 적어졌다. 한 때는 15명이 일을 했으나 4명이 졸업을 하고 등록 취소로 인해 일하는 숫자는 6명으로 줄어들었다. 우리는 다시금 미국에서- 이번에는 세다 래피드- 퀼트 조각들을 받아 한국식 자수를 만들었고, 보통 바느질과 몇몇 멋진 작품들을 만들어냈다. 이 해에 우리는 바느질을 정규과정에 도입하였다. 우리는 집에 있는 유치원에서 쓰이는 것 같은 카드를 가져오게 해서 그것들을 사용해서 패턴을 만들고 남학생들이 수 백 개씩 카드를 만들어서 하급반의 어린 여학생들이 그것을 쓰도록 했다. 상급반의 경우 우리는 미국에서 온 실크 조각들을 써서 그들이 한국의 어린이들이 즐겨 착용할 만한 작은 가방과 장신구들을 만들도록 했다. 한 여학교에서는 여학생들이 선생님의 바느질 가르치는 것을 도왔다. 우리는 이 일이 내년에는 더욱 더 중요해지길 바라고 이것이 아이들을 위하여 정말 실용적인 교육이 되기를 바란다. 우리는 이로써 재료비를 충당할 방법을 알아냈다고 생각한다.

북부교회의 주일 학교

교회 여성들을 위한 북부교회 내의 주일학교는 매 주일에 만나서 정기적이고 충실한 출석자들과 잠깐 잠깐씩 나오는 부정기적 출석자들을 맞았다. 통계를 보았을 때 우리는 부정기적인 출석으로 평균출석률을 확 깎아 내리는 근처 마을에 사는 여성들을 고려해야만 한다. 우리의 출석부가 갱신된 새해부터 등록인원수는 총 481명이었다. 그들은 16개 반으로 나뉘어 있는데 세례 받은 반 6개, 초심자 반 6개 그리고 4개의 새신자 반이다. 481명 등록자들 중에서 현재는 403명이 출석하고 있다. 상기하자면 46명이 남쪽으로 옮겼거나 도시를 떠났고 19명이 사라졌다. 불신자 집안에서 온 많은 인원들은 학교를 계속 다닐 허락을 받지 못했다. 2명은 죄에 빠져 교회를 떠났고 3명은 세상을 떠났고 9명은 실종되었는데 교사들은 그들을 찾을 수 없었고 그들이 살고 있는 인근에서도 찾지 못하고 있다. 의심할 바 없이 그들은 다른 곳에서 옮겨 온 이들로 사라져 버린 것이다. 작년 8월부터 평균 출석 인원은 323명이다. 그 해까지 우리들은 평의회에서 마련한 수업을 들었다. 올해 우리는 「고린도서」를 택해 한국인이 좋아할 만한 방식으로 한 구절 한 구절 공부해 오고 있다. 나로서는 주일학교에서 점수를 매기는 방식의 수업이 꼭 필요하다고 생각된다. 우리의 새 여신도들을 위해서는 가장 단순하고 직접적인 복음서가 필요한 반면 더 나이가 많은 여신도들은 구약과 신약의 사도 서간을 보는 것이 자연스럽다. 수업시간에 앉아서 전혀 모르는 것에 대한 말을 들을 때의 당혹스러운 표정이 내 마음에 남아서 내년 주일 학교 수업에 누군가가 합류 한다면 나는 새 여신도들을 위한 다른 수업을 계획해 볼 수 있다고 생각한다.

주일학교 교사들

여성 주일학교 교사들의 준비 수업은 출석률이 좋다. 몇몇 토요일에 나는 휴식을 위해 김목사님에게 나를 대신해 수업을 해 줄 수 있는지 여쭈어보았다. 늘 진심어린 도움을 준 그는 흔쾌히 승낙했고 여성들은 언제나 그가 오는 것을 즐거워했다. 고린도서 수업의 준비는 꽤 어려웠으나 여성들은 다른 이들을 위한 수업 준비 뿐 아니라 분명히 자신들을 위한 공부를 즐겼다. 이 겨울 동안에 시험을 치른 그만큼의 수의 사람들에게 보여 준 여성들의 공감에 대해 서도 꼭 이야기하고 싶다. 사람들이 다른 이들을 위해 진실하게 기도하는 걸 보는 것은 참으로 좋았다.

여전도사들

여전도사들은 실제로 영국성서공회(the British and Foreign Bible Society) 아래에 있었고, 그들의 일은 서울의 에이전트에 상세하게 보고되었다. 두 명의 여성이 매우 많이 방문했고 설교를 할 기회가 많이 있었다. 그 둘 중 하나는 평양에 있는 성경 학교에서 두 달 반을 보냈다. 여기서 그녀의 빈 자리는 다른 한 여성이 부분적으로나마 채워 주었다. 헬스트롬 양은 이 여성들을 시골 사경회에서 활용했고 이들은 수업을 위해 그들 스스로 나갔다. 그들은 총 15개의 지역 사경회에서 역할을 맡았는데, 한 사람은 이 곳 선천에서 봄 사경회를 이끌었다. 본부의 의사에 따라 밀러씨는 다음 달 이후에는 여전도사들을 더 이상 쓰지 않겠다고 계획을 수정하였고, 그들은 일을 그만두는 것에 대해 이야기를 들었다. 우리는 그들이 갖고 있는 현재 능력 안에서의 도움이 아쉬워지겠지만, 그들이 기회를 찾아감에 따라 큰 도움이 될 인재로 성장할 것임을 확신한다.

우리 집은 올 해 성가신 일들이 많았다. 갖가지 이유로 우리는 계속 조마조마하고 당혹했다. 우리 아이들은 모두 디프테리아와 다른 질병들로 아팠고 이것은 모두 우리가 감당해야할 몫이었다. 이 와중에서 우리는 주님께서 힘과 용기를 주심에 감사한다. 타인에 대한 동정과 신경 씀에서 오는 긴장감은 대단했고, 우리가 매일 일어나는 일을 보지 않고, 잘못된 것을 다스리시는 주님의 계획이 우리의 앎의 능력 밖에 있다는 것, 그리고 우리가 할 수 있는 전부는 주께서 우리 안에 보이는 악에서 선을 끌어내고 이 겨울 동안 알아야만 했던 모든 불의와 잔인함을 바로 잡으실 것이라는 것을 믿는 것 이라는 것을 제외하면 이 모든 경험들은 슬프고 우울한 것이었다.

3. 1914-1915년

개인 보고서는 아무리 해도 잘 쓰기 어렵다. 특히 이번 해에 나에게는 보고할 것이 거의 없어서 어려웠다. 상반기에 우리는 미처 여행을 기대하지 못했던 계절에 아이들을 해외 바다 여행에 준비시키게 되었고 허둥지둥 마무리되기는 했지만 고국에서 행복한 여름을 보내는 즐거운 추억을 지니게 되었다. 그리고 나서 선교사들은 미국의 정기선으로만 이동해야 한다는 지역 의회의 결정에 따라 우리의 한국으로의 귀환은 더욱 연기되었다. 마침내 우리는 한국으로 돌아오게 되었고 다시 돌아오게 되어서 정말 기쁘다. 휴가는 매우 기쁜 것이었다. 우리는 모두 그 해에 잘 지냈고 고국의 많은 친구들을 만나는 특권을 누렸다. 우리들은 여기(한국)에 가을에 늦게 도착했기에 대환영을 받았다. 한국의 명절 무렵에 돌아와서 이들의 다정하고 진심어린 인사를 받는 것은 정말 즐거웠다.

이번 연도 나의 책무는 귀환 후 젊은 여성들을 위한 학교를 맡는 것과 성경학교 일이었다. 나는 '귀환'이 다음 번 연례 회의에서 돌아오는 것을 의미할 수 있다고 위트모어 부인을 설득하려 했으나 그녀는 12월의 학기 말까지 학교를 맡을 만큼 친절함에도 이에는 동의하지 않았다. 그래서 겨우 나는 집을 정리할 시간과 주어진 한국어 단어를 약간 모을 시간만을 얻을 수 있었다.

성경학원의 일은 우리의 귀환으로부터 3주 후에 시작되었다. 나는 떠나 있던 1년 사이에 나의 한국어 실력이 사라져 버린 것을 발견하고 오싹해 졌다. 이러한 점에서는 처음 며칠이 그 학기 중 가장 힘들었다. 나는 적어도 한 번 이상 나의 '교수직'을 그만 두고 은퇴하여 개인 생활을 누리려 했다. 교수 과목은 일주일에 5회의 요한복음과 1회의 구약의 지리학이었다. 나는 이 성경학원에서 이보다 더 만족스러운 교사 일은 없다고 생각한다. 「요한복음」은 학생들이 매우 잘 했으나 지리학 수업은 여성들에게 그리 즐거운 것은 아니었다.

이 학원의 일과 함께 나는 크리스마스 방학동안 열린, 우리 보성학교와 젊은 여성학교 (Young Women's School) 학생들을 위한 성경수업에도 함께하는 기쁨을 누렸다. 내 과목은 「갈라디아서」였다. 봄학기에 여성들을 위한 일반 과목으로 나는 80명의 세례 받은 여성들에게 야곱과 요셉의 삶을 가르쳤다. 내가 맡은 반은 상위 그룹에서 선발했거나 세례교인들로, 그들의 기록들은 그들이 특별히 총명했기 때문에 교회 사무실에서 준 것이었다. 따라서 이 반은 가르치기에 정말 훌륭한 반이었다.

젊은여성학교는 우리가 없는 사이에 그 위상이 바뀌었고 그래서 나는 거기서 정말로 일하고 있는 나를 발견했다. 우리 집에서 낮에는 가정부로 섬기고 밤에는 소녀들을 돌보았던 정씨는 이제는 상근 수간호사로 성장하여 활약하고 있다. 예전에 일할 때에도 언제나 믿을만하고 능률적이었던 그녀는 새로운 직책을 수행하는 데에도 똑같은 특성을 보이며 여학생들을 잘 돌보고 있다. 그녀는 평양에 있는 성경학원에서 3년을 공부했고 그 시간에 우리 집에서 지냈는데, 이제 두 반에게 성경을 가르치고 있다. 학교 인원은 가을 학기 동안에 16명이 출석한다. 겨울 학기에는 몇 명이 더 합류했고 새해의 모집인원이기도 한 봄학기의 모집인원으로 우리의 정원은 상당히 늘어났다. 우리가 최근에 헤아려 본 최고 출석은 27명이었다. 올 해가 마감되는 이 시점에 25명의 인원과 너무 늦게 와서 비록 정규반 등록인원이 될 수 없었지만 내년에는 정규적으로 나오려 하는 특별한 2명의 학생이 있다. 올 해 총 등록 인원은 34명이었다. 두 명은 더 공부를 하기 위해 우리를 떠났고, 올 봄에 그 남편이 신성학교를 졸업한 한 여성은 남편의 직장을 따라 가버렸다. 두 명은 가족들을 따라서 만주로, 한 명은 건강상 이유로, 그리고 세 명의 이 지역 학생들이 집안 사정으로 그만두었다. 이 해는 건강상으로 볼 때 좋은 해였다. 한 두 명은 진료소에 자주 드나들었으나 대체적인 컨디션은 괜찮았다.

여학생들이 배우려는 열의가 가득했기 때문에 교사들은 이구동성으로 가르치는 일이 즐겁다고 말한다. 우리 교사진은 양호교사, 하루 한 번 중국어를 가르치는 윤산온씨의 비서, 우리가 미국에서 돌아 온 후 여러 면에서 도움을 주어 온 강귀일, 마을에 살고 있는 3명의 우리 보성여학교 졸업생들-그 중 한 명은 우리 학교와 보성여학교 두 군데에서 가르친다. 우리는 주 당 100교시를 가르친다. 대부분의 소녀들이 수업료 전체나 부분을 스스로 부담해야 하기 때문에 그들은 반나절밖에 공부할 시간이 없고 그래서 우리는 이 숫자에 상응하는 교사들을 확보해야 한다. 예산상 교사월급으로 19엔($9.50)이 필요한 상태에서 충분한 봉급을 받는 교사는 아무도 없다.

세인트 루이스의 워싱턴-콤톤 애비뉴 장로교회의 여성들이 이 해에 주신 선물에 감사드린다. 우리는 젊은여성학교(the Young Women's School)와 보성여학교의 소녀들을 포함하여 '자조부'를 유지하기 위해 1,000 금달러가 필요했는데, 이 액수는 작업을 위해 그리고 젊은 여성들을 수용하고 그들 모두가 일할 장소를 제공해 줄 두 목적을 충족시킬 수 있는 건물을 마련하는 데 쓰일 자금이 될 것이라고 생각했다. 세인트루이스에서 온 기금은 520.00달러이었고 이것으로 우리는 우리가 바라던 두 가지 일을 부분적으로나마 할 수 있었다. 그 중 한 부분은 유동 자금으로 따로 떼어 놓았는데, 그것은 램프씨가 자조부를 운영하기 위해 개인자금을 쓰는 부담을 덜어주었고 부분적으로는 여성들을 수용할 네 채의 작은 한옥들을 사는 데 이미 쓰였다. '아픈 발을 위한 쉼'을 가질 수 있어 안도하게 된다. 여기에는 수간호사 뿐 아니라 20명의 젊은 여성들을 위한 숙소가 있다. 상당히 좁은 공간이지만 그들은 거기에 기쁘게 거주하고 있다. 이 집들은 학교를 목적으로 한다면 다르게 지어질 수도 있었겠고 어쩌면 언젠가는 새로 지어질 수도 있겠다. 그렇게 된다면, 키가 갑자기 너무 커 버린 소녀들은 천장에 머리를 닿지 않도록 계속 머리를 숙이지 않아도 되게 기둥을 높일 수 있는지 물어보았을 것이다. 그리고 물이 마당에 흘러넘쳐서 한동안 두세 개 난로를 망가뜨린 다음 분명히 한 사람 이상은 이 건물을 조금은 다르게 배열하기를 원했을 것이다. 우리가 지붕을 올릴 수 없었던 데 비해, 배수 문제에 관해서는 아주 서서히 진전할 수 있었고 각각의 빗물은 우리에게 이 집의 다른 쪽에 대해서도 할 수 있는 한 모든 미국의 건축법을 동원하여 어떻게 이 말썽 많은 마당을 처리해야 할지에 대한 지표를 주었다.

예배당에 와서 앉은 소녀들에 대해서, 말할 기회가 주어진다면, 이야기 할 재미있는 개인사들이 많이 있다. 첫 번째 이야기는 이곳 저학년에 있던 총기 있고 부주의한 한 어린 아내에 관한 것이다. 그녀는 아주 어려서 결혼했고, 지금은 그 엄마와 함께 아이를 돌보며 이곳에 있다. 그 남편은 쓸모 없음을 넘어 최악에 가까웠는데, 약간의 재물을 손에 넣는 데 성공했다. 그들은 학교 가까이에 살았고 그 소녀는 오전에는 학교에서, 오후에는 일하며 지냈다. 그녀는 총명한 학생이었고 언제나 흥미있게 수업을 들었다.

다음은 작년에 장티푸스로 죽은 신성학교 학생의 아내에 대한 이야기이다. 그녀는 매우 신앙심 깊은 며느리였고 그 아버지는 며느리가 전력을 다해 믿음으로 그 아들의 죽음이라는 시련을 견디고 있는 것에 깊이 슬퍼했다.

그 다음은 막 시댁에 도착한 새 신부 이야기이다. 시댁은 마을에서 잘 사는 집이었고 그녀가 도착한 다음 주에 시아버지가 와서 보고 그녀가 학교에 들어올 수 있도록 수속을 밟아주었다. 그 집의 다른 며느리는 이미 여학교를 졸업하고 가르치고 있어서, 시아버지는 새 며느리가 시골에 있는 친정이 이제껏 마련해 주지 못했던 새로운 혜택을 누리기를 원했다.

네 번째 케이스는 몇 년 전에 처음으로 우리에게 온 여성의 경우이다. 그녀는 손이 불구였는데 아기 때 방을 기어 다니다가 끓는 주전자가 그녀에게 쏟아져서 그렇게 되었다. 어린이였을 때 남편이 죽었기 때문에 그녀는 한 번도 시댁에 보내진 적이 없었다. 그녀는 학교 운동장에서 엄청난 소요가 있었던 몇 달간 우리와 함께 있었다. 그 소녀를 결혼시키기 위해 어머니가 데리러 왔다. 상대는 불신자 가정이었고, 그 소녀는 가지 않기로 결심했다. 마침내 그 어머니가 그녀를 강제로 데려 갔다. 밤에 어머니가 잠든 사이에 그녀는 몰래 빠져나와 거처를 기숙사로 옮겨버렸다. 이 곳의 목사가 그녀의 이야기를 듣고 지역 교회에 출석하는 모자 제작자와의 결혼을 주선하였다. 몇 달 못 가 후처에게 쫓겨난 그 어머니는 그녀의 새로운 고향에서 그 딸과 기꺼이 정착하였다. 학교를 나온 지 한 두 해 만에 다시 한 번 그녀는 우리의 일원이 되었다. 우리 학생들이 주일학교에서 도움을 주고 있는 중에, 몇 주 전 일요일에 이 소녀의 개인적인 일을 모르는 로버츠 부인은 "이 젊은 여성은 머지않아 우리 리더 중 한 사람이 될 거예요."라고 말했다. 나는 하나님께 감사하고 용기를 얻었다.

다음 순서는 요즈음에는 학교에 나오지 못하고 있는 여성의 경우이다. 그녀는 이 지역 출신이었는데, 그 시어머니는 우리가 그 소녀에게 벌게 해 주는 몇 푼의 돈은 간절하게 원하는 반면 그녀의 교육에 관해서는 그리 관심이 없었다. 우리는 지역의 소녀들이 필요한 학비와 학교에서 필요한 비용을 버는 것 이상으로 일하게끔 허락하지 않는다. 이 소녀가 일 년간 결석한 후 우리에게 돌아왔을 때 나는 램프 부인에게 이 소녀의 수업료를 내가 직접 수령하여 이 학기가 끝날 때까지 그녀가 학교에 남아 있을 수 있도록 하자고 말했다. 우리의 계획은 밭의 김매기가 시작될 때까지는 유효했으나 얼마 안 가 그녀는 밭으로 돌아가야 했다.

그 다음은 한 총명한 웃는 얼굴의 여성 이야기이다. 그녀는 최근에 시아버지의 집으로 들어왔다. 그는 닥터 샤록스의 비서였고 그 아내는 우리의 훌륭한 주일 교사들 중 하나였으며 그들은 아들이 학교에서 받는 교육을 며느리에게도 해 주기 원했기 때문에, 이 새 신부에게도 우리와 함께 공부할 기회가 주어졌다.

일곱 번째는 그 엄마와 8살 먹은 어린 딸과 함께 마을 언저리에 살고 있는 과부이다. 매일 아침 이 둘은 학교에 오고, 엄마는 우리에게 온다. 이 어린이는 초등학교에 다녔다. 매일 오후까지 그녀는 일을 하며 보내고, 오후 늦게 그들이 집에 가는 모습이 보이곤 했다. 그녀는 고급반에 있고 아주 총명한 학생이다.

그녀 다음은 우리 신성학교 졸업생 한 명의 아내인데 지금은 서울의 대학에서 공부하고 있다. 그녀는 우리 목사의 딸이 결혼을 거부했던 소년과 결혼했다. 그 소년으로서는 매우 당황스러운 날들이었으나, 다음에 그는 그가 공부를 계속할 동안 그 아내도 학교에 있을 것이라는 점에서 그의 나중 선택에 큰 자부심을 가지게 되었다. 우리는 그녀가 우리와의 수업을 마친 후 보성여학교로 넘어가게 되기를 그는 함께 바라고 있다.

다음은 우리가 무척 보고 싶었던 예쁜 소녀 이야기이다. 총명한 눈과 웃음 띤 얼굴을 보고는 그녀가 집이 없고 모든 것을 얻기 위해 혼자 분투하며 살고 있다는 것을 짐작할 수 없을 것이다. 이러한 다양한 조건의 사람들이 이 여름 동안 무엇을 하며 살아갈지 논의하던 중에 나는 그녀가 갈 곳이 없다는 것을 알게 되었다. 그녀의 엄마는 여기 저기 알아보아 겨우 끼니를 해결할 수 있는 곳을 찾는 정도였고 거기에서 그녀는 약간 할 수 있는 일을 찾을 수 있었다. 이 소녀도 우리의 몇몇 여성들이 보여 주었듯이 새로운 것을 잘 배워서 해내었다.

다음은, 학교에서 지난 몇 달 동안 그 누구보다도 그 얼굴이 많이 변한 한 소녀이다. 그녀는 겨우 겨우 의복과 음식을 얻을 수 있었던 힘든 경험을 거친 후 우리에게 왔다. 그녀는 밀고 나아가는 강인한 분위기를 가지고 있었다. 일과 학습에 관한 지시를 받으면 시무룩한 표정으로 받아들이거나 대놓고 분개하곤 했다. 그녀는 자신이 친구들 사이에 있다는 것을 서서히 깨닫게 되었고 그녀의 전반적인 태도는 변화되었다. 그녀는 지금은 이 학교에 있다는 특권을 그 누구보다도 깊게 누리며 감사하고 있다.

그 다음은 우리에게 온 그녀의 사촌과 함께 시작되었다. 그녀의 남편이 그녀가 소리 지르는데 지쳐 버려서, 비기독교 집에서 쫓겨난 상태였다. 그녀는 어둠을 틈 타 시집으로 돌아가서 결혼할 때 친정에서 가져왔던 놋접시들과 다른 물건들을 확보했다. 그녀의 친정으로 돌아가는 것은 거의 그 남편

집에 머무는 것만큼 불가능에 가까운 일이었다. 그녀의 아버지는 신자였으나 비신자인 계모가 그의 두 딸이 집에서 지내려 하면 비참해질 만큼 못살게 굴기 때문이었다.

그녀 다음은 멀리 만주에서 온 한 소녀이다. 작년에 우리의 한국인 목사가 만주를 거쳐 여행을 다녀오면서 이 젊은 여성을 데려와서 그녀가 학교에 입학할 수 있는지 의뢰했다. 그녀는 남편과 함께 한국 남부에 있는 라일씨의 교회 중 하나에서 만주로 갔는데 그녀의 남편은 거기에서 죽었다. 이러한 거친 환경에서 우리에게 왔을 때 그녀는 아기를 데리고 왔으나 곧 그 아기도 죽었고, 양 목사는 그녀를 이곳에 데려와서 훈련을 시켰다. 그녀는 가엾을 정도로 빈궁했고, 위트모어 부인이 그녀를 도우러 와주기 전까지는 여벌의 옷이나 아무 것도 살 수 없는 상태였다.

그 다음은 내가 깊이 동정하는 사람이다. 그녀는 자수를 배울 재주가 없는 것 같다. 만일 생계가 그의 자수 능력에 달려 있는 상황이라면 무슨 일이 일어날 지 두려워질 만한 일이다. 그녀는 열심히 노력했고, 결국 나는 램프 부인을 달래서 스타킹 수선하는 일을 얻어 주었다. (우리 집에는 항상 충분한 양이 있었다) 거기에서는 그녀의 자수 기술이 그리 심도있게 시험 받지 않아도 되었다! 그녀는 토요일마다 와서 수업료를 벌기 위해 수를 놓는 하급반의 어린 소녀들을 돌보았고, 살아갈 만큼 충분히 벌 수 있게 되었다. 그녀는 방학이 오면 이 지역 위쪽에 사는 두 어린이들 집으로 초대를 받아 즐거운 시간을 보내게 될 것이다. 그녀의 큰 소망은 그녀가 현재 할 수 있는 것보다 더 그녀의 아이들을 위해 가능한 기회를 열어주기 위해 교육을 받는 것이다.

그 다음 여성은 집에서 약간의 도움은 받지만 기독교를 믿지 않는 가정이었기 때문에 그녀가 열심인 교육에 대해서는 거의 공감을 얻어내지 못하고 있다. 남편이 죽은 데 이어 유일한 아이마저 죽었기 때문에 그녀는 혼자였다. 시집에서는 그녀를 반기기는 했지만 그곳이 실제 그녀의 집이 되기는 어려웠다.

다음 젊은 여성은 한편으로는 성경학원에 다니고 한편으로는 우리학교 과정에 있는 상태로, 학교에서 그다지 진척은 없다. 그녀는 보통의 학생이고, 우리가 그녀를 잘 처신할 수 있게 훈련시킨 후에는 유능한 리더십에 맞게 준비될 것이다. 그 남편은 신성학교 학생이었는데 졸업반 때 죽었다. 남편의 집에서 그녀를 도와줄 수 있었으나, 그들의 믿음은 그 집의 과부에게 옷을 주는 외에 교육을 시키는 데까지는 미치지 못했다. 그녀는 학교에서 비용을 스스로 해결할 방법을 찾았다. 그녀는 필요한 만큼의 비용은 집에서 얻을 수 있음을 알고 있었지만 다른 소녀들과 함께 자조부에서 일했다.

그녀 다음은 다른 이들보다 키가 크고 똑똑한 얼굴을 한 매력적인 두 소녀들이다. 그들은 겨울 사경회에 오는 이모 조카 사이였고, 젊은여성학교가 수업을 개설한다는 소식을 들은 후에는 향학열을 불태웠다. 그 중 하나는 우리 기준으로 본다면 전혀 결혼하지 않은 과부가 되어 친정에 머무르고 있었다. 그녀가 약혼한 상태에서 혼례가 치루어지기 전에 신랑이 죽어버렸고, 제법 높은 가문의 일원이었던 그녀는 다시 결혼하지 않았다. 다른 하나는 결혼했다가 과부가 되어 친정에 돌아왔다. 두 명 다 집에서 도움을 받고는 있었지만 그것은 모든 비용을 감당할 만큼 충분하지는 않았다.

그 다음은 울어서 두 눈이 종종 충혈 되곤 하는 여성이다. 그녀도 사경회에 오다가 학교에 대해 듣게 되었다. 그녀의 고향과 다른 곳에서 온 여성들이 나에게 와서 그녀의 진학을 강력히 촉구하였다. 그 남편은 죽었고 12살 된 딸이 있었는데, 그 딸아이는 남편의 전처 소생 아들들에게 의존하고 있었고, 보통 한국 가정에서 받아야할 보살핌을 받지 못하고 있었다. 아들 중 하나는 멀리 떠나 있는 상태였고, 다른 하나는 늙은 조부와 함께 시골로 갔는데, 그 조모는 살기 위한 최선의 선택으로 다른 집 부엌에 남게 되었다. 그는 배다른 동생을 데려가서 자기 자식들을 돌보게 하였고, 양모인 그녀 자신이나 챙기도록 말하곤 했다. 그녀는 우리가 통상 원하는 나이보다는 좀 늦게 학교에 오게 되었다. 그녀와 여름에 해야 할 일은 우리가 방금 풀어냈던 그

문제이다. 나는 그녀 스스로가 도움이 될 수 있게끔, 그녀를 부엌에 데려가서 빨래와 다림질을 배우게 하고 집안일을 돕게 했다. 솔토 부인은 여름 동안 그녀를 일터에 데려갈 것이다. 내가 그녀에게 이것을 말해주러 기숙사에 갔을 때, 나는 그녀가 시아버지에게 막 편지를 받은 것을 보았다. 내용은 가능하다면 그녀가 빨리 딸을 찾아갈 것을 촉구하는 것이었고, 그 의붓 오라비에게 맡겨둘 바에는 차라리 멀리 보내버리라고 제안하고 있었는데, 그 오라비가 그녀를 다른 집에 첩이 되도록 팔아버릴 계획이라는 것이었다. 그녀는 딸을 데려와서 그녀가 버는 아주 적은 돈으로 같이 살 수 있도록 소망하였고, 나는 그것도 하나의 가능성으로 생각하고 있다.

그 다음은 약간 다른 종류의 슬픈 역사를 가진 여성이었다. 그녀는 남편이 두 번째 부인을 들였고, 그 첫 번째 아내인 그녀에게 나가라고 말하였다. 그녀는 어린 아들을 데리고 친정으로 돌아갔다. 그녀는 자기 집에서 환영을 받기는 했지만, 그들은 그녀가 집을 떠나 학교에 있는 동안 거의 도움을 주지 못했다.

그 다음 또 다른 처지의 이야기가 있다. 윤산온씨의 구역 밖에 그 어머니가 독실한 기독교도인 한 집안이 있었는데, 그 아버지는 무관심한 사람이었다. 이 남성은 서서히 모든 편견을 버리고 교회로 돌아와 열심히 다니게 되었다. 그에게 잠재되어 있던 선의 불꽃으로 그는 과부가 된 누이가 학교를 가는 것에 동의하고 그녀의 어린 딸도 학교에 갈 수 있게 데려다 주며 그 둘을 위해 음식을 제공하였다. 그리하여 그 여성 뿐 아니라 아주 총명한 그녀의 어린 딸이 올 봄에 초등학교를 졸업해서 지금은 보성여학교에 다니고 있다.

다음 젊은 여성은 과부였음에도 인기가 있는 사람이었는데, 그녀를 딸처럼 대하며 학업에 큰 관심을 보이는 시어머니가 있었다. 부인사경회에 참석하여 보여준 그녀의 열렬한 관심에 내 마음이 따뜻해졌다. 그 딸은 기숙사에 있었고 부유했으며 그녀보다는 운이 덜 좋은 여자 형제들과 함께 꽤나 인기가 있어 보였다. 그녀는 아주 매력적인 용모를 가진 부드럽고 조용한 소녀였으며 화장하는 데 아주 열심이었다.

다음 줄의 끝 쪽에, 내가 학교 교실에 처음 들어갔을 때 그 얼굴이 처음에 내 주목을 끌었던 소녀가 앉아있다. 그것은 강한 얼굴이었고, 내가 처음 든 생각은 그녀가 학교에 의지가 될 것이며 그 코스가 끝난 후에는 도움이 되는 일꾼이 될 것이라는 것이었다. 몇 년 전에 우리가 모두 기억하는 바, 남자 겨울사경회에 다니던 두 남자가 오던 길에 눈사태에 실종되었고 몇 주 후에 그들의 시신이 골짜기에서 발견되었는데, 눈에 쓸려 내려간 것이다. 마지막으로 봤을 때, 그 중 더 젊은 쪽이 연장자의 짐을 지고 그를 길에서 돕고 있었다. 이 젊은 여성은 남편의 그러한 모습에 대한 기억을 가지고 있었고, 그것은 그 겨울 이후 홀로 살게 된 삶을 최대한 잘 살아내도록 박차를 가하게 해 주었다. 그녀는 좋은 학생이고 현재 일을 끝마친 후 성경 학교 코스를 듣기를 희망하고 있다.

그리고 다음은 극도로 불행한 과거를 가진, 총명하고 행복한 얼굴의 소녀이다! 몇 년 전에 이 마을에 아주 작은 절도 사건이 있었다. 경찰은 범인 색출에 도움이 될 단서를 기다리고 있었다. 마침내 남겨진 실밥을 근거로 몇 명을 체포해서, 그들은 감옥에서 형을 치르고 있다. 그들 중에 좋은 집안 출신의 젊은이가 있었는데, 그들은 야생 귀리를 재배해 온 집안이었고, 수확철에 그런 일이 생겨 여러 집안에 슬픔을 안겨주었다. 그의 몰락에 고통 받은 사람은 그의 아내였다. 전도사인 그의 삼촌 또한 부끄러움에 머리 숙여 사죄했다. 그녀는 그녀가 하는 모든 일에, 그것이 학습이든 체육이던 간에, 열심히 하는 사람이었다.

아직, 다음 젊은 여성의 또 다른 이야기가 기다리고 있다. 그녀는 어릴 때 결혼해서 한 동안은 모든 일이 잘 진행되는 듯 했다. 그녀의 남편이 결핵에 걸려서 그들은 형님의 집인 시골로 이사했다. 벽지에서 그들은 신앙생활을 지키려 노력했다. 한 해 동안 비신자들의 모욕과 조롱 때문에 힘들었지만 그들은 교회에 계속 출석했다. 그가 더 이상은 교회에 갈 수 없게 되어 마음과 희망을 잃어버렸을 때에도 그녀는 한동안 계속 분투하였지만 혼자서 수행하기는 너무 버거운 짐이었고 그녀도 아주 서서히 그녀의 믿음을 잃어버렸고 교회 출석을 포기하게 되었다고 말했다. 그 남편에게 죽음이 다가왔고, 그 형님은 그들이 살고 있는 지역사회가 사악한 곳이어서 젊은 과부가 살기에는 안전하지 않은 곳이라 했다. 그래서 나는 양목사에게 이유를 이야기 말해 주고 성인(聖人)예배를 말했다. 목사는 교회 출석 부족분 때문에 우리가 통상적으로 요청하는 추천서를 써 줄 수 없었다. 그러나 이 케이스를 자세히 살펴 본 후 그녀에게 학교에서 시험을 한 번 주어보기를 요청하였다. 그는 이 젊은 여성에 대해 큰 책임을 느꼈고 심지어 믿음을 단련시켜 온 소녀에게보다도 더 보살핌을 주었다. 그녀는 조용하고 슬픈 얼굴의 소녀였는데, 격리되어 있던 남편이 시골에서 죽었다고 후견인이 연락을 해왔을 때, 한국인들이 흔히 그러 듯 소란스럽게 슬퍼하지 않고 조용하고 진실로 슬퍼하는 모습을 보였다.

우리 등록 인원 중에 있던 마지막 사례는 북부 교회 목사의 특별 요청에 의한 것이었다. 그 남편은 빌딩 위의 밑그림 위에 병원과 성경 학교를 지은 중국인과 함께 이곳에 왔다. 그와 그의 아내는 남부 교회의 장로들 중 한 명 집의 문간방에 거처를 잡았는데, 지난 겨울에 이곳 교회에서 개최한 복음 전도자 모임에 온 신입들 중에 있었다. 그들 둘은 모두 충실하게 출석을 했고 그 결심은 진실한 것이었다. 그녀는 곧 초심자가 되었고 수업에 풀타임으로 등록할 수 있었다.

구경하러 온 두 명과 같이 온 사람들은 우리 모임을 행복하게 해 주었다. 나는 이 젊은 여성들보다 더 우리가 사명을 따라 하는 일에 더 감사하는 학교 학생들을 본 일이 없으며 학교가 그들을 훈련시키고 돕기 위해 계속 존속하는 것에 대해 내가 기쁨의 소리를 낼 때 이것은 분명히 그들의 마음을 대신하여 내가 말하고 있는 것이다. 학교에 관련해서 제일 큰 문제는 소녀들이 만든 물건들을 판매하는 것이었는데, 로스 오하이오의 베네딕트 부인은 우리들을 위해서 소녀들 작품의 재고를 보관해 주고 우리가 찾아내는 판매자들에게 그것을 보내주기로 약속했었다.

젊은여성학교 외에도 나는 두 명의 매우 중요한 학교의 교장이자 선생이었다. 우리 아이들이 자라남에 따라 점점 더 시간을 더 많이 내야만 했고 아직 너무 어려서 학교에는 가지 못하는 두 명이 여기에 합세했다.[4] 우리 집은 이 해 동안 심각한 질병이 없었고, 휴가가 우리에게 준 건강 덕분에 일과 그 기회들을 더욱 더 즐겼다.

---

4) 매큔 부부에게는 네 아이가 있다. George McAfee McCune(1908-1948), Helen M. McCune, (1911-), Shannon Boyd-Bailey McCune(1913-), McCune, Anna McCune(1906-)

4. 1915 - 1916년

선천의 북부교회 여성을 위한 주일학교는 작년 6월에 로버츠 부인이 떠남에 따라 내 책임이 되었다. 두 개의 주일 연간 모임 이외에도 나는 매 주일 여성들과 함께 있었다. 늘 그러하듯이 점차 인원이 늘었다. 작년 6월 로버츠 부인의 보고서에 의하면 28개 반에 546명의 등록인원이 있었다. 지난 새해에 교회에 보고된 바로는 33개 반에 590명이었다. 6월에 로버츠 부인은 평균적으로 378명이 등록한다고 보고했는데, 1월에 우리는 평균 41명 아이들의 추가인원을 포함하여 392명을 보고하였다.

우리의 현재 명부에는 701명의 이름이 있는데, 그 중 50명은 그 동안 이사가버렸다. 그래서 우리의 현재 실제 등록 인원은 651명으로, 그 중 9명의 세례교인, 17명의 초심자, 36명의 새 신자들은 출석보다 결석이 더 많아 정기적인 출석은 589명에 머물렀다. 이들 중에서 매 주일 마다 평균 438명이 출석하였다. 39명의 아이들이 평균적으로 출석하면서 전체 평균 출석은 477명이었다. 이 숫자는 학교에 대해 많은 것을 알려 주지는 못하지만 통계로 보면 많은 것이 보존되어 있다. 학생들이 그들에게 주어진 과제를 매우 성실히 해내는 수업을 하는 이곳의 일은 매우 즐거운 것이었다. 우리는 현재 36개에 이르기까지 반을 늘렸다. 신입생들 관리에 새로운 방식을 도입함으로써 그들에게 연락을 취하고, 또 한 두 번씩만 나타나고 마는 이들의 이름을 등록부에서 빼는 데 도움이 되었다. 강귀일씨는 모든 신입생들을 맡아 단순한 기본적인 사항을 말해 주었다. 실제로 4번 일요일에 출석한 후 각 여성들은 새 신자들을 위한 정규 과목을 건네 받는다. 그 때쯤 되면 그들은 스스로에 대해 판단을 하며 정기적으로 출석하는 습관도 갖게 되었다. 램프 부인은 올해 주일학교 일에 참여하여 일을 재미있고 유익하게 만드는 데에 큰 도움을 주었다.

나는 석 달 이상 교사들을 위한 수업을 했는데, 그것은 흥미롭지만 부담이 되었다. 그것 자체로 특수한 그 수업에 책임감의 무게를 느낄만했다.

두 달 반 동안의 성경학원에서 나는 「요한복음」을 가르치느라 매일 바빴다. 나는 또한 여름학기에 일하는 이들의 수업을 맡아 가르쳤고, 올 봄에는 일반 과목도 맡았다.

이 봄 동안에 나는 새로운 방향으로 가지치기를 하였다. 문맹 여성들이 아주 많았고, 그들을 위한 그 어떤 조치가 꼭 필요해 보였다. 따라서 나는 수일과 손잡고, 한 주에 3번 오후 시간을 잡아서, 와서 배우고 싶은 여성들을 누구든지 가르치게 했다. 젊은여성학교에서 온 소녀 지원자들 중 일하지 않아서 오후에 시간이 있는 이들이 그 나머지 수업을 맡아주었다. 출석은 처음 6명에서 시작하여 50명으로 늘었고, 그 여성들은 배우는데 매우 열심인 것 같다. 그 중 몇 명은 할머니였고, 또 몇 명은 아이에 불과했다. 우리들은 짧은 성경 수업을 했고, 그들은 한글 공부에 열심이었다. 나는 S.S.[5]의 여성들에게 모든 여성들이 글을 깨치고 읽게 될 때까지 나는 진정으로 행복할 수 없다고 말한 바 있다.

우리 집에서는 모든 일들이 평상시대로 흘러갔다. 아이들은 공부를 해야 했고, 아이들을 가르치는 것은 간혹 중단되기도 했으나, 주로 잘 되어 갔다. 홍역도 성공적으로 치러 냈는데, 네 아이들 중 세 명에게 홍역은 결코 즐거운 놀이가 아니었지만, 그들이 이것을 잘 치러낸 것에 대해 감사하고 있다.

5) 그 의미가 미상이다.

5. 1916-1917년

올해의 나의 책무는 북부교회의 여성주일학교였다. 이 해는 매우 평범한 해였다. 1월 1일에 우리는 연합교회 모임에서 다음과 같이 보고하였다: 새 신자 등록 150명; 초심자 117명; 세례교인 389명; 교사 40명; 전체 695명. 이들은 38개 반으로 분리되었다. 이 해의 평균 출석은 438명이었고, 주일에 전혀 빠지지 않는 이들은 22명이다. 1월부터 우리는 우등상 제도를 도입하여, 한 학기가 지난 후 우리가 있었던 반 학기의 주일 동안 129명의 이름을 기록에 올렸다. 그 해의 전반적인 출석의 영향이 무엇이 될 지는 살펴 보아야 할 문제로 남아 있다. 우리의 출석은 각 주일에 500명 이상을 달리고 있다. 지난 주 램프 부인의 기록에 따르면 최고 인원 531명을 기록했다. 이 숫자는 그 엄마들이 공부하는 동안 엄마들에게 떼어놓기 위해 주일에 우리가 받는 아이들 반은 포함하지 않은 것이다. 아이들 대부분이 엄마들이 다니는 것처럼 어린이 성경학교를 다니고 있기 때문에 우리는 그들의 출석을 별개의 것으로 유지하고 있었다. 보통 20명의 어린 소녀들이 있었기 때문에 실제로 공부하고 있는 숫자는 거기에 따라 증가하곤 했다. 새로운 교사가 지속적으로 필요해서 우리는 계속해서 찾아 보았다. 새 신자 여성들이 정규적으로 오게 되기 때까지 한동안 그들 스스로 공부하게 하는 계획은 잘 진행되었고 일시적으로만 오는 사람들은 등록하지 않게 되었다. 정규반은 더 나은 성취를 보여주었고, 교사들도 그들의 학생인 여성들과 연락을 취하기 쉽다는 것을 알게 되었다.

수업에 관해서는, 나는 8월의 교사 수업과 거기에 따라오는 여성사경회에 작은 부분을 맡았다. 내가 이 해 동안 맡은 일들은 여기에서 동시에 열렸던 장로회 모임 때문에 많이 중단되곤 했다. 그 때는 마침 날씨도 무척 더워서, 흥미 있게 수업을 지속하기 위해서는 평소보다 훨씬 더 많이 애써야만 했다.

나는 이곳에 다시 적용했던 성경학원을 구성했던 요소들을 덧붙였다. 여기에 관련해서 내가 맡은 일은, 주로 며칠 간 나와 스티븐스 양과 사무엘부인의 수업의 틈을 메꾸는 것이었다. 사무엘 부인이 떠난 다음 교장으로서 나에게 떨어진 업무는 학생들에게 문을 닫기로 한 결정과 기숙사를 닫기로 한 결정을 알려주는 것이었다. 봄 학기 동안 나도 일을 분담하기 원했으나, 아들 매카피가 서울에서 병에 걸려서, 나는 학기가 절반이 다 지나도록 도시를 떠나 있어야만 했다. 이틀간 로스 양이 맡은 규모가 큰 반의 절반을 맡는 것이 나의 일이 되었다.

읽기 원하는 여성들을 위한 수업은 내 지시 하에 진행되어 오고 있다. 추운 겨울 동안에는 성경학원을 떠날 수밖에 없었고, 우리는 북부교회 회의실로 갔다. 우리는 난방 없이도 공부하기 충분히 따뜻해지자 학교로 되돌아갔다. 출석은 기록되지 않았고, 여성들은 그들이 공부할 수 있는 날 자유롭게 오거나 필요에 따라 집에 있을 수 있었다. 어떤 때는 오십 명씩 올 때도 있고 간혹은 몇 안 되기도 했다. 젊은여성학교 소녀들은 이것이 그들 자신이 맡은 작은 선교의 일이라 여기며 가르치는 일을 해 왔었다. 나는 그 노력의 결과로 우리 교회의 모든 여성들이 읽게 될 수 있을 것이라 기대한다. 그들을 지속적으로 후원함으로써 무언가 이룰 수 있다면 나는 최선을 다해 행할 것이다.

이 해 동안 우리 집에서는 온갖 일이 조금씩 일어났는데, 병원에 안갈 수가 없었다. 심각하게 아플 때도 있었고, 어떤 것은 좀 가벼웠지만 이곳에는 외국인 의사가 없었기 때문에 이 모든 것들은 심하게 신경 쓰이는 것이었다. 의사 없이 한 해를 지내는 것이 의사가 영구히 없는 상태로 지내는 것보다는 낫다. 우리가 다른 많은 선교사들이 처한 것과 같은 상황에 놓이지 않은 것은 기쁜 일이다.

6. 1917-1918년

올 해의 나의 책무는 북부교회의 주일교회와 성경학원에서의 수업이다.

주일학교는 매우 성공적인 한 해를 맞았다. 우리 여성들의 주일학교들에서 꾸준한 성장이 보였다. 우리 성경학원에는 두 여성분이 나와 협력하여 일해 오고 있다. 샤록스 부인은 램프 부인이 주일학교의 서기로서 해내었던 일을 맡았다. 그녀가 우리와 함께 해 주어서 큰 도움과 이익이 되었다. 로버츠 부인이 평양에 가서 우리들 외국인 자녀들을 위해 주일학교를 맡을 사람이 아무도 없었을 때, 샤록스 부인은 우리 아이들의 학교를 맡아주기 위해 북부교회의 일을 그만두고 와 주었다. 우리가 그녀를 그리워 하는 것은 두말 할 필요도 없으며, 그 시간 이후 일들은 더 힘들고 그 때만큼 잘 수행되지 못하고 있다.

로드 부인은 아주 규칙적으로 출석하였고, 우리의 가장 유망한 젊은 세례교인반을 맡아 가르쳤다. 헬스트롬 양은 성경학교 기간 동안 교사가 가능할 수도 있는 여성 반을 맡아 정규 수업 뿐 아니라 보통의 방법으로 가르침을 주었다. 이것은 매우 인기가 있고도 유익한 수업이었다. 베스트양도 같은 시간 동안 성경학원 여성들의 반을 맡아, 그들이 정말 좋고 즐겁게 느끼도록 수업을 도와주었다. 20개의 세례교인 여성반이 있었고, 8개의 초심자반, 8개의 새신자반과 함께 총 36개 반과 간간이 있는 특별반들이 있었다. 이 해에는 700명이상의 여성들이 등록했다. 이사가버린 이들, 죽은 이들과 그만 두거나 간헐적으로만 나오는 이들을 제외해도, 우리는 아직 정기적으로 출석하는 575명의 등록인원이 있었다. 그들 중에 작년인 1917년에 평균 501명이 등록하였다. 올 해 처음 3개월 동안 평균은 510명에 달했다.

성경학원에서 나는 몇 시간만 가르쳤다. 졸업반의 멤버들과 함께 나는 구약 역사를 공부했다. 우리가 서울에서 「말라기」의 기초를 다루었기 때문에, 당연히 이것은 나로서나 여성들에게나 그리 만족스러운 공부가 되지 못했다. 토요일에 가끔 별도로 하는 것을 포함해서 두 달 동안 한 주에 두 시간씩의 수업을 하는 것은 이렇게 길고도 익숙하지 않은 기초를 다루는 데는 턱없이 시간이 부족하다. 나는 성경학원이 여성들의 수업에서 행해진 내용도 다루어야 한다고 생각한다. 일하는 사람들을 위한 가을 수업에서 내가 다루었던 「요한복음」 13, 14, 15 장의 수업은, 내가 지방에서 하는 수업의 그 부분에 해당되었기 때문에 준비를 할 수 있었다. 일반적인 여성을 위한 봄 수업시간에 나는 두 개의 세례교인 반을 맡아 「출애굽기」를 매일 두 시간씩 가르쳤다. 이제 읽을 수 있게 된 나이든 여성들의 숫자가 만족스러울 정도로 늘었고, 젊은 여성들의 수업에서는 지적인 면에서 큰 발전이 있다고 느꼈다.

7. 1918-1919년

이 해에 개인보고서를 쓰면서 나는 내 직분을 무엇이라 쓸 수 있을지 모르는 상태에 빠져 버렸다. 내가 첫 번째로 할 일은 나 스스로가 해내야 할 일을 찾아내고, 내 앞에 놓인 계획들을 해 낼 방법이 있는지 찾아보는 것이라는 결론에 도달했다. 나는 우선 이사회에서 보내 온 기도자의 달력을 보고 젊은여성학교 교장직을 내려 놓기로 했다. 그 자격으로 마지막 보고서를 작성한 지 2년이나 되었기 때문에, 이 해에 기대되는 책임을 채울 만큼 많은 보고를 할 수 없었다.

사명에 대해 생각하는 몇 분이 소위 "북부교회 여성들의 주일학교, 성경훈련 수업의 관리자로 활동할 것을 받아들이는"데 나에게 약간 도움을 주었다. 처음에는 내가 시간을 내어 그 일을 받아들였으나 이제는, 경찰이 교회 문을 막아서 못 들어가게 했던 일요일 하루를 제외하고는, 내가 내 자리인 책상에 앉아 있지 않은 주일을 생각할 수 없을 정도이다. 그 일요일의 일은 재령의 윤산온씨의 누이가 3주간의 방문을 한 덕분에 연장하게 된 연례모임 여행에서 돌아온 후 발생했다. 주일학교에 관해서는 언제나처럼 여성들과 함께 하는 것은 즐거웠다. 가을에 마을을 덮친 감기 때문에 개근은 거의 줄어들게 되었다. 5년 간 빠짐없이 출석했던 한 여성은 이 가을에는 두 번 주일에 빠지게 되었고 전체 학교에서 개근은 아주 드물었다. 새 해에 우리가 기록한 평균 출석은 448명이었고 그 해의 마지막 등록인원은 524명이었다. 이 해에 죽은 이들과 없어진 인원을 감안해 볼 때, 이 숫자는 정말로 매우 좋은 출석률인 것 같다. 아픈 이들이 매우 많았던 가을 학기를 제외하고 본다면 평균 숫자는 485명이 되었는데 이것은 실제로 매우 훌륭한 것이었다. 34개 반이 있었고 내가 볼 때 최근의 환경 때문에 우리 교사진이 어수선해졌음에도 불구하고, 전체적으로 교사들의 출석과 규칙성은 올해에 더 나아졌다. 언제나 그러하듯 교회에서는 슬픈 일과 죽는 일들이 일어났다. 특별히 많은 숫자가 없어졌는데 그들 대부분은 만주로 가버렸다. 올해 내가 필요하다고 느끼지만, 잃어버린 반은 새로운 여성들에게 읽기를 가르치는 수업이다. 그 수업을 할 장소도, 그 수업을 맡아 가르칠 교사도 없었기 때문에 그 수업을 하기는 어렵지만, 강귀일 양이 돌아오면 그녀는 예전에 그러했듯 모든 열정을 쏟아 부어 수업을 할 것이고, 교회 임원들은 수업을 유치하는데 도움을 줄 것이라 기대하고 있다. 그들은 이미 우리에게 몇 주 동안 저녁 수업을 위해 보성여학교 건물을 쓸 허가를 내주었고, 성무와 경휘는 당장이라도 그런 수업을 열 것이다.

이 여성들의 주일 학교가 교회의 세 개의 주일학교 중 하나에 불과하고 세 개 연합이 각 주일에 1,100내지 1,200명이 출석하는 주일학교를 의미한다는 것을 기억한다면 사람들은 이러한 큰 연합체의 일원이 되어 그 바퀴가 잘 굴러가도록 역할을 맡는 것을 기쁘게 생각할 것이다. 나는 이 해 동안 종종 대체 교사로 활동해서 여성들을 더 잘 알게 되었다. 이것은 수업시간에 그녀 자신의 일 뿐 아니라 나의 일에도 기울여 준 램프 부인의 지속적인 관심 덕분에 가능했던 것은 물론이다.

나의 돌보아야 할 훈련수업은 결석자들을 치유하는 것이었다. 나는 그것이 성공했기를 바란다. 주일학교 훈련수업은 7월이었고 이것은 내가 재령에서 돌아오기 전에 끝났다. 지방 수업, 교사 수업도 열렸는데, 나는 그 두 군데 모두 참석하지 못했다. 나는 집에서 맡은 임무로 인해 전혀 지방으로 내려가지 못했기 때문에 당연히 거기에 대해서는 보고할 것이 없다. 내가 올 해 거기에 특별히 맡은 책무가 없긴 하지만 이 제목 아래에 성경학원이 언급되어야 한다고 본다. 모든 보고서가 보여주듯 그 곳에서의 일은 올해 갑자기 중단되었지만, 그곳에서 있었던 일들은 즐거웠다. 나는 「요한복음」 수업을 맡았고, 우리는 책 전체를 다루었으며 여성들은 책에서 나오는 내용의 시험을 보았다. 나는 대조와 비교를 해가며 공부하는 데 보내려고 상당한 기간을 남겨 두긴 했으나, 할 수가 없었다. 우리는 태풍이 발생하기 전에 우리가 했던 만큼의 분량을 다루는 데 성공해서 기쁘다. 며칠 간 나는 로버츠 부인이 평양으로 떠나는 바람에 그만두게 된 신약 지리 수업을 맡았다.

내가 하기로 한 일에 대해서는 그쯤 해두기로 하고, 이제 내가 실제로 했던 일은 상당히 다른 성격의 것이다. 나의 책무는 선교적인 성격의 것이었는데 내가 실제 한 일은 교육이었다. 이 해에 내 임무는 마리아의 임무라기보다는 마르타의 임무를 행하는 것이었다. 이른 가을에 윤산온씨가 미국으로 소환되어 갔을 때,[6] 누군가 부재중 그의 일을 맡을 사람이 필요했다. 학교 일과 그의 일이었던 제작작업 부분의 재정 쪽을 돌보는 것이 나의 몫으로 떨어졌다. 나는 용감하게 이 일에 착수했지만 누군가가 대신 이 일을 맡아 주었으면 하고 한 번 이상 바라게 되었다. 나는 부기에 대해 내가 알고 있는 모든 것을 복습해 볼 기회를 갖게 되었고, 다음에 그 이상 무엇인가 해야 했다! 학교에는 사무실, 급료, 수업료, 도서관, 기숙사, 보수, 경비, 연료, 캡핀, 비품, 장비, 운동경기, 인쇄 등의 갖가지 면에서의 계속 유지해야할 각기 다른 수많은 계좌가 있었다. 그리고 캐롤라인 홀의 새 보일러, 사이언스 건물 기금, 원예, 헌팅 제분소, 방앗간, 정원일, 곡식 장부, 낙농장, 사탕과 시럽, 밀가루, 곡류 장부, 양돈장과 통조림 공장의 일이 있었다. 나는 필라델피아의 변호사도 그 친척도 아니지만 결국은 이 모든 걸 해냈다!

스티븐스 양이 선교 교육을 돕기 위해 강계로 갔을 때, 내 안의 마르타가 다시 전면에 나타나서 나는 루이스 체이스 양의 발송일을 맡아 거기에 관련된 편지 쓰기와 청구서 발송을 했다. 내가 보고해야 할 대상은 남편 뿐이었기 때문에, 휴 오닐에게 쓴 편지를 나열하지는 않았지만, 스티븐스 양에게 루이스 체이스에 관해 설명해야 했기에 나는 거기에 기록을 남겼다. 그래서

---

6) 1918년 10월 윤산온은 모친의 병환으로 미국에 갔다가 4개월간 체류하고 돌아왔다. 그 기간 동안 우드로우 윌슨대통령와 만나 한국문제에 관한 이야기를 나누었다는 풍문이 돌았다.

내가 97개의 편지와 카드를 썼고 거의 3,500엔 상당의 물건을 넣은 55개 소포를 발송한 것을 알게 되었다. 내가 주관하던 동안 수입은 750엔이었는데 이것은 모두 들어오자마자 빠져나가거나 더 빨리 빠져나갔다. 램프 부인과 함께 옛날 자리로 돌아오는 것은 재미있었고 우리는 함께 옛 시절이 재개되는 걸 즐겼다. 하지만 석 달 후, 나는 스티븐스 양에게 내 보고서를 기꺼이 내주고 다른 일에 바빠지게 되었다.

다음에 내가 하게 된 또 다른 일은 바로 영어를 가르치는 것이었는데, 나는 내 수업을 들어야만 했던 학생들과 평이한 우리 말을 외려 뭔가 이상한 것으로 만드느라 수고한 나 자신 모두에게 미안함을 느낀다. 내가 처음 마르타의 일을 맡은 이후로, 학생들을 위해 영어라도 가르치게 되고 소년들 앞에서 그들의 얼굴을 한 번이라도 더 보는 기쁨을 누리는 것은 한참만의 일이었다. 이제 학교가 다시 시작되었지만 오는 사람들은 많은 변화가 있었다. 우리가 현재 여기에 있는 사람들을 위해 최선을 다하기 위해서는 이제 여기에 없는 이들을 너무 많이 생각하지 않아야 하는데, 나머지 학생들이 어디 있을까에 마음이 가있는 상태에서는 그러기가 쉽지 않았다. 때때로 신발장이 비어 있을 때와 친근한 얼굴이 안 보일 때 주께서 다스리신다는 생각을 하면 마음에 위안이 되었다. 우리가 이것을 다시 해 낸다는 것은 불가능해 보였고, 옛 것의 폐허 위에 용감하게 새로운 학교를 세우는 데 착수한다는 것도 의문이지만, 어쨌든 지금은 소년들이 돌아와서 수업은 정규적으로 돌아가기 시작한 것 같고 내가 예상했던 것 보다는 가능성 있어 보인다.

8. 1928 - 1929년[7)]

몇 년 전에 내가 사명의식을 갖고 만들었던 짧고도 핵심적인 보고서를 기억한다. "나는 왔고, 보았고, 노력했고, 실패했고, 그만두었다." 때때로 그것은 나 스스로에게 그 연도에 적합한 기록으로 보였다. 16년 전에 나는 선교생활 중 가장 힘든 한 해는 첫 번째 해가 아니라, 휴가 다음 첫 해라는 말을 들었었다. 사람은 잔뜩 긴장한 상태로 휴가에서 돌아오게 되고 생활에 적응하기 시작하는 것은 기억대로 되지 않는다. 본부의 인원들은 모두 그러한 경험을 겪으며 살아왔고 그 외에는 누구도 내가 말하는 것을 이해하지 못하기 때문에 누누이 말할 필요도 없다. 우리는 둘을 조합해 보았고 곧 세 번째를 더할 것이다. 우리는 우리가 원하는 대로 바로 되고 이용할 수 있는 집을 꿈꾸었지만 곧 깨어 현실로 돌아오게 되었다. 우리가 돌아온 지 1년이 지났다. 우리는 첫 번째 달을 닥터 스왈른 부부와 보냈는데, 그들은 감사하게도 우리 온 가족에게 집을 알선해 주셨다. 클라크가 휴가로 떠남에 따라 우리는 그들의 집으로 옮겨 지내게 되었다. 우리는 그 해동안 킨슬러 —그가 어학당이나 다른 곳에 있지 않을 때-와 함께 지냈고, 얼드만이 병원에 있었을 때 얼드만과 윈의 아이들을 맡았는데, 이것은 닥터 얼드만이 떠나면서 윈의 아이들을 남겼기 때문이다. 윤산온씨의 누이도 이 해의 마지막 3개월 동안의 식사시간에 우리와 함께 했다. 우리는 클라크 박사 부부가 요리사와 도우미 여성을 잘 훈련시켜 두었음에 감사했다.

나는 우리 집에 온 모든 손님들의 명단을 잘 가지고 있었지만 많은 좋은 것들이 그러하듯 이 명단도 금새 없어지고 말았다. 선교 일을 돕기 위해 집

---

7) 개인보고서가 18-19년에서 28-29년으로 건너뛴 것은 매큔 부부가 21년에 강제성출국을 당하고 나서 28년에 다시 한국으로 왔기 때문이다. 이 기간 동안 매큔은 휴론 대학의 교장으로 있었다.

을 활용하는 것에 관한 많은 이론들이 있지만 그 가운데 어떤 경우는 도움이 되고, 또 어떤 경우는 그렇지 않다. 우리는 다음의 경우에 식사를 대접했다: 교직원들과 졸업반들, 남자 축구부와 YMCA 위원들, 양 측 학교에서의 다른 그룹들. 대학생들은 각각 그 생일을 챙겨주려 노력했다. 우리는 마을에 살고 있는 대학 졸업생들과 또 지금은 평양에 있는 선천 출신 학생들과 함께 저녁 모임을 가졌다. 우리는 선천으로부터 구경삼아 이곳에 온 스티븐스 양의 여학생들과 서울에서 온 루이스 양의 소녀들과도 점심을 같이 했다. 중앙교회의 임원들과 일용직들도 우리와 저녁을 같이 보냈고 주일학교 교사 중 일부도 그러했다. 그리하여 클라크의 집과 우리의 테이블과 의자를 이용한 이 일이 학생들과 다른 이들과 더 가까운 유대감을 형성할 수 있게 되었기를 바란다. 우리는 클라크 부부가 돌아올 때 진심으로 감사를 표할 것이다.

안식년이 거듭됨에 따라 나는 이 기간 동안 거기에서 고등학교 나이의 소녀들을 위한 주일학교 분과의 감독을 맡아 주일학교와 중앙교회에 가게 되었다. 65 혹은 70명이 등록했고 평균적으로는 60명 가까이 출석하고 있다. 처음 6개월 동안 3명이 개근을 했다. 그 다음 3개월 동안에는 22명이 결석 없이 나왔다. 마지막 3개월은 현재의 수치에서 잘 되어갈 것이다. 많은 여성들이 이 소녀들을 맡아 가르치기를 주저했기 때문에 이들을 위한 교사를 찾기가 힘들었다. 우리가 맞아들인 여섯 명의 교사들은 모두 보성여학교의 졸업생들이거나 이전 학생들이었다. 선천 출신의 젊은 여성으로 고등성경학원에서 공부하고 있는 강귀일은 결석을 하는 교사들의 수업을 대신하고 필요할 때에는 감독을 하면서 가능한 한 모든 방법을 동원하여 이 부서의 무거운 임무를 수행하고 있다.

교회 예배에 참석하면서 주일학교에 오는 지금의 캠페인을 따르는 것이 좋은 것 같다. 중앙교회에서 오후 출석은 강조되어야만 했다. 주일학교위원회는 때때로 총 1,500명 이상을 보여주었고, 드물게는 1,400명 미만을 기록하기도 했지만, 따로 열리는 어린이 예배를 포함하고서도 교회 예배 참석 숫자는 그리 높지 않았다.

도시 여성들의 수업에서 나는 여러 교회에서 온 약 20명의 여성들에게 하루에 한 차례 「요한복음」을 가르쳤다. 시골 여성들의 수업은 학교가 시작되는 바로 그 때 있었기 때문에 나는 거기에서는 가르칠 수 없었다.

고등성경학원에서 나는 한 주에 2~3일을 하루에 두 시간씩 영어를 가르쳤다. 내 생각에 영어수업은 그 반사적인 영향으로 볼 때 선교사만이 해야 할 것 같다. 이 임무 완수가 될 때 우쭐한 기분이 든다!

나는 이 해의 나의 책무가 기혼 여성들을 위한 보통의 형식으로 읽혀지리라 생각한다.

'여성들 사이에서의 일' - 그동안 내가 해 왔었던 일들은 소년 소녀 학생들 사이에서의 일이었기 때문에 내가 이것을 얼마나 잘 해 냈는지 짐작할 수 있을 것이다.

9. 1929-1930년

지난 해 나의 일은 동부 순회구역에서 여성들의 수업을 감독하는 것이었다. 성경학교와 성경교실에서 동부 순회의 경우 917명의 여성들이 출석하는 가운데 20개의 반이 있었다. 여기에 교회임원들이 여는 교회 수업이 포함되지 않은 것은 물론이고, 많은 여성들이 이곳에 참석했다. 여성들의 수업은 가을 학기에 참여했던 자원봉사자 선생님과 이 지역에서 고용된 한 두 명이 맡아 가르쳤다. 이 지역에는 선교 자금으로 내 감독 하에 4개월 동안 일하는 한 여성이 있었다. 이 순회는 봄에 열린 여성을 위한 일반 수업에서 잘 드러나 있는데 여기에는 150명 이상이 참석해서 공부했다.

우리는 지속적으로 사람들을 나오라고 부르거나 집으로 직접 방문해서 설교를 했다. 여러 곳에서 정규수업보다는 이러한 도움을 받기를 요청하고 있다. 이것은 꼭 되어야만 하는 일이었지만 여기에 보낼 사람이나 이런 일을 할 수 있는 사람을 찾을 수가 없었다. 차후에 이런 요구에 부응하여, 예전에 우리와 함께 있었고 지금은 성경학원에서 공부하고 있는 강귀일을 보낼 수 있게 되기를 바라고 있다. 그 지역에서는 몇 달간 일해 줄 수 있는 여성 전도사가 무엇보다도 절실히 필요했다. 부탁할 곳이 거의 없는 곳에서 일하는 것은 참으로 기운 빠지는 일이었다. 이 곳 평양의 여성들은 수업을 맡아 달라는 요청에 기꺼이 응해주었고 그들 없이는 성취되는 것이 거의 없었을 것이다.

나는 가을 학기에 「요한복음」을 가르쳤고 시골 여성들을 위한 봄학기 수업으로는 「사도행전」을, 그리고 지금은 성경학원에서 「요한복음」을 가르치고 있다. 또한 나는 고등성경학원에서 영어를 사용해서 수업을 하고 대학에서는 3학년에게 영어를 가르치고 있다.

나는 도시 안에 있는 중앙교회에서 예배를 보고 있는데 그 곳에서 주일이 거듭될수록 그 곳의 게시판에 기록된 교회출석 숫자가 늘어나는 것을 유심히 지켜보며 깊이 감사하고 있다. 작년 이 즈음의 평균은 1,400명 정도였고 그 해 최고 기록은 1,474명 이었으나 현재 출석은 1,600명 아래로는 거의 떨어지지 않고, 몇 번은 1,700명에 달했다. 가을에 발이 아파서 교회에 갈 수 없었으므로 나는 누군가가 주일학교에서 소녀들의 일을 맡아서 해 주기를 요청하였고, 올리베트 스웰른이 거기에 임명되었다.

이 해는 우리 집에서도 흥분된 일이 일어나는 해였다. 하나의 흥분이 끝나기 전에 다른 흥분이 일어났다. 우리들은 남자 아이들이 갖가지 시련을 겪는 것을 지켜 보았고 그 다음엔 무슨 일이 일어날지 궁금했다. 이러한 일들은 이 해에 우리가 학생들을 위해 준비한 모든 최고의 계획들을 뒤흔들어 놓았는데, 많은 시간 동안 사회 과목이 제자리를 찾지 못하고 있었기 때문이다.

우리는 다음 해에 숭실전문과 숭실중학 학생들을 위해 개인적으로 더 많은 일들을 해 줄 수 있기를 바라고 있다. 그들은 감사해 하였으며 그들을 우리 집에 두는 것은 즐거운 일이었다.

바로 지금은 우리는 확장된 집의 햇빛이 쏟아져 들어오는 방에서 지내느라 무척이나 힘들고, 겨울에 상당 기간 비서로서 이 햇빛 방을 차지하고 근무했던 엘라 레이놀드와의 작별에 따른 고통도 겪고 있다. 집이 확장되었기 때문에 결국 우리는 이 변화를 좋아할 것이라고 생각하지만, 그리고 다른 누구도 아닌 우리 아들 매카피가 우리와 함께 지내기 위해 내년 여름 한국에 들어와 그 방을 쓰게 될 것임에도, 여전히 우리는 지금 이 방이 비게 된 것에 대해 외롭게 느끼게 될 것 같다. 이렇게 우리 다음 세대가 우리 집을 오가는 것은 확실히 특별한 즐거움 이다.

10. 1930 -1931년

개인 보고서는 필요악이고, 즐거운 기분보다는 실패의 느낌을 느끼게끔 하는 부분이 있다.

나는 대학에서 가르치도록 자리가 정해진 임무는 없었지만 정부 관리들은 나에게 영어를 가르치도록 허가해 주었고, 영문학사를 개략적으로 다룬 3학년 수업을 통해 매우 즐거운 해를 보냈다. 나는 학기 내내 한 주일에 세 시간을 가르쳤다.

나는 그 해에 고등성경학원에서 한 주에 3시간씩 영어를 가르쳤다. 지난 해 봄에 나는 성경학원에서 가르쳤고 올 봄에 다시 가르치고 싶었으나 그것은 불가능한 일이었다. 강귀일은 나를 위해 충실하게 대체 교사를 해 주었는데, 내가 특별부서의 일을 맡는 동안에, 학기의 처음에는 「요한복음」 수업을 맡아 주었고, 그 후에는 짧은 교리문답 수업을 해주었다.

가을학기 제직들을 위한 사경회에서 나는 모세의 일생에 관한 강의를 했다. 봄 수업의 개학 날짜가 겹쳤기 때문에 나는 도시 여성들을 위하여 수업을 할 수가 없었다. 그러나 시골여성들을 가르치는 수업을 맡았다. 갑자기 아들 매카피가 병에 걸려 내가 그곳에서 하던 일을 급작스레 멈추고 집에서 많은 일을 해야만 했을 때까지 나는 그곳에서 하루에 한 시간씩 가르치고, 매일 이른 아침의 기도회에 참석하고 두 번 인도하고, 아침에 예배를 여는 오르간 연주를 했다.

이 해는 매우 꽉 찬 해였다. 가을에는 매일 아침 동이 트기 전에 나는 강당에서 열리는 전도 모임에 참석해서 매일 저녁 잠자기 전까지 거기에 있었다. 이것은 정말로 훌륭한 모임이었고 모두 잘 참석했다. 그 결과물은 내가 수성리 교회에서 맡았던 여성주일학교에서 잘 나타나 있다. 그 다음에 오기 시작하여 다니는 여성들이 있었지만, 우리 주일학교의 가장 큰 결실 중 하나는 교회 여성들의 책임감을 일깨우게 된 것이었다. 결과적으로 능력 있는 모든 여성들이 전도사로 임명되었고 또 다른 이들에 의해 많은 자발적인 방문이 이루어졌다. 그 결과 현재 9월에 100명이 약간 웃돌았던 출석 인원은 현재 약 180명이 되었다. 가을 모임 이후에 생긴 새 신자들 반은 4개이고 출석은 약 55명을 나타낸다. 마지막으로 우리에게 더 온 사람들은 그만두었다가 다시 나온 이들이거나 우리 지역으로 새로 이사 온 사람들이었다. 전체적으로 우리의 주일학교는 이렇게 번창하게 되어서, 우리는 우리 반 두 개를 위해 옆 건물을 써야만 했다. 지난 5월부터 내가 거기에서 일하기 시작해서 올 봄까지 모든 것들이 없어지고 나에게 남겨진 어떤 자부심거리도 없었기 때문에, 나는 현재 주일학교에서의 거의 완벽한 출석기록이 자랑스럽다.

나는 매 주일에 중앙교회 오후 예배에 참석하고 있다. 내 어깨가 망가진 것을 교회에 출석을 할지 말지에 대한 경종으로 해석해야 할지 결정하지 못하고 있다. 내가 이렇게 여러 번 안전하게 통과하던 모퉁이를 구부린 채 먼지 뒤집어쓰며 지나가게 될 줄은 정말 예상하지 못했다. 교회 임원들, 남자들과 여자들, 27명의 힘 있는 사람들이 그 다음 일요일에 내게 다가와 나를 위로하며 잘 할 수 있는 용기를 잃지 않도록 해 주어서 나는 계속 출석해야 할 것 같다. 그러나 다시 정면에서 우마차가 오는 일을 당하게 된다면 이번에는 더 잘 전력질주해 보겠다.

나는 지난 겨울에 마펫 박사의 관할 시골 지역이 올 해에 여성반의 출석수에서 매우 저조할 것이라고 예상했었으나 내가 너무 비관적이었다. 17개의 반에 811명의 여성들이 출석했다. 다른 몇 개의 교회에서 전하는 말에 의하면 더 많은 여성들이 남성들과 합반으로 공부하고 있다고 한다. 그래서 나는 결과적으로 이 해가 괜찮았다고 생각한다. 그곳에서 여성들 수업이 열리는 바람에 부활하게 된 한 교회가 기뻐하고 있다. 강귀일이 그 곳에 있었고 그녀와 여섯 명의 소녀들을 이른 아침에 매일 만났다. 얼마 후 그 엄마들이 그들과 합류하게 되었고, 그리고 나서 남학생들이 기도를 위해 만나기 시작했다. 서서히 교회 전체가 움직이게 되었고, 목사님은 나를 만나러 와서 귀일에게 그녀가 소녀들과 보낸 후 어떤 결실이 있었는지에 대해 말해 달라고 부탁하셨다.

나는 닥터 마펫의 관할 지역에 있는 여전도사의 일을 관리하고 있어서 그녀가 일에 있어서 보여준 성실성을 증명하고자 한다. 그녀는 두 달 반 동안 일곱 반을 가르쳤다. 그 다음에 6주간 도움이 필요한 지역에 정착해서 여성들에게 읽기를 가르치고, 가정들을 방문하고, 주일학교를 이끌고, 불신자들에게 설교하기도 했다. 교회의 지도자는 그녀가 준 도움에 매우 감사해 했다. 나는 그녀에게 4개월간만 지급할 돈이 있었지만, 고등성경학원에서 그녀의 비용을 개인적으로 조금 도와주고 있다. 그녀는 매우 매력적인 여성이고 전체 훈련과정을 교육받을만한 가치가 있다. 그녀가 예전에 훈련을 받을 때 버츠 양이 도움을 주었고 그녀는 자신이 받은 모든 것에 대해 매우 감사해했다.

나는 이 업무 보고서에 강귀일을 꼭 넣어서 특별히 언급해야 한다고 생각한다. 우리가 요리사에게 지급하는 (그다지 많지 않은 정도) 만큼만 그녀에게 주었기 때문에 그녀를 진정한 의미에서의 여전도사라 할 수 없었는데도 그녀는 매우 능률적이고 기쁨을 주는 봉사를 해 주었다. 그녀는 소녀들의 성경학원과 여기 우리 지부의 여성성경학원에서 가르쳐 왔다. 나는 그녀에게 선천을, 핸슨 양에게는 성경학원의 학기를 맡겼다. 가을에 그녀는 수성리 지역의 모든 가정을 방문했고, 나와 함께 이 마을에 주일 학교가 열릴 때마다 항상 시골의 몇 개의 반을 가르쳐 왔다.

이 해의 기쁜 일 중 하나는 도시 교회에서 온 새로운 여전도사들이 연합체를 구성한 일이었다. 그들을 모두 부르자고 한 바이어드 부인의 제안은 정말 좋은 생각이었다. 그들은 다달이 만나서 일반적인 문제에 대해 논의를 했고 한 시간 기도를 하고 친교를 즐겼다. 수성리 여성들은 그 밖의 사람들과 유대를 통해 즐거움과 유익함을 얻었다.

우리 집에 있어서 이 해는 두 아들이 와서 특별히 행복한 해였다. 매카피는 옥시덴탈 대학교를 졸업하고 하와이에 사는 결혼한 누이를 방문한 후 여름에 우리에게 왔다. 우리는 그를 환영하기 위해 일본으로 갔고 동시에 대학교 공부를 위해 미국으로 돌아가는 선교사 아이들 몇몇에게 작별인사를 했다. 올 봄 맏아들 매카피가 심하게 아파서 우리들은 크게 염려가 되었다. 만일 그가 꼭 아파야만 했다면, 우리에게서 수 천 마일 떨어진 곳이 아닌 이곳 집에서 아프다는 것에 우리는 마음이 놓였다. 우리는 닥터 비거와 닥터 베르코비츠의 보살핌과 매카피가 아프다는 소식을 듣고 우리를 돕기 위해 급하게 와 준 잉겔스 양에게 매우 감사드린다.

우리는 통상적으로 가정에서 교사들과 학생들의 모임을 가져왔다. 언제나 우린 하고자 했지만 완수하지 못한 일, 우리가 즐겁게 해 주고 싶은 사람들과 우리가 더 발전시키고 싶은 인간관계를 생각해 낼 수 있었다. 우리는 미국에서 우리를 방문하러 오는 친구들이 있어서 행복했다. 방문자 명단을 정확히 만들지 못한 채 또 한 해가 지나갔다. 나는 반년동안 유별나게 일하다가, 나의 정열도 수그러들었다. 선교사 집은 국제적인 장소이다. 우리는 미국인들, 캐나다인들, 호주인들, 중국인들, 일본인들, 한국인들과 영국인들을 우리 식탁에 앉혔다. 선교사들, 교사들, 학생들, 의사들, 간호원들, 목사들, 장로들, 사업가들, 관료들, 세계 일주를 하는 사람들, 위원회의 비서들이 있었고 우리의 가장 어린 손님은 6개월 된 아기, 가장 나이 많은 이는 70세 이상을 넘긴 사람이었다. 다양성은 삶의 양념과 같은 것이다. 양념으로 말하자면, 나는 윤산온씨의 아들들이 이번 겨울 판매하려고 준비한 500파운드 이상의 소시지의 양념을 무게를 재서 나누었다.

5월과 6월은 선교사들이 삶과 일을 잠시 뒤에 두고 미래를 위해 결심을 하는 그런 시기이다. 다른 사람들이 미래를 위해 다양한 희망을 품고 과거를 반성하는 일에 나도 함께 했다.

헬렌 매카피 매큔이 보고합니다.

선택된 파견지

평양 본부

1930-1931년

헬렌 매카피 매큔의 개인 보고서

11. 1931-1932년

내가 그다지 좋아하는 보고서 작성법은 아니지만, 조금 새로운 방식으로 이야기를 해 볼 생각이다. 그러나 어느 것도 올해의 사례에는 맞지 않아 보여 별 내용 없이 가야할 듯 하다.

내가 대학에서 가르친 것은 농과 학생들 3월까지의 1학년 수업과 그 이후의 2학년 수업을 함께 한 것이었고, 우리는 소년들이 할 농업과 관련된 농대 과정의 책들을 사용했는데, 첫 해의 일로, 나는 경작지를 조성하는 일에 대한 모든 것을 했고, 두 번째 해부터는 한 장소 당 최대 숫자의 병아리를 기르는 암탉의 종류들에 대해서 이야기 했다. 부화기가 작동하였다. 소년들은 그들 자신의 귀로 듣는 동시에 그들 자신의 눈으로 볼 수 있었기 때문에 우리는 암탉과 병아리들, 부화기와 닭장에 대해 재미있는 많은 사실들을 당신에게 이야기해 줄 수 있게 되었다. 당신들 중 몇몇은 나에게 한국어로 "생식력과 부화"를 어떻게 설명할 지를 알려줄 수 있을 것이다. 나는 항상 우리 학생들을 좋아하고 농과 대학의 수업들은 누구라도 기대할 만큼 훌륭하다고 생각한다. 나는 작년에 문학 수업들이 이례적으로 우수했다고 생각했고 그들을 무척 그리워했다. 그러나 수업들은 언제나 오고 가고, 학교도 계속된다. 내 인생에서 일 년을 제외하고는 하나에서 일곱 개의 졸업 훈련을 수행하지 않고는 한 해도 보낸 적이 없었으므로 나는 꽤 많은 수의 강좌가 학교에서 없어진 것을 보아왔다는 것이 막 떠올랐다.

나는 항상 남학생들을 좋아했지만, 또한 상급 성경학원에서 가르치는 것도 즐거웠고, 또 올 해에는 내가 언제나 하고 싶었던 일을 해왔는데, 그것은 영어로 성경 이야기를 가르치는 것이었다. 성경의 언어와 이야기를 사용하면서 그들에게 영어도 가르치는 것은 가치있는 일인 것 같다. 그 곳의 영어는 어쨌든 웃음거리에 가까웠는데 왜냐하면, 이것은 선택된 학생들을 대상으로 정규 수업 이외에 추가로 편성되었고, 나머지 소녀들이 밖으로 나가거나 이 교실 밑에 있는 방에서 탁구를 치고 있을 때라서 성경수업을 듣는 소녀 자신들조차도 이 수업시간을 그리 즐거워하지 않았다. 성경을 가르치는 것은 나에게는 기쁜 일이지만, 소녀들이 영어를 택하는 이유가 그들 중 몇몇이 다른 학교로 가게 될 때 필요할지도 모를 것이라는 것뿐이었기 때문에 그들을 다른 방식으로 가르치는 것이 더 공정한 일인 것 같다.

나는 용감하게도 올 봄 성경학원에서 「요한복음」을 가르치기 시작했고, 내가 그들을 만나는 한 그 수업을 즐겼다. 그들과 나에게 다행인 것은, 강귀일이 올 해에 학교에서 가르치지 않았고, 그 일이 (나의 사정으로) 없어질 수밖에 없었을 때 나를 위해 그 것을 맡겠다고 주장했다는 것이다. 그녀 결혼식 전 날까지 수업을 하게 하는 것은 그녀에게 짐을 지우는 것이었으나, 그녀는 그 수업의 마지막 두 주 동안 내가 도로 하겠다는 말을 들으려 하지 않았고, 사실 선생을 바꾸지 않는 편이 여성들을 위해서는 좋았다. 나는 귀일이 내 일들의 체계에서 빠져 나가게 되면 어떻게 해야 될지 모르겠다. 그녀는 몇 년간 전 기간에 걸쳐 정말 의지할 수 있는 사람이었는데, 우리의 가정의 일과, 교회 일과, 시골 수업 일에 참여하여 가르치는 일, 바느질, 간호와 접대하는 일을 해 주었고, 언제나 쾌활하고, 응급상황에 준비되어 있었으며, 그녀가 시도하는 모든 일에 충실했다. 다음 주에 그녀가 결혼하여 새 집이 있는 황해도로 떠나게 되면 우리의 삶에 큰 공백이 생길 것이 확실하다. 나는 그녀가 지도자로서나 연사로서도 탁월하다고 생각하고 그녀가 나와 함께 해 낸 일들에 대해 높은 찬사를 보내고 싶다. 나는 확실히 내가 말로 표현할 수 있는 이상으로 그녀를 그리워할 것이다.

본부의 수업에서 가을에 나는 일하는 사람들의 반을 부분적으로 맡았고 봄에는 시골 여성들을 위한 일반 강의를 맡았고, 대학 강의를 하는 것은 도시에서의 그 어떤 수업도 방해가 되었다.

하예스 양이 봄 수업을 위한 위원회에서 봉사해 줄 수 있는지 나에게 물었을 때, 나는 저와 같은 수업을 운영하는 것이 무엇을 의미하는 지를 잊어버리고 즐겁게 여기에 뛰어들었다. 지금은 가르치고 도와 줄 한국인들이 본부에 훨씬 더 많은데 그 때는 우리 중에 강의할 수 있는 사람들이 너무나 적어서 나는 선천에서의 날들이 상기되었다. 나는 첫 번째 새벽기도 모임에서부터 마지막 수업시간까지 강의를 즐겼다고 진정으로 말할 수 있다. 내가 재미로 계산을 해서 알아낸 바에 의하며 12일 동안 한 여성이 그녀에게 주어진 이 모든 모임에 참석한다면 그녀는 55개에 참석할 수 있었다. 감히 말하건대 이 여성들의 대다수가 그리 했고, 만일 그들이 찾을 수만 있었다면, 프로그램에는 사실은 관계가 있지 않은 약간의 모임에서 북적거렸을지도 모른다. 내가 가르쳤던 두 수업의 출석은 뛰어났고 공부는 재미있었다. 처음에는 직접 준비한 개요부터 가르치다가 점차 수업에 열정이 더해졌다고 생각한다.

위원회에서 내가 맡은 부분은 저녁 모임을 주선하는 것이었다. 여성들은 블레어 박사가 모임에 오셔서 그들을 우리 본부의 이름으로 환영해 주시는 것을 매우 감사해 했다. 서문교회도 그들의 목사의 조사를 보내어 우리가 저녁 모임 대부분을 위해 사용하는 건물로 그들을 환영했다. 윤산온씨는 하루 저녁에 그들을 체육관-강당으로 초대하여 말스버리씨와 소년들이 그들을 위해 준비한 뮤지컬 프로그램을, 닥터 베르코비츠는 건강 영화를 보여 주었는데, 그들 중 많은 이들은 그와 같은 것을 처음 본 것이었다. 안타깝게도 바로 그 때에 라디오 방송은 어떤 프로그램도 방송하지 않아서 그들은 매우 아쉬워했다.

나는 성경학원 건물에서 가졌던 두 개의 주일 저녁 모임에 대해서도 말할 것이 있다. 이것은 주변 교회들이 교회에 나오는 여성들의 수를 줄이도록 무언가를 우리에게 달라고 요청했기 때문이다. 바아드 부인은 젊은 여성들을 상급 성경학교로부터 데리고 와서 그 해에 학교의 개인사업 분과에서 이야기하게 했다. 그들은 이틀 저녁 사이에 다양하게 나뉘게 되었다. 나 자신이 당신들이 참석했을 수도 있는 두 저녁에 모두 참석해서 몇몇 소녀들이 체육관에서, 병원에서, 행정학교에서, 개척지에서, 주일학교에서, 거리의 예배당에서 하고 있는 일의 설명을 들었다. 그들이 겪었던 일과 그 이후에 벌어진 일들을 듣게 된 것은 신나는 일이었다. 그들은 우리를 위해 노래도 불러주었다. 나는 한 명 이상의 여성이 이러한 일에 놀라움을 표시하는 것을 들었고, 한 지친 표정의 불쌍한 여성은 나에게 마을로 이사오면 그녀의 아이들이 소녀들이 가르치는 학교에 다닐 수 있겠는지 물어 보았다. 그녀는 아이들이 완전히 무지한 상태로 자라게 하고 싶지 않은데, 아이들을 교육시키기에는 그들 부부는 너무나 가난하다는 것이었다.

대학 또는 학당 학생들의 지도 하에 매일 찬양하는 것, 신학대학 학생들에 의한 강의, 선교사 모임, 매일 저녁 장로 교육을 위해 나아가는 것, 대학교수들에 의한 가정 과목 레슨과 한 두 개의 설교 등으로 저녁 시간들은 꽉 차게 되었다.

올해 나는 결과가 좋은 실험을 시도했다. 나는 미국, 그리고 한국 밖에 있는 250명의 여성들에게 글을 써서 수업의 자료를 주고 그들에게 특별히 이 시기에 우리를 기억해 주기를 당부했다. 편지에서 나는 수업 일정을 이야기해 주고, 제 자리에 있어야 할 많은 리더들의 주의를 끌었고, 작년의 출석통계에 대해서 말하였고, 편지와 함께 수업이 돌아가는 동안 주보안에 안에 넣어 놓도록 부탁했던 안내문을 함께 보냈다. 나는 뉴욕으로부터 캘리포니아, 그리고 그 사이의 많은 주들에서 답장과 서류들을 받았는데, 답장을 쓴 모두가 우리가 일을 행했던 그 시간에 우리가 실제 행했던 일들을 기쁘게 기억하겠다고 했으며, 한 달이 지나기 전에 이들은 모두 끝이 났다. 나는 그들의 서류철에서 나온 안내문에 관심이 있을 교회가 평양에 있지 않을까 궁금하고 내년에도 우리의 이런 계획을 다시 시도해 볼 생각이므로 어느 누구도 나의 지혜를 빌려가지 말기를 바란다.

이곳 본부에서 시골 여성들을 위한 수업을 이어서 닫기로 한 생각이 그들 자체 교회에서 수업을 하는 생각으로 이어졌음은 물론이다. 이 해에 나는 장로회 위원회를 통해 윤산온씨에게 일해 달라고 부탁한 지역인 농장의 수업들을 감독해 왔다. 이 지역에 23개의 교회가 있고 그 중 11개에 우리는 교실을 마련했다. 나머지 지역에는 그들 스스로 계획하고 가르치는 여성들의 수업들이나 여성들이 남성과 합류해 진행되는 교회의 일반적인 수업들이 열렸다. 몇 가지 이유로 올해에는 수업을 계획하기가 어려웠다. 사실상 가을에 일하는 사람들의 반 중에서 우리가 계획했던 수업들 중 어느 것도 계획된 대로 열리지 못했다. 교사들이 바뀌지 않으면 시간이 재조정 되어야만 하였다. 다시 주선하기 위해서는 무척이나 많은 문서와 말이 필요했기 때문에 기운이 빠지는 일이었고, 성취되더라도 보고할 것이 거의 없었을 것으로 생각했다. 이 그룹들과 함께 하는 첫 번째 해였기에 과거와 비교할 만한 사례가 없었고, 수업의 개수나 크기에서 볼 때 어떠한 지 알 수가 없었다. 741명의 여성이 출석을 하는 11개 반이 있었고, 15명의 여성들이 가르쳤는데 그 중 8명은 상급 성경학교의 학생들로 그들은 크리스마스를 추운 지역에서 보내며 그곳의 교회와 교실을 도왔었다. 나는 여러 수업에서 도와 온 한 여성도 보내어 그녀가 더 약한 교회들 중 한 곳에서 두 달을 보내며 여성들에게 읽기를 가르치고 새 신자들에게 설교를 하게 했다. 그 교회들 중 하나로부터, 성경학원의 소녀들 중 하나의 의견에 의하여 나는 한 젊은 여성을 불러들여 봄 수업에서 공부하게 하였고 또 성경학원 학기에 머물도록 하였다. 그녀의 남편은 집에서 떨어져 멀리 가버렸고 다른 아내가 있는 것이 확실했다. 그녀는 시부모와 그녀의 어린 딸과 함께 살았다. 시어머니는 그녀를 공부하게 했고 기쁘게 아이를 보았다. 나는 그녀가 바느질을 하도록 하였고 하는 일을 점차 더 늘이도록 하였다. 집에서 하는 일도 꽤 잘해서 누가 보아도 그녀가 잘 해 나간다고 할 수 있었다.

젊은 여성이 일을 하면서 스스로 학비와 생활비를 벌 수 있게 하는 것은 학교로서도 매우 보람있는 일이었다. 그녀는 우리 집을 위해서도 일을 해 주었고 그녀가 해 내는 일을 보면, 그가 꽤 능력있는 소녀임을 알 수 있었다. 이것은 물론 양말을 메우고 옷에 덧단을 대는데 광채를 더하는 것 같은 것으로, 이즈음의 윤산온 집안에 맞게 조절 했던 것이다.

나는 마펫 박사의 교회들 중 하나에 관심을 갖고, 성경학교의 여성 한 명을 매 주 그곳에 보내고 있다. 그녀는 그 곳 교회 이웃에 속해 있고, 그녀가 공부를 하려고 와 버린다면 교회로서는 큰 손실이었다. 그러나 그녀가 주말에는 거의 가버렸기 때문에 나는 버츠 양이 그녀에게 주는 만큼을 보충해 주어서 그녀가 일하는 중 시간을 내어서 왔다 갔다 하는 비용을 지불할 수 있게 해 주었다. 나는 이 소녀들 중 적어도 한 명이 필요하다는 것을 집안 편지에서 언급한 바 있고, 일본인들은 친절하게도 엔화 가치가 낮을 때에 내가 가진 달러를 충분한 엔화로 바꾸어 하나가 아닌 두 교회의 필요를 들어주고 이 소녀들에게 지급할 수 있도록 해 주었다.

주일과 수성리 교회는 9월 이래로 내 마음 속에 꽤 긴밀하게 연계되어 있다. 나는 그곳의 주일학교에 참석할 뿐만이 아니라 오후 예배에도 거기에 간다. 한국에서 내가 처음 정을 붙인 중앙교회를 떠다는 것은 쉽지 않은 일이었다. 그러나 나는 여성들에게 오후 교회에 참석해야만 한다고 독려하면서 나는 그들 사이에 모습을 드러내지 않는 것이 점점 더 어렵다는 것을 알게 되었다. 내가 다른 곳에 출석한다는 것을 그들은 모르고 있다. 그래서 나는 지금은 수성리교회에 출석하고 있다. 지난 4월 말까지 나는 거의 빠짐없이 출석했다. 물론 5월에는 몇 번의 일요일에 주일학교와 예배 둘 다에서 내가 없는 것을 발견할 수 있었을 것이다. 나는 주일학교에 다시 나가는 것을 이어갔지만 예배출석은 아직 시도하고 있지 않다. 여성들의 주일학교 등록은 꾸준히 증가해 왔다. 우리의 평균 출석은 지난 6월 183명으로부터 올 해 4월에는 211명이 되었다. 여름과 가을에 한두 주 태풍이 오는 일요일에는 출석률이 떨어지지만 대체로 출석은 상당히 고른 편이고 꾸준하게 증가해 왔다. 새해에 우리가 등록부를 갱신할 때에 20여명의 출석이 불확실한 사람들의 명단과 함께 230명의 등록자들을 신중하게 검토했다. 일요일이 거듭될수록 새로운 여성들이 왔고 두드러진 성장은 없지만 실질적으로 진보하고 있다.

내가 여성들의 모습에 너무 익숙해진 것 아니면 그들의 겉모습이 나아진 듯하다. 근처에 증축되는 새로운 집은 우리에게 좋은 외양과 좀 더 풍족해 보이는 교실을 안겨 줄 것이다. 우리는 다른 도시 교회로부터 그리고 또 시골 교회로부터 이전하고 있다. 모두가 공사를 시작한 새로운 교회에 지대한 관심을 지니고 있다. 자재들이 부지 위에 점차 쌓이고 있다. 시멘트 작업을 위한 돌들은 여러 조직들로부터 경쟁적으로 모아졌다. 어떤 여성이 교회에 오면서 주일학교 건물을 짓는데 보태기 위해 한 손에 돌을 날라 가져오는 것을 목격하는 것은 전혀 이상한 일이 아니다. 새로운 교회는 충분한 공간을 대중들에게 제공할 것이다. 그리고 옛 건물은 그대로 있으면서 유치원과 다른 사업에 쓰일 것이다. 집짓기는 힘든 투쟁이지만 직원들과 모두가 돕고 있다. 두 주 전에 모래와 자갈을 실은 배가 작은 강가에 도착해 짐을 내려놓고 있다는 소식을 알리는 전화가 왔다. 모든 여성들이 그 벨소리에 반응을 했다. 여성들은 그 강가에서부터 그 재료들을 바구니에 담아 머리에 이거나 서로 막대기에 끼워 들고 교회의 건설 현장으로 날라왔다. 새로운 건물을 짓는데 대한 그들의 관심은 의심할 바가 없었다.

우리집은 평상시와 같이 운영되고 있다. 우리가 보고해야만 하는 무척 많은 음식물의 수요가 있었으므로 집에 식료품 상점 관리자를 두어서 식료품 계산서를 다루게 하였다. 선교사집의 손님 명단을 보면 많은 것을 알 수 있다. 손님들이 방명록을 남겼다고 해서 우리가 그들을 결코 다 기억할 수 있을 것 같지는 않지만, 방명록과 일지는 우리와 함께 식사를 했던 한국인, 중국인, 일본인, 영국인, 미국인, 캐나다인, 그리고 호주인들의 이름을 보여준다. 그들은 선교사, 공무원, 이사회 대표, 신문기자, 글감을 찾는 작가, 여행가, 관광자 등이었다. 물론 손님들 가운데 가장 큰 그룹은 대학과 학교의 교수진과 학생들이었다. 우리는 교수진들과 또 여러 반의 학생들과 여러 차례 즐거운 시간을 가졌기 때문이다. 올해 우리는 새로운 계획을 시도했다. 저녁식사에 몇몇의 남성들을 아내와 함께 동반하도록 초대했고, 교수진들에서 외국인 부부를 함께 초청했다. 우리는 그 아내들 가운데 아주 매력적인 여성들을 발견했고, 내년에는 이렇게 즐거운 모임을 좀 더 확대해 볼 계획이다. 윤년조차도 오고 싶은 모두를 들일 만큼 길지 않았다.

우리 집은 올해의 마지막 달을 정신없이 보냈다. 우리 가족이 가지고 있는 질병으로 인해 우리는 우리 집을 병원이라고 불러야 할지 혼란스런 지경이었다. 페인양은 지휘자로서 매우 화목하게 그의 역할을 잘 해주었고 우리는 그녀와 그녀의 간호사 그룹이 우리에게 베풀었던 모든 세심한 보살핌에 감사한다. 헤드머그 양과 바이드 부인이 찾아와 주어 우리에게 큰 위로가 되었다. 이 역시 매우 감사한 일이었다. 의사들은 지속적으로 돌보아 주었다. 그 근심스런 날들 동안 연민과 사랑으로 우리와 함께 해준 분들 그리고 매카피를 보살펴 준 모든 분들께 감사하는 마음으로 그 때의 일들을 돌이켜 본다.

12. 1933-1934년

만약 내가 내 개인 보고서에 내가 있었던 모든 곳과 해왔던 일들을 포함시킨다면, 보고서의 범위를 넘어 책이 되지 않을까 염려스럽다. 1년 전 지난 3월, 윤산온씨와 나는 임무를 맡고 짧은 휴가를 위한 이사회의 허가를 받기 6주 전에 서둘러 하와이에 다녀왔다. 매카피의 병 때문에 운영위원회는 내가 일찍 떠날 수 있도록 특별히 승인해 주었다. 바다를 건너고 있는 동안에 선교본부에서 나에게 온 편지를 놓쳤으나 그 내용은, 우리 체류를 연장할 수 있다면 굳이 짧은 휴가를 따로 내지 않아도 된다는 것이었다. 우리는 기쁘게 이사회의 제안을 수용했고 선교본부에서는 계획된 휴가 대신 무급휴가를 허락받았다. 기억에 남을 여행과 방문, 이야기, 미래에 대한 계획을 한 뒤에, 우리는 돌아왔고, 12월 초 평양에 도착했다. 우리는 6월에 우스터에서 졸업한 우리 딸 페기와 캘리포니아에서 와서 올 해를 함께 보낸 나의 조카 손녀 프리데리스 매카피를 데리고 왔다.

운이 좋게도, 돌아오자마자 곧바로 가르쳐야할 필요가 없었기 때문에, 나는 생활에 다시 정착할 준비를 할 수 있는 시간을 갖게 되었다. 사실 나는 내가 했던 모든 일들을 내심 새롭게 시작했다. 파커 부인이 수성리에서 주일학교 일을 계속하도록 준비하고 있었기 때문에 나는 되돌아가 중앙교회에 출석했다. 거기에 매우 골치 아픈 일이 있어서 교회의 사업에 매우 방해가 되었고, 남성과 여성의 주일학교가 연합하게 되어서 나는 두 번의 예배에 참석하는 것 말고는 교회와 관련해서 할 수 있는 일이 없었는데 딱 한 번 참석하지 못했다. 그들은 일요일에 새로 온 사무직원들에 대해 투표에 붙이려고 했고, 나는 그날 예배에 결석을 하고 서대문 교회에서 무엇을 하는지 보기로 결정했다. 나는 그들이 각자가 모이는 계획으로 돌아올 날이 오기를 바라며, 내가 그들의 주일학교에서 여성들에게 약간의 도움이 될 수 있기를 바란다.

나는 여성들로부터 매우 따뜻한 인사를 받았고, 그것은 내가 수성리 일을 하러 그들을 떠나면 안 된다는 뜻을 담은 아주 확실한 귀환 환영이었다. 중앙교회는 우리가 29년전 평양에 도착했을 때 우리의 모교회였다. 이 추락과 시련 그리고 분쟁들은 지난 한두 해 동안 우리를 비통하게 했다.

1월과 2월의 며칠 간 나는 강귀일의 어린 아기를 돌보는데 헌신했다. 하예스 양은 한국인 가정부가 미국인 아기를 돌보는 것은 많이 봐왔지만, 미국인 가정부가 한국아기를 돌보는 것은 처음 봤다고 했다. 우리는 이 아기를 집에 두고 과거 수년간 우리 집에 그렇게나 많은 것을 해 준 아기 어머니와 여자 아기를 돌보아 줄 수 있어서 참으로 즐거웠다.

3월은 숭실전문과 숭실중학의 졸업식 행사와 함께 시작되었다. 두 졸업식이 일 주일 이내로 다가왔다. 그것은 반드시 필요한 모임으로 우리에게 매우 치열한 며칠을 안겨줄 것이다. 90명의 소년들이 학교를 졸업하는 것은 참 기쁜 일이었으나 규모가 너무 커서 그들 모두를 우리 집에 초대할 수 없었다. 우리는 하루 저녁에 저녁 식사를 위해 대학 졸업생을 45명으로 맞추었고, 교수회는 졸업식 날 우리집에서 그들과 통상적인 오후 모임을 가졌다.

졸업식이 끝난 후 도시와 시골의 여성들이 3월을 꽉 채웠다. 수업에 출석한 여성들은 더할 나위없이 감사해하고 배움의 기회를 즐겼다. 부트 양이 재령의 성경학교를 맡고, 하예스 양이 룰라 웰스 학교에서 봉사했으므로 편하설 부인과 나는 도시 여성들에게 헌신했다. 도시교회가 매우 최근에서야 교실을 열었고 그 주가 졸업식 연습으로 일정이 꽉 찼었다는 사실을 고려해보면 두드러지게 많은 숫자가 모인 것으로 보였다. 만일 모든 여성들이 하나 또는 그 이상 관여하고 있지 않았다면, 유치원에서 신학교에 이르는 여덟 개의 이러한 훈련들은 이상해 보였을지도 모른다. 틀림없이 그것은 출석에 영향을 미쳤다. 그러나 그 누구도 거기에 있었던 여성들보다 더 관심 있어 하면서도 그 자신들도 흥미로운 사람들을 찾을 수는 없을 것이다. 시골에서의 수업이 곧바로 뒤따라 열렸다. 나는 두 시간을 가르치기로 약속했으나, 하예스 양은 그녀가 내가 두 시간씩이나 필요하지 않다는 것을 알게 되었고 그 대신 내가 나머지 시간을 채플 시간에 쓰면 어떨지 제안했다. 내가 그 수업에서 공부를 한다면 내가 속한 곳의 나이 든 여성들과 운명을 같이 하기로 결심하고 매일 아침 나는 새벽 모임과 공부 시간이 시작할 때 여는 채플 예배를 위해 오르간 의자에 앉았다. 여성들은 자발적이고도 따뜻한 마음으로 나를 기다렸고 애정 어린 그들의 인사를 받는 것으로 나는 보답을 받았다. 나는 매일 아침 채플시간 15분전부터 행하는 찬양의 인도자로서 꽃을 피우게 되었고 우리는 함께 좋은 시간을 가졌다. 하예스 양은 아파서 빠지게 되었고, 버츠 양이 불려가 버렸을 때에도 우리는 상실감에 빠졌다! 나는 이 수업에 대해 보고하면서 여성들 모두가 즐기면서 보여 준 건강과 훌륭한 정신력에 대해서 특별히 언급하고 싶다. 우리는 비, 눈, 진눈깨비, 햇빛, 진창, 바람, 먼지 등 모든 날씨를 다 겪었다. 열하루의 수업 시간 동안 모두들 얼마 동안은 만족한 시간을 보냈을 것이다. 나는 올해 시골의 사역에는 어떤 책임도 맡은 것이 없었지만 농장에서 온 여성들과 즐거운 시간을 보냈다.

4월 초순은 여성들의 성경학교가 열렸고, 나는 「요한복음」에서 전문성을 발휘하고 있다. 이제 돌이켜 보면 여러 번의 봄 중에서 첫 번째와 그 다음 해에는 나는 가르칠 수 없었으므로 다시 학교에 오게 된 것이 기쁘다. 나는 내가 가르치는 두 번째 반의 나이가 과거에 가르치던 반 보다 더 젊다는 것을 발견한다. 내가 보기에 나머지 학생들도 틀림없이 예전의 학생들보다 통상 평균적으로 더 연령이 낮아졌을 것이다. 장학금을 받는 평균 연령은 높아졌다.

대학에서 나는 다시 농업 분과에서 가르치고 있다. 나는 우리가 학기가 끝날 무렵에는 흙이 무엇으로 구성되어 있으며, 이것이 어디에서 왔고, 무엇에 좋은지를 알게 될 것이라고 기대한다.

봄이 오면 나는 뜰로 나가서 신성학교에서 온 몇 안 되는 소년들에게 무엇을 해야 하고 하면 안 되는지 알려주고, 내가 하와이에서 가져온 구근들이 제대로 맞게 심어졌는지 그래서 그것들이 여기에서 본래의 서식지보다도 잘 자랄 수 있을지를 살펴 본다. 또 지금이 무를 심어야 할 시기인지, 포도나무 가지치기를 해야 할 것인지, 산딸기를 없애야할지, 딸기를 뽑아야 할지, 민들레를 캐내야할지를 결정한다. 나는 나 자신이 조선총독이 최근 발간한 그의 연설문에서 크게 기뻐하는 해방된 여성의 본보기가 아닐까 생각해 보는 나 자신을 발견하곤 한다.

우리가 최근에 받은 『조선과 그 백성들 속에서』의 복사본에서 그는 이렇게 말한다: “한국인들도 게으름이라는 오래 된 습관을 극복하려고 한다. 사실 그들은 육체노동에 대해 매우 열정적이 되었고, 그들은 이러한 면에서는 더 이상 일본인들보다 못하지 않다. 기쁜 현상들이 명백하게 도처에서 발견되고 있다. 이를테면 높은 지적 성취를 이룬 많은 한국여성들이 들판에서 부지런히 일하면서 그 길을 이끌고 있다. 이것은 지난 날 이 나라에서 결코 꿈꿀 수 없는 것이었다. 왜냐하면 그들은 그 당시 남편의 노예와 같이 여겨졌으며, 그녀들이 행사할 수 있는 자유의 영역은 부엌일이나 빨래에 불과한 것으로 간주되었기 때문이다. 이 현상은 한국 여성이 점차 해방됨을 나타내는 신호로서 참으로 환영할 만한 것이다.”

13. 1934-1935년

한 해는 대부분 일상적이고 평범하게 흘러가지만 몇 가지 매우 특별한 것들도 있다. 지난 6월 연례회의 후, 나는 곧바로 내 남동생 내외와 여름을 나기 위해 지리산으로 갔다. 한국에서 피서지를 간 것은 처음 있는 일이었다. 나는 줄곧 집에 머물러 있었고, 소래, 원산, 금강산 그리고 일본의 몇 곳을 본 적이 있다. 지리산에서의 그 여름은 내게 매우 특별한 선물과도 같은 것이었다. 나는 특히 친척들과 우애를 나눌 수 있었고, 거기에 갔던 남부 장로교선교회의 선교사들과 친교를 나눌 수 있었다. 지리산은 눅눅하지는 않았지만 날씨가 궂었다. 나는 그런 날씨는 본 적이 없는 것 같다. 나는 안개와 구름이 그렇게 장대하게 모습을 드러내거나 비가 그렇게 맹렬하게 내리는 것을 본 적이 없었다. 캔사스에서 태어났기 때문에 바람이 불면 나는 그 바람을 알아볼 수 있고, 심지어 거의 지붕이 날아갈 때는 친숙하게까지 느껴졌다. 지리산은 참 좋았고, 만약 내가 선교 분야에서 20년 더 젊었더라면 거기서 더 많은 여름을 보내고 싶었을 것이다.

가을에 돌아와, 대학이 곧 열렸고, 내가 매일 채플을 인도했던 여성을 위한 훈련과정에서는 여름동안 시골 학급의 교사들이 쓸 수 있도록 준비했던 주제들을 사용하게 되었다. 이 수업과정 동안 우리는 시골 교회 학급을 위한 계획을 수립했다. 올 해 나는 14개의 교회가 있는 강서 지구에서 책임을 맡게 되었다. 우리는 각각의 교회에서 수업을 운영하고 싶었으나 여러 곳에서 현실화하는데 실패했고, 최종적으로 나는 겨우 여성들을 위한 8개 학급에 대해서만 보고할 수 있게 되었다. 다른 여러 곳에서는 교회 교실이 열리고 있었는데, 남성들은 나에게 여성들도 똑같이 잘 공부하며 그 만큼의 혜택을 받을 것이라고 장담하였다. 그러나 이 말 중 어떤 것도 동의할 수 없었던 것이, 나는 여성들끼리 하는 수업이 가장 이상적이라고 확신하기 때문이다.

거기에는 801명의 여성들이 8개 학급에서 공부하고 있다. 이 구역에서 첫 번째 해였기 때문에 나는 학급의 숫자를 어떻게 견주어 보아야 하는지도, 출석 숫자를 어떻게 비교해 보아야 하는지도 알지 못한다. 내가 두 명의 지역 여성과 가르치는 일을 하던 두 명의 평양여성을 얻는데 성공한 두 반을 제외하고는 고등성경학원의 소녀들을 가르쳤다. 나는 남편 윤산온씨가 책임을 맡고 있는 교회들을 둘러보기 위해 그와 두 번의 짧은 시골 여행을 했다. 그리고 나는 그 교회들에서 내 자신이 강의할 수 있기를 희망했다.

내가 맡은 지역교회의 일은 강 건너 남신리라고 불리는 곳의 새로운 교회에서 행해졌다. 지난 가을 내가 그곳에 간 첫 일요일에, 몇 개월 전에 이미 과정을 시작한 숭실전문의 청년들과 함께 60명의 어린이들과 모임을 가졌다. 지난 일요일 그곳에는 170여명의 어린이들과 66명의 어른들이 두 개의 주일학교에 참석했고, 주일학교의 모임에 따라 교회 출석률도 좋아졌다. 우리는 그곳에서의 조건에 크게 고무되었다. 여전도사의 보수는 대학의 교수들에 의해서 일부가, 일부는 우리들에 의해서 그리고 성경학원위원회에 의해서 일부가 지급되었다. 그것을 어떤 식으로든 빼앗는 것은 곧바로 바로잡아져야만 하지, 그러지 않고서는 여전도사를 더 이상 일하도록 붙잡아 두는 것이 불가능할 것이다. 주일학교와 교회에서 받은 헌금으로 여비를 해결하지만, 우리는 아직 당분간은 여전도사가 일해 주는 것이 필요하다. 교회의 유일한 관리는 우리 소년학교에서 주중에 수위로 봉사하는 집사 한 명이 맡고 있는 것에 비해, 가르치는 일은 신학교, 대학, 고등성경학교 및 룰라 웰 학교에서 온 학생들이 맡고 있었다. 그는 지난 일요일에 설교를 했다.

가을에 아직 새로운 교회에서 예배가 시작되지 않았을 때, 나는 한 달은 중앙교회에서, 한 달은 서문교회에서, 또 한 달은 수성리에서 일요일 오후에 교회를 참석했고 우리 자신의 예배가 시작되었을 때에는 클레랜드 기념관에서 드렸다. 그 때부터는 교회 때문에 남신리에 머물지 않았을 때에는 나는 집에서 제일 가까운 서문교회로 갔다. 나는 거기서 따뜻한 환영을 받았고 항상 참석할 것을 권유받았다. 그 교회에서 대단한 규모의 군중이 예배드리는 것을 보는 것은 분명코 멋진 광경이었다.

장로회에서 주관한 여성들을 위한 봄 학기 수업에 나는 참여하기는 했지만 가르치지는 않았다. 우리 지부의 유일한 여성인 힐 부인은 비록 뷰트 양과 내가 참여하기도 하고 안하기도 했지만 실제적으로 가르치는 일을 도울 수 있는 시간을 찾아냈다. 뷰트 양은 전반적인 책임을 맡고 있었고 나는 모든 수업을 맡을 교사들이 있는지 확인하는 위원회에 있었다. 엔젤 부인이 각 반에서 한 시간 씩을 가르쳤고, 파커 부인이 한 반에서 한 시간을, 그리고 힐 부인이 다른 반에서 한 시간을 가르쳤다. 가르치는 일 외의 시간에는, 우리는 지난 여러 해 동안 훈련받은 한국 여성들과 매우 신실하게 도움을 주는 한 두 명의 한국 목사들을 만났다. 개인적으로 나는 내가 특별히 책임을 맡았던 이른 아침의 모임에 참석했고, 대학 수업이 끼어 있지 않을 때에는 정규 채플 시간에 반주하거나 찬양을 인도했다. 페기는 나와 함께 거기에 갔는데 날이 갈수록 갈 때마다 꽤 오랜 시간 기도를 했다. 나는 이후로 우리가 3개의 수업을 가져야 한다고 확신하게 되었다. 장로회에 의한 분할하자는 새 계획은 기숙사 공간에 대한 부담을 덜어주었던 반면 교실의 정체와 혼잡에 대해서는 전혀 도움이 되지 않았다. 나는 도시 여성들이 스스로 가을에 얼마 동안 교실에서 공부해서, 봄에는 시골여성들을 위해 두 개의 큰 교실이 전적으로 주어지는 것을 보고 싶다.

4월 첫째 날 이래로 나는 성경학원에서 2학년 학생들 가운데 나이가 더 많은 반을 맡아 요한복음을 가르쳐 왔다. 그 반은 내가 종전에 맡았던 학급만큼 크지 않았고, 그러한 이유로 보다 쉽게 여성들과 사적으로 친근해 지게 되었으며 학생으로서 그들에 대해서도 보다 정확하게 파악할 수 있었다.

내가 대학에서 가르치는 일은 문학과 농업의 두 영역이었다. 가을과 겨울을 보내면서 나는 한 주에 11시간을 맡았는데, 이번 봄에는 8시간만 가지고 있어서 나는 성경학원에서 5시간을 갖을 수 있다. 나는 대학에서 소년들을 가르치는 일과 성경학교에서 여성들을 가르치며 그들과 만나는 것이 즐겁다. 내가 즐겨 할 수도 있는 다른 일들에 눈을 감고 모르는 척 하는 것은 항상 쉬운 일이 아니다. 그러나 이것은 모두 어쨌든 하루 안의 일이고, 만약 이것을 하지 않으면 다른 일을 해야 하기 때문에, 우리는 여기에 대해 다소 철학적이 되는 편이 낫다.

마우리 부인의 부재 속에 나는 고등 성경학교의 자립분과의 재정부를 운영했다. 그러한 은행 계좌를 갖는 일은 즐거운 것이었다. 왜냐하면 거기에는 편안함과 자존감을 주기에 충분한 액수가 항상 들어있었기 때문이다. 나 역시 이사회에 의해 통제되는 성경학교기금의 회계담당자이다. 이곳은 부트양이 4개월에 세 번 확인해서 서명하고 나의 도움 없이 그녀가 이미 써버린 것에 따라 보고하는 대로 항목을 집어넣는 그저 이름뿐인 사무실이다. 이것은 정말 일로서는 약간 장난이나 마찬가지였다.

올 해 우리 딸 헬렌 마가렛과 집에서 시간을 보낼 수 있었던 기쁨은 매우 큰 것이었다. 그러나 우리는 이젠 태평양 건너로 그 아이의 성장을 지켜보고 있다. 일본 여객선 위에서 그 아이가 며칠에 한 번씩 우리에게 전보를 칠 수 있었기 때문에 우리는 긴밀하게 연락을 취할 수 있었다. 이 해에는 슬픔도 많이 있었다. 우리는 내 오빠 부부가 가을 동안 함께 있어서 매우 즐거웠다. 그들이 크리스마스 직전에 우리를 떠나갈 때, 우리는 그들이 연휴에 여기 없으리라는 사실에 슬펐지만, 반면 그들이 필리핀의 따뜻하고 아름다운 곳으로 간다는 것을 기뻐했다. 비록 우리가 그의 육체적 건강상태가 그리 좋지는 않다는 것을 알고 있었지만, 그의 갑작스런 죽음은 내게 충격이었다. 나는 그래도 그가 왕성하게 활동했던 시기에 왔던 데 대해 기쁘게 생각하는데, 왜냐하면 그가 오랫동안 명성을 얻은 곳을 직접 보게 되어서 행복해했기 때문이다.

이번 봄에 올케가 우리와 함께 온 그녀의 손녀가 평양 외국인 학교를 졸업할 때까지 머물기 위해 우리에게 돌아온 것은 기쁜 일이었다. 그 아이는 1

년 반 전 우리가 미국에서 돌아올 때 우리와 함께 와서 여기 학교에 다니고 있었다. 그 아이와 함께 있는 것은 페기와 떨어져 있는 시기에 우리에게 위안이 되었다.

우리 집은 평소처럼 분주했다. 가을에 우리는 총회의 손님을 대접하는데 한 몫을 했고, 두어 달 뒤 그들이 기숙사에서 보살핌을 받을 수 있을 시기까지 13명의 교사들과 P.K.F.S 의학생들이 우리와 함께 만났다. 동료들이 그들 자신의 지역으로 돌아가 버린 것에 대한 우울함만 아니라면 그것은 물론 큰 즐거움이었다. 우리는 교사와 학생들과 평소와 같은 저녁식사를 했다. 한 해 가운데 어떤 시기에는 우리 집 접시의 숫자가 우리 집 큰 방에 길게 뻗은 탁자에 자연스럽게 꼭 맞아 떨어지는 것 같다. 우리는 그 방을 즐겨 사용하고 학교에서 함께 하는 한국인들과 우리 집을 공유하는 일을 늘 감사하게 여겼다.

연례회의를 위한 준비위원회가 구성되었기 때문에 손님을 집에 묵게 하는 일을 계획하는 것이 나의 몫이 되었다. 그들은 모두 미리 예약을 했지만 당연하게도 다시 재조정하게 될 것이고, 잘 알려진 '회전목마식의 저녁식사' 계획은 평양에서의 연례회의에 있어 매우 기대되는 부분이 될 것이다. 회의를 위해서 우리 지부에 동료 선교사들을 환대하는 것은 매우 큰 즐거움일 것이다. 그리고 우리는 우리와 함께 하게 될 친구들과 누릴 행복한 시간을 고대하고 있다.

헬렌 매카피 매균의 편지들

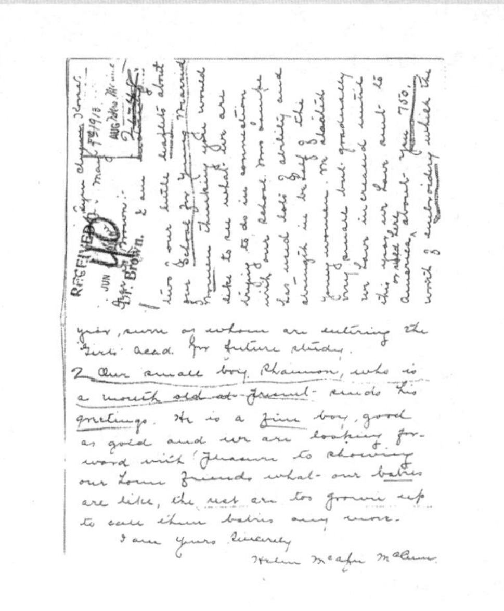

year, some of whom are entering the Girls' Acad. for future study.

2 Our small boy Shannon, who is a month old at present sends his greetings. He is a fine boy, good as gold and we are looking forward with pleasure to showing our home friends what our babies are like, the rest are too grown up to call them babies any more.

I am Yours Sincerely

Helen McAfee McClune

1. 휴 오닐 부인에게 보낸 편지의 복사본 원본은 학당 파일에 있음

미국장로교한국선교회
선천 지부

매큔 부인이 오닐 부인에게 보낸 복사본으로 그녀는 이것을 나에게 주었다.

노만/ 휘트모어 목사와 사모
미스 루이즈 체이스
로스 목사와 사모
알프레드 샤록스 박사와 부인
미스 제인 사무엘
조지 매큔 목사와 사모
로버츠 목사와 사모
헨리 램프 목사와 사모
미스 히데스 헬스트롬
미스 블랑쉬 스티븐스

한국 선천

친애하는 브라운 박사님!

우리는 우리가 지내 온 상황에 대해 박사님께 보고를 해야 합니다만 저희는 내일 당장 무슨 일이 일어날지를 모르는 상태로 하루하루를 보내고 있습니다. 휴 오닐 주니어 아카데미[8]는 올 해 초에 개교를 해서 우리는 일본 관습에 따라 일 년에 세 학기를 지킬 수도 있고 또, 연간 모임 전에는 모든 일들이 잘 진행될 수 있게 열려 있을 수도 있을 것입니다. 160여명 이상의 소년들이 등록을 하고, 모든 일들이 잘 진행되었고, 우리는 젊은 남성이 보여 준 훌륭한 정신과 학교의 수준과 명성을 높게 유지 하려는 그들의 확실한 바램 덕분에 특별히 행복했습니다. 10월 12일에 어떤 예고도 없었고 매큔(윤산온)씨가 요청했던 어떤 이유도 알지 못한 채 세 명의 소년이 체포되어 마치 범죄자처럼 수갑이 채워져서 서울로 이송되었습니다. 그들이 죄를 지었기 때문이 아니라 그들이 한 사건에 대해 증언하기를 요청받았기 때문이었다는 것 이외에는 그들의 상태에 대해서 그 어떤 설명이나 말도 얻을 수 없었습니다. 2주가 다시 지난 후 경찰서장이 학교에 와서 이번에는 매큔씨의 비서를 포함한 모든 교사들과 지역 초등학교들에서나 인근 학교들에서 가르치고 있던 다섯 명의 졸업생들, 그리고 학생 16명을 요구했습니다. 외국인 고용 하에 있으므로 어떠한 직급의 교사들이더라도 매큔씨의 동의 없이는 데려갈 수 없다고 항의했으나, 항의는 받아들여지지 않았습니다. 매큔씨와 의사 샤록스는 서울과 연락을 취하면서 일이 진행하는 것을 지연시키려 애썼으나 어떠한 양해도 얻어내지 못했습니다. 학생들의 통상적인 모임을 위한 표시로 종이 울렸고 모두 모였을 때 매큔씨 자신이, 모든 교사들과 많은 소년들이 가야만 한다고 말했습니다. 그들이 마지막으로 함께 한 두 가지 기도를 하고 나서, 경찰은 지목한 학생들을 뽑아냈고 그들은 방에 들르는 것도 허용되지 않은 채 모두 끌려 나갔습니다. 그 날 이후 그들은 다시 한 번 찾아와서 초등학교에서 교사 한 명과 두 명의 학생을 더 데려갔고, 두 명의 졸업생들을 그들이 가르치는 인근 학교에서 데려갔습니다. 그들 모두는 서울에 있는 난방도 없고 음식도 부족한 헛간보다 조금 더 큰 건물 안에 감금되었습니다. 위

---

8) 신성학교이다. 휴 오닐 주니어를 기념하기 위한 헌금으로 재정 운영이 가능해져 영문으로는 이렇게 표기해왔다.

트모어씨는 서울로 그들을 따라갔고, (매큔씨는 학교를 떠날 수 없었고 닥터 샤록스는 그가 주의를 기울여야 할 환자가 몇 명 있었습니다) 영사와 회의 끝에 위트모어씨는 우리의 치외법권적 권리를 불러 올 그 어떤 항의도 하지 않기로 결정했습니다.(분명한 것은 우리에게 아무 것도 없었다는 것입니다).

대신 그는 일본 관리들에게 가능하다면 조사가 속히 진행되도록, 그리고 음식들을 사람들에게 보낼 수 있게 허락해 달라고 부탁했습니다. 그가 들을 수 있었던 것은 체포 후 24시간 안에 조사를 받도록 되어 있는 일본법은 일본인에게만 적용되고 한국인에게는 아니라는 것이었습니다. 음식의 공급에 대해서는 허가가 주어졌습니다. 서울에서 치료를 받고 있던 대구의 닥터 존슨은 음식을 보내면서 필요한 관리 감독을 매우 친절하게 해 주었고, 매일 한 끼의 식사가 감옥 식사의 보충으로 날라졌습니다. 닥터 존슨은 또 남자들에게 따뜻한 옷을 보내는 것도 맡아주셨습니다. 옷은 집에서 보내오거나 나머지 학생들로부터 제공되어서 보내졌고, 그래서 각각의 소년과 교사는 푹신한 옷을 전달 받았습니다. 간부위원회 모임을 위해 안동으로 가는 길에 닥터 샤록스는 남자들을 면회할 허가를 받았고, 약간 창백해 보이는 몇 명을 제외하고는 다들 괜찮아 보인다고 알려 주었습니다. 한 사람이 없었는데, 그는 조사를 받기 위해 다른 감옥에 가 있다는 말을 들었습니다. 당연히 모든 면회는 경관과 통역자의 입회 아래서 행해졌기 때문에 그는 전체 상황에 대해 아주 조금만 알아낼 수 있었습니다. 성경책은 안에 넣을 수 있었고 소년들은 성경을 즐겨 읽었습니다.

이러한 대체적인 대격변의 이유에 대해 우리는 신문 보도 이상의 그 무엇도 아는 바가 없습니다. 일본의 한 신문은 총독이 안동에 있을 때 그를 암살하려는 계획을 포함한 음모론을 보도했습니다. 최근 증거가 발각되었고 "많은 외국인 선교사들이 살고 있는 선천에서" 여러 명이 체포되었다고 했습니다. 또 다른 보도에 의하면, 소년들이 정치적인 목적으로 기금을 모으고 있었는데, 이는 한 사람을 만주에 보내 그곳의 한국인 난민들을 군사 훈련 시킬 학교를 세워 그들이 조국에 와서 싸우게 할 수 있도록 하려 한다는 것이었습니다. 첫 번째 보도에 대해 우리는 어쨌든 그것을 믿거나 설명할 수 없습니다. 두 번째는 소년들 사이에 있었던 전도활동이 와전된 것으로 이것은 그들 중 몇몇이 큰 희생을 한 것인데, 기금을 모아 전도사를 보내려는 것이었습니다. 작년에 그들의 전도는 남한의 대구와 안동 지역에 그 노력의 뿌리를 내렸습니다. 올 해 교회 전도회는 전도사를 만주에 보내어 대체로 교회에서 지원을 받는 그 곳의 목사를 돕도록 할 것을 제안했습니다. 소년들은 그러한 사람을 지원할 책임을 지는데- 아직 그가 보내진 것은 아니었지만- 동의했습니다.

사람들이 잡혀간 데는 이유가 없어 보입니다. 교사들은 과거에 국민정신이 부족하다고 비난받은 적이 있습니다. 그들은 이곳 선천 교회의 지도자들입니다: 한 명은 평양의 신학대학에 일 년간 다녔고, 한 명은 집사, 두 명은 이 곳 교회의 지도자들이고, 한 명은 평양 중앙교회의 길목사의 아들이었습니다. 그들 중 네 명은 평양 숭실중학 졸업생들이며 그 중 하나는 대학과정도 마친 상태였습니다. 그들은 누구나 원할 만큼 좋은 사람들이었고, 매큔씨는 종종 온당하고도 조용한 방식으로 그들이 정치적인 사건을 보는 방식과 나랏일에 대한 학생들의 생각에 그들이 영향을 미치는 방식에 대해 언급하곤 했습니다. 그들은 관리들이 제시한 사소한 규칙들을 지키는 데 있어서와, 정부에서 금지하는 모든 책들을 없애는데 항상 매큔씨를 조심스럽게 도왔는데, 이것은 항상 쉬운 일은 아니었습니다.

소년들을 마구잡이로 잡아간 것 같습니다. 전도가 유망하고 사랑할 수 있는 나라가 있었다면 아마도 애국심이 있었을 소년들이 있습니다. 이러한 일로 고발당할 만한 그 누구도 여기에는 없습니다. 한 명은 집이 전혀 없는 불쌍한 절름발이이고, 두셋은 어린 친구들에 불과했습니다. 교사들이 아주 조심스럽게 지켜보아서 소년들 사이에 정치적인 조직과 같은 것은 전혀 없었고, 이런 특정한 소년들의 조합도 있을 수 없었던 것이 확실합니다.

박사님께서는 일본인들의 지위와 그들이 우리 학교를 지켜보며 갖고 있던 의심에 대해 가히 상상해 보실 수 있을 겁니다. 그들은 만일 무언가가 숨겨져 있지 않다면, 총명하고 똑똑한 한국인들이 행복하고 만족한 삶을 살고 있다는 것을 믿을 수가 없었던 것입니다. 그들은 소년들이 보여주는 힘의 근원을 알지 못하고 학생들이 그들의 학업에서 기쁨과 만족을 찾는 것으로 잘못 판단했던 것입니다. 학교에서의 활기는 확실히 좋았기 때문에 매큔씨는 학생들의 애교심을 고무하고 그들의 학업에 즐거움을 더하는 데 모든 방법을 동원했습니다.

도쿄에 계신 클로드 맥도널드 경 영국 대사께서는 작년 겨울 이곳을 지나시며 기차 위에서 그를 맞이하는 신성학교와 초등학교 소년들을 보시고, 이런 훌륭한 젊은 남성들과 소년들의 모임을 본 데 대해 크게 기뻐하셨습니다. 키치너 경 또한 지나실 때 이 무리들을 보고 매큔씨에게 이것이 한국을 돕는 길이며 유일한 길이라고 말씀하셨습니다. 한국인 프린스턴 졸업생인 리 목사는 로버츠씨를 만나 이것은 그가 한국에 돌아온 이래 그가 본 그 무엇보다도 미국의 대학을 더 상기시킨다고 말했습니다. 일본인 관리들 또한 여기에 있을 때 칭찬을 아끼지 않았습니다.

교사들이 잡혀간 직후 총독이 압록강을 가로 지르는 철교의 준공식에 참석하러 이곳을 지나갔습니다. 매큔씨는 이곳의 치안 판사를 방문하여 총독이 이 학교의 일을 검토할 기회가 없겠는지 요청하였고, 그래서 총독이 서울에 가는 길에 그들이 기차에서 그를 만날 수 있게끔 되었습니다. 밑에서 모두를 불렀고 그를 맞아들이기 위해 플랫폼 위에 줄을 서게 되었습니다. 기차가 들어오기 전에 모든 소년들이 조사를 받았습니다. 그들은 몇 개의 주머니칼 외에는 아무 것도 찾지 못했으나 그것들도 모두 몰수당했습니다. 잭나이프를 가진 작은 소년은 어떠한 상황에서는 위험한 존재로 생각될 수도 있겠으나, 군인 경호원들에게 둘러싸인 총독에게 대해서는 그 누구도 그렇게 생각하지 않습니다! 6살도 넘지 않은 두 아이는 학교에서 역으로 가는 동안 행진을 따라잡지 못해 다른 학생들이 플랫폼에 도착한 후 숨이 차서 도착했습니다. 그들이 몸수색을 마치기 전까지는 정문을 통과하는 것이 허락되지 않았고 작은 연필 칼들은 모두 압수당했습니다.

골칫거리는 이 지역 하나만의 문제는 아니었습니다. 로버츠씨의 관할인 정주에서 임명된 두 명의 한국인 목사들은 구금되었고 많은 교회 지도자들도 마찬가지였습니다. 작년 여름에 이곳에서 막 졸업한 인근의 한 학교 교사는 고문을 받은 후 실성하고 말았습니다. 그는 고문 끝에 그가 숨겼다고 말한 피스톨의 소재를 보이기 위해 서울에서부터 다시 끌려왔습니다. 그의 친구들은 그가 피스톨을 소유한 적이 없다고 확신했고 돌아온 후에도 그는 한 개도 찾지 못했습니다. 그들은 그의 말에 따라 강둑을 따라 이곳저곳을 파헤쳤고, 마침내 그는 그들을 큰 바위로 데리고 가서 이제 기억이 나는데 바위를 쪼개어 열면 그 안에 피스톨이 있을 것이라고 말했습니다. 그는 그 누구도, 심지어 그 어머니마저도 알아보지 못했습니다. 그는 서울로 다시 이송되어서 의심할 바 없이 더 고통을 받게 되었습니다. 그들이 썼던 고문은 끔찍한 것이었습니다! 엘리스씨는 대륙(Continent) 최근호의 기사에서 정확하게 짚어냈습니다. 총독은 부인할지 모르나 한국인들은 고문이 행해졌다는 것을 알아야 할 이유가 있습니다. 우리 집에서 지내며 우리의 형제처럼 사랑받던 이들이 서울에서 죄를 저지른 것도 아니고, 단지 '조사'를 받는 중에 고통을 받는다는 것은 생각하는 것만으로도 가슴 아픈 일입니다.

우리 학교도 이제 큰 문제를 안고 있습니다. 신성학교는 하루도 문을 닫지 않았고, 하급 학교도 마찬가지였습니다. 교사 한 명은 보성여학교에서 빌려왔는데 그는 그들의 중국인 교사였습니다. 두 졸업생은 그들이 가르치던 하급학교에서 불려왔고, 신성학교상급생들은 그들의 자리를 채우러 보내졌습니다. 다른 상급생들은 하급반에서 가르치게 되었습니다. 로버츠씨와 로스씨는 마을에 있을 때 도움을 주었습니다. 그나마도 이 일은 학기 말이 다 되어 일어났고 천우신조로 매큔씨는 모든 교사들이 시험과 문제들을 일찌감치 준비하고 그것을 그에게 제출하도록 했었습니다. 그래서 시험은 거의 혼란이 없이 시행되었습니다. 새로운 학기가 시작되어 한동안 본부는 로스씨의 지역 일이 진행되게끔 해놓고 그가 여기에 머물며 도와주도록 조정해 주었고, 평양에서는 우리의 도움 요청에 답하여 3주간 능력이 뛰어난 한 사람을 보내주었습니다. 우리는 매일 매일 교사들이 다시 우리에게 돌아오기만을 바랐으나, 평양에서 온 이 새로운 교사는 그들이 돌아오더라도 다시 가르치는 것은 금지당할 것이라는 것을 우리에게 환기시켜주었습니다. 법에 의하면 '전과자'를 교사로 채용하는 것은 금지되어 있으며 무죄이거나 유죄이거나 간에, 체포된 사람들은 "전과자" 로 간주되는 것 같습니다.

믿을 만한 출처의 소식에 의하면 내년 3월까지는 그 어떤 수감자도 풀려나지 못한다고 합니다. 이 둘이 연관이 있는지 없는지 우리는 알 수 없으나 그때 즈음에는 우리의 조약상의 권리는 끝이 나게 됩니다. 이후의 소식에 의하면 모두 185명의 수감자들이 선천 한 곳에서만 옮겨지게 되는데, 그들 중 우리의 교회지도자와 학당에서 대부분의 학생들이 포함되어 있다는 것입니다. 한국인들은 이것이 특별히 그 학교와 관련되어 있는 교회에 대한 박해라고 느끼고 있습니다. 우리는 한국인들에 대한 미국인들의 관계에 대해서 일본인들이 탐탁하게 여기지 않고 있으며, 일본인들이 교회에 대해, 그리고 교회가 사람들을 장악하는 데 대해서 확실히 의심을 품고 있다고 느껴왔습니다. 다음 일이 어떻게 되는 것이 가장 좋은 것인지 우리는 알 수 없으나, 매일 매일 우리는 인도를 구하고 있습니다. 매큔씨는 이렇게 말썽 많은 시기에, 지금은 이렇게 한국인의 도움을 받을 수도 없는 상태에서, 모든 면에서 그들을 감시하는 스파이들이 있는 곳에서 130여 명의 학생들을 관리하며 또 매일 가르치는 힘든 스케줄을 감당해 낼 수 없었습니다. 그는 이즈음 밤마다 "한밤중까지 일하는 것"을 멈출 수 없었습니다. 이와 함께 한국인들에게 가장 좋은 것이 무엇인가에 대한 질문이 지속되었습니다. 우리가 감옥에 있는 이들을 도우려 하면 누군가는 우리가 그들을 더 어렵게 만들 뿐이라 했습니다. 오늘 우리의 선생님들 중 하나가 매큔씨에게 이렇게 말했습니다. "저, 목사님, 만일 내가 감옥에 가게 된다면, 하실 수 있다면 저에게 와주세요. 그것이 어떻게 되던 간에 나는 당신을 보고 싶어요." 학교를 지속하거나 아니거나 간에 의견을 세우기란 쉽지 않습니다. 고향 사람들 중 많은 이들은 소년들을 일터에서 계속 만족스럽게 일하게끔 데리고 있는 데 어려움을 겪고 있습니다. 당연하게도 그들은 소년들을 걱정하고 있습니다.

나는 이 편지를 매큔씨를 대신하여 썼는데, 그는 박사님께 세부적인 것까지 상세하게 알려드려야 하며, 어떤 길이든지 우리가 자리 잡고 앉아서 편지를 쓸 수 있는 시간은 결코 오지 않을 것 같다고 느끼고 있습니다. 이 편지는 우리의 대화와 또 하루 종일 우리가 생각하는 바를 주제로 쓴 것이기 때문에, 그가 불러주는 말에 따라 쓴 것이 아니라도 이 편지는 실제로 그에게서 온 것이라는 것을 말씀드리고 싶습니다.

온 학교가 걱정에 휩싸인 가운데 우리 아이들 중 두 명이 디프테리아에 걸리게 되었고, 병에 안 걸린 세 번째 아이는 단독에 걸려서 그 가을은 우리 가정으로서도 시험을 받는 한 해가 되었습니다. 만일 우리 아들들과 교사들만 되돌아왔었다면 우리는 모든 것들을 잊고 새로운 희망과 믿음을 가지고 시작할 수 있을 것입니다. 우리는 심지어 아직까지도 우리가 그들을 되찾을 수 있을 거라 희망하고 있습니다. 매큔씨는 그의 믿을만하고도 충실함이 넘치는 비서가 없는 상태에서 한국에 관련된 일들을 처리 하면서 혼란을 겪고 있습니다. 어린이들은 그들이 알고 있는 어떤 이와 또 다른 이가 어디에 있는지 또 어디 가버렸는지 대해 물어보곤 합니다. 우리는 그들이 무사히 우리에게 돌아올 것을 간구했고 또 하나님의 뜻이 이루어질 것과 그의 선한 목적이 이루어질 것을 간구했습니다.

헬렌 매카피 매큔

1-1. 친애하는 오 닐 여사께

이 소년들과 그들의 재판에 관해 지극한 관심을 가져주시는 부인께도 선교본부의 비서이신 브라운 박사님께 보낸 편지의 사본을 보내드립니다. 이 소년들이 증언을 하는 중에 담대함을 유지할 수 있도록 특별히 기도해 주세요.

헬렌 매큔

[첨부: 필기체 탈초] Dear Mrs. O'Neill:-[9)]

Since you are so vitally interested in these boys and their trials I am sending you a copy of the letter sent to Dr. Brown, Secy[abbreviation for Secretary] of the Board. Please pray especially that the boys be strong in their testimonies.

Yours sincerely,
Helen McCune

9) 편지 1-1, 2, 3 의 원자료는 필기체로 쓴 손 편지로서 독해가 매우 난해하기 때문에, 향후 연구자료로서의 활용도를 높이기 위해 이를 활자로 타이핑해서 첨부한다.

2. 친애하는 브라운 박사님께(1913. 5. 4.)

젊은 기혼 여성들을 위한 여성학교에 대한 우리의 두 개의 작은 전단지를 동봉합니다. 당신이 우리가 학교와 관련해서 어떤 일을 하려고 노력하는지 보고 싶을 것이라 생각되기 때문입니다. 램프 부인은 여성들을 돕는 일에 많은 능력과 힘을 발휘했습니다. 우리는 매우 작게 출발했지만 점차 성장해서 올해에는 소녀들이 자조 수단으로 만든 750의 엔에 달하는 자수품을 미국에 보내게 (아니면 여기에서 판매하거나) 되었습니다. 우리는 우리가 입학시킬 수 있는 이상의 지원서를 받았습니다. 이 해의 등록 인원은 42명에 달했고 그들 거의 모두가 비용을 대기 위해 일해 왔습니다. 우리는 30명의 여성들에게 책임지고 일을 주는 모험을 하기로 결정했고 어떤 때에는 그 숫자에 다다라서 사람들을 돌려보내야만 했습니다.

나는 또한 학교와 교사들의 스냅 사진을 동봉합니다. 이것은 몇 명이 이미 방학 때문에 떠난 후에 찍은 것입니다. 교사들은 뒤에 있습니다. 매큔 씨 옆에 있는 젊은 여성은 우리 보성여학교 졸업생으로 젊은여성학교(Young Woman's School)의 수석 교사입니다. 그 옆에 있는 사람은 그녀를 도와주고 있는 분입니다. 그 옆은 신성학교와 기숙사에서 일하는 수간호사로, 내가 가르치는 것을 그만두어야만 했을 때 친절하게 나의 성경수업을 맡아주었습니다. 마지막은 젊은 여성들의 기숙사에서 살면서 나를 위해 일을 보아 준 아마입니다. 신성학교 교사 하나와 초등학교 교사 한 명이 한 시간씩 중국어를 가르쳤습니다. 중간 줄에 여덟 명은 올 해의 우리 졸업생이고 그들 중 몇 명은 장래의 공부를 위해 보성여학교에 들어갑니다. 한 달 된 우리의 작은 아들 새넌이 안부를 전합니다. 이 아이는 순금처럼 귀한 착한 아이여서 우리를 기쁘게 하므로 우리 아기들의 모습을 아이오와의 친구들에게 보여

주길 고대합니다. 다른 아이들은 너무 커버려서 더 이상 아기라고 부르기는 어려울 것 같습니다.

헬렌 매카피 매큔

[첨부: 필기체 탈초]May 4th, 1913

Dear Dr. Brown:-

I am enclosing two of our little leaflets about our School for Young Married Women thinking you would like to see what we are trying to do in connection with our school. Mrs. Lompe [?] has used lots of ability and strength in behalf of the young women. We started very small but gradually we have increased until this year we have sent to America (or sold here) about Yen 750 worth of embroidery which the girls have done by way of supporting themselves. We have far more applications than we can admit. The enrollment in the school this year has run to 42 nearly all of whom have worked to pay expenses. We decided that we would risk the responsibility of providing work for 30 women and at times we have run up to our number and so had to turn away others.

I am enclosing also a snap shot of the school and teachers. It was taken after a few had already left for vacation. The teachers are in the back. The young woman next Mr.McCune is one ofour Academy graduates who is head teacher in our Young Woman's school. The next is one who helps her some. Next is the matron of the Acad. [abbreviation for Academic] Dorm. [abbreviation for Dormitory] who kindly took my Bible Class for me when I have to lay down teaching and last is our Amah[?] whom I have live in the Young Women's Dorm.and look after things for me. The men each teach an hour's Chinese one being an Acad. Teacher and one a Primary teacher. The eight students in the middle row are our graduates this year, sum[spelling error for some?] of whom are entering the Girls' Acad. for future study.

Our small boy, Shannon, who is a month old at presentsends his greetings. He is a fine boy, good as gold and we are looking forward with pleasure to showing our Iowa friends what our babies are like, the rest are too grown up to call them babies any more.

I am yours sincerely,

Helen McAfee McCune

3. 브라운 박사님께(1916. 2. 17.)

저에게 선교본부 사무실에 있는 기록에서 주소를 알려 주셔서 이 편지를 J.N.밀 부인에게 전달할 수 있을런지요? 밀 박사 내외분은 몇 년 전 우리와 함께 있었으나 추후 그 주소를 받지 못하여 그녀와 연락을 유지할 수 없었습니다. 그가 외국 선교에 관해서 많이 이야기 했던 것으로 보아 그의 주소를 박사님의 사무실에서 찾을 수 있을 것이라는 생각이 막 들었습니다. 누군가가 이것을 그녀에게 전달해 줄 수 있다면 매우 감사하겠습니다. 나는 미국 우표를 가지고 있지 않아서 아, 갖고 있습니다 그래서 이 편지는 우편으로 보내질 준비가 되었습니다. 편지를 봉하지 않았으므로 박사님께서 읽을 시간이 있으시다면, 읽어 주시기 바랍니다. 남성을 위한 우리의 사경회는 이 주에는 열지 않았습니다. 매우 큰 규모로 등록인원은 거의 1300명에 달하고 뱃지를 사서 등록을 마치지 않은 인원들까지 센다면 등록은 그 숫자를 넘어서게 됩니다. 모든 목사들은 이것이 정말 좋은 수업이라고 느끼고 있습니다.

재령에서 온 커씨가 외국인으로서는 유일한 조력자였고 20명 이상의 한국인 목사들이 가르쳤습니다. 매일 세 번의 수업시간에 공부하는 15개의 분과가 있어 매일 45개의 수업을 가르치고 그래서 많은 교사들이 필요합니다. 이 후에는 장로회 모임이 있어서 이전 두 주는 무척 힘들었습니다. 매큔씨는 잠자는 것을 거의 잊어버릴 정도였습니다. 정규적인 학교 일 외에도 그는 수업시간에 가르쳤고 그의 나라에서 온 사람들과 함께 모든 종류의 회의와 모임을 가졌습니다. 우리는 여러 회에 걸쳐 21명의 목사들과 저녁을 같이 했고 시골에서 온 80명과 오후에 교제를 가지며 전반적으로 바쁘게 지냈습니다.

샤록스씨와 위트모어씨는 레이키에씨와 함께 우리의 보성여학교에 관련하여 서울로 회의에 참석하러 갔습니다. 우리는 이것이 소용없는 일이 될까 두렵습니다. 감리교인들은 서울의 그들의 신성학교에 있어서의 논점을 양보하고 해리스 감독 주최로 일본 교육부 관료들을 초대하여 커다란 축하를 벌였습니다. 그들의 학교는 이제부터 '비종교적'이 될 것이라고 서울의 신문은 보도하고 있습니다. 비종교적인 선교 학교는 무언가 괴상한 종류의 것입니다.

우리는 모두 잘 지내며 피해를 입지 않도록 조심하고 있습니다.

밀 부인의 주소를 알려주시면 정말 감사하겠습니다.

헬렌 매카피 매큔

[첨부: 필기체 탈초]

Feb 17th, 1916

My dear Dr. Brown:-

May I ask you to supply the necessary address from Board Room records and send this letter on to Mrs. J.N. Mills?

Dr. and Mrs. Mills were with us a few years ago but of late I have not had her address and so have not been able to keep in touch with her. It have just occurred to me that since he has been speaking so much on Foreign missions that their address is probably available there in your office. I shall be very grateful ifsome one can forward this to her. I have no American stamps yes I have so am sending the letter ready for mailing. I leave it unsealed if you have time to read it please do so. Our General Bible Class for men has closed this week. It was very large the enrollment running nearly to 1300, counting those who did not enroll themselves by buying badges the attendance run beyond that number. All the pastors feel that it was a splendid class. Mr. Kerr from Chai Ryungwas the only foreign help. Overtwentyof the Roman pastors taught. Fifteen divisions studying three periods daily gave 45 daily classes to be taught so it required many teachers. It was followed by a meeting of Presbytery so the past two weeks have been strenuous. Mr. McCune has nearly forgot how to sleep! In addition to his regular school work he has taught in the class and had all sorts of conferences and meeting with men from his country groups. We have had twenty one of the pastors in to dine at various timesand 80 from the country in for an afternoon socially so it has been busy all around.

Dr. Sharrocks and Mr. Whitemore have gone to Seoul for a conference with Mr. Reikiye[?] concerning our Girls' Acad. We fear it will be useless. The Methodists have yielded the point in their Boys Academy in Seoul and have had a big celebration with Bishop Harris as host and Japanese Educational officials as guests. They will hereafter be "non-religious" so the Seoul Press says. A non-religious missionary school is a queer species.

We are all well and trying to keep out of mischief.

With Many thanks if you shall be able to supply this address.

I am yours,

Helen McAfee McCune

4. 닥터 샤록스의 죽음에 관련한 결의문

닥터 샤록스의 삶을 어떻게 한 마디 말로 특징 지울 수 있겠는가? 그것이 과장된 말이라고 한다면 그 의미는 훨씬 더 과장되어져야 한다. 그것은 '합목적성'이라는 말로 표현된다. 그 의사는 분명히 그의 사업을 계획하고 그 계획을 실천했던 선교사였다. 난관은 그를 기죽게 할 수 없었다. 그는 결코 방랑자가 아니었다. 죽은 물고기는 아래로 떠내려 간다. 물이 흐르는 추세이기 때문이다. 오직 인생의 주인만이 흐름을 거슬러 헤쳐나 갈 수 있다. 그의 인성에 감화되지 않고서는 누구도 그러한 인격과 만날 수 없을 것이다. 만약 "삶은 가치 있는 것인가?"라는 질문이 바로 앞에 있다면 그 즉시 확실히 "그렇다"는 대답'이 뒤따를 것이다. 목적과 의무는 때때로 사람들에게 있어서 흔쾌하게 받아들여지지 않을 수 있지만 닥터 샤록스에게서는 그런 것이 없었다. 의무는 기쁨의 일부가 되었다. 그는 "할 수 있는 최선을 다할 때까지는 누구도 그의 의무를 다 한 것이 아니다"라는 정신으로 진리의 길을 살아냈다. 그러나 그는 또한 사랑이라는 요소가 그 최선을 다하는 것에 필수불가결한 것임을 알고 있었다.

그의 동료 선교사들에게 묻는다, 그의 삶은 가치가 있는 것이었는가? 수천명의 환자들에게 물어본다, 그의 삶은 가치가 있는 것이었는가? '사락수(謝樂秀 샤록스)'를 알았던 한국의 대중들에게 묻는다, 그의 삶은 가치가 있는 것이었는가? 그리고 모든 이의 의견은 모두 하나로 모아졌다.

두 번의 크리스마스 날에, 두 사람이 우리 선천지역 그룹을 떠나 하늘나라로 갔다. 1901년 크리스마스 날, 한 해 남짓한 사역을 하고 나서 조지 렉 목사님은 주가 계시는 곳에서 더 높은 일을 하기 위해 천국으로 갔다. 18년 뒤

1919년 크리스마스 날에도 닥터 알프레드 M. 샤록스가 순례자의 옷을 벗고 우리 주님이신 왕의 정의의 예복으로 갈아 입게 되었다.

그가 가 버린 것에 대해 준비가 되어있는 사람은 우리들 속에서 거의 없었다. 그것은 말하자면 한밤중에 배 위에서 한 사람에서 다른 사람으로 넘어가는 것과 같은 것이었다. 무서운 질병을 겪어 오랫동안 자리를 비운 뒤에 사무엘양이 한국으로 돌아오고 있었고, 샤록스 일가는 미국으로 돌아가는 여행 중에 있었다. 우리 몇 명 안되는 의사들이 각자 조용히 무엇을 생각하고 있든, 우리들 대다수는 그가 돌아오리라고 생각하고 있었다.

그의 죽음을 알리는 전보가 실제로 도착해서야 우리는 새삼 '하나님의 생각은 우리들의 생각이 아니며, 그의 길은 우리의 길이 아니라는 것'(이사야 55:8)을 깨달았다. 변화된 환경조건에 우리의 정신적 태도를 조절하는 것은 어려운 일이었다. 불평 없이 우리는 그것들을 받아들였지만, 생각지 않았던 일들이 사실이 되었고, 우리는 하나님의 생각과 부여하신 임무에 우리의 마음을 조절할 수 있도록 주께 기도드렸다.

닥터 샤록스는 캘리포니아주 출신으로, 그의 고향은 샌프란시스코였다. 어려서 일찍 하나님은 그를 발견하셨고 그도 하나님을 발견했다. 그의 봉사에 대한 명철하고 전문적인 탐구는 미주리 주의 파크 대학(Park College)과 샌프란시스코에 있는 쿠퍼 의학대학(Cooper Medical College)에서 획득한 것이다. 이 두 과정에서 지속된 그의 영적인 자질은 육적인 면에 있어서도 결코 그치지 않았다.

1899년 그는 메리 S. 에임스 양과 결혼했고, 석사학위를 취득했으며 나아가 외국인 선교사로서 한국어로 일을 시작하게 되었다. 선천에 오기 전에 샤록스 부부는 2년 동안 한국인들과 친분을 쌓으며 서울과 평양의 더 오래된 지부에서 일을 했다.

1901년, 노먼 C. 위트모어와 연합해서 선천지부가 문을 열었다. 그 당시 누구도 향후 18년 동안 이 북부 지부가 하나님의 축복을 받을 것이라는 것을 예언할 수 없었다. 그것은 그의 동료들 속에서 우리 의사선생님에게 속한 것을 온전히 나눔으로써 그렇게 된 것이다.

알프레드 M. 샤록스는 선교사로서 훌륭하게 조화를 이루어냈다. 그를 단지 능숙한 내과 외과 의사로만 간주하는 것은 그를 부당하게 대하는 것이다. 그를 의료선교사 또는 선교의사로 불러야 하는데, 더 중요한 것은 그가 뛰어난 선교사였다는 것이다. 그는 자신이 의사가 되기로 마음먹기 전에 선교사가 되기로 결심했다. 알프레드 샤록스가 자신을 가장 잘 이해한 바에 따르면, 사실상 그는 가능한 한 가장 훌륭한 선교사가 되기 위해 의사가 되기를 선택했다. 우리 사업의 어떤 의료 인력도 그와 같이 정확한 발음으로 자연스럽게 언어를 구사할 수 없었다.

그의 교육적 영향 역시 넓고 지속적인 것이었다. 그는 종사자들 가운데에서 믿음직하게 일을 수행하고 있는 몇몇 학생들에게 의학을 훈련시켰다. 그 사람들에게 그는 단지 의학만 가르친 것이 아니었다. 그의 학생들에 대한 그의 모든 영향은 기독교인의 것이었다. 그는 이 마을에서 지부의 보호 아래에 있는 학교에서 부지런한 일꾼이었을 뿐 아니라 그 지역의 도처에서 열리고 있는 교회학교에도 관심을 지녔다.

그는 교육위원회의 일원으로서 그의 시간을 아까와 하지 않았으며, 원만한 해결을 도출하기 위해 그가 도울 수 있는 많은 어려운 문제들에도 그의 시간을 아끼지 않았다.

실제적인 일을 다루는 사람으로서 그는 그의 장기를 지니고 있었다. 그는 대부분의 지부의 주택과 교회들, 학교건물을 건립하는 것을 지휘 감독했다. 지부의 주택들이 그 도로와 구불구불한 길, 수많은 그늘을 만들어주는 나무들, 과일이 주렁주렁 달린 과수원들과 어울려 그림같이 아름답게 보인다면, 그가 이 일들의 완성 작업을 한 것이었다.

지부의 설교자들은 시골에서 전도하느라고 집을 떠나 있을 때 그가 그들의 가족에게 꾸준히 지속적으로 도움을 주었음을 증언할 수 있다. 그는 외국인 선교사들이 건전한 판단과 도우려는 마음을 지닌 한 사람이 도움이 필요할 때 그들의 아내와 아이들을 돕고 있다는 확신을 가지고, 온전히 시골에서의 일에 집중할 수 있게 해 주었다. 이러한 점에서 볼 때, 순회설교가 가능하도록 좋은 환경을 만듦으로써 그 자신이 순회설교자와 거의 다름이 없었던 것이다.

한국에서 선교하는 내내 기금모금자로서 그가 닥터 언더우드와 위원회의 비서와 함께 돌아다닐 때 그는 유능한 일꾼이고 연설가였다. 성경을 배우는 학생으로서 그는 성실했으며, 교사로서 그는 말씀의 선교로 학생들의 믿음직스런 지인이었다. 한국인 목사가 그 책임을 맡을 자격을 갖출 때까지, 여러 해 동안 그는 주일학교의 교사로서 가르쳤다.

선교사로서 그는 자기 집에 외국인과 한국인 손님들을 자주 초청했다. 바쁜 사람이었음에도, 그는 그의 시간을 그가 초대한 사람들과 함께 하는 것 같았다.

의사로서 그는 주된 임무에 탁월했다. 그는 의무와 선택 모두에서 자유로 왔다. 초기에 외과 수술이 꼭 필요해서 초가지붕 집에서 수술을 시작했을 때, 그는 상당한 요통을 느끼며, 바닥에 누운 환자에게로 몸을 구부려 수술했는데 여러 해 동안 이렇게 힘든 노동을 했다. 처음에는 진료소가 없었고, 5년 전인 1915년까지는 병원도 없었다. 뒤에 외국인 간호사가 왔고, 이 해에 그가 오래 염원한 두 번째 외국인 의사가 왔다. 그래서 환자와 기도자의 노고는 마침내 보답을 받게 되었다.

지부 전역에 걸쳐 그는 의술로 명예를 얻었고 그의 우정으로 인해 사랑받았으며, 그의 인격은 높이 존경받았다. 위원회에서 보낸 편지에서 이 의료시설에 대해 언급한 것처럼, 샤록스의 기념물은 "샤록스병원"이라 불려야 했으리라. 그러나 그는 겸손해서 그의 이름을 쓰는 것을 허락하지 않았다.

닥터 샤록스의 진정한 기념물은 그가 도와주었던 사람들의 마음속에 있다.

이 땅에서 위대한 의사로 살았던 마흔 일곱 해의 아름다운 삶은 이제 역사 속으로 사라져 버렸다. 그러나 향기로운 기억은 그의 고귀한 동역자와 한국인들 사이에 사랑스럽게 지속될 것이다. 우리는 슬프지만 아무 희망이 없는 사람들처럼 그런 슬픔은 아니다. 왜냐하면 우리는 우리가 인간으로서 매우 성스러운 삶에 참여할 수 있는 많은 세월이 허락되기를 신께 기도하며 찬양하기 때문이다. 알프레드 샤록스가 행한 일은 위대했으며, 그 자신은 더 위대한 인물이었다. 그리하여 귀 위원회에 삼가 다음과 같은 결의를 제출한다.

그의 무한한 지혜와 사랑을 우리 하늘에 계신 아버지께서 잘 돌보시고, 우리의 '사랑받은 의사' 닥터 알프레드 M. 샤록스를 한국에서 20년간 신실하게 봉사하도록 한 후에, 그의 현존 앞에서 봉사하도록 부르셨다.

각오를 새롭게 하면서 우리는 지부의 동역자로서 우리의 깊은 사별의 고통과 상실감을 표현한다.

우리는 그의 인간으로서의 인격의 진가, 의사로서의 기술, 친구로서의 가치, 그리고 선교사로서의 유능함에 대해 높은 존경심을 기록으로 남긴다.

각오를 더욱 다지며, 샤록스 부인과 그 딸들 엘라, 마리온, 테오도라, 그리고 어린 아들 호라스에게 우리의 애정 어린 안부와 깊은 애도를 전한다.

이 복사본이 지부의 회의록에 기록되고 샤록스 부인과 미국의 이사회에 전해지길 바란다.

삼가 제출합니다.

헬렌 M. 매큔

스테이 L. 로버트

시릴 로스

부록

관련인물약전

부록: 관련인물 약전

김익두(金益斗1874-1950): 안악 출신의 목사이다. 16세 때 향시에 응시하였으나 낙방, 이후 상업에 종사하였으나 실패하였다. 1900년 봄에 스왈른(Swallen, W.L.) 선교사의 '영생'이라는 설교에 감동하여 기독교에 관심을 갖게 되어 1901년 1월에 스왈른 선교사으로부터 세례를 받았다. 재령교회 전도를 위해 헌신하라는 스왈렌의 지시를 받고 교회사역을 시작하였고, 이어 신천에 개척 전도사로 파송되었다. 1910년 평양장로회신학교를 졸업하여 목사가 되었고, 졸업 후 신천교회 위임목사가 되어 생애의 대부분을 그 곳에서 목회하였다. 그는 신비스런 능력을 보여 청중들이 많았다. 1919년 10월 강동(江東) 염파교회의 사경회에서 신유(神癒)의 능력을 보였고 많은 난치병을 고쳤다. 1920년 평양의 연합부흥집회에서 그의 설교를 듣고자 3천 명을 수용하는 장대현교회당이 좁을 정도로 대중이 몰려들었다. 1943년 일본경찰이 강제로 그를 연행하여 신사참배를 시키고 이를 선전 자료로 삼았다. 해방 후 1946년 11월에 북한은 기독교도연맹을 만들고 그를 총회장에 임명하였다. 1950년 10월 14일 신천교회에서 새벽 기도를 드리고 있을 때 난입한 공산군에 의하여 살해되었다.

가필드(James A. Garfield 1831-1881): 미국 제20대 대통령(1881년 3월 4일-9월 19일)이며, 취임 후 총상을 당하며 미국의 대통령 중에서 두 번째로 짧은 재임기간을 가졌다. 그는 로버트 엘리엇(재무부의 특별 대리인), 존 M. 랭스턴(아이티 주재 공사)와 블랜치 브루스(재무부에 등록) 같은 몇몇의 흑인들을 연방 고위직으로 임명하였다.

곽안련(Charles Allen Clark 郭安連 1878.5.14.~1961): 미네소타주에 있는 스프링 밸리(Spring Valley)에서 태어났다. 매코믹신학교를 졸업하고 1902년 9월 22일 선교사로 제물포에 도착했다. 그는 1906년 승동교회의 담임 등 목회의 길을 걸으며 150여 개의 교회를 개척하였고 1922년 평양신학교의 교수로 자리를 옮겼다. 그가 펴낸 책은 51권에 이른다. 그중 42권은 한국교회를 위한 것이고 그 가운데서 20여권은 『설교학』을 비롯한 실천신학 교재였다. 그 외에는 주석서와 성경연구에 필요한 책들이었다. 영문으로는 7권의 저서를 출간했는데 *First Fruits in Korea*, *Religions of Old Krorea* 등이 있다. 『한국선교사역에 네비우스 정책』 *The Nevius Plan for Mission Work in* Korea.1937 등 2 권의 책은 스페인어로 썼다. 또한 그는 『신학지남』의 주요 기고자였다. 그의 아들 알렌 D. 클라크(Allen D. Clark,)는 1908년 11월 6일 서울에서 출생, 미국 미네소타 대학과 프린스턴 신학교를 졸업하고, 1933년 8월 2일 부인 유지니아(Eugenia Roberts)와 함께 한국으로 돌아왔다. 1936년 청주로 옮겨 1940년까지 농촌 선교에 전념하다가 1941년 강제추방되었다가 1953년 11월에 다시 내한하여 1973년까지 청주에서 활동하였으며 또한 장신대 교수, 피어선성경학교교장과 대한성서공회 번역위원 등으로 헌신하였고, 1990년 미국에서 죽었다. 저서로는 *A History of the Church in Korea*(1972)가 있다.

군예빈(Edwin W. Koons 君芮彬) : 쿤스 선교사는 1903년 당시 24세의 나이로 한국에 파송되어 평양에 2년동안 있다가 그후 황해도 재령의 명신학교(明新學校)에서 교장으로 8년간 시무했다. 그 후 서울의 경신학교 교장으로 일했다. 쿤스는 경신학교 교장으로 있는 동안 미국으로부터 기금을 얻어서 대강당을 건축하고 학교부지를 확대하였으며 학교를 크게 발전시켰다. 그는 1917년부터 2년간 조선예수교선교회 회장으로 활동하였다. 부인은 윤산온과 함께 1905년 서울에 온 도날슨 선교사이다. 그는 신사참배 문제가 대두했을 때 수용적 입장을 취했지만 일본의 침략전쟁에는 격렬하게 대항했다.

길례태(Pillip Gillett, 길례태吉禮泰1874-1939): 1901년 황성YMCA 초대총무로 부임한 그는 재임기간 중 일제에 항거했던 민족주의자들을 도왔다. 1904

년 야구용품을 미국에 주문하여 YMCA에서 청년회원들에게 규칙과 기술을 가르치며 이를 보급했다. 그는 야구 뿐만 아니라 1907년 농구도 처음 보급한 것으로 알려졌다. 그는 또한 스케이트화와 복싱글러브를 국내에 처음 소개하기도 하였다. 그는 '105인 사건'의 진상을 낱낱이 기록한 보고서를 영국 에딘버러 국제기독교선교협의회에 발송했는데 이 일로 심각한 탄압을 받게 되었고, 1913년 중국 상해에서 열린 YMCA 지도자강습회에 참석했다가 한국에 돌아오지 못했고 중국에서 선교활동을 계속했다.

나부열(Stacy L. Roberts 羅富悅, 1881-1946): 미국 펜실베니아에서 출생해 1904년에 라피에르대학 문과를 졸업하고, 프린스톤 신학교에 진학해 1907년에 졸업했다. 이 해 미국 북장로회 선교사로 내한해 5년 동안 선천에서 선교활동을 하였다. 이때 선천에서 윤산온 선교사와 함께 동역하였다. 1913년부터 평양장로회신학교 교수로 봉직하다가 1924년에는 새뮤얼 마펫의 뒤를 이어 평양장로회신학교 2대 교장에 취임하여 1938년 신사참배 문제로 신학교가 폐교될 때까지 신학교육을 통해 한국교회의 지도자들을 배출하는데 공을 세웠다. 『신학지남』에 기고를 통하여 신학 발전에도 기여했다. 신사참배반대로 강제로 귀국 당하였고, 5년 후인 1946년에 소천하였다.

노해리(H. A. Rhodes 魯解理; 1875-1966): 펜실베니아주 이스트브룩(East Brook)에서 출생 1903년 그로부시티대학 졸업, 1903-1904 프린스톤신학교, 1904-1905 펜실베니아 웨스턴신학교, 1905-1906 프린스톤 신학교 졸업, 1906 에디쓰 브라운(Edith Brown)과 결혼, 이후 2년간 목회를 하다가 1908-1940 미국장로회 한국선교사로 일함. 그는 1908-1918년까지는 강계, 평양, 선천에서 활동하였고, 1918-1932에는 서울에 있는 연희전문에서 교수로 활동했다. 1933-1940 에는 서울에서 전도 문서 행정사역을 맡았는데 이 기간에 그는 한국선교회의 실행위원회의장(1937-1939), Korea

Mission Field의 편집장을 맡았다. 1934년에 *History of the Korea Mission: Vol I 1884-1934* 출간, 귀국 후 여러 교회에서 임시목사로 활동하다가 1951-1965 사이에 캘리포니아에 안착, 1965에 *History of the Korea Mission: Vol II 1935-1950* 출간하였다. 이 두권의 책은 그의 대표적 저술인데 1권은 『미국북장로교 한국선교사 Volume 1(1884-1934)』(연세대학교 출판부) 이름으로 최재건이 번역 출간하였다. 이밖에도 그는 한글로 한국의 기독교 역사를 저술하기도 하였다.

루미스(Henry Lomis, 1839-1920): 일본에 유학을 온 이수정을 만나서 그가 마가복음을 번역하도록 하였으며, 이수정이 번역한 마가복음은 1885년 4월 5일 언더우드와 아펜젤러가 처음 한국으로 가져왔다.

류소 (Lutz, D. N. 柳韶): 1921년 3월4일 미 북장로교 파송 선교사로 부인 (Lenove Harpster)과 함께 입국하여 농업전문 선교사로 활동하였다. 숭실전문 농과에서 농촌지도자 양성에 주력하였고 특히 벼농사 위주에서 낙농업 과일 채소 재배 등의 새로운 영농법을 가르쳤다. 그는 『농민생활』의 주요 기고가였다. 해방 후에는 대전 인근 회덕에서 기독교 연합봉사회의 농민학원운영에 참여하였다.

리처드 베어드 Richard Hamilton, Baird(1898-1995): 미북장로회 한국선교사로 한국명 배의취(裵義就)이다. 초대 선교사 베어드(W.M.Baird)의 3남으로 1898년 9월 1일 평양에서 태어나 부모 밑에서 자라다가 미국으로 건너가서 중고등학교와 대학을 다녔다. 큰 형은 윌리엄 마틴 베어드 주니어(배의림;裵義林 1897-1987)이다. 1923년 9월 8일 북장로교선교사로 부인 Golden Stockton Baird와 함께 내한하여 강계와 인근 산간벽지에서 순회전도를 하였고, 강계성경학교 교장으로 활동하였다. 1941년 다른 주한선교사들과 함께 귀국하였다가 이후 3년 간 콜롬비아에 선교하였다. 이때의 경험을 바탕으로 이 책의 뒷부분 부록에 있는 논문「네비우스 방법에 대한 몇 가지 견해」을 집필하였다. 1947-51년 미국에서 선교부 서기로 활동하였다. 1952-57년 남미의 여러 국가를 위한 선교회총무로 활동하였다. 1957년 다시 한국에 와서 미국북장로회 한국선교부 총무로 활동하였다. 1960년 마펫(Samuel Hugh Moffett 마삼락; 1916-2015)에게 인계하고 귀국하여 샌프란시스코 서부지역 총무로 취임하였다. 이후 오클랜드에 거주하며 한국유학생의 생활과 신앙지도를 하였다. 1968년 그는 부친의 전기 『베어드 프로파일』을 오클랜드에서 집필하였다. 1995년 로스 엔젤레스 두아르트(Duarte)에서 죽었다. 향년 96세.

마티어(Robert M. Mateer;1853-1921): 미국 북장로회 목사, 1881년 중국 산동 지역에 선교사로 파송되어 네비우스와 함께 거의 40년간 중국 선교 활동을 했다. 그는 네비우스방법 비판자 가운데 한 사람이다.

마포삼열(Samuel Austin Moffet, 馬布三悅 1864.1.25.-1939.10.24): 미국 인디애나주 매디슨 출생. 1884년 하노버대학, 1889년 매코믹 신학교를 졸업하였다. 1890년 내한한 다음 서울에서 활동하다가 1893년 이후에는 평양에서 선교활동에 종사하였다. 1901년 평양 장로회신학교를 설립하고, 초대 교장에 취임, 근대교육에 힘을 쏟았다. 1918-1928년은 숭실중학교와 숭실전문학교의 교장을 역임하고, 평안도에 많은 학교와 교회를 설립하였다. 1912년 '105인 사건'으로 한국의 애국지사들이 투옥되자, 매큔·에비슨 선교사 등과 함께 이 사건이 날조이며 비인도적 고문 등이 자행되고 있음을 데라우치 마사타케 총독에게 항의하고 본국의 장로회본부에 이를 알려 국제여론을 환기시켰다. 1936년 귀국, 1939년 미국에서 사망하였다. 슬하에 아들 다섯을 두었는데, 그 중 둘은 한국에서 선교사업에 종신하였다.

멘지스(Belle Menzies): 호주선교회 소속 여선교사이다. 그녀는 부산 경남지역에서 선교하였으며, 어학선생 심상현은 그녀가 처음 얻는 신자였다.

모의리(E.M. Mowry 牟義理): 미국 오하이오주(州) 출생이고 미국북장로회 선교사로 한국에 들어 왔다. 1919년 3·1운동 때는 마포삼열·윤산온 등 미국

선교사와 함께 시위대를 보호하였다. 숭실전문의 이학분야 교수로 봉직하다가 신사참배문제로 윤산온교장이 해임되자 1936년 제5대 숭실전문 교장으로 그 후임을 맡았다. 끝내 신사참배를 거부하였고, 항일투쟁을 전개하다 퇴교당한 학생들을 비밀리에 중국으로 유학시켜 학비를 부담하는 등 인재양성에 많은 노력을 기울였다. 또한 평양의 장대현교회에서 찬양대를 조직하는 등 한국에 서양음악을 보급하는 데도 크게 기여하였다. 1968년 건국훈장 독립장이 수여되었다.

모트(John R. Mott;1865.5.25-1955.1.31): 평신도 선교사로 무디의 영향을 받아서 학생자원운동(Student Volunteer Movement)을 시작했으며, 일본, 중국, 한국 등을 다니면서 선교에 헌신하였다. 그는 1885년부터 1915년까지 YMCA 국제위원회 서기를 하였고 에딘버러의 세계선교대회 조직위원의 한사람이었다.

무디(Dwight Lyman Moody; 1837.2.5.-1899.12.22.): 미국의 부흥 설교가. 매사추세츠 주 노드필드에서 출생. 4살에 부친을 잃고 가난한 생활 속에 교회에 열심히 출석하였고, 이 무렵 신앙적 감동을 체험하였다. 초등학교를 졸업 후 보스톤에서 외삼촌의 구두방 가게에서 일하다가 시카고로 거처를 옮겨 구두 외판으로 큰 성공을 거두었다. 그러는 중에도 주일학교 교사와 교장으로 어린이 선교 사역에 헌신하다가 시카고에서 기독청년연합회에 적극적으로 참여했고, 구두 판매업을 중단하고 본격적으로 부흥사의 길로 나섰다. 이후 무디는 찬송가작가이자 성악가인 이라 데이비드 생키를 대동하고 전도집회를 하였는데, 단순하고 간결하면서도 힘 있는 무디의 메시지와 영혼을 울리는 듯한 생키의 찬송이 많은 사람들에게 감동을 주었다. 그는 칼빈주의 신조를 근간으로 성경을 문자적으로 이해하며 예화를 적절하게 잘 사용하였다.

방거(D.A. Bunker 방거房巨): 1853년 미국에서 출생, 1883년 오벌린 대학을 졸업하고 유니온 신학교에서 신학을 전공했다. 벙커는 '육영공원'의 초빙

교사로 발탁되어 한국에 왔다. 1882년 조미조약이 체결된 이후 근대 교육을 위하여 미국에서 선발하여 초빙한 교사가 벙커, 헐버트, 길모어인데 그들은 1886년 7월4일 우리나라에 도착했다. '육영공원'은 최초의 관립 근대 교육기관으로 1896년 폐교될 때까지 벙커는 그곳에서 9년간 영어교사로 지냈다. 육영공원이 폐교된 이후 이들은 모두 선교활동에 적극 종사하였는데, 벙커는 이후 배재학당 교사가 되고 학감이 되었다. 그는 정치적 개혁을 위한 운동가들이 한성감옥에 수감되자 동료 선교사들과 함께 그들을 비롯한 죄수들의 처우 개선, 야만적인 고문 제도 폐지 건의는 물론 감옥에 많은 량의 도서를 제공하였고 그 결과 이상재, 이원긍, 김정식, 유성준, 안국선 등이 감옥 안에서 독서를 통하여 기독교를 이해하고 신앙을 갖게 되었다. 그는 1926년 7월4일 75세의 나이로 은퇴하여 미국으로 돌아갔다가 1932년 11월26일 샌디에이고에서 죽었다. 양화진에 부부의 묘가 있다.

방기창(方基昌 1851-1911): 한국 장로교 최초 7인 목사 중의 한 사람이다. 황해도 신천군 어로면 도촌 출생. 그는 본래 천도교 황해도 접주 및 오읍 도령장인이 되었으나, 마펫 선교사의 전도로 1893년 기독교인이 되었다. 그 후 마펫 선교사가 설립한 평양 널다리골(장대현)교회의 교인이 되었고, 숭인학교(崇仁學校)의 교사가 되었다. 1898년 장대현교회 제1대 장로로 선임되었다가, 1901년 평양장로회신학교의 최초의 학생이 되었다. 1907년 제1회 예수교장로회 노회에서 7명의 졸업생 중 한 사람으로 목사안수를 받고, 평안도의 교회를 관할하였으며, 1908년 독노회의 전도위원이 되어 황해도지방의 전도활동에 종사하였다. 1911년 9월 신병으로 전도목사직을 사퇴, 그 해 10월 11일 용강에서 별세하였다.

방위량(William N. Blair 邦緯良 1876-1970): 미국 북장로교 선교사로 1901년에 한국에 왔다. 그는 평양과 안주에서 40여 년 동안 인근 교회를 순회 전도하였다. 1907년 장대현교회에서 1월 2일부터 22일까지 이길함(Graham

Lee), 길선주 장로 등과 함께 말씀을 전하며 회개와 부흥의 불씨를 일구어냈다. 3·1 운동 때는 평양지방에서 적극적으로 후원하였다. 한경직이 숭실전문학생시절 그의 비서노릇을 하였다. 1930년대 중후반에는 신사참배 거부운동의 주역이 되었으며 1942년에 일제에 의해 강제 출국당했다. 1945년에 다시 한국으로 돌아와서 대구지역에서 사역하기도 했다. 대표적 저서는 *Gold in Korea*이다. 1948년에 출간된 이 책에는 러일전쟁, 을사조약, 합방 등 구한말의 시대적 정황과 한국인 신앙인의 생활상이 잘 드러나 있다.

배민수(裵敏洙 1896-1968): 충북 청주 출신이다. 숭실중학교에 재학시절 학생 30여명과 함께 조선국민회를 결성하여 항일투쟁을 벌이던 중, 1918년에 붙잡혀 복역하고 1919년 출감하였다. 그러나 곧 함경북도 성진군의 3·1 만세운동에 연루되어 함흥감옥에서 복역하고, 1921년 출옥한 후 1928년 숭실전문학교 문과를 졸업하였다. 1933년에 미국 시카고의 매코믹신학교를 수료하고 귀국, 1934년 목사안수를 받은 후 농촌운동에 투신하였다. 미국의 그린리프로부터 연 4000달러씩 4년간 기부 받아 장로회총회본부 안에 농촌부를 신설하고 초대총무가 되었다. 활발하게 농촌계몽강연활동을 하다가 일경에 쫓겨 1938년 미국으로 피신하였고, 그곳에서 재미한인독립운동을 전개하다가 1951년 귀국하여 농민운동을 재개하였다. 1964년에는 대전에 기독교여자농민학교, 1968년에는 경기도 고양군 일산에 삼애농업기술학원을 설립하였다.

백낙준(白樂濬 George L. Paik 1895-1985): 평북 정주 출신. 호는 용재(庸齋)이다. 1910년 봄에 선천의 신성중학교(信聖中學校)에 입학하여 교장 윤산온 목사의 도움을 크게 입었다. 1913년 중학을 마치고 이후 중국 톈진 신학서원(新學書院), 미국 파크대학·프린스턴대학, 그리고 예일대학교 대학원에서 종교사를 전공, 1927년 『조선신교사(朝鮮新教史)』로 박사학위를 받았다. 귀국 후 연희전문 교수, 조선기독교서회이사, 조선어학회회원, 영국

황실아주학회 한국지부이사, 진단학회와 조선민속학회 발기인, 조선기독교청년회이사 등으로 활동하였다. 1945년 광복 후 경성대학 법문학부장, 한국교육위원회 자문위원, 1946년 연희대학 초대 총장, 1950년 제2대 문교부장관을 역임하였다. 대표적인 저서는 *The History of Protestant Missions in Korea*, 1832-1910 (Pyongyang, Korea: The Union Christian College Press, 1929)이다. 이 책은 『한국개신교사』(연세대학교 대학출판문화원, 1998)에 번역 출간되었다.

백아덕(Becker, Rev. Arthur L. 白雅德, 1879-1978.12.21): 미감리회 한국 선교사. 미국 출생. 미시간대학에서 물리학 전공하고 박사학위 취득. 1903년 내한하여 무어(David H. Moore) 감독으로부터 목사 안수를 받았으며 1907년 평양 숭실학당 대학부의 물리학 및 수학교수로 봉직하며 숭실과학관 건립하였다. 감리교가 숭실학교 운영에서 물러나면서 그도 물러나 1914년 배재대학장, 같은 해 장감연합재단으로 설립된 연희전문학교 설립이사, 부교장으로 부임하여 수학 물리학과 교수로 활동하였으며 과학관을 건립하고, 실험실 설치 등 과학교육의 기초를 확립하였다. 1941년 추방되었다가 1946년 다시 내한. 연세대 이사로 활약했다. 1948년 귀국 본국에서 은퇴하여 1978년 12월 21일 별세하였다.

사락수(Alfred M. Sharrocks, 謝樂秀): 1899년 9월 29일 부인(Mory Ames)과 함께 한국에 온 미국북장로회 파송 한국선교사이다. 그는 미주리 주에 있는 파크대학을 졸업하였고 윤산온보다 6년 먼저 한국에 왔다. 그는 초기에는 세브란스 의학전문학교에서 에비슨(Oliver R. Avison), 웰스(James H. Wells)와 함께 해부학·생화학·생리학·약물학 등의 교재를 만들었다. 그 후 북장로교 선천지부가 개설되면서 그곳의 의료선교사로 파견되었으며, 1904년부터는 강계지부에서 사역하였다. 1909년에는 평북 선천의 신성학교 교감으로 취임하여 윤산온과 적극 협력하여 파크대학의 교육 체제를 재현하였다. 그는 1919년 미국 미네소타주 로체스터에서 죽었다. 그의 부인은 1938년까지 한국선교에 헌신하다가 뉴욕으로 돌아가 살다가 1950년 그곳에서 죽었다. 그의 딸(Ella, 謝恩羅)은 간호선교사로 1952년까지 안동·대구·서울 등지에서 활동하였다.

생키(Ira David Sankey; 1840. 8.28 - 1908.8.13.): 미국의 감리회 복음전도자, 무디와 함께 다니며 복음 찬송가를 작곡하고 독창 및 지휘를 했다.

서명원(Roy E. Shearer 徐明源): 교회사학자이다. 그의 대표적인 저서는 *Wildfire: Church Growth in Korea* (Grand Rapids: Eerdmans, 1966)인데, 이 책은 네비우스 방법과 한국의 모든 교파의 사역에 대한 가장 최근의 연구로 훌륭한 책이다. 이 책은 대한기독교서회에서 자신이 스스로 번역해서 『한국교회성장사』라는 제목으로 1992년도에 출간되었다.

선우리(Velma L. Snook 鮮于梨 1866.1.29-1960.3.20): 아이오와 주 페어필드 출생으로 1889년 아이오와 사범대학 졸업하고 1899-1900 초등학교 교사를 하다가 1900.11.18-북장로회 선교사로 내한 평양선교부에 부임하였다. 1903년 숭의여학교 2대 교장에 부임하였고 1931년 총독부지정학교로 승격 안식년으로 귀국, 귀국후 숭의여학교 설립자 겸 교사로 봉직하였다. 1936년 1월 23일 신사참배거부로 평안남도지사로부터 해임되어 1936년 9월 귀국하여 은퇴하였다. 1943년 77세로 동료선교사로 숭실 기계창을 담당했던 평신도 선교사 맥머트리와 펜실베니아에서 결혼하였으며 1960년 3.20 소천하였다.

소안론(W. L. Swallen 蘇安論): 농과대학 출신으로 미국 북장로회 소속 맥코믹 신학교를 졸업하고 한국에 선교사로 파송되었다. 소안론 목사의 약력은 조경현의 "순례자 '소안론' 선교사"에 상세하다. 그는 농과대학 출신답게 한국에 과수 심기에 공을 들이기도 했다. 그가 안식년 차 미국에 갔다 오면서 사과나무 묘목 300개를 갖고 와서 대구에 있는 선교지부에 묘목 150개를 전달하여 대구 근방 기독교인에게 나누어 주어 심게 하였고 나머지 150개는 평양에 있는 선교지부에 전달하여 평양근처, 주로 황주에 있는 신도들에게 나누어 주고 심게 하였다. 이것이 오늘의 우리나라 대구사과와 황주사과의 유래가 되었다. 그 후에 우리나라 사과는 전국적으로 퍼져나갔고 종류도 개량하여 농산물 소득의 큰 몫을 차지하고 있다. 대표적인 저서는 *Evangelistic Report to the Board of Foreign Missions of the Presbyterian* Church U.S.A (Wonsan, Korea: 1898)이다.

소열도(T. Stanely Soltau 蘇悅道 1882-1965): 1914.9.16. 북장로회선교사로 내한하여 주로 만주지역의 한인을 대상으로 선교하였다. 선천에 주재하며 홍경선교부를 개설하는데 주도적 역할을 하고 이후 강계와 만주지역 선교를 담당하였다. 건강문제로 청주선교지부로 이전하여 활동하였고 또 1934년에는 평양장로회신학교 교수로 활동했다. 1935년 북장로회한국선교회 실행위원으로 신사참배문제에 깊이 관여하였고 반대에 적극적이었다. 1937년 신병으로 귀국한다음 사임하였고 해방후 다시 내한하여 부산에 있는 평양출신 피난민교회에서 설교하였다. 저서에 *Korea, The Hermit Nation and It's Responce to Christianity*, World Dominion Press, 1932 등이 있다.

안련(Horace N. Allen, 安連 1858-1932): 1881년 오하이오 웨슬리언 대학 신학과를 나온 후 마이애미 의과대학을 졸업하고, 북장로회 외국선교부 의료선교사로서 중국 상해에서 활동하다가 1884년 한국 최초의 신교 의료선교사로서 내한, 주한 미국공사관 의사가 되어 선교 사업에 착수했다. 이해 발발한 갑신정변으로 부상당한 민영익을 치료한 것이 계기가 되어 왕실 의사와 고종의 정치고문이 되고, 1885년 왕이 개설한 광혜원의 의사로 일했다. 1887년 참사관에 임명되어 주미 전권공사 박정양의 고문으로 도미, 한국에 대한 청나라의 간섭이 불법임을 국무성에 규명하고, 90년 주한 미국공사관의 서기관으로 외교활동을 시작하였다. 경인철도부설권을 미국인 모스(Morse)에게 알선하였다. 1892년 한국휘보(The Korean Repository)를 간행하고, 1997년 주한 미국공사 겸 총영사가 되었다. 1900

년 영국왕립 아시아학회 한국지부를 결성하고, 이듬해 주한미군 전권공사가 되었다. 1905년 을사조약 체결 후 귀국하여 의사로서 여생을 보냈다. 알렌의 전기인 "하나님, 물신(物神), 그리고 일본인" (Fred H. Harrington, *God, Mammon and the Japanese*, University of Wisconsin Press, 1944)은 알렌의 생생한 견해와 더불어 그 당시 정치와 선교의 상황에 대한 탁월한 해석을 보여준다.

안의와(Adams, J. E 安義窩 1867-1929): 윌리엄 베어드의 부인 애니 로리의 쌍둥이 남동생 아더 아담스의 동생이다. 제임스 아담스는 미국 캔사스 주에서 태어났으며, 1895년 내한하여 2년간 부산에서 체류하면서 한글을 공부하고, 매형 베어드를 도와 부산 지역 전교에 노력하였다. 1897년 이후부터는 대구로 이거하여 대구·경상북도 지방에서 교회를 개척하였다. 우선 대구에서 대구제일교회를 비롯하여 여러 교회를 설립하였으며, 경산, 하양, 진양, 경주, 안강, 포항 등지를 순례하며 전도하고 교회를 설립하였다. 또한 계성학교를 세웠고, 의료 선교사 존슨(W. O. Johnson)을 오게 하여, 1898년 제중원을 열었는데, 이는 현재의 동산병원으로 발전하였다. 1923년에 은퇴, 1929년 6월 25일 세상을 떠났다. 이 제임스 에드워드 아담스의 아들인 에드워드 아담스(Edward Adams 1895-1965)가 아버지를 따라 한국선교사가 되어 주로 대구에서 활동하였는데 그의 한국이름은 안두화(安斗華 1895-1965)이다.

안태국(安泰國 ?-1920): 호는 동오(東吾)이다. 본관은 순흥. 평안남도 평양 출신. 1905년 을사조약 후 평양에서 협동사(協同社)를 설립, 실업구국운동에 종사하였으며, 이승훈·최응두 등과 상민공동회(商民共同會)를 조직하였다. 1907년 신민회에 가입, 평안남도 총감(總監)으로 활동하였다. 1909년 이재명의 이완용 자격의거의 연루자로 지목되어 일본 헌병대에 붙잡혀 2개월간 혹독한 고문을 당하며 투옥되었다가 석방되었다. 1910년 안명근 사건을 기회삼아 일제가 간도에 독립군 기지를 설치하려는 운동을 저지하려고 양기탁 등을 붙잡을 당시 보안법 위반으로 일본 헌병대에 붙잡혀 1911년 7월 징역 2년형을 언도받았다. 105인 사건에서 그는 복역중 재기소되어 1912년 9월 징역 10년형을 언도받았는데 이때 재판 과정에서 정확한 기억과 물증까지 제시하며 데라우치총독암살음모사건이 날조되었음을 조리있게 폭로함으로 재판부를 궁지에 몰아넣었다. 1913년 7월 공소심에서 징역 6년형을 언도받고 양기탁 등과 5년을 복역하였다. 1916년 출옥 후 바로 만주로 망명, 독립운동을 전개하고, 3·1운동 후 독립운동 단체들의 통합을 추진하기 위해 임시정부와 협의하려고 상해로 갔다가 그곳에서 병사하였다.

양전백(1870-1933): 평북 의주 출생, 증조부 슬하에서 한문 수학. 1892년 김관근 전도사를 만나 기독교와 서구문명을 접하고 1894년에 세례를 받은 다음 평안도 일대에서 기독교 복음을 전파했다. 1900년에 초등교육기관 명신학교, 이듬해에는 부속 여자소학교를, 이어서 선천의 신성중학교를 설립했다. 1907년 평양신학교를 졸업, 최초의 한국인 목사 7인의 한 사람이 되었다. 1910년 '105인 사건'에 연루돼 고문을 받고 유죄 판결을 받았으나 항소해 무죄로 풀려났다. 조선예수교장로회총회의 제5대 총회장을 역임. 1919년 '독립선언식'에 민족대표의 한 사람으로 참석, 1933년 1월 17일에 64세를 일기로 별세했다.

양주동(梁柱東 1903-1977): 호는 무애(无涯). 경기도 개성 출생이다. 1928년 일본 와세다대학교 영문과를 졸업하였으며, 그 이전 1923년 시지(詩誌) 『금성(金星)』을 발간하였다. 1928년 평양 숭실전문 교수에 취임하고, 1929년 『문예공론(文藝公論)』을 발간하였다. 숭실이 폐교 된 후 1940년 경신중학 교사로 취임했다가 1945년 동국대학교 교수, 1958년 연세대학교 교수, 1962년 다시 동국대학교 교수가 되어 동 대학원장을 역임했다. 정부로부터 문화훈장·국민훈장 무궁화장이 수여되었으며, 신라 향가(鄕歌) 등 한국 고가(古歌)를 연구하여 초기 국어학계에 큰 업적을 남겼다. 저서로 『조선고가연구(朝鮮古歌硏究)』『여요전주(麗謠箋注)』 등이 있다.

에블린 베커 매퀸(Evelyn Becker McCune, 1907-2012): 연희전문학교 수물과 교수이며 학감을 지낸 감리교 선교사 베커(A. L. Becker)의 딸로 1907년 평양에서 태어났다. 그녀는 한국에서 자랐지만, 미국에서 대학교육을 받았다. 대학을 졸업한 후에 한국으로 돌아와서 1930년부터 1932년까지 서울 외국인학교에서 가르쳤다. 그녀는 한국선교사 조지 사논 매큔의 아들 조지 매카피 매퀸(George McAfee McCune)과 결혼하였다. 버클리 대학에서 한국을 주제로 하여 역사학 석사학위를 받은 그녀는 1970년대 초반까지 미 캘리포니아주립대에서 한국문화를 가르치며 미국사회에 한국의 문화와 예술을 알렸는데, 대표적인 저서는 1962년에 저술한 '한국의 미(The Arts of Korea: An Illustrated History; Tuttle Tutland, Vermont)이다.

우월시(James Hunter Wells 禹越時): 의사로서 1895년 6월3일 입국하여 세브란스에 근무하다가 1896년 평양의 선교병원 제중원을 설립하여 활동했다.

원두우(Horace G. Underwood 元杜尤 1859.7.19-1916.10.12): 국적은 미국이고 출생지는 영국 런던이다. 1881년 뉴욕대학교, 1884년 뉴브런즈윅신학교를 졸업하였다. 1885년 아펜젤러 목사와 함께 미국 북장로회 선교사가 되어 제물포를 통해 입국하였다. 1886년 고아원을 설립하였고 1887년에는 전도를 시작하였다. 건강이 악화되어 미국으로 돌아갔다가 1892년 다시 조선으로 돌아왔으며 1897년 서울 새문안교회를 설립하였다. 성경번역위원회를 조직, 그 사업을 주관하는 한편, 1890년에 한영사전, 영한사전을 출판하고, 1897년에는 주간지 그리스도신문을 창간하였다. 1900년 기독청년회(YMCA)를 조직하였고, 1915년에는 자신이 설립한 경신학교에 대학부를 개설하여 교장으로 취임했고, 연희전문학교로 발전시켰다. 1916년 신병으로 귀국, 애틀랜틱 시티에서 사망하였다. 저서에 『말본』, 『한국어 소사전 A Concise Dictionary of the Korean Language』(1890), 『한국선교 23년 For Twenty-three Years, a Missionary in Korea』(1908) 등이 있다.

원한경(Horace H. Underwood 元漢慶 1890.9.6 ~ 1951.2.20): 원두우의 아들이다. 서울에서 출생하였고 뉴욕대학교를 졸업하고 다시 내한하였다. 1912년 경신(儆新)학교 교사, 조선신학교 교수 및 교장, 1933년 연희전문학교 3대 교장 등을 역임하였다. 1941년 추방되었다가, 1945년 8·15광복과 함께 다시 와서 미(美)군정청 고문, 미소공동위원회(美蘇共同委員會) 고문 등을 역임하였다. 영국의 왕립 아시아학회 조선지부 부회장으로 있으면서 동학회지(學會誌)에 한국관계 논문을 많이 발표하였다. 그의 큰아들 일한(一漢)은 연세대학교 교수로, 둘째아들 요한(堯翰)은 복음전도사업 등에 힘썼다. 저서에 Modern Education in Korea, Apartial Bibliography of Occidental Literature on Korea 등이 있다.

위대모(N. C. Whittemore 1870-1952): 미국 북장로교 선교사로 뉴욕주 부르클린에서 태어났다. 파크대학과 유니온신학교를 졸업한 그는 1896년 10월 내한, 선천 지부 개설을 책임 맡았다. 1897년 봄 처음 평북 선천을 순회한 그는, 이듬해인 1898년 선천읍교회(이후 선천남교회)를 설립하였고, 1901년부터는 의료선교사 샤록스(A. M. Sharocks)와 함께 선천에 상주하며 전도하였다. 또 1902년 말에는 양전백을 장로로 안수하였다. 그리고 1906년 선천의 교인들이 중등교육기관으로 신성(信聖)학교를 설립하였을 때 위대모는 초대교장이었다. 위대모는 북장로교 선교부의 지원을 받아 학교 건물과 기숙사를 마련하였다. 위대모를 이어 윤산온이 2대교장을 맡았다. 그 후 위대모의 활동은 의주와 강계 그리고 만주로 확장되었다. 1929년 서울선교지부로 전임한 위대모는 1935년 귀국할 때 까지 조선예수교서회의 총무로 일하면서 서회 건물을 새로이 마련하는 등 기독교문서운동을 주관하였다.

윤가태(Kathherine A, McCune 尹嘉泰 1880-1942.4.18): 윤산온 선교사의 누이동생이다. 1908년 9.12일 북장로회선교사로 한국에 와서 황해도 재령지부에서 주로 여성 상대로 선교활동, 순회전도 및 사경회 인도하였다. 1925

년 평양선교지부로 옮겨 평양에서 활동하였는데 1927년 평양여자성경학원교장에 취임하였다. 귀국 후 1942년 4.18일 뉴욕 클리포드 스프링스에서 죽었다.

이길함(Graham Lee 李吉咸 1861-1916): 미국 일리노이 주에서 출생, 맥코믹신학교를 졸업하고 1892년 북장로교 선교사로 내한해 1912년까지 주로 관서지방 특히 평양 주변에서 활동하였다. 1907년 1월 2일부터 15일까지 2주간 장대현교회에서 열린 '평양대부흥회'때 이를 인도하였다. 미국 일리노이 주에서 1861년에 출생한 그는 맥코믹신학교를 졸업하고 1892년 북장로교 선교사로 내한해 1912년까지 엄청난 민족적 수난을 겪고 있던, '전환기의 한국'에 우리 민족과 한국교회에 새로운 희망을 불어넣어 주었던 선교사였다. 그는 관서지방 개척선교에 착수하여 복음의 불모지 평양을 동방의 예루살렘으로 끌어올리는 데 중추적인 역할을 하였다. 1907년 1월 2일부터 15일까지 2주간 자신이 담임하고 있는 장대현교회에서 열린 '평양남도 사경회' 때 설교와 기도회 인도를 통해 평양대부흥 운동을 발흥시킨 주인공이기도 하다.

이대위(李大偉 1896-10.5-1982.10.5): 용천 출신으로 1910년 신성학교에 입학 이듬해 105인 사건에 연루되어 만주로 피신했다가 사태가 일단락 된 뒤에 돌아와 1914년 졸업했다. YMCA에서 활동하였으며 초대 노동부 장관, 건국대총장을 역임했고 연동교회 장로로 시무하였다.

이승훈(李昇薰 1864-1930): 호는 남강(南岡)이다. 3-4년간 서당에서 한문을 익힌 다음 1874년 학업을 중단하고 그 곳의 이름난 유기상(鍮器商)의 사환으로 들어갔다가 이후 보부상으로 평안도 및 황해도 각 지역을 돌아다니며 자본을 모아 유기점을 차렸고, 1887년 유기공장을 세워 기업가로서의 면모를 보여주었다. 동학운동, 청일전쟁으로 사업은 잿더미가 되었으나 다시 1901년 평양에 진출, 굴지의 부호가 되었다. 그러나 다시 1904년 러일전쟁으로 사업에 실패했다. 1907년 7월 평양에서 안창호의 「교육진흥론」

강연을 들은 후 신민회에 가담한 후 강명의숙(講明義塾)을 설립하고 이어서 오산학교(五山學校)를 개교하여 교장이 되었다. 1911년 2월 안악사건에 연루되어 제주도에서 유배생활을 하였다. 이 해 가을 105인사건에 그도 주모자로 인정되어 제주도에서 서울로 압송되었으며, 1912년 10월 윤치호 등과 함께 징역 10년을 선고받고 1915년 가출옥하였다. 출옥 후에 세례를 받고 장로가 되었다가 신학을 공부하기 위해 평양신학교에 입학하였다. 3·1운동 때에는 민족대표 33인의 한 사람으로 이 운동의 기독교대표로 참가하였다. 1924년 동아일보사 사장에 취임, 1년 동안 경영을 맡기도 하였다. 이 때 물산장려운동·민립대학설립운동 등에 가담했다. 이후 다시 오산학교로 돌아와 학교 운영에 심혈을 기울였다.

이훈구(李勳求1896-1961): 충남 서천 출신이다. 수원농림학교를 거쳐 1924년 일본 동경대학 농학과에서 3년간 수료하고, 1927년 미국 캔자스 주립농과대학 대학원을 수료하고 위스콘신 대학에서 철학박사 학위를 받았다. 1930년 난징 금릉대학(金陵大學)의 교수로 있다가 이 해 귀국하여 숭실전문의 농과과장에 임명되었다. 숭실전문의 폐교 이후 1938년 조선일보사 주필 겸 부사장이 되었으며, 광복 후 제헌국회의원, 성균관대학교총장 등을 역임하였다. 4·19 후 민주사회당을 창당하여 위원장이 되고, 초대참의원의원에 당선되었다. 저서로는 『조선농업론(朝鮮農業論)』·『만주(滿洲)와 조선인(朝鮮人)』이 있다. (정신문화연구원 『민족문화대백과사전』 참조)

인돈(William A. Linton 1891-1960): 미국 조지아주 토마스 빌에서 출생했다. 1912년 6월, 조지아 공과대학을 졸업하고 남장로교 해외선교부 교육선교사로 한국에 파송 받아 1912년 목포에 도착했다. 이후 군산의 영명학교에서 학생들을 가르치다가 1917년 교장이 되었다. 3·1 만세운동 때에 린튼은 일본의 부당한 압제에 분노했고, 한국인의 억울한 입장을 애틀란타에서 열린 남부지역평신도대회에서 보고했다. 윌리엄 린튼은 주로 전주·이리·군산 등지에서 근대교육 보급에 중점을 둔 활동을 하였다. 시역기간 중에 장티푸스에 걸려 사경을 넘나들기도 했다. 신사참배 문제가 대두하자 린튼은 이를 단호하게 거절하였다. 당시 신흥학교 교장 윌리엄 린튼은 신사참배를 거부하고 1937년 신흥학교를 자진 폐쇄시켰다. 이때 전주 기전여학교를 비롯하여 호남지역의 상당수 미션스쿨이 폐교하였다. 린튼은 가족을 이끌고 1940년 11월 14일 출국했다가 한국이 국권을 회복하고 난 후 1946년에 다시 한국으로 와서 1946년 11월 신흥학교 교장직에 복직했고, 오랜 기간 준비과정을 거쳐 1956년 대전대학을 설립하였다. 이것이 현재의 한남대학교이다. 1960년 8월 13일 테네시주 녹슨빌의 큰 아들 집에서 70세를 일기로 눈을 감았다. 21세에 입국하여 48년 동안에 500개에 달하는 교회를 세웠다.

전위렴(J. M. Junkin, 全緯廉): 테이트와 함께 미국 남장로회 최초의 한국선교사 7인 중 한 사람이다. 그는 1892년 11월 3일 한국에 도착하였고 1896년 군산에 선교지부를 설치하고 인근지역을 정기 순회하며 예배를 인도하였다. 이후에 전주 서문밖교회를 담임하고 예배당을 크게 신축하였다. 그는 1908년 1월 2일에 폐렴으로 병세가 악화되어 43세의 나이로 한국땅에 묻혔다.

조응천(曺應天): 평북도 강서군 출생이다. 숭실중학교와 1916년 숭실전문학교 문과를 졸업한 뒤 미국 트로이주립대학 토목과, 퍼두커대학 물리학과, 그리고 인디애나대학 대학원에서 수업한 뒤 그 대학원에서 1928년 이학박사 학위를 받았다. 귀국한 뒤 기독교 청년운동에 참여하면서 『농민생활』이라는 월간지를 발행하여 농민교육에 힘썼다. 광복 후에는 군정청 경무부 통신국장, 건국 후에는 1954년 육군통신학교장과 통신감을 거친 뒤 1956년 소장으로 예편하였다. 1957년 체신부차관에 취임한 뒤 한국동란으로 파괴된 통신시설 복구에 공을 세웠다. 관직에서 물러난 뒤 동국전자고등공업학교 기술고문, 동국전자공과대학 명예학장, 광운전자공과대학 학장, 전자공학회 회장 등을 역임하면서 교육에 힘을 쏟았다.

그는 전기통신공학에 관한 서적 외에도 일반교양 과학서적인 『백만인의 원자학』·『백만인의 인공위성』 등 많은 저술을 남겼다.

콘로이(Hilary Conroy1919-2015): 동아시아 근대사학자이다. 일리노이에서 태어났고, Northwestern University에서 역사를 전공하여 1941년에 졸업하였으며, Berkeley에서 석사를 하였다. 2차세계대전에 참전하였고 일본 도쿄에서 근무하였다. 그후 1946년 버클리로 돌아와 박사학위를 시작하였고, 하와이 일본이민으로 학위를 하였다. 그는 미국의 아시아역사학자로서 개척자이다. 그의 저서 The Japanese Seizure of Korea, 1868 - 1910: A Study of Realism and Idealism in International Relations은 걸작으로 평가된다. 이 책은 펜실베니아 대학출판부에서 1960년에 출간되었다.

테이트(Lewis Boyd Tate): 미국 남장로회선교사로 1892년 11월 한국에 도착하였다. 그는 전주 선교지부를 개척하여 호남지역 선교의 중심지로 삼았고, 전라북도 일대를 순회 전도하여 75개의 교회를 개척하고 1000명에 가까운 교인들에게 세례를 주었으며, 서문교회를 설립하고 담임목사로 사역하였는데, 1925년 건강악화로 은퇴하고 미국으로 돌아갔다. 그는 교회법전문가로서 한국의 장로교교단조직을 만들 때 제도적인 장치를 마련하는 일에 기여하였다.

편하설(Charles F. Bernheisel 片夏薛1874-1958):미국 북장로회의 파송을 받고 1900년에 내한한 선교사이다. 그는 1874년 9월 11일 미국 인디아나 주 컬버(Culver)에서 출생했다. 그는 1896년 하노버대학을 졸업하고 시카고의 매코믹신학교를 1900년 졸업한 후 그해 3월, 미국 북장로회에서 한국 선교사로 임명을 받았다. 미국 북장로회 뉴 올바니 노회에서 목사 안수를 받은 다음 1900년 10월 16일 부산에, 10월 18일 제물포에, 19일에 다시 평양에 입성하였다. 여성선교사 헬렌 커우드양과 1907년 9월20일 결혼을 하였다. 산정현교회 창립 초대 목사, 숭실대학교 철학교수로 그리고 교회설립학교와 선교회의 여러 행정 등을 맡아 하는 등 주로 평양을 중심으로 한 서북지방에서 활동하였다. 삼일운동과 신사참배 문제가 있을 때 한국교회의 기본 정신과 일체된 자세를 견지하며 교회를 지켰다. 그는 또한 한국에서 가장 처음으로 철학과 논리학을 가르치고 교수로 기록되며 『논리약해』라는 저술을 남기고 있다. 일제가 외국 선교사들을 추방할 때인 1942년에 귀국하였다.

한부선(Bruce F. Hunt, 韓富善 1903-1992): 한부선 선교사는 윌리엄 헌트 선교사의 아들로 한국에서 태어났다. 그는 대학을 위해 귀국할 때 3.1운동 때 주운 태극기를 가지고 갔다고 한다. 한국어에 능통했다. 신사참배문제로 한국을 떠나 만주의 봉천에 가서 한국 사람들을 위한 교회 개척을 하다 거기서도 그 문제로 옥고를 치렀다. 석방되자 일본과 미국이 전쟁 중이라 다시 수용시설에 갇혔다가 가족들과 함께 추방되어 배로 남아프리카를 경유해서 스웨덴까지 갔다가 미국으로 돌아가게 된다. 2차 대전이 끝나자 1946년 다시 한국으로 자원하였다. 안식년이 되어 미국에 가면 한인 교포들이 모인 곳을 찾아다니며 노방전도를 했다고 한다. 정년이 되어 은퇴한 후에도 미국 선교부에 허락을 요청해 5년 더 부산에서 사역을 했다. 1976년 미국에 돌아가서도 필라델피아 한인교회 담임 목사를 맡았다. 박용규의 한부선 평전, 그리심, 2004.06.10 참조

한석진(1868-1939): 평북 의주 출생의 목사이다. 서상륜에게 복음을 듣고, 1891년에 사무엘 마펫에게 세례를 받고 그의 조사로서 활동했다. 1907년에 평양신학교를 1회로 졸업한 후, 한국장로교 최초의 목사 7인 중 한 명이 되었다. 안동교회에서 목회할 당시, 남녀의 자리를 갈라놓는 휘장을 철폐했고 출입문도 하나로 통일했다. 조선예수교장로회 제6대 총회장을 맡기도 했다.

한위렴(William B. Hunt, 韓緯廉): 미국 북장로회 선교사 헌트는 1897년 10월 14일 내한했다. 그는 황해도 재령지부에서 활동하였다. 당시 재령에는 10여 명의 교인들이 있었는데, 천주교인들의 박해가 심하여 위기에 처해

있었다. 그는 천주교인들과의 갈등을 슬기롭게 수습하여 다시 교회가 설 수 있도록 했다. 그는 1939년 10월 정년 때까지 그곳을 중심으로 전도 사업에 전념하여 황해도 복음화에 크게 기여하였다. 헌트의 첫 부인(Bertha Finley)은 1898년 10월에 내한했다가 1905년 평양에서 별세하였고, 두 번째 부인(Anna Lloyd)은 재령에서 남편의 선교 사업을 돕다 함께 귀국하였다. 그는 1남 3녀의 자식을 두었는데, 장남 브루스 헌트(Bruce F. Bunt, 한부선)는 후에 미국 정통장로회(OPC) 선교사로 역시 한국에서 활동하였다. 이에 대해서는 박용규의 「한위렴 (William B. Hunt)의 황해도 재령 초기 선교역사」(교회사학 제 4권 1호 pp.149~174, 수원교회사연구소, 2005년)를 참조했다.

허대전(James Gorden Holdcroft 許大殿 1878.8.31.-1972.6.30.): 미주리주 파크대학 졸업, 윤산온과 동문이다. 프린스톤 신학교를 졸업하고 파크대학에서 신학박사학위를 취득했다.1903년에 내한하였다가 귀국하고 다시 1909년에 부인과 함께 재차 내한하여 평양선교지부에 소속하여 주일학교 교육에 크게 공헌하였다. 1919년에 일본에 건너가 3.1운동때의 일본의 폭압에 대하여 총리에게 항의하였고, 1926년에는 조선선교협의회 회장으로 활동했다. 1936년 북장로회선교사회의 회장으로 블레어 솔토 로드 목사 등과 함께 신사참배문제 전권위원으로 활동하며 타협불가를 천명하였다. 1940년 미국의 장로교가 갈라지면서 독립장로교단이 출범하자 거기 가담하였고 일제에 의해 강제추방된 후 해방 후에 다시 내한하여 고려신학교 개교에 주력하였다.

참고문헌

『숭실대학교 100년사』 숭실대학교 1997년

『신성학교사』 신성학교동창회, 1980년

『인물로 본 숭실 100년』 숭실대학교 1992년

『기독교백과사전』 기독교문사 1997년

김수진 『한국 초기 선교사들의 이야기』 총회교육자원부 편, 한국장로교 출판사 2010년

김승태 엮음 『한국기독교와 신사참배문제』 2003년 재판, 한국기독교역사연구소

김승태 편역 『일제강점기 종교정책사 자료집』 기독교 편, 1910-1945, 한국기독교역사연구소

김영혁 편저 『창립100주년 신성학교사』 신성학교동창회, 2006

김창걸 『實 찾아 三十年』 도서출판 정문 1993년

『마포삼열박사전기』 계일승 편집 총회교육부 1973년

박혜진 「미북장로회선교부 관할 미션스쿨에 대한 한국인의 경영 참여」, 『한국기독교와 역사』, 한국기독교역사연구회, 2013년

박혜진 「선천지역 미션스쿨의 지정학교 승격과 학교 인계 과정 연구」, 『역사학연구』, 호남사학회, 2010년

방지일 『야사(野史)도 정사(正史)로』 「윤산온 목사」편, 선교문화사 2001년

안종철 「윤산온의 교육선교 활동과 신사참배문제」 『한국기독교와역사』 2005년 9월 pp73-95 한국기독교역사연구소 2005년

안종철 「종교와 국가의례 사이;1920년-30년대 일본신도를 둘러싼 조선내 갈등과 서구인들의 인식」 한국학연구 2022집 2010년 6.

안종철 「중일전쟁 발발전후 신사참배 문제와 평양의 기독교계 중등학교

의 동향」『한국문화』 48호 pp93-116 규장각한국학연구소 2009년
안종철 「식민지 시기 평양지역 윤산온(George S. McCune) 선교사의 활동과 그의 가족의 한국학 연구」 한국기독교역사연구소 제232회 학술발표회 주제발표자료집(2005.3.5)
옥성득 『다시 쓰는 초대 한국교회사』 새물결플러스 2016년
이동진 「한국교회와 숭실의 은인 尹山溫」『인물로 본 숭실 100년』 숭실대 출판부, 1992년
이만열 엮음 『신사참배문제 영문자료집』 한국기독교역사연구소 2004년
한영제 편 『한국기독교 인물 100년』 기독교문사, 1987년
Harry A Rhodes; *History of the Korea Mission Presbyterian Church* 1935-1959
Shannon McCune; The Testing of a Missionary: George Shannon McCune and The korea Conspiracy Case of 1910-1913. 숭전대학교 논문집 1977년 p266

윤산온 尹山溫
공의와 배려의 행로

초판 발행일 2017년 4월 30일

저 자 곽신환
발행인 황준성
발행처 숭실대학교 출판국
등 록 제14-2호(1982. 1. 25)
서울 동작구 상도로 369
전 화 02-820-0772
팩 스 02-817-5297
홈페이지 http://press.ssu.ac.kr
디자인·인쇄처 디자인 그린비(02-2275-5756)
값 19,000원

ISBN 978-89-7450-361-1 04230

* 이 책은 저작권법에 따라 보호받는 저작물이므로 무단전재와 무단복제를 금지하며, 이 책의 내용의 전부 또는 일부를 이용하려면 반드시 저작권자의 서면 동의를 받아야 합니다.
* 잘못된 책은 바꾸어 드립니다.